Beiträge zur Geschichtswissenschaft
Reihe Lebenszeugnisse

Herausgegeben von Ernst Piper

Willi Raab

Und neues Leben blüht aus den Ruinen

Stationen meines Lebens 1895–1939
Herausgegeben von
Ernst Holthaus und Ernst Piper

Weitere Informationen über den Verlag und sein Programm unter:
www.allitera.de

August 2009
Allitera Verlag
Ein Verlag der Buch&media GmbH, München
© 2009 Buch&media GmbH, München
Umschlaggestaltung: Kay Fretwurst, Freienbrink
Herstellung: Books on Demand GmbH, Norderstedt
Printed in Germany · ISBN 978-3-86906-065-1

Inhalt

Einmal möcht ich es noch sehen, jenes Land,
Das in fremde Fernen mich verbannt.
Durch die wohlbekannten Gassen gehen.
Vor den Trümmern meiner Jugend stehen,
Heimlich, ungebeten, unerkannt …

Wer war Onkel Willi?

Fünfzehn Jahre war ich alt, als Onkel Willi, der »gute Onkel aus Amerika«, 1946 als Absender lebensrettender CARE-Pakete in mein Bewusstsein trat. Über Jahre hinweg hatten Diktatur und Krieg alle Kontakte zu Freunden und Verwandten, die im Ausland lebten, verstummen lassen. So begann erst im Sommer 1945, äußerst beschwerlich und unter strenger Zensur der Besatzungsmacht, der Briefwechsel mit den USA. Unseren Familien brachte diese erste Post nach Jahren die Gewissheit, dass einerseits Flucht und neues Leben in Amerika geglückt waren und dass andererseits meine Mutter, meine Geschwister Liesel und Fritzel und ich überlebt hatten. Für unsere kleine Familie – mein Vater war schon 1935 gestorben – waren die von der privaten Hilfsorganisation CARE (Cooperative for American Remittances to Europe) organisierten Paketsendungen nicht nur eine große Hilfe in einer Zeit des Hungers und der Not, sondern zugleich auch der Beweis unzertrennlicher Familienbande.

Onkel Willi, getauft auf den Namen Wilhelm Maria Richard Thekla Hippolyt Raab, wurde am 14. Januar 1895 in Wien geboren, in einer – wie er selbst sagte – behaglichen Bürgerlichkeit, einer Welt mit ärztlicher und künstlerischer Tradition. Meine Mutter Käti Raab wurde am 1. Januar 1901 in Meran geboren, ebenfalls in ein wohlsituiertes k.u.k.-geprägtes Umfeld. Ihre Wiener Eltern, besonders ihr Vater, der Naturwissenschaftler und Kurarzt in Meran war, vermittelten ihr die geistige Ausrichtung für ihr Leben. Wenn auch meist räumlich getrennt, verband die beiden »Raaben« eine in früher Jugend begonnene, lebenslange Freundschaft. Auch mein Bruder Fritz Holthaus (1925–2006) erlebte die große freundschaftliche Zuneigung der Familie Raab, als er nach seinem Medizinstudium in München und Zürich für drei Jahre in Burlington als Arzt tätig war. Der gemeinsame Urgroßvater von Onkel Willi und meiner Mutter, Wilhelm Edler von Well (1797–1879), studierte an der Universität Wien Arzneiwissenschaft, wurde 1821 promoviert und 1847 Dekan der medizinischen Fakultät sowie erster kaiserlicher Leibarzt.

Onkel Willi, ein äußerst sensibel beobachtender Erzähler, beschreibt in diesem mit vielen humorvollen Geschichten angereicherten Buch die Jugend- und Studienjahre im damals noch kaiserlichen Wien, seine Teilnahme an den schweren Kämpfen im Ersten Weltkrieg, seine Arbeit als Arzt und Forscher in einem politisch explosiven Umfeld. Er beschließt

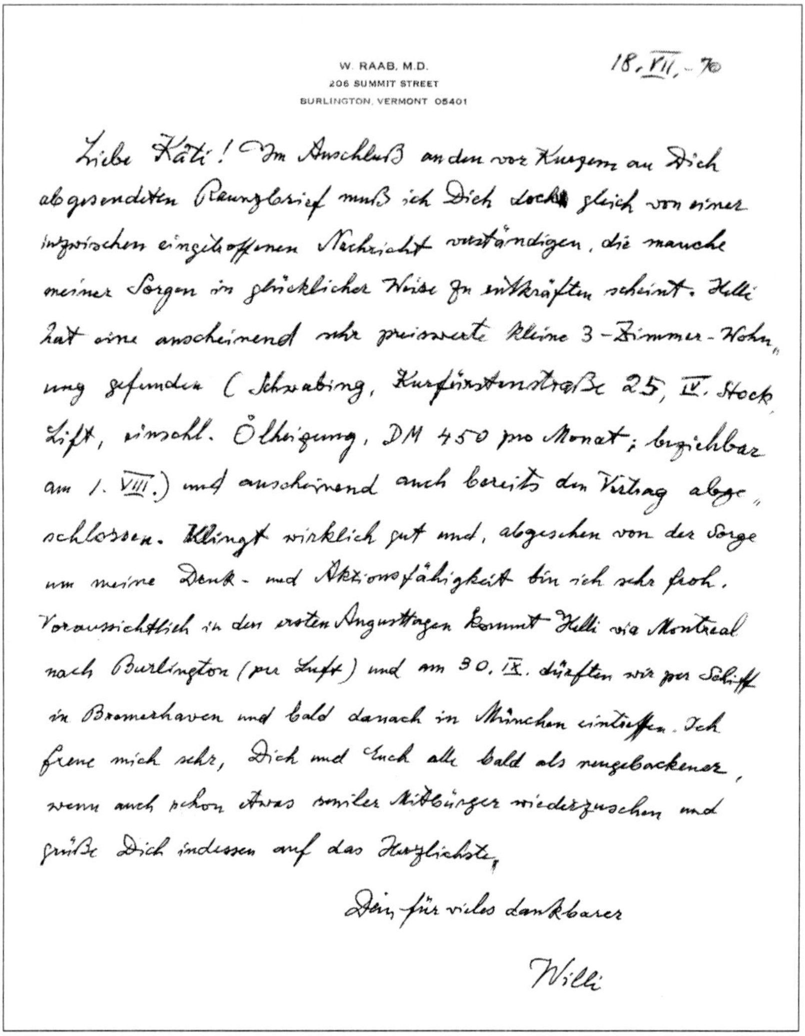

W. RAAB, M.D.
206 SUMMIT STREET
BURLINGTON, VERMONT 05401

18. VII. - 70

Liebe Käti! Im Anschluß an den vor Kurzem an Dich abgesendeten Raumzbrief muß ich Dich doch gleich von einer inzwischen eingetroffenen Nachricht verständigen, die manche meiner Sorgen in glücklicher Weise zu entkräften scheint. Hilli hat eine anscheinend sehr preiswerte kleine 3-Zimmer-Wohnung gefunden (Schwabing, Kurfürstenstraße 25, IV. Stock, Lift, einschl. Ölheizung, DM 450 pro Monat; beziehbar am 1. VIII.) und anscheinend auch bereits den Vertrag abgeschlossen. Klingt wirklich gut und, abgesehen von der Sorge um meine Denk- und Aktionsfähigkeit bin ich sehr froh. Voraussichtlich in den ersten Augusttagen kommt Hilli via Montreal nach Burlington (per Luft) und am 30. IX. dürften wir per Schiff in Bremerhaven und bald danach in München eintreffen. Ich freue mich sehr, Dich und Euch alle bald als neugebackener, wenn auch schon etwas smiler Mitbürger wiederzusehen und grüße Dich indessen auf das Herzlichste,

Dein für vieles dankbarer

Willi

Abb. 1: Brief von Willi Raab an Käti Holthaus vom 18. Juli 1970

seine Erinnerungen mit der Fahrt auf dem Schiff, das ihn, seine Frau Olga (1905–1969) und den kleinen Karl (geb. 1936) Ende Dezember 1938 mit Kurs in die freie Welt aufnahm. Die Familie ließ sich in Burlington (Vermont) nieder, wo 1940 der zweite Sohn Frederik geboren wurde.

Nach dem Zweiten Weltkrieg führten zahlreiche Vortragsreisen

8

Onkel Willi in die verschiedenen Regionen der USA, aber auch nach Europa und Japan. Er organisierte internationale Symposien und Konferenzen. Sein besonderes Anliegen war die präventive Kardiologie, die er nach mehreren Studienaufenthalten in Europa in die amerikanische Fachwelt einführte. Auf seinen Reisen, die ihn, wann immer möglich, auch zu uns nach München führten, wurde Onkel Willi stets von seiner Frau Olga begleitet, die ihm dabei viel organisatorische Arbeit abnahm.

Am 14. März 1969 schrieb Onkel Willi meiner Mutter: »Liebe Käti! Olga ist am 8. des Monats nach ein paar schweren, durch Dolantin gemilderten Tagen gestorben. Karl und Fredrik waren bis heute hier. Bis fast zum Ende war Olga immer guter Stimmung, heiter und freundlich. Wie sehr sie an Dir gehangen hat und wie viel Herzenswärme, Fröhlichkeit und europäisches Heimatgefühl ihr Deine treue Freundschaft geschenkt hat, das wirst Du wohl selbst empfunden haben.«

Dem Brief war noch folgendes Gedicht beigelegt:

Servus!
Wie hat doch dieses eine kleine Wort,
Das letzte beim Erlöschen Deines Lebens,
Die ganze Heiterkeit und Wärme Deines Seins
Im Augenblick des Abschieds ausgestrahlt.
Geliebtes Wesen, ewig mir verbunden,
Du Spenderin der schönsten,
Helferin in meinen schwersten Stunden,
Die nun für immer leidbefreite Rast gefunden,
Hab tausend Dank,
Und sei auch Du gegrüßt von Deinem alten Freund:
Servus!

Nach dem Tod von Tante Olga wollte Onkel Willi seinen Lebensabend in dem ihm so vertrauten München verbringen. Am 18. Juli 1970 schrieb er meiner Mutter, dass für eine Wohnung in der Kurfürstenstraße in Schwabing der Mietvertrag abgeschlossen sei. Doch diesem Neubeginn waren seine Kräfte nicht mehr gewachsen. Am 21. September 1970 setzte Onkel Willi seinem Leben ein Ende.

Grünwald bei München, Herbst 2009

Ernst Holthaus

Editorische Notiz

D er hier erstmals edierte Text wurde von Willi Raab 1937, noch vor seiner Emigration in die Vereinigten Staaten, begonnen. Er endet mit der Fahrt über den Atlantik. Das Originalmanuskript befindet sich heute im Besitz des Sohnes Karl Raab in Vancouver (Kanada). Für die vorliegende Publikation wurde der Text durchgesehen. Sachliche Irrtümer wurden stillschweigend beseitigt. Der Text wurde behutsam redigiert, wobei es die Absicht der Herausgeber war, die stilistischen Eigenheiten des Autors, etwa die Bildung von zusammengesetzten Adjektiven, zu erhalten. Das gilt auch für mancherlei aus der Welt des Mediziners stammende Fremdworte. Die Neuregelungen der 2006 verbindlich gewordenen Rechtschreibreform wurden zurückhaltend umgesetzt. Wo Wahlmöglichkeiten bestanden, wurde der Originalversion des Manuskriptes der Vorzug gegeben.

Das Zeitkolorit des Textes blieb, um den Quellencharakter des Textes nicht zu beeinträchtigen, durchweg erhalten. So spricht Willi Raab immer wieder von »Negern«. Würde er heute leben, würde er diesen Ausdruck sehr wahrscheinlich nicht benutzen, weil er als abwertend gilt und deshalb außer Gebrauch geraten ist. Ähnliches gilt für seine Äußerungen zum Judentum. Der Text lässt erkennen, dass der Autor selbst kein Antisemit ist, aber er hält trotzdem manche falschen zeitgenössischen Behauptungen über den großen Einfluss der jüdischen Minderheit in Österreich für zutreffend. Auch hier würde er heute, angesichts des Holocaust, sicher anders formulieren. Nicht zuletzt sind auch manche seiner Meinungsäußerungen durch die wissenschaftliche Forschung zweifelsfrei widerlegt. So hatte Willi Raab sicher nicht recht, wenn er vermutet, die USA unter Präsident Woodrow Wilson seien auf Druck von New Yorker Bankiers in den Ersten Weltkrieg eingetreten. Aber dass er dies glaubte, ist für den Historiker interessant.

Insgesamt sind die hier vorgelegten Lebenserinnerungen eine wertvolle Quelle, vor allem für die Zwischenkriegszeit in Österreich. Und auch wenn man dem Autor Willi Raab nicht in jedem einzelnen Punkt zustimmen mag, besticht sein Text durch die sympathische Offenheit und den oftmals heiter-ironischen Grundton, der auch die eigene Person nicht verschont.

Ernst Piper

Willi Raab

Und neues Leben blüht aus den Ruinen

Prolog

Wien, 27. November 1937

Mein liebes Söhnlein,

es ist Sonntag Nachmittag. Du läufst auf Deinen robusten, aber noch etwas krummen Beinchen eifrig durch die Zimmer hin und her, gibst unartikulierte Jubelrufe von Dir und überbringst mir dann und wann in der freigebig ausgestreckten Hand strahlend vor Stolz und Freude allerlei Beutestücke von Deinen Streifzügen, einen Schlüssel, ein Gummischweinchen, einen Pantoffel.

Es ist Sonntag Nachmittag, und entspannt in meinem Schreibtisch-Stuhl zurückgelehnt blicke ich auf das vor mir stehende vergilbte Bild einer schönen jungen Frau, die einen wohlgenährten kleinen Buben auf dem Arm trägt. Um sein kurzes Hälschen legt sich eine altmodische Spitzenkrause, aber im übrigen ist er Dir, mein Söhnlein, recht ähnlich. Warum sollte er es auch nicht sein? Es ist ja Dein Vater. Ja, so seltsam dies scheinen mag, es ist derselbe Mensch, den Du mit Glatze, angegrautem Bart und sonstigen Anzeichen des herannahenden Alters ein wenig abgenützt und lässig da im Lehnstuhl vor Dir sitzen siehst. Einundvierzig lange Jahre liegen zwischen seinem und Deinem Eintritt in diese Welt und es wird ihm kaum vergönnt sein, Dich auf Deinem Weg noch bis ins Alter der Reife zu begleiten. Heimat und Zuflucht wirst Du, so Gott will, noch lange Zeit bei Deiner Mutter finden und die Trennung von dem alten Mann wird Dich nicht weiter bedrücken, denn Dein jugendlicher Blick wird und soll in die Zukunft gerichtet sein. Vielleicht kommt aber einmal nach vielen, vielen Jahren ein Sonntag-Nachmittag ähnlich dem heutigen, ein Sonntag-Nachmittag, an dem Du vielleicht auch mit einer Glatze an Stelle Deiner blonden Locken und vielleicht auch mit einem Büblein neben Dir Dich nachdenklich jenes Mannes erinnern wirst, dessen längst erloschenes Leben erst durch das Deine einen Sinn und Inhalt empfangen hatte, und dann wirst Du vielleicht gerne diese Blätter zur Hand nehmen, die ich nun eigens und ausschließlich um jenes fernen Sonntag-Nachmittages willen mit Aufzeichnungen vergangener Dinge zu füllen beginnen will.

In heute nicht mehr vorstellbarer satter Behäbigkeit und Gemütsruhe räkelte sich die Reichshaupt- und Residenzstadt Wien im letzten Jahrzehnt des neunzehnten Jahrhunderts schläfrig am Strande der zwar immer braun gewesenen, aber dennoch von den Dichtern hartnäckig als blau besungenen Donau. Bedrückende Armut von der Art, wie sie uns heute auf Schritt und Tritt entgegenstarrt, gab es damals nur in den äußersten Vorstädten und selbst junge, am Anfang ihrer Laufbahn stehende politische Beamte wie der Bezirkskommissär Richard Raab einer war, konnten es sich leisten, einen kleinen Hausstand zu gründen, ja sogar um einen gefräßigen Säugling zu vermehren. Freilich, sein Vater, der Apotheker Wilhelm Raab, Besitzer der alten Bärenapotheke am Lugeck, hatte sich schon in jüngeren Jahren ein schönes Vermögen verdient und ein großes Haus geführt, in dem manche stadtbekannte Persönlichkeiten verkehrten. Der gewaltige Börsekrach des Weltausstellungsjahres 1871 hatte fast die ganze Herrlichkeit in alle Winde geblasen und was übrig blieb war eine bescheidene behagliche Bürgerlichkeit mit ein paar schönen alten Mahagonimöbeln und einer Mischung aus Konvention und Herzenswärme, Pedanterie und Humor, wie sie sich aus den Charakteren des puritanisch strengen Herrn Apothekers und seiner von dem französischen Emigrantensohn Hippolyte Doré abstammenden, noch im Alter anmutigen und heiter liebenswürdigen Frau Isabella mischte. Vater Doré war der langjährige Französischlehrer der habsburgischen Prinzen, des nachmaligen Kaisers Franz Josef und seiner Brüder, darunter des Kaisers Maximilian von Mexiko gewesen, avancierte später zum Sektionsrat im Ministerium des Äußern und hinterließ seiner Tochter zwar nur wenige irdische Güter, dafür aber die Tradition einer unerschütterlich kaisertreuen Gesinnung und zahlreiche in einem zum Teil höchst unorthographischen Französisch abgefasste Briefe der zukünftigen Monarchen an ihren Lehrer und Freund. Auch ein wenig musikalische Luft und Poesie wehten mit Isa Doré in den pharmazeutischen Dunstkreis ihres Gatten, war sie doch die Nichte von Schuberts Freund Franz v. Schober, der die Texte zu manchen von Schuberts bekanntesten Liedern verfasst und überdies seinerzeit in dem Geruche eines etwas künstlerisch-unsoliden Lebenswandels gestanden hatte. Schuberts letzte Zeilen von seinem Sterbebett waren an Schober gerichtet.

In dem Haus des Apothekers Raab wuchsen zwei Kinder heran, der verträumte, durch die Strenge des Vaters eingeschüchterte und menschenscheue Richard und seine Schwester, die eher der Mutter nachgeratene fröhlich temperamentvolle und oft überschwängliche Maria. Beide, durch die Exklusivität der elterlichen Erziehungsgrundsätze von der Außenwelt mehr ferngehalten als dies in den meisten Bürgerfamilien selbst der damaligen Zeit gebräuchlich sein mochte, suchten und fanden Freude und Anregung in der klassischen und zeitgenössischen Literatur, in die sie sich mit der ganzen Begeisterungsfähigkeit ihrer jungen aufnahmebedürftigen Seelen einlebten. Häufige Besuche des alten Burgtheaters in seiner Glanzzeit bedeuteten für sie höchstes Erdenglück und trugen viel zur Gestaltung ihres Weltbildes und ihrer späteren gefühlsmäßigen Einstellung zum Leben bei.

Weit weniger Vergnügen fand Richard an dem trockenen Gymnasialstudium und als er mit einiger Verspätung das Maturitätsexamen endlich hinter sich gebracht hatte, entschloss er sich, zermürbt von den ständigen Vorwürfen und dem Drängen des unzufriedenen Vaters, nach einem kurzen erfolglosen Zwischenspiel in der Pharmazie, ins Studium der Rechte einzutreten. Bald nach dem Tod der geliebten Mutter wurde der nun bereits im Staatsdienst stehende Doctor juris in der Wiener Schottenkirche mit der um fünf Jahre jüngeren Tochter Rosi des Chirurgen Johan Philipp Gerényi und seiner Gattin Franziska, geborenen List, getraut. Rosi, die in einem Kloster aufgezogen worden war, hatte frühzeitig ihre Eltern verloren und bis zu ihrer Verheiratung mehrere Jahre mit ihren Schwestern zusammengelebt, deren eine in den Nonnenorden des Sacré Coeur eintrat.

Nach einer für damalige Verhältnisse recht unternehmenden Hochzeitsreise an den noch zu Österreich gehörenden Gardasee und nach Venedig war es das stille Städtchen Zwettl im niederösterreichischen Waldviertel, Sitz einer Bezirkshauptmannschaft und eines Zisterzienserstiftes, welches einige Jahre hindurch das friedliche Glück der beiden jungen Eheleute umgab, ein Glück, das auf den so einsam und weltfremd gewesenen Einzelgänger wie ein tief erlebtes Wunder einwirkte und ihm nicht nur manchen innig schönen dichterischen Einfall, sondern auch eine bis dahin ungekannte Lebens- und Arbeitsfreude schenkte. Selbst auf das verschlossene Herz des alten Vaters fiel am Ende seines Lebens ein Schimmer dieser jungen Seligkeit; er verbrachte noch eine Reihe freundlicher Sommertage in dem bescheidenen Heim am Zwettler Marktplatz. Nach seinem Tod wurde es für Richards unverheiratete Schwester Maria eine gerne übernommene Aufgabe, den beiden Provinzlern in der Versorgung ihres Haushaltes von Wien aus beizustehen und als die Ankunft eines kleinen Neffen zu erwarten stand, nahm sie die Schwägerin in ihre Wiener Wohnung in der Waaggasse zu sich, denn die junge Frau litt schon seit Kindheit an einem schweren Herzfehler und die Ärzte sahen der Entbindung mit Besorgnis entgegen. Als dann aber am 14. Jänner 1895 um 2 Uhr Morgens ein quietschendes rosiges Paketchen neben der erschöpften jungen Frau in den Windeln lag, erhob sie ihre großen dunklen Augen zu der

Raffael'schen Madonna della Sedia über dem Bettende und sagte leise: »Ich dank' Dir Himmelmutter! Lass ihn einen anständigen Menschen werden!«

Das rosige Paketchen hat sich seither zu einem bejahrten Mann entwickelt und da im Folgenden hauptsächlich von seinen Erlebnissen und Schicksalen die Rede sein wird, soll er der Kürze wegen einfach als »ich« bezeichnet werden. »Ich« wurde also in der Paulanerkirche unter Assistenz zweier Tanten und unter hörbaren Anzeichen einer nicht ganz einwandfreien Verdauung getauft und zwar nach katholischem Brauch und der Bedeutung meiner Persönlichkeit entsprechend gleich auf fünf Namen, darunter sogar zwei weibliche: Wilhelm, Maria, Richard, Thekla, Hippolyt. Dieser ansehnliche Besitzstand an Vornamen wurde später gelegentlich der heiligen Firmung noch durch Hinzufügung eines sechsten vervollständigt: Emil.

Kindheit

Die beiden ersten Jahre meines Lebens verbrachte ich in Zwettl, allgemein bewundert nicht nur von den lokalen Honoratioren sondern auch von gelegentlichen Besuchern aus Wien. Meines Vaters Schwester Maria, genannt »Tante Muz«, kam wiederholt mit allerlei Spielzeug und nützlichen Dingen aus der Stadt und nahm sich meiner Bedürfnisse besonders dann an, wenn meiner armen Mutter quälende und beängstigende Herzanfälle Zeiten der körperlichen Schonung aufzwangen. Aus dieser traurigen Situation ergaben sich mitunter kleine Verstimmungen zwischen der zur Untätigkeit verurteilten kranken Mutti und ihrer Schwägerin, der das Schicksal Ehe und Mutterschaft versagt hatte und die hier ein ihrer immer auf Hilfsbereitschaft eingestellten Veranlagung gemäßes Wirkungsfeld fand. Dennoch blieb das Verhältnis der beiden Frauen ein im Grunde herzliches und warmes, in meinem Vater aber erwachte schon damals der Keim einer Eifersucht um sein Kind, die in späteren Jahren zu manchem bitteren Konflikt, zu schmerzlichen Missverständnissen führte und die Seele des ständig zum Lavieren zwischen gegnerischen Kräften gezwungenen Knaben schwer belasten sollte.

Aus den beiden Zwettler Jahren ist mir nichts mehr gegenwärtig als der festliche Augenblick, in dem mir ein kleines Mädchen namens Berta Ziwutschka ein aus rosa gefärbtem Zucker verfertigtes Osterei überreichte.

Mit der Versetzung meines Vaters nach Wien ins Ministerium des Inneren und mit der Übersiedlung in ein Döblinger Zinshaus in der Guneschgasse brach eine Fülle neuer Eindrücke über mich herein, von denen mir das unheimliche nächtliche Pfeifen der Lokomotiven der nahen Franz Josefs-Bahn, die panische Angst vor dem Haarschneider Herrn Retz, zwei blaugrüne Blumenvasen im Speisezimmer und eine Ohrfeige meines Vaters wegen einer kleinen Lüge besonders lebhaft im Gedächtnis geblieben sind. Die Erinnerung an ein für meine dreijährigen ästhetischen Begriffe sehr schönes Fräulein mit langen rotblonden Zöpfen tauchte erst nach vier Jahrzehnten meteorartig von Neuem auf, als eben dieses Fräulein in eigener Person wieder in mein Gesichtsfeld trat in Gestalt einer betagten fettleibigen Kassenpatientin mit chronischem Gelenksrheumatismus.

Die Sommermonate verbrachte meine Mutter mit mir in einem kleinen gemieteten Landhaus mit großem Garten am Hart bei Gloggnitz. Über die Sonntage und einige Ferienwochen kam der Vater hinaus, manchmal gab auch Gäste. Aus diesen fröhlichen, sonnigen Sommerzeiten stammen die wenigen lieben Bilder, welche die Kinderaugen von meiner Mutter aufgenommen und dem kleinen Gehirn zu immerwährender lebensvoller Aufbewahrung anvertraut haben. Freilich, nichts hat sich mir so tief und unauslöschlich eingeprägt wie ein August-Nachmittag des Jahres 1899 – ich war 4 Jahre alt – an dem die Mutter mit mir im Garten Ball spielte, während der Vater auf seinem Rad einen Ausflug unternahm. Schon mehrmals war der bunte Ball hin und her geflogen und wieder warf ich ihn munter hinüber, als die zarte schlanke Frauengestalt vor mir plötzlich wankte und mit bleichen, entstellten Gesichtszügen zu Boden sank. Ich hielt dies alles für einen Scherz und rief, wenn auch schon von einer unbewussten Angst erfasst: »So fang' ihn doch!« – aber es kam keine Antwort. Da kniete ich neben dem blassen, ausdruckslos zum Himmel blickenden Antlitz nieder, zerrte an der dunklen zurückgefallenen Haarkrone und wartete in heiß aufsteigender Verzweiflung auf irgendein Wort, auf ein freundliches Lächeln, wie ich es seit jeher gewohnt gewesen war. Aber die Augen einer Fremden starrten unbewegt ins Leere und so musste ich zum erstenmal den Tod als jene Macht kennenlernen, der immer von Neuem – und oft vergeblich – entgegenzutreten die Bestimmung meines Lebens geworden ist. Leute, die am Gartenzaun vorübergingen, sahen das fassungslos weinende Kind an der Leiche der Mutter zusammengekauert und nahmen mich in ihre Obhut, bis der Vater an die Trümmerstätte seines Lebensglückes zurückgekehrt war. Er hat diesen vernichtenden Schlag niemals verwinden können. Lange Jahre hindurch führte er, im Innersten zerbrochen und verbittert, das Dasein eines Einsiedlers und später, als er sich dem Getriebe der Welt wieder ein wenig unbeholfen und skeptisch anschloss und auch dabei wiederum manche Enttäuschung erlebte, blieb ein scharf sarkastischer Pessimismus die Grundlage seiner Einstellung zum Leben. Erst in der späten zweiten Ehe, die er nach seinem sechzigsten Jahre mit einer um vieles jüngeren Amtskollegin einging, fand er eine Art stiller Zufriedenheit. Die Schwester Maria, die ihm seit jenem düsteren Sommertag das Haus getreulich geführt hatte und auf deren Bleiben er in unrichtiger Einschätzung der Empfindungen der beiden Frauen bestand, musste durch den Einfluss der neu eingetretenen jungen Schwägerin harte Zurücksetzungen und Kränkungen ertragen. Das zu verhindern, war ich nicht imstande, nicht nur wegen meiner jahrelangen Abwesenheit von Wien, sondern vor allem auch infolge einer instinktiven lähmenden Furcht, welche seit Kinderzeiten jeden Versuch einer Auflehnung gegen den herrischen Willen des Vaters von vorneherein ausschloss, einen Willen, der mit vorrückendem Alter und allmählichem Verfall der Urteilskraft immer mehr nach einer Seite hin den Halt verlor. Die zweite Ehe meines Vaters ist ihm – besonders im Freundeskreis der Schwester – aus begreiflichen Gründen vielfach verübelt worden, doch konnte niemand ahnen und ermessen, in welcher Qual und Niedergeschlagenheit sich jahrzehntelang sein freudloses Leben hingeschleppt hatte und welche Erlösung es für den alten einsamen Mann sein musste, endlich wieder eine Gefährtin zu finden, die ihm zumindest die Illusion von etwas Wärme und häuslicher Behaglichkeit zu geben vermochte. Von den vielen Gedichten, die seiner Schwermut und seiner tiefen Todessehnsucht ihre Entstehung verdanken, scheint mir kaum eines sein Wesen und Fühlen ergreifender zum Ausdruck zu bringen als dies:

Vision

Bist du die liebe, engelsgute Frau,
Die in der Kindheit einst bei mir gesessen?
Du bist es wirklich liebe Mutter? – Schau,
So lange, lange hatt' ich dich vergessen.
Vergessen? Nein, vergessen hab ich nicht;
Was ich in Frauen je gesucht, gefunden,
Das las ich einst in deinem Angesicht,
Das hab in deiner Liebe ich empfunden.
Nun, da ich einsam bin und lebensmüd,
Nun sitzest wieder du an meinem Bette,
Als ob zum Kranz sich fügte, Glied an Glied,
Des Menschenlebens wunderbare Kette.
Unter der Wange liegt mir deine Hand
Und mit der andern streichst du meine Haare
Voll Lieb und Güte wie ich sie empfand
An jedem Abend meiner Kinderjahre.
Und deine großen braunen Augen sind
So zärtlich auf mein ernstes Haupt gerichtet,
Doch alle Sorge um dein müdes Kind
Hat sich in Falten um den Mund verdichtet.
Das alles hab ich einstens schon gesehn,
Doch konnt' ich deinen Kummer nicht begreifen.

Du ahntest wohl, mir werd' es schlecht ergehn,
Der Lebensfrohsinn werde mir nicht reifen.
Doch Mutter, doch; das Glück war ja bei mir;
Nur gar so schnell ist's wiederum gegangen.
Seit damals freilich, Mutter, sag ich dir,
Blieb mir der Himmel wolkenüberhangen.
Ich hab geliebt, ich hab im Traum gelebt,
Doch einsam bin ich immerdar geblieben.
Oft hab ich in die Welt zurückgestrebt,
Allein mein Kahn hat stets ins Meer getrieben.
Nun ist es gut! Nun bin ich ja zu Haus.
So fand ich endlich doch noch in den Hafen.
Die liebe Hand! Geh, lösch die Kerze aus!
So müde bin ich – Mutter. – Ich will schlafen.

In seiner beruflichen Stellung als Chef des Gewerbedepartements der »Kaiserlich-königlichen niederösterreichischen Statthalterei« wusste sich der Vater durch fanatische Gewissenhaftigkeit und strengsten Gerechtigkeitssinn die Achtung und das Vertrauen aller zu erwerben, die als Untergebene oder Parteien mit ihm amtlich zu tun hatten und über deren Schicksale er oft schwerwiegende Entscheidungen zu treffen hatte. Immer wieder traten einflussreiche Protektoren an ihn heran, um ihn bei Konzessionsvergebungen und dergleichen für ihre jeweiligen Günstlinge wohlwollend zu stimmen. Seine Antwort bestand regelmäßig in der Überreichung einer gedruckten Karte mit folgendem Wortlaut: »Die Euer Wohlgeboren interessierende Angelegenheit wird pflichtgemäß vollkommen objektiv erledigt werden.« Dies war eindeutig und unanfechtbar, aber freilich nicht die richtige Art, um sich überall beliebt zu machen. Und er war durchaus nicht überall beliebt. Die Originalität seiner Ideen ebenso wie die seiner Ausdrucksweise riefen in dem trockenen Aktenstaub-Milieu seiner Vorgesetzten mehr als einmal Ablehnung und Entsetzen hervor. Seine Kompromisslosigkeit in einmal von ihm für recht befundenen Entscheidungen schuf ihm manchen Feind. In jungen Jahren hatte sogar ein Konflikt mit dem Sektionschef Ritter von Bleyleben seine zwangsweise Versetzung aus dem Ministerium des Inneren in die Statthalterei zur Folge gehabt. Von seinen Ministerialkollegen verabschiedete er sich mit den Worten: »Ich bin aus dieser Idiotenanstalt wegen Simulation entlassen worden.« Und als ihn Bleyleben einige Zeit später einmal traf und fragte »Nun, wie geht es Ihnen?« war seine Antwort »Dank Ihrer Fürsorge nicht so gut wie

Ihnen.« Mit dem Statthalter Graf Kielmannsegg gab es oft Zusammenstöße und als er nach seiner Pensionierung im sozialistisch regierten Nachkriegs-Wien als Privatanwalt in Gewerbeangelegenheiten gegen die Korruptionisten der Gemeindeverwaltung ebenso heftig loszog wie früher gegen die schlampigen Aristokraten, die ihn deshalb als einen »Roten« verschrien hatten, kam es zu einer gerichtlichen Verurteilung wegen Beleidigung hoher Gemeindefunktionäre. Mag sein, dass die Unbeugsamkeit seiner Entschlüsse den mitunter gegen ihn erhobenen Vorwurf des Eigensinns dann und wann begründet erscheinen ließ, die Absicht, bedingungslos gerecht und unparteiisch zu sein lag ihnen jedoch ohne Ausnahme immer zugrunde. Sie war es wohl auch, die ihm den Aufstieg zu einem weiteren Wirkungskreis versperrte, denn ohne Glätte und Geschmeidigkeit war es im kaiserlichen Staatsdienst nicht möglich, eine führende Stellung zu erlangen.

Nichts war meinem Vater mehr verhasst als Verlogenheit und als er mich einmal bei einer dummen Unwahrheit ertappt hatte, sprach er eine volle Woche lang kein Wort zu mir. Dieses mich tief erschütternde Erlebnis bildete vermutlich einen der Hauptgründe dafür, dass mir späterhin im Leben das Lügen auch dort, wo es notwendig oder nützlich war, wie dies im ärztlichen Beruf so oft der Fall ist, fast immer sichtbare Schwierigkeiten bereitete und der beabsichtigten Glaubhaftigkeit entbehrte. Die vom Vater übernommene Überzeugung von der Verwerflichkeit und Strafbarkeit nicht nur des Lügens, sondern auch des Verschweigens solcher Dinge, deren Mitteilung Pflicht ist, trieb in meinem Kindersinn zuweilen sonderbare Blüten: Als ich im ersten Jahr des Besuches der protestantischen Volksschule das Unglück hatte, auf einem Blatt meines Schreibheftes einen winzigen Tintenklecks zu erzeugen, kam mir ein furchtbares Bild in den Sinn, welches ich irgendwo in einem Buch gesehen hatte. Es stellte einen böse blickenden Lehrer dar, der einen Schüler übers Knie gelegt hat und trotz jämmerlichen Wehgeschreis mit einem Rohrstock pädagogisch behandelte; das Corpus delicti, ein offenes Schreibheft mit einem allerdings ungeheuer großen Tintenklecks, lag auf dem Boden vor dieser Schreckensszene. Jenes Bild hatte in mir die Annahme gefestigt, dass eine Tintenbesudelung des Schulheftes den Gipfelpunkt der Verworfenheit des Lernbeflissenen bedeute und die schwerste Bestrafung erfordere. Obwohl sich nun hieraus die moralische Forderung ergab, allsogleich zu Hause Meldung von dem entweihten Zustande meines Heftes zu erstatten, konnte ich mich zu einem so niederschmetternden Geständnis nicht entschließen und schob es von Tag zu Tag, von Woche zu Woche hinaus, hierdurch mein Gewissen immer noch mehr belastend. Es ist keine Übertreibung, wenn ich behaupte, in jenen Wochen schwerere innere Kämpfe und Konvulsionen durchgemacht zu haben als in manchen der härtesten Zeiten meines späteren Lebens. Stundenlang lag ich Nachts wach und brütete über den abenteuerlichsten Selbstmordplänen. Besonders erfolgversprechend erschien mir der metallene Fleischklopfer in der Küche mit dem ich meinen Schädel zu zerschmettern gedachte – alles dies, weil ich mich für einen rettungslos verlorenen Verbrecher hielt. Als endlich der Tag erschien, an welchem die Schulhefte nach Hause gebracht und dem Vater zur Besichtigung und Unterschrift vorgelegt werden sollten, taumelte ich zitternd heim zum erwarteten jüngsten Gericht und Weltuntergang. Mehr tot als lebendig stand ich hinter dem Stuhl meines Vaters, als er das Heft inspizierte. Er besah aufmerksam ein Blatt nach dem anderen, kam zu dem siebenten, auf welchem sich das tragische Kleckslein befand, betrachtete es ebenfalls – sagte nichts, blätterte weiter und – lobte zum Schluss meine graphischen Leistungen. Jawohl, kein Weltuntergang und doch einer, denn mit unhörbarem Donnern brach das Gebäude meiner Moralgrundsätze und meiner Vorstellungen von Schuld und Sühne zusammen. In jenem Augenblick begannen meine nie wieder beschwichtigten Zweifel an der Existenz einer göttlichen und irdischen Gerechtigkeit.

Überhaupt will es mir scheinen, dass die Schule nicht der geeignete Ort ist, den Glauben an Recht und Billigkeit in die Kinderseele einzupflanzen. Oder war es etwa in der Ordnung, dass man meinen Klecks einfach ignorierte, mich aber statt dessen wiederholt bestrafte, weil ich bei den doch wirklich komischen Worten »gebenedeit«, »Emaus« und »Kyrie eleison« in der Religionsstunde meine schallende Heiterkeit nicht zu unterdrücken vermochte? Oder war es gerecht, dass unsere ganze männliche Klasse eine Stunde nachsitzen musste, nur weil wir ein widerrechtlich eingedrungenes Mädchen wohlverdienterweise hinausgeprügelt hatten? Die Frage meines Vaters nach dem Grund meines späten Heimkommens beantwortete ich mit dem der französischen Kriminalliteratur entnommenen und irgendwo aufgeschnappten bedeutungsvollen Zitat »Cherchez la femme«.

Im Übrigen aber machte mir die Schule viel Spaß und ließ meine Begabung für die Naturwissenschaften im Allgemeinen, für die Medizin im Besonderen schon frühzeitig zum Vorschein kommen. So zum Beispiel machte ich die erstaunliche Entdeckung, dass alle Dinge aus »Schmollekügerln« (von anderen Forschern irrtümlich als Moleküle bezeichnet) zusammengesetzt sind und dass sich der Darm des Menschen in der Brust befindet, was eine bemerkenswerte Vertrautheit mit den seltenen pathologischen Zuständen von Eventration und Hernia diaphragmatica verriet.

Das Zusammensein mit einer Menge gleichaltriger Buben war für mich etwas Neues und Unterhaltsames. Da gerade zur damaligen Zeit der russisch-japanische Krieg tobte, war unsere Klasse in zwei feindliche Lager gespalten, die ihre Kämpfe auf dem Heimweg über die Schlachtfelder des nahen Naschmarktes auszufechten pflegten, und ich bin noch heute stolz darauf, in den Reihen der siegreichen japanischen Armee mein Nasenblut für den Mikado vergossen zu haben. Da unsere Kenntnisse der japanischen Sprache unzulänglich waren, erschufen wir japanische Schlachtrufe durch das Verkehrt-Lesen von Aufschriften, welche uns auf dem mandschurischen Naschmarkt ins Gesichtsfeld kamen, vor allem das anfeuernde »Nellerof ni Kipsa!« (Forellen in Aspik).

Unter meinen Schulkameraden befand sich einer namens Weber, ein Knabe von geringen Geistesgaben, welchen ich aus mir nicht mehr erinnerlichen Gründen in mein Herz schloss und zärtlich als »Weberlein« bezeichnete. Während der ersten Ferien, die ich wie gewöhnlich am Hart unter der Obhut von Tante Muz verbrachte, wurde ich eines Abends aus dem Schlaf geweckt und siehe, neben meinem Bett stand das Weberlein. Mein Vater hatte es aus der Stadt mitgebracht. Es stand regungslos glotzend da und da mir das Glück der Anwesenheit eines lebendigen Weberleins zu überwältigend und unerreichbar erschien, da das Geschöpf neben meinem Bett überdies in absoluter Unbeweglichkeit verharrte, gab ich meiner Vermutung Ausdruck, dass es sich zwar wohl nur um eine Puppe, um ein ausgestopftes Weberlein zu handeln scheine, dass ich aber auch darüber hoch erfreut sei und gerne damit spielen wolle. Bald aber wurde ich eines Besseren belehrt. Das vermeintliche Kunstprodukt erwies sich nicht nur als lebendig sondern auch als ein ausgesprochen lästiger Zeitgenosse. Es versenkte, um mich zu ärgern, der Reihe nach meine kostbarsten Spielsachen in ein tiefes, von Würmern belebtes Wasserfass und die handgreiflichen Folgen blieben nicht aus. So endete eine Jugendfreundschaft mit unerwarteter Geschwindigkeit.

Die Trauer währte indessen nicht lange, denn an Weberleins statt erschien meine kleine, ebenso wie ich sechsjährige Cousine Juliette Ferriére aus Genf, die einige Wochen am Hart blieb und Flammen der Liebe in meinem anlehnungsbedürftigen Gemüt entfachte. Freilich blieb mir auch der mit derlei Gefühlen so häufig verbundene Gram nicht erspart, denn Juliette – sie selbst nannte sich Zouly – wandte ihre

Gunst in sichtbarer Weise einem Rivalen namens Rolf zu, mit der einleuchtenden Begründung: »Er ist viel komischer als Willi.« Obwohl dieses neue psychische Trauma nun auch noch meinen Glauben an die Frauenseele zu erschüttern drohte, schieden wir doch in Freundschaft und fest entschlossen, einander bei späterer Gelegenheit zu heiraten.

Außer der bezaubernden Zouly gab es noch viele andere Gäste am Hart. Tante Muz hatte einen ungewöhnlich ausgedehnten, zumeist intellektuell und schöngeistig gefärbten Bekanntenkreis, in dem das damals in Wien vielfach tonangebende jüdische Element stark vertreten war. Nach meiner Terminologie waren da eine »Enten-Tante«, eine »Tinten-Tante«, eine »Tante mit der braunen Stimme« und eine »mit der rosa Stimme« (der Name der letzteren war Fleischanderl), ferner ein »Onkel Orangenkopf« und auch eine Dame, die allen Ernstes und laut Geburtschein Clara Handtuch hieß. Kinder kamen jedoch nur sehr selten zu Besuch und so verlebte ich die sommerlichen Ferienmonate zumeist in der Gesellschaft Erwachsener als aufmerksamer Zuhörer ihrer mir nur zum geringen Teil verständlichen Gespräche und im Übrigen mit meinem Gemüsebeet, einer umfangreichen Schmetterlingssammlung und allerlei Expeditionen im großen Garten und den nahen Wäldern und Steinbrüchen beschäftigt.

Übers Wochenende kam der Vater aus der Stadt. Ich erwartete ihn jeden Samstag mit einem selbstgepflückten Blumenstrauß am Friedhofstor und vom Grab meiner Mutter, das still und bescheiden in einem Winkel des alten halbverfallenen Friedhofs unter einem Busch wilder Heckenrosen lag, wanderten wir während sechs Sommern ungezählte Male hinauf zu dem Haus, in dem seine Lebensfreude erstorben war und über dem für immer ein dunkler Schatten lag.

Vaters Lieblingsvergnügen war es, mit einer altmodisch schwerfälligen photographischen Kamera Aufnahmen nicht nur der schönen den Hart umgebenden Berge und Burgen, sondern leider auch seines Sohnes zu machen. Da Momentaufnahmen damals noch nicht möglich waren, stellte er an mich immer wieder die übermenschliche Forderung, sekundenlang mit intelligentem Gesichtsausdruck in die Linse zu blicken. Das Resultat war meistens kläglich und die Sitzungen endeten mit Geheul. Als ich eines Tages auf einem Schotterweg niedersauste und meine Physiognomie über und über blutig geschlagen hatte, war die erste Reaktion unter Tränen: »Gott sei Dank, jetzt kann mich der Papa wenigstens nicht photographieren.«

Fast ebenso verhasst wie die Lichtbildkunst war mir – zumindest in den ersten Anfängen – der Unterricht im Geigenspiel, dessen ich vom siebenten Jahr an auch während einiger Sommerwochen teilhaftig wurde, die mein brummiger Geigenmeister Willibald Hengg, ein biederer alter Tiroler, Mitglied des Philharmonischen Orchesters, bei uns am Hart verbrachte. Erst in späteren Jahren wurde es mir klar, wie viel Freude am Musizieren ich dem guten Alten zu verdanken hatte.

Ein unvergesslicher Eindruck war der erste Opernbesuch in Begleitung meines Vaters. Durchschauert von Ehrfurcht vor den gewaltigen Dimensionen des prachtvollen, lichtstrahlenden, in Rot und Gold prunkenden Zuschauerraumes und vor den vielen nur halblaut sprechenden Menschen um mich her, saß ich einigermaßen unbehaglich in dem Sammetfauteuil, welcher mir die Ausmaße einer Badewanne zu haben schien, schlenkerte mit meinen Beinchen und harrte atemlos der Dinge, die da kommen sollten. Es war zwar nur Humperdincks »Hänsel und Gretel« und ein für die unreifere Jugend bestimmtes Ballett namens »Kleine Welt« aber die Wirkung auf meine Phantasie war überwältigend und beeinträchtigte stark mein Interesse für die täglichen Schulaufgaben.

Das größte Ereignis in diesen Jahren war jedoch eine mit Tante Muz unternommene Reise nach Ungarn auf das Schloss Borostyankö des Grafen Almássy, wo ihre Freundin Irma Egan lebte. Viele Stunden fuhren wir in einer prächtigen, von vier Rappen gezogenen Equipage, auf deren Kutschbock ein romantisch aussehender Csikós in schwarzer Uniform mit Fransen auf dem runden schwarzen Hut die lange Peitsche schwang, durch die Täler der sogenannten »Buckligen Welt« und es war späte Nacht, als wir endlich das Schloss erreichten. In langwierigen Unterweisungen war ich mit der an der gräflichen Tafel üblichen »englischen Ess-Etikette« vertraut gemacht worden, was nicht hinderte, dass ich in meiner Befangenheit gleich bei der ersten Mahlzeit den halben Spinat über meine Hosen goss. Während des Aufenthaltes in Borostyankö faszinierte mich nichts so sehr wie ein kleiner Tümpel im Garten, an dessen Rand sich ein paar schwarze, gelb gefleckte Salamander umhertrieben; nicht einmal der junge Graf Tassilo auf seinem feurigen Reitpferd oder das Zigeunerlager unten am Fuß des Schlossberges.

Nach dieser ersten Reiseprobe ging es im Sommer 1907 – ich war damals zwölf Jahre alt – mit dem Vater hinaus in weitere Fernen. Nach 13 Stunden einer erregenden und ermüdenden Eisenbahnfahrt betrachtete ich verwundert mein rußverschmutztes, schläfriges Gesicht in dem Spiegel eines Berliner Hotelzimmers und der erste Blick aus dem Fenster in einen Lichthof mit gedeckten Tischen fiel auf einen

Suppenteller, welcher eine gelbliche Flüssigkeit mit einem roten Punkt in der Mitte enthielt. »Kalte Schale mit Würstchen« hieß dies nordgermanische Gericht. Es ist seither für mich unlöslich mit dem Begriff »Berlin« verknüpft. Viel Neues war auch sonst zu sehen: Zweistöckige Pferde-Omnibusse, Droschkenkutscher mit weißlackierten Zylinderhüten, der riesige Bismarck vor dem Reichstagsgebäude und entsetzlich viele Menschen, die eine höchst merkwürdige schnarrende Sprache gebrauchten. Als wir ein paar Tage später weiter nördlich wieder aus dem Zug stiegen, blies mir eine seltsam salzige Luft um die Nase. Wir gingen ein paar Minuten durch den kleinen Ort Bansin und auf einmal lag eine ungeheuer weite, blaue leuchtende Ebene vor mir, herrlich schön und erschreckend zugleich, denn noch nie war mir meine Winzigkeit so deutlich zu Bewusstsein gekommen wie hier am Strand des unendlichen rauschenden Meeres. Tagelang konnte ich mich kaum fassen und wurde erst allmählich der vielen Krabben, Muscheln, Tanggeflechte und allerlei wunderlicher Meerestiere am Saum der ständig vor und rückwärts rollenden Uferwellen gewahr. Eine mächtige Sandburg wurde erbaut, in welcher der Vater und ich unsere weltabgeschiedene Residenz aufschlugen. In der Pension Runge erlernten wir nicht ohne Zögern den Genuss der klebrigen Süßspeise »Grießflammeri« und im »Verkaufsladen für Reiseerinnerungen« wurden uns eindrucksvolle Bildnisse des zwirbelbärtigen Kaisers Wilhelm II. angeboten, in Tranjacke und Südwesterhut entschlossenen Blickes das Steuerruder des symbolischen Staatsschiffes festhaltend. Zwei Ausführungen waren vorhanden, die eine mit strahlendem Sonnenschein, die andere mit finsterem Gewölk und Gewittersturm im Hintergrund, beide geziert mit der Aufschrift »Unsere Zukunft liegt auf dem Wasser!« Die Wahl stellte uns der Verkäufer anheim: »Wünschen Sie Kaiser Wilhelm mit Blitz oder ohne Blitz?« Selbstverständlich entschieden wir uns für »mit Blitz«.

Neben solchen teils freundlichen, teils erhebenden Erinnerungen vermittelte mir die Ostsee gelegentlich einer stürmischen Fahrt in einem Fischerboot auch die erste bittere Bekanntschaft mit der Seekrankheit, die fernerhin meine treue Begleiterin auf fast allen Meeresfahrten, ja sogar noch im gleichen Sommer auf der glatten Hamburger Alster blieb, dies letztere aber vielleicht bloß deshalb, weil ich am Vortage in Stettin aus bloßer Neugierde nach solch fürstlichem Gericht ein großes Stück »Kaiser's Jagdwurst« verzehrt hatte.

Hamburg missfiel mir wegen der Unsauberkeit seiner Kanäle und wegen der zudringlichen Gassenjungen, die mich meines grünen Röckleins und der kurzen Lederhosen halber johlend umtanzten: »Sieh mal, sieh mal, 'n Tirola!«

Für das alte ärmliche Geburtshaus von Johannes Brahms hatte ich wenig Interesse und, als ich es 33 Jahre später genauer besichtigen wollte, war es nicht mehr da. Von Hamburg ging es in großem Sprung nach Bayern. Wir fuhren über Fulda, welches nicht nur seines berühmten Klosters wegen, sondern auch deshalb Erwähnung verdient, weil dort mein mit einer Adlerfeder geschmückter Hubertushut zum Coupéfenster hinaus auf die Schienen flog. Die altersumwitterten Schönheiten von Rothenburg und Nürnberg vermochten meinen mit Städtebildern übersättigten unreifen Knabensinn nicht mehr so recht zu fesseln und erst nach ein paar mit Tante Muz und zwei Schulkameraden im schönen Zillertal und den Tiroler Bergen verbrachten Wochen war ich wieder aufnahmefähig für eine genussreiche Fahrt durch die Schweiz, mit dem Dampfer über den Vierwaldstädtersee und mit einer altertümlichen Pferdepost die lange Strecke über den wilden felsigen Furkapass und vorbei am Rhônegletscher nach den französischen Kantonen. Das Ziel der Reise war Genf und Zouly, die ferne Braut. Noch waren unsere Gefühle nicht erkaltet, kein komischerer Nebenbuhler trat störend zwischen uns beide und die Herbsttage in dem großen gastlichen Haus meines mit mir irgendwie verwandten »Onkels«, des Arztes Dr. Frédéric Ferrière, Mitbegründer des Roten Kreuzes und später im Ersten Weltkrieg Organisator der Kriegsgefangenenhilfe, versetzten mich geradewegs ins Paradies, obwohl die Genfer Gassenbuben noch weniger Verständnis für mein alpines Kostüm zeigten als die Hamburger und mich gar als »le diable« bezeichneten. Mit »Oncle Frédéric« durfte ich zuweilen in seinem neuen sogenannten »automobile« durch die Strassen fahren, einem zauberhaften Vehikel, welches sich ohne vorgespannte Pferde, dafür aber mit viel Lärm und üblem Geruch dahinbewegte und allgemein großes Aufsehen hervorrief. Mein Stolz, von dem hoch aufgebauten Sitz neben dem Lenker dieses Feuerwagens auf die gemeine Welt hinabblicken zu können, war unermesslich.

Unter Oncle Frédérics zahlreichen Patienten befand sich ein menschenscheuer alter Mann, der stets in schwarz verhängtem Wagen vorfuhr und während dessen Anwesenheit im Hause sich niemand zeigen durfte, da er nicht gesehen zu werden wünschte. Trotzdem gelang es mir, ihn hinter einem Vorhang verborgen zu beobachten und sein vergrämtes, müdes Gesicht zu erblicken. Es war Kapitän Dreyfus, jener Hauptmann der französischen Armee, dessen durch Intrigen veranlasste bewusst fälschliche Verurteilung wegen Hochverrates und dessen langjährige Verbannung auf die Teufelsinsel in der Südsee zu einer Serie dramatischer, politisch umwälzender Wiederaufnahmeprozesse, zum Sturz von Regierungen, zum Selbstmord von Ministern geführt, zu Emile Zola's berühmter Anklageschrift »J'accuse« den Anlass gegeben und endlich mit der vollen Rehabilitierung des körperlich und seelisch fast vernichteten Mannes geendet hatte. Sein Schicksal hat noch Jahrzehnte hindurch auf der Bühne und im Film die Gemüter erregt, Straßendemonstrationen und blutige Zusammenstöße ausgelöst. Die Erscheinung jenes geheimnisvollen Greises, der Besuch der Landungsbrücke am See, auf welcher sieben Jahre zuvor unsere schön Kaiserin Elisabeth erstochen worden war und der Anblick der hohen Kerkermauern, hinter denen ihr Mörder, der italienische Anarchist Lucheni sein Ende erwartete, ließen mich einen kalten Hauch aus jener gefährlichen Welt verspüren, in welcher »Geschichte« gemacht wird.

Dass aber auch im bürgerlichen Leben allenthalben Gefahren lauern können, erfuhren Zouly und ich auf einem Ausflug ins Montblanc-Gebiet, als wir nach Überquerung des Bosson-Gletschers von einem morschen schmalen Holzsteg in die reißende Arve plumpsten, doch nahe genug dem Ufer, um uns selbst in Sicherheit bringen zu können. In der Freude über den glücklichen Ausgang dieses bösen Abenteuers ließ ich mich nach unserer wassertriefenden Ankunft in Chamonix dazu hinreißen, meiner Angebeteten einen bräutlichen Kuss zu verabreichen. Es war der erste und letzte, den sie von mir erhielt und züchtig erwiderte.

Schwer war der Abschied und die Heimreise über Interlaken, Bern und Salzburg vermochte nicht, mein sehnsuchtsvolles Herz ganz aufzuheitern. Am ehesten gelang dies noch einem ernsten norddeutschen Ehepaar, welches während der Fahrt durch den Anblick einer friedlich grasenden Ziege in heftige zoologische Auseinandersetzungen verstrickt wurde, da die Gattin das harmlose Tier für eine Gemse hielt, ihr Gemahl dagegen eine Reihe schwerwiegender sachlicher Argumente zugunsten der Auffassung vorbrachte, dass es sich um ein Exemplar der Species capra domestica handle. Lang wogte die Debatte unentschieden hin und her. Sie war von erbittertem Schweigen gefolgt, welches die strenge Matrone endlich mit den fest entschlossenen autoritären Worten durchbrach: »Und es war doch 'ne Jemse!«; nicht anders als Galileo Galilei, der noch auf dem Scheiterhaufen in trotziger Überzeugung ausrief »Eppur si muove!«, »Und sie bewegt sich doch!«.

Zu Beginn des Jahrhunderts wurde Jahre hindurch in der Öffentlichkeit lebhaft die Frage der Aufrechterhaltung des sogenannten humanistischen Unterrichtes, der traditionellen eingehenden Beschäftigung mit den klassischen Sprachen Latein und Griechisch in den Gymnasien erörtert. Für die Zulassung zum Universitätsstudium war sie Bedingung und zugunsten ihrer unveränderten Beibehaltung wurde unter anderem das Prinzip der »Geistesgymnastik« durch Aneignung eines möglichst umfangreichen Gedächtnisstoffes angeführt. Man muss es unserem heutigen modernen Schulwesen zugutehalten, dass jenes Bestreben, die jugendlichen Gehirne durch systematische Überlastung für das Leben vorzubereiten von mehr aufs Praktische gerichteten und die Charakterentwicklung stärker betonenden Unterrichtsmethoden abgelöst worden ist. Nur wenige philologische Enthusiasten werden der acht Schuljahre ausfüllenden Erlernung ungezählter unregelmäßiger Konjugationen und Deklinationen nachtrauern, dem gefürchteten griechischen Aorist und den lateinischen Pluraletantums. Dennoch ist nicht zu leugnen, dass der mühsame und steinige Weg über das grammatikalische Geröll unter der Führung begabter Lehrer zu olympischen Höhen, zu Ausblicken in die ewig schöne und lebensvolle Welt der Antike führen konnte, die das plastische junge Gemüt für immer zu formen und zu festigen halfen.

Was mich betrifft, so trat ich nicht ganz unvorbereitet in die humanistische Atmosphäre des hundertjährigen »kaiserlich-königlichen Privatgymnasiums zu den Schotten«, dessen Unterrichtsbetrieb in den Händen von sehr toleranten und aufgeschlossenen Benediktinermönchen lag und das zu jener Zeit im Ruf des besten Gymnasiums von Wien stand. Schon seit früher Kindheit hatte mich der Vater mit den Gestalten der griechischen Mythologie vertraut gemacht: Niobe, Tantalos, die Hesperiden, Daidalos und Ikaros waren mir ebenso wohlbekannt wie Rotkäppchen, Rübezahl und die Bremer Stadtmusikanten. Meisterwerke der antiken Bildhauerkunst kannte ich aus dem Hofmuseum, dem wir Sonntags oft Besuche abstatteten und die Akropolis, das Erechtheion und manche andere Wunder der Architektur hatte mir daheim eine Laterna magica oft auf die Leinwand projiziert. Dem Vater war viel daran gelegen, in der Seele des Jungen, des einzigen Freundes und Kameraden seiner in Einsamkeit dahinziehenden Jahre, einen Widerhall seiner eigenen leidenschaftlichen Bewunderung für alles Schöne in Natur und Kunst wachzurufen. »Von Schönheit scheiden, das ist Tod« heißt es in einem seiner Gedichte. In meiner ihm gegenüber meist unbeholfenen und gehemmten Art mag ich seine Erwartungen oft enttäuscht und den Anschein unempfänglicher Gleichgültigkeit erweckt haben und doch gehören die Spaziergänge, während deren er mir Bruchstücke seines geliebten »Faust« aus dem Gedächtnis vortrug, die vielen Abende, an denen er mir Dramen von Schiller, Lessing, Grillparzer vorlas, zu den

leuchtendsten und eindrucksvollsten Erinnerungen meiner Knaben-
zeit. In seiner sarkastischen, menschenfeindlichen Einstellung ließ er
indessen auch keine Gelegenheit vorübergehen, mich auf die kleinen
und großen Dummheiten, Gemeinheiten und Lächerlichkeiten der lieben Mitmenschen aufmerksam zu machen und manche meiner Illusi-
onen planmäßig abzubauen. Nicht selten standen wir Abends in der
festlich beleuchteten Einfahrt des Opernhauses und bekrittelten höhnisch die der damaligen Mode entsprechend mit Straußenfedern, Sei-
denfaltenwürfen und Juwelen überladene äußere Erscheinung der ihren
Equipagen entsteigenden Damen, die Zylinderhüte und hochmütig ins
Auge geklemmten Monokel ihrer Kavaliere, deren Komik freilich oft
genug ans Groteske streifte. – Es bedurfte langer Jahre und mancher
harten Erfahrungen, um eine ungesunde Überheblichkeit und Intoleranz abzuschleifen, welche dieser Einfluss einer überkritischen und
verbitterten Sinnesart in mir hatte entstehen lassen.

Die Oper aber sollte mir bald weit mehr bedeuten, als ich gelegentlich jener misanthropischen Exkursionen geahnt hatte. Mein Firmpate,
der Reichsratsabgeordnete Friedmann, dem ich auch im späteren Leben unendlich viel Freundschaft und tatkräftige Hilfe zu verdanken
hatte, stellte mir fortlaufend Geldbeträge zur Verfügung, die mir den
häufigen Besuch der besten Wiener Theater ermöglichten. Seit ich in
einer herrlichen Aufführung der »Walküre« der Gewalt Wagnerscher
Opernschöpfungen verfallen war, versäumte ich Jahre hindurch nur
wenige der Ringzyklen, »Lohengrin«, »Tristan« und »Die Meistersinger«. Auf dem Stehplatz der vierten Galerie, oft ohne jeden Ausblick
auf die Bühne in einen Winkel gekauert, erlebte ich ungezählte Stunden
der Erdentrücktheit und glühenden Begeisterung wie sie nur ein junger
heranreifender Mensch empfinden kann. Dass so viele Menschen etwa
das »Rheingold« oder den »Parsifal« versäumen und stattdessen unbekümmert ihren Alltagsdingen nachgehen konnten, als ob es keine Oper
gäbe, war mir einfach unverständlich. An solchen Tagen schien mir eine
Weihe und ein Glanz über der ganzen Welt zu liegen, von denen ich in
kindischem Enthusiasmus glaubte, auch jeder andere müsse sie empfinden. Als ich Richard Wagners leiblichen Sohn Siegfried gelegentlich
einer Aufführung seines »Banadietrich« in eigener Person dirigieren
sah, bedeutete mir dies ein fast mystisches Erlebnis. Unersättlich wurde
ich auch im Genuss der damals noch umstrittenen Opern von Richard
Strauss, die der Meister häufig selbst dirigierte; vor allem »Salome«,
»Elektra« und den »Rosenkavalier« konnte ich nicht oft genug auf Ohr
und Auge einwirken lassen. Eine Aufführung des »Rigoletto« dagegen

enttäuschte mich trotz der Mitwirkung von Enrico Caruso, wie ich überhaupt Giuseppe Verdis Musik erst viel später zu schätzen lernte. Auch das Verständnis für Mozarts Opern und für den »Fidelio« kam merkwürdig spät. In der Volksoper gab es gute Aufführungen weniger anspruchsvoller Werke, zu deren Reiz die damals noch jugendliche und unbekannte »Mizzi« Jeritza, die nachmalige große Diva, wesentlich beitrug, und unter den vielen guten Sprechbühnen Wiens war es natürlich das berühmte Burgtheater, das mich immer wieder mächtig anzog. Einige Vertreter seiner Glanzepoche konnte ich noch mit eigenen Sinnen bewundern: Sonnenthal als Wallenstein, Kainz als Marcus Antonius in Shakespeares »Julius Caesar«, Baumeister als Grutz in Schönherrs »Erde«, Ernst Hartmann, die Hohenfels. Hie und da geriet ich auch in eine der Operetten, die damals in Wien in Blüte standen, sah Girardi auf der Bühne und Franz Lehár am Dirigentenpult, kehrte aber doch immer lieber in meinen bescheidenen halbdunklen Winkel im Opernhaus zurück. In einem einzigen Winter absolvierte ich 70 Theaterbesuche. Daneben gab es eine unabsehbare Reihe wundervoller Konzerte. Das Philharmonische Orchester und zwei andere Symphonieorchester sowie die bedeutendsten Instrumentalvirtuosen und Sänger ihrer Zeit, das Joachim-Quartett, Ysaÿe, Huberman, Casals, Busch, Messchaert und viele andere waren für mich die Vermittler eines allmählich wachsenden Verständnisses für absolute musikalische Werte, frei von Bindungen an den dramatischen Gefühlsinhalt der Opern. Überdies wurde daheim in der Wienzeile fast wöchentlich Kammermusik betrieben. Der alte Hengg und die ausgezeichnete Pianistin Grete Conrad schwelgten in der klassischen Sonatenliteratur und nach und nach gedieh meine eigene Geigentechnik weit genug, um mich zum Spielen auch schwierigerer moderner Sonaten und Kammermusikwerke zu befähigen.

Der Film, der in unserer heutigen schnelllebigen Zeit vielfach die Stelle der Sprech- und Opernbühne eingenommen hat, war damals zunächst kaum mehr als eine technische Kuriosität, die in kläglichste Lächerlichkeit verfiel, sobald sie sich zu »dramatischen« Ambitionen verstieg. Etwa im Jahr 1906 sah ich in dem Volksbildungsinstitut Urania zum ersten mal einige jener »lebenden Bilder«, auf welchen stürmische Liebhaber mit großen ruckartigen Gesten in die Knie sanken, enttäuschte Bräute schluchzend die Hände vor das von kunstvollen Haargebäuden umrahmte Antlitz schlugen, tückische Bösewichte zähnefletschend die Augen rollten und zum Schluss unfehlbar einige Opfer unhörbar, aber viel Rauch erzeugender Revolverschüsse zu Boden stürzten. Eines dieser supertragischen Kurzdramen hieß »Flirt« – das

Wort war mir damals völlig unverständlich – und endete mit einem furchtbaren Gemetzel. Dreißig Jahre später sah ich es zufälligerweise wieder in derselben Urania gelegentlich einer zur Belustigung einer verwöhnteren Generation veranstalteten Vorführung uralter Filme und unter dem schallenden Gelächter des gesamten Publikums.

Der Unterricht im Gymnasium besaß mit den Privatvergnügungen der erwähnten Art nur sehr wenige Berührungspunkte. Musik wurde ignoriert, abgesehen von den spärlichen fragwürdigen Gesangstunden, in denen wir unter Leitung des mumifizierten Regens chori (benannt Regen-Schori) der Schottenkirche geistliche Gesänge heulten. Die deutsche Literatur wurde uns von dem nicht minder vertrockneten Pater Meinrad Sadil in pulverisiertem Zustand als bittere Medizin sozusagen löffelweise eingeflößt. Charakteristisch für die katastrophale Gründlichkeit der Lehrmethode dieses selbst der literarischen Produktion beflissenen Mannes war eine seiner Lieblingsfragen, welche graphisch aufs Präziseste beantwortet werden musste, nämlich das »Plänchen« zu Goethes »Hermann und Dorothea«, in welches die Schüler einen Grundriss des Hauses von Hermanns Vater, Verlauf der Wege und Gräben in dessen Umgebung, Aufstellungsort der Bank unter dem Birnbaum (ob nördlich oder südlich), etc., etc. genau einzutragen hatten. Jeder deutsche Dichter wurde durch eine bestimmte Formel charakterisiert, so zum Beispiel Hermann Gilm als »84 Jahre alt, zart und tief«. Die Jagd nach unrichtigen Interpunktionszeichen war Sadils Leidenschaft. Dass er in einem meiner Schulaufsätze über die Gefahren der Großstadt meine Befürchtung »...wie oft können wir von der Straßenbahn zermalmt werden!« durch die Randbemerkung »Nur einmal« als übertrieben beanstandete, sei ihm jedoch nicht verübelt. Seine heftige Abneigung gegen nicht dem Lehrplan zugehörige akustische Phänomene (»Wer macht das alberne Gerösch?«) wussten wir durch Bestechung eines in unserem Auftrage vor den Schulfenstern tätigen Werkelmannes in teuflischer Weise anzustacheln.

Das gerade Gegenteil zu dem dürren pedantischen Sonderling Sadil war der beleibte, freundliche und doch würdige, von allen geliebte Pater Albert Hübl, der es meisterhaft verstand, in uns das Interesse für die großen Zusammenhänge der Weltgeschichte und insbesondere auch für die Entwicklung der bildenden Künste zu wecken. Unter seinem Einfluss bemühte ich mich mit Feuereifer, möglichst viele bedeutende Werke der Malerei und Skulptur aller Epochen meinem Gedächtnis einzuprägen, die Stilarten und die Technik der einzelnen Künstler unterscheiden zu lernen. Eine große Sammlung guter Reproduktionen, bei deren Erwerbung mir die gute Tante Muz behilflich war, unterstützte diese freilich recht laienhaften Studien, und gar der Besuch der reichhaltigen Wiener Museen und ausländischer Bildergalerien gab mir schließlich einen weiten Überblick über das Schaffen der meisten großen Maler und Bildhauer. Meine eigenen zeichnerischen Leistungen beschränkten sich auf unbeholfene Karikaturen des teils knochigen, teils borstigen, teils fettleibigen Lehrkörpers. Den größten Triumph als bildender Künstler erlebte ich gelegentlich einer mit Zittern und Beben erwarteten Inspektion unserer Klasse durch den gefürchteten Landesschulinspektor Hofrat Scheindler, dessen nilpferdartiges Profil ich trotz den beschwerenden Blicken des Lateinprofessors kaltblütig unter dem Deckel des Grammatikbuches zu Papier brachte. Als Scheindler endlich draußen war und alles erleichtert aufatmete, entriss mir der Professor wutentbrannt das lästerliche Blatt, doch seine Züge glätteten sich rasch, und als Belohnung für die guten Lateinleistungen der Klasse bot er das Bildnis schmunzelnd der Öffentlichkeit zur Besichtigung dar.

Ansonsten stand es mit meinen philologischen Kenntnissen nicht immer aufs allerbeste, besonders die Wirrsale der griechischen Grammatik ließen niemals eine restlose Herzlichkeit der Beziehungen zwischen mir und Homer, Plato und Konsorten zustande kommen. Im Lateinischen haperte es von Anfang an mit der Aussprache. Schon die erste Lateinstunde unter dem temperamentvollen Ordinarius Lieger (genannt Ordinarius Tiger) endete mit einem Tränenstrom und drei wortlos erhobenen Fingern, mit welchen ich schluchzend vor die mich bei Schulschluss erwartende Tante Muz hintrat. Sie bedeuteten drei ungewohnte Titel, welche mir der erzürnte Diener Gottes an den Kopf geworfen hatte: 1.) Trottel, 2.) Tepp, 3.) Rindvieh, und zwar wegen ungenügend gerollter R's im Worte aurora (die Morgenröte), welches ich zu »auoua« verunstaltet hatte. Pater Paulus Lieger mitsamt seinen unregelmäßigen Verben war mir seither in der Seele verhasst und doch wusste ich ihm noch nach Jahren Dank für vieles, das er mit einiger Gewalt in mein widerstrebendes Hirn gestampft hatte. Als ich Wien im Dezember 1938 für immer verließ, war das letzte bekannte Gesicht, das ich auf der Strasse erblickte, das des alt und runzelig gewordenen Lieger und schweren Herzens musste ich an Ovids goldenes Zeitalter denken: »Aurea prima sata'st, aetas quae vindice nullo sine lege fidem rectumque colebat. Poena metusqu' aberant nec verbos minacia fixo aere legebantur, nec supplex turba timebat judicis ora sui sed erant sine judice tuti.« (Als erstes ward jenes goldene Zeitalter geschaffen, welches ohne Rächer aus eigenem Antrieb und ohne Gesetz die Treue und das Recht pflegte. Es gab keine Strafe und keine Furcht; weder las man auf Erztafeln geschriebene drohende Worte, noch fürchtete eine unterwürfige Menge den Spruch ihres Richters, denn auch ohne Richter befanden sich alle in Sicherheit.«)

Ein anderer Schrecken unserer Klasse war der Religionsprofessor, Mathematiker und Physiker Pater Vinzenz Blaha, später Direktor, Hofrat und Subprior, ein scharfsinniger und sehr selbstbewusster Mann, welcher uns als »schlampertes Aas« zu bezeichnen liebte und zur Veranschaulichung der liturgischen Kleidung ausgerechnet den kleinen Paul Elbogen in das goldene Ornat des Abtes hüllte, mit Mitra und Hirtenstab und sonstigem geistlichem Zubehör. Hierzu ist zu bemerken, dass Mutter Elbogen gelegentlich der im folgenden Jahr erfolgten Eliminierung ihres Paulchens den Direktor anflehte: »Aber schauen Sie, Herr Regierungsrat, jetzt hab ich den Buben extra fürs Schottengymnasium taufen lassen und Sie werfen ihn mir hinaus.«

Nach dem unrühmlichen Abgang Elbogens, der mein Banknachbar gewesen war, setzte man an seine Stelle, da ich ein braver Knabe war, den Bruder des letzten Kaisers von Österreich, Erzherzog Max neben mich, einen hübschen aufgeweckten Jungen, mit dem wir uns gut vertrugen; nur wenn sein Haushofmeister sich in Hörweite befand, mussten wir ihn zu unserem und seinem Ärger mit seinem offiziellen Titel »Kaiserliche Hoheit« ansprechen. Er nahm an unseren oft sehr turbulenten »Olympischen Spielen« teil, welche meist damit begannen, dass der winzige Neugebauer mit dem Kopf in den Papierkorb gesteckt und so auf dem Katheder den Göttern geopfert wurde, und die schließlich mit der Errichtung des »Leichenhügels« endeten, welcher an die Kräfte und Lungen der zuunterst liegenden Leichen große Ansprüche stellte. Max erzählte uns gerne von den üppigen Mahlzeiten, durch die er sich sonntags beim Großonkel Franz Josef mitunter den Magen verdarb und ging mit uns gewöhnlichen Sterblichen Eislaufen und Schwimmen, was uns als eine hohe Ehre erschien. Hie und da zeigte sich auch Maxens Bruder, Erzherzog Karl Franz Josef, der spätere Kaiser, im Gymnasium und hörte beim Unterricht zu. Die aristokratische Atmosphäre unserer Klasse wurde durch einen leibhaftigen und ein wenig übelriechenden polnischen Fürsten namens Calixtus Poninski und durch ein paar mindere Grafen vervollständigt. Ansonsten ging es gut bürgerlich zu.

Mein persönlicher Todfeind war der überaus tugendhafte und auf die guten Sitten aller Mitschüler bedachte Schemma (»Schemma das Scheusal der Schule zu Schotten, schäbig scharwenzelnder schundiger Schuft«). Wir beide scharten kriegerisch gesinnte Anhänger um uns und die gewitterschwüle Stimmung forderte ein Gottesurteil, welches endlich in Form eines solennen öffentlichen Zweikampfes die Entscheidung zugunsten des sowohl ethisch höherstehenden als auch muskulöseren Schemma herbeiführte, während meine Verworfenheit nunmehr eindeutig feststand. Einigermaßen kühl waren meine Gefühle auch für einen Knaben, dessen Mutter, eine hochelegante Dame aus Sachsen, mich mit ihrem quadratisch gebauten Sohn gleich zu Schulbeginn folgendermaßen bekannt gemacht hatte: »Justus Jettel von Ettenach – der kleine Raab. Seid Freunde.« Aus dieser Freundschaft auf Kommando wurde leider nichts, da ich mich an der Erweiterung des Jettelschen Adelsprädikates zu »Justus Jettel von Ettenach, von Dummenau und Trottelbach« beteiligt hatte.

Enge Freundschaft verband mich nur mit Fritz von Kaan, dem Sohn eines höheren Beamten, der musikalisch, kunstverständig und ein kluger kritischer Kopf mit einem gewissen Hang zu Pessimismus und Schwermut war. Wir tauschten unsere kleinen Geheimnisse und Stimmungen aus, führten lange »philosophische« Gespräche und verliebten uns ziemlich erfolglos in die gleichen Mädchen. Er wurde 1917 bei einem Sturmangriff der Kaiserjäger auf den Monte Ortigara durch einen Kopfschuss getötet, in der Tasche die Bewilligung zum Urlaubsantritt, den er freiwillig hinausgeschoben hatte, um sich noch an dem Gefecht beteiligen zu können.

Außerhalb der Schule war mein Verkehr mit Gleichaltrigen ein nur sehr spärlicher, da während der Wochentage das Studium fast alle Zeit in Anspruch nahm und der Vater an Sonntagen nur sehr ungern auf meine Anwesenheit verzichtete. Zwar bemühte sich Tante Muz, mich mit Hilfe von Turn- und Tanzstunden, von denen mir die letzteren infolge meiner Schüchternheit und Ungeschicklichkeit ein Gräuel waren, zu einem geselligeren Lebewesen zu machen, aber der Erfolg war gering. Bloß auf dem Eislaufplatz fand ich mehr Anschluss und vergnügte schöne Ferienzeiten verschaffte mir Tante Muz in Mayerhofen im Zillertal, wohin sie stets auch ein paar von meinen Schulkameraden zu bringen wusste, denn sie erkannte die Gefahren eines lebensuntüchtigen Eigenbrödlertums in meiner schwerfälligen Veranlagung. Während der Reisen, auf die mich der Vater in seinen Sommerferien mitnahm, gab es oft harten Tadel und Unzufriedenheit mit meinem äußerlich stumpfen und passiven Verhalten. So war die Freude an dem vielen Neuen und Interessanten, das er mir kennenzulernen Gelegenheit gab, nicht immer ganz ungetrübt und oft sehnte ich mich trotz meiner immer mehr zunehmenden Reiseleidenschaft aus fernen Ländern zurück nach dem ungebundenen Leben in den

Tiroler Bergen, wo wir Jungen im Tal Reisighütten erbauten, Felshöhlen als Festungen einrichteten, beim Klettern unsere Lederhosen zerrissen und auf mehrtägigen Bergtouren in die geheimnisvoll großartige Welt der Gletscher und des ewigen Schnees vordrangen. Dort gab es jenseits der Baumgrenze die farbenschönsten Alpenblumen, schäumende, eiskalte Gebirgsbäche und weite moosige Matten, auf denen man weich gebettet müßig liegen und den hoch oben kreisenden Adlern nachsehen konnte; Gämsen, Murmeltiere und Steinböcke kamen uns zu Gesicht und oft schleppte ich reiche Beute an edel geformten Kristallen und anderem Gestein heim für meine Mineraliensammlung. Nichts vermag den Menschen so beseeligend von all dem Kleinkram und von all den großen Sorgen des Alltags dort unten in Stadt und Ebene loszulösen wie das Wandern in der dünnen klaren Bergluft, das Ersteigen hoher Gipfel und der unbeengte freie Blick über die gottnahe Schönheit der Alpen.

Der höchste Punkt, den wir drei Schulkameraden angeseilt und mit Hilfe eines Bergführers erreichten, war der im Brennergebiet gelegene 3.000 Meter hohe Kraxentrager. Auf dem Rückweg fiel plötzlich dichter Nebel ein, wir konnten kaum einen Schritt weit sehen und mussten eine bange Wartezeit durchmachen, um uns wieder zurechtzufinden und zur Schutzhütte zu gelangen. Noch viel schlimmer erging es mir ein andermal, als ich in den Kärntner Bergen allein die öde und weltverlassene Schneewinkelspitze erstieg, in deren wild felsigem Gebiet keine Menschenseele, kein Tier, ja nicht einmal ein Grashalm oder Moosfleck zu erblicken war. Auf dem spitzen Gipfel fand sich kaum noch Platz für den Rucksack neben mir. Beim Überqueren eines breiten, steil abschüssigen Schneefeldes, das zum Teil vereist war, geriet ich ins Gleiten und wäre wohl rettungslos in die Tiefe gesaust, wenn es mir nicht gelungen wäre, meinen Körper unterwegs so zu wälzen, dass er sich in einer Eisspalte verfing und hängen blieb. Da hockte ich nun auf der tückischen weißen Fläche und es dauerte eine gute Weile, bis ich mich entschloss, den Rest der Strecke zum sicheren Felsboden über das glatte Eis kriechend zurückzulegen.

Die erste Berührung mit südlicheren Zonen brachten zwei mit dem Vater unternommene Reisen nach dem damals noch zu Österreich gehörenden Bozen, in die Dolomiten und über die halsbrecherischen Windungen der imposanten Stilfserjoch-Straße, der man schon zu jener Zeit große Bedeutung im Verteidigungssystem gegen unseren zweifelhaften südlichen Verbündeten beimaß. – Auch kreuz und quer durch die bayerischen Alpen marschierten wir, besuchten die pompösen Königsschlösser Hohenschwangau und Neuschwanstein und den düster schönen, von hohen Felswänden eingefassten Königssee. Eine Fahrt nach Reutte hätte fast mit Knochenbrüchen geendet, da die beim ungewohnten Anblick eines Automobils scheu gewordenen Pferde unseren Kutschierwagen um und uns in den Straßengraben warfen. Von Lans bei Innsbruck aus, wo wir uns wiederholt mehrere Wochen hindurch aufhielten, wurden Ausflüge in die umgebenden Täler, auf den Patscherkofel und nach dem Wallfahrtsort Heiligwasser gemacht, dessen Kirche mit Opfergaben wunderbar geheilter Kranker angefüllt war. Neben Krücken, Bauchbinden und Wollstrümpfen fehlte auch nicht ein Paar säuberlich eingerahmter Hühneraugenringe mit frommem Dankspruch.

Ob etwa die heilkräftigen Inspirationen von Heiligwasser zu meiner Berufswahl beigetragen haben, ist mir nicht mehr erinnerlich. Jedenfalls aber reifte damals mein Entschluss zum Medizinstudium. Den unmittelbaren Anstoß dazu gab der fesselnde Unterricht des Naturgeschichtsprofessors Pater Philipp Heberdey und vor allem der Besuch der deutschen Hygiene-Ausstellung in Dresden 1911. Zu diesem hatte mich »Tante Johanna«, die Frau meines Firmpaten, die ebenso wie »Onkel Max« stets darauf bedacht war, mir in jeder Weise Freude zu bereiten, in Gesellschaft ihrer älteren Tochter und eines befreundeten Arztes eingeladen. Unter fachmännischer Führung nahm ich die Eindrücke der reichhaltigen und anschaulichen Ausstellung begierig auf und eingedenk der bärtigen bebrillten Männer, die mich während meiner zahlreichen Mittelohrentzündungen und Anginen sowie bei Masern, Mumps und Schafblattern in respekteinflößender und doch freundlicher Weise beklopft, behorcht und mit Medikamenten delektiert hatten, nahm ich mir vor, in ihren Fußstapfen zu wandeln. Dabei blieb es und mein alter Plan, Sandverkäufer zu werden, da dieser Beruf die Möglichkeit gewährleistet, jederzeit nach Belieben mit Sandkuchen zu spielen, geriet in Vergessenheit.

Das Jahr 1911 brachte indessen noch einen anderen Schritt in der Richtung zur Erwachsenheit; Mein Vater erteilte mir den von Tante Muz und ihren Freunden mit Entsetzen aufgenommenen, mich dagegen höchst erfreuenden Auftrag, allein nach Paris zu reisen, in der Hoffnung, dies werde meine Unselbständigkeit und Unbeholfenheit beseitigen helfen. Ich glaube nicht zu irren in der Annahme, dass dieses immerhin ungewöhnliche und, wie ich zugeben muss, bei meinen 16 Jahren nicht ganz unbedenkliche Experiment nebenbei dem Zweck dienen sollte, mich wenigstens für einen Teil der Ferienzeit der ungern gesehenen Verwöhnung durch die Tante zu entziehen. So einfach ging das nun aber nicht. Warnende Stimmen wurden laut, es kam zu Auseinandersetzungen und schließlich zu einem Kompromiss: Eine neuerlich Reise durch die

Schweiz und zu Ferrières nach Genf mit Tante Muz und von dort aus in Gottes Namen die Höllenfahrt nach dem französischen Lasterpfuhl. Mit dem meinem Vater gegebenen Versprechen, nichts zu unternehmen, was er nicht billigen würde, dampfte ich ab. Ein paar Wochen in Genf und in Argentières am Fuß des Mont Blanc benützte ich zum eingehenden Studium des Pariser Baedekers, wurde mit vielen Ratschlägen ausgestattet und schließlich in einen westwärts abgehenden Schnellzug verstaut. Meine in Paris lebenden Bekannten und Verwandten durften von dem Kommen des kühnen Abenteurers nicht verständigt werden und erfuhren auch später nichts davon. Als ich am nächsten Morgen übernächtig in der Pension Perret anlangte, stellte sich heraus, dass das für mich bestellte Zimmer bereits an einen anderen »jeune homme« vergeben war, den man mit mir verwechselt hatte. So musste ich mich mit einer glühend heißen, rußgeschwärzten und wanzenreichen Mansarde mit Ausblick auf einen dichten Wald von Schornsteinen begnügen. Bald sollte sich die vergebliche Warnung meiner Genfer Ratgeber, dass ein 16-jähriger Mensch von meinen Dimensionen mit kurzen Hosen, wie ich sie immer noch trug, in Paris unliebsames Aufsehen erregen würde, als nur zu begründet erweisen. Ich kann ohne Übertreibung behaupten, dass mein Erscheinen überall ungeteilte Aufmerksamkeit und Heiterkeit, ja sogar Sensation hervorrief. Was tun? Einer meiner ersten Wege führte mich in das Warenhaus »Magasins du Louvre«, welches ich nicht ohne sofortigen Hosenwechsel zu verlassen gedachte. Die Franzosen aber sind ein kurz gebautes Volk und nichts fand sich auf Lager, was meine Extremitäten nur einigermaßen hinlänglich hätte verhüllen können. Man vertröstete mich auf drei bis vier Tage, welche zur Beschaffung eines geeigneten Beinkleides erforderlich waren und in diesem martervollen Zeitraum büßte ich den Grossteil meiner Sünden ab. Um im Speisesaal der zumeist von Engländern und Amerikanern besuchten Pension, in der an langen tables d'hôtes gegessen wurde, nicht meine blamable untere Hälfte den Blicken der Mitwelt preisgeben zu müssen, kam ich vor den Mahlzeiten stets als erster in den Saal und blieb bis zuletzt sitzen, derart mein Gebein unter dem schützenden Tischtuch möglichst lange verbergend. Meine Ausdauer am Speisetisch fiel der Pensionsinhaberin Mme.Perret auf und verurteilte mich dazu, von ihr in lange Gespräche verwickelt zu werden, von denen mir nur die schmeichelhafte Bemerkung erinnerlich ist, ich sei der »einzige Franzose« unter den Gästen, denn die seit Kindheit geübte Gewohnheit, daheim mit Tante Muz das vom Urgroßvater Doré her in der Familie traditionelle Französisch zu sprechen, hatte mich sprachlich ziemlich sattelfest gemacht.

Nach endlicher Erlösung von der Hosenqual stürzte ich mich in ein umfangreiches Besichtigungsprogramm, verbrachte viele Stunden im Louvre, im Musée Cluny, im Jardin du Luxembourg, war andachtsvoll entzückt von der Venus von Milo, der Nike von Samothrake und Leonardo da Vincis »Belle Ferronière« (die Mona Lisa war eben von einem gewissen Perugia gestohlen worden und wurde erst nach Jahren wieder aufgefunden), bestaunte die Untergrundbahn, übrigens die einzige Örtlichkeit, an der man nicht von der mörderischen Gluthitze jener Augustwochen geplagt wurde, sah »Ruy Blas« mit Paul Mounet in der Comédie Française und »Salome« mit Mary Garden in der Großen Oper, schritt leicht enttäuscht durch die Prunkgemächer und Parks von Versailles (Schönbrunn ist mir lieber), stand ergriffen vor dem Sarkophag Napoleons im Dôme des Invalides (neben mir ein Betrunkener mit dem Hut auf dem Kopf, der rülpste: »Qui était il donc ce Napoléon? Je ne le connais pas«), ließ meine Blicke von der Spitze des im Wind schwankenden Eiffelturmes über die wunderbare Riesenstadt zum Arc de Triomphe und zu Notre Dame hinüberwandern, wurde in der Sainte Chapelle von dem Zauber der französischen Gotik und einer längst vergangenen Epoche inbrünstiger Frömmigkeit aufs Tiefste bewegt und kehrte schließlich nach gewissenhafter Befolgung aller Winke des Baedeker, meiner Genfer Instruktoren und meines Vaters sieghaft und begeistert über die Schweiz und München nach Wien zurück – ein Mann in langen Hosen. Dass ich eigentlich hatte Zouly heiraten wollen, fiel mir nachträglich ein, aber dazu war es jetzt zu spät.

Der Reisedrang ließ mich nun nicht mehr los und der folgende Sommer führte den Vater und mich wieder nach dem Norden; zunächst über Berlin nach Kopenhagen. In dieser liebenswürdigen, heiteren Stadt war ein historisches Ereignis zu verzeichnen: Ich entfernte zum erstenmal die mein Kinn umsprießenden Borsten, gegen welche ich bisher mittels einer Nagelschere einen wenig erfolgreichen, wiewohl blutigen Kampf geführt hatte, unter Anwendung eines in Berlin erworbenen Rasierapparates; dies gegen den ausdrücklichen Wunsch meiner Tante, welche mein Angesicht lieber kükenhaft beflaumt gesehen hätte. Außerdem erkrankte ich an einer Wurstvergiftung dank unserer ökonomischen Verköstigung in Automatenbuffets. Auch im Hamlet-Schloss Helsingør vermochte ich noch nicht, die richtige Shakespearestimmung zu empfinden und erholte mich erst im westschwedischen Göteborg, der Heimatstadt meines künftigen Schwiegervaters und auf der felsigen Badeinsel Marstrand, die wir wegen hoffnungsloser Sprachschwierigkeiten beinahe unverrichteter Dinge wieder verlassen hätten, wenn uns nicht ein deutschsprechender

Gymnasialprofessor zu Hilfe gekommen wäre. Die wilde Brandung an den sonnigen Klippen Marstrands, die stillen Buchten mit den roten, weiß geränderten Holzhäuschen und die Freundlichkeit der blonden blauäugigen Inselbewohner vereinigten sich zu einem Stimmungsbild, das meine auch durch die Lektüre skandinavischer Autoren wie Ibsen, Björnson und Lagerlöf genährte Sehnsucht nach den nordischen Ländern noch nach langen Jahren immer wieder wach werden ließ.

Als besondere Kuriosität, zumindest nach mitteleuropäischen Begriffen, verdienen die schwedischen Badesitten Erwähnung. Obwohl Marstrand ein vornehmer, auch von der königlichen Familie häufig aufgesuchter Platz war, bestand die »Badeanstalt« in nichts anderem als in der etwa 30 Meter von einander entfernt auf einer flach ins Meer abfallenden Felsplatte mit gelber Ölfarbe hingemalten Worten »För herrar« und »För damer«. Zwischen diesen beiden Abteilungen befand sich eine bloß aus Luft bestehende Scheidewand und, was das Verblüffendste war, auch die Badekleidung beider Geschlechter und aller Altersklassen bestand aus Luft und sonst absolut nichts. Ich traute meinen Augen kaum und war, da man bekanntlich sozusagen mit den Wölfen heulen muss, genötigt, meinen überflüssigerweise eigens für diese Saison erworbenen prächtig blau und weiß gestreiften Schwimmanzug daheim zu lassen, da ich hier nicht ebenso peinlich auffallen wollte wie seinerzeit in Paris mit meinen Kniehöschen. Nachdem der erste Schock überwunden war, bewährte sich mir der Aufenthalt in Marstrand als nützliches Vorstudium für die Reize und für die Schrecken der menschlichen Anatomie.

An den Trollhättan-Fällen vorbei, durch das komplizierte Schleusensystem des Göta-Kanals, über die großen Inlandseen Wenern und Wettern gelangten wir von Göteborg aus in dreitägiger beschaulicher Bootsfahrt quer durch ganz Mittelschweden nach dem strahlend schönen Stockholm, in dem ich dereinst noch viel Freude und Gastfreundschaft erleben sollte. Die harmonische Anlage des Stadtbildes um den reißenden Norrstrom, welcher den Mälarsee mit dem aus unzähligen bewaldeten Inselchen gebildeten Skärgarden verbindet, die malerischen Ausblicke von der Norrbro-Brücke und von dem auf felsiger Anhöhe liegenden Stadtteil Södermalm habe ich in einer Anzahl von Fotografien festgehalten, welche den Anfang einer in die Tausende gehenden Serie von Reiseaufnahmen bilden.

Eine Dampferfahrt von Stockholm nach der Insel Gotland verlief einigermaßen dramatisch, da wir von einem plötzlichen Orkan überfallen wurden, der nicht nur die gesamte auf Deck aufgetragene üppige

Abendmahlzeit in den Ozean blies, sondern auch die Kette des in rabenschwarzer Finsternis zwischen den Klippen des äußeren Skärgarden ausgeworfenen Ankers abriss und das Steuerruder beschädigte. Ein Hamburger Reisegefährte stieß in großer Aufregung immer wieder die ängstlichen Beschwörungsformeln »Ritscheratsch!« und »Pitschepatsch!« hervor, was sich als sehr segensreich erwies, denn schließlich trafen wir lebend, wenn auch in seekrankem Zustand am nächsten Tag in der uralten mauerumgürteten Hansastadt Visby ein, von wo die Rückkehr nach dem trockenen Kontinent angetreten wurde.

Wagner-Festspiele in München und ein paar Wochen in Oberstdorf im Allgäu, versüßt durch die Zuneigung einer bayerischen Hafnerstochter, beschlossen diesen bunten Sommer 1912, der ins letzte Gymnasialjahr hinüberführte, in einen Zeitabschnitt angestrengten Prüfungsstudiums und schwerer seelischer Depressionen, in welchen nur zum geringeren Teil äußere Umstände eine Rolle spielten. Unverdaute philosophische Gedankengänge, religiöse Skrupel, Zweifel an der Eignung für einen akademischen Beruf schufen einen Zustand der inneren Zerrissenheit und Verzweiflung wie ihn viele junge Menschen in den Jahren des Heranreifens durchmachen müssen, insbesondere wohl solch verwöhnte Geschöpfe wie ich, denen das Leben nur wenig ernste Schwierigkeiten in den Weg gestellt hatte.

Fichtes Vorstellung der Existenz nur eines einzigen realen lebenden Wesens, des »Ich«, deutete ich in dem Sinn, dass alle Dinge und Menschen um mich her nur von meiner Phantasie geschaffene Truggebilde ohne Eigenleben seien, denen gegenüber ich demnach auch keinerlei Verantwortlichkeit anerkannte, was zu manchen meine Angehörigen beängstigenden Szenen einer ganz ungewohnten Widersetzlichkeit und Auflehnung selbst gegen primitive Regeln des zivilisierten Umgangs mit anderen Menschen Anlass gab; mein viel weniger durch fremde Einwirkung als aus eigenem Antrieb im geheimen Inneren aufrechterhaltener dogmatischer Katholizismus brach beim Lesen des kalt rationalistischen Buches »Der alte und der neue Glaube« von David Friedrich Strauß innerhalb weniger Wochen zusammen und hinterließ eine Leere, die ich durch nichts anderes auszufüllen wusste. Freilich bedeutete dies gleichzeitig in gewissem Sinn eine Erlösung von sinnlosen Gewissenskämpfen und selbstkonstruierten Verschrobenheiten wie etwa das nervenzermürbende Beten von 300 Vaterunsern in einer Nacht und die ständige Angst vor ungenügender Andacht und Konzentration im Gebet. Ich kann gegen niemanden den Vorwurf erheben, mir diese Dinge irgendwie suggeriert oder anerzogen zu haben, es handelte sich lediglich um überspannte Missdeutungen allgemeiner religiöser Grundsätze, ähnlich der Tintenkleckstragödie fürchterlichen Angedenkens. Dazu kam die Furcht vor der immer näher rückenden Maturitätsprüfung, die mir als drohendes Schreckgespenst erschien, obwohl ich immer als einer der bestqualifizierten Schüler meiner Klasse gegolten hatte, weniger wegen besonderer Fähigkeiten als wegen sichtlichen guten Willens und eines im Schulbetrieb immer vorteilhaften Mangels an schöpferischer Phantasie.

Als der große Tag gekommen war, wurde mir noch unmittelbar vor Beginn der Prüfung die Aufgabe zuteil, in der Kirche neben dem Sarg des kurz zuvor verstorbenen Abtes als Ehrenwache Aufstellung zu nehmen. Ich trug einen für den feierlichen Anlass verfertigten funkelnagelneuen Cutaway und war außer mir, als mich jemand darauf aufmerksam machte, dass ein mit einer langen Wachskerze bewaffnetes Mitglied des in der Kirche versammelten katholischen Jungfrauenbundes meinen Rücken von oben bis unten weiß betropft hatte. Der nicht mehr reparable Schaden erregte jedoch die Heiterkeit der Prüfungskommission, als ich schreibend an der Tafel stand, die Stimmung wurde gemütlicher und ich glaube, es nicht zuletzt dem toten Abt und der trauernden Jungfrau zu verdanken, dass ich »reif mit Auszeichnung« das Schottengymnasium verlassen durfte, den kahlen nüchternen Bau, der so viele liebe Erinnerungen umschloss und in dem kostbare Saat in den sorgfältig aufgeackerten Verstand von uns 24 ins Leben hinaustretenden Jungen gestreut worden war. Fünf von uns erlebten die Ernte nicht. Sie fielen wenige Jahre später auf den Schlachtfeldern, auf denen das alte Österreich seinen Todeskampf zu Ende focht, und als auch der neue Staat schließlich unter furchtbaren Erschütterungen zugrunde ging, mussten viele andere für immer aus der Heimat in fremde Länder fliehen oder ihrem Leben ein rasches Ende machen.

»Wie schützt Mutter Natur ihre Kinder?« lautete das Thema für den deutschen Maturaaufsatz. Beim Hinübergehen in den abgeschlossenen Prüfungsraum schlich sich der erzherzogliche Schulkollege Max an mich heran und fragte flüsternd »Ich bitt' dich, sag' mir, sind die Menschen auch Kinder der Natur?« Ich bejahte dies zumindest in Bezug auf die nicht dem allerhöchsten Erzhause angehörenden gewöhnlichen Sterblichen und, obwohl mit einem Durchfall seiner kaiserlichen und königlichen Hoheit kaum zu rechnen gewesen war, zeigte sich hochdieselbe nach Verkündigung des günstigen Prüfungsergebnisses überglücklich, machte Luftsprünge und vergoss Tränen der Freude. Fünf Jahre später musste er seinem Bruder in die Verbannung folgen.

Erster Weltkrieg

Zur Zeit unserer »Matura« aber saß noch der alte Kaiser Franz Josef auf dem Thron der großen, 52 Millionen Menschen umfassenden österreichisch-ungarischen Monarchie. Man hielt nicht allzu viel von seinen Geistesfähigkeiten – anspielend auf seine Gewohnheit, bei Empfängen und dergleichen immer die Formel zu gebrauchen »Es war sehr schön, es hat mich sehr gefreut« nannte man ihn den Baron Serschenski – aber alles war sich einig in der Verehrung für seinen noblen, vornehmen Charakter, in der Anerkennung seiner fanatischen Pflichttreue und einfachen Lebensführung. Vielen schweren Schicksalsschlägen war er in seinem langen Leben ausgesetzt: Verlust der venezianischen und lombardischen Provinzen, Niederlage im Krieg gegen Preußen 1866, Ausschließung Österreichs aus dem Deutschen Bund, Hinrichtung des Bruders, des Kaisers Maximilian von Mexiko, Selbstmord des einzigen Sohnes, des Kronprinzen Rudolf, Ermordung der Kaiserin und endlich Ermordung des Thronfolgers Erzherzogs Franz Ferdinand und seiner Frau, die zum Ausbruch des Ersten Weltkrieges führte. Den Zerfall der Monarchie hat Franz Josef nicht mehr erleben müssen, aber nach all den schmerzlichen Erfahrungen seiner 68 Regierungsjahre war der hart geprüfte Mann wohl berechtigt zu dem vielzitierten Ausspruch »Mir bleibt doch nichts erspart!« und das Mitgefühl für sein persönliches Leid war ein starker Kitt, der »seine Völker« mit seiner symbolhaften Persönlichkeit verband. Bei meinem jeden Morgen über die elegante Ringstrasse führenden Gang zur Schule sah ich den Kaiser fast täglich in seinem goldgeräderten leichten Wagen mit dem federbuschgeschmückten Leibjäger auf dem Kutschbock und den prachtvollen Lipizzaner Schimmeln durch das Burgtor an der präsentierenden Wache vorbei in die Hofburg zur Arbeit fahren. Alle männlichen Passanten, und natürlich auch ich, blieben stehen, nahmen den Hut ab und verbeugten sich, die Frauen und Mädchen knicksten. Niemand fand das komisch oder unvereinbar mit seinem Individualstolz. Man grüßte die Personifikation eines noch mächtigen und geliebten Vaterlandes und einen ehrwürdigen, alten Herrn, den man achtete und in einer persönlich respektvollen Weise liebte.

Von Politik hörte und wusste ich damals noch herzlich wenig, abgesehen von der Revolution in Portugal, dem Sturz Abdul Hamids VII. und den aufregenden Ereignissen des Balkankrieges und des türkischitalienischen Konfliktes. Ein paar Staatsbesuche ausländischer Monarchen, des jungen Königs Alfonso von Spanien und der deutschen Bundesfürsten, die zum sechzigsten Regierungsjubiläum Franz Josefs unter Führung Kaiser Wilhelms II. nach Wien gekommen waren, das Leichenbegängnis des schönen Erzherzogs Otto, die prächtigen Fronleichnamsprozessionen, bei denen der Kaiser, umgeben von den weißbemäntelten, hellebardentragenden österreichischen und den mit Pantherfellen behängten, krummsäbeligen ungarischen Arcièren-Leibgarden, mit dem Hof und hohen Klerus hinter dem Baldachin des Fürsterzbischofs durch die Straßen schritt, diese Bilder höfischen Gepränges erschienen mir als vollkommenster Ausdruck der tragenden Kräfte des staatlichen Lebens. Ein unerhört farbenreiches und abwechslungsvolles Schauspiel war der Jubiläumsfestzug 1908, in dem die vielen Nationalitäten der Monarchie, Deutsche aus den Alpenländern und aus Deutschböhmen, Tschechen, Magyaren, Slowaken, Kroaten, Slowenen, Huzulen, Bosniaken, Polen, Ruthenen, Italiener aus dem Trentino und Rumänen in ihren bunten Trachten an dem alten Kaiser auf der Ringstrasse jubelnd vorbeizogen und ich ahnte nicht, wie weit die Gegensätze und Unabhängigkeitstendenzen all dieser scheinbar so freudig unter dem kaiserlichen Motto »Viribus unitis« und unter der schwarzgelben Habsburgerflagge vereinigten Gruppen schon um diese Zeit gediehen waren. Nur von der Unbotmäßigkeit der Tschechen, von ihren ständigen Obstruktionsmanövern im Parlament und von häufigen Zusammenstößen mit den Deutschen in Böhmen war oft die Rede. Gerade zur Zeit des Kaiserjubiläums hatte es in Prag wieder schwere Krawalle mit Attacken berittener Dragoner und vielen Verletzten gegeben. In Wien dagegen fanden am 8.Dezember Festbeleuchtungen und Feuerwerke statt und dabei kam es in dem Gedränge der Hunderttausende vor den Hofmuseen zu einer Panik, in der ich wie eine hilflose Puppe in der wild wogenden, schreienden Menschenmasse emporgehoben und hin und her gequetscht wurde, bis es mir endlich gelang, dem Hexenkessel mit heiler Haut zu entrinnen.

Wenige Monate später geriet Österreich-Ungarn durch die Annexion der früher türkisch gewesenen Protektorate Bosnien und Herzegowina in eine gefährliche internationale Krise und zog sich den Hass der serbischen Nationalisten zu, der bis zum Mord von Sarajevo unter der Oberfläche mit russischer Förderung weiterglomm.

Meine persönliche Berührung mit bedeutenden Menschen jener Zeit beschränkte sich darauf, dass ich noch als Kind dem ehemaligen Ministerpräsidenten und Vorsitzenden des Herrenhauses Freiherrn von

Plener aus einem mir nicht mehr erinnerlichen Anlass einen Besuch abstatten und zu diesem Behuf mühsam das unaussprechliche Wort »Exzellenz« einstudieren musste, das ich vor dem Angesicht des Gewaltigen denn auch vorsichtshalber für mich behielt. Ferner wurde ich, als das Schottengymnasium sein hundertjähriges Bestehen feierte, als erwählter Vertreter meiner Klasse dem Bürgermeister Dr. Karl Lueger, einem schönen und liebenswürdigen alten Herrn, vorgestellt, der viel für die architektonische Gestaltung der Stadt Wien geleistet hatte und als Begründer der christlichsozialen Partei ein nicht allzu streng rassentheoretisch durchgeführtes antisemitisches Programm vertrat. Als ihm in Personalangelegenheiten diesbezügliche Inkonsequenzen vorgeworfen wurden, gab er die sprichwörtlich gewordene Erklärung »Ob einer ein Jud' ist oder nicht, bestimme ich.« Er war einer der ganz wenigen Österreicher seiner Zeit, denen Adolf Hitler in seinem Buch »Mein Kampf« eine gewisse Existenzberechtigung zubilligte. Luegers politischer Gegenspieler war der Jude Viktor Adler, Führer der österreichischen Sozialdemokraten und erster Außenminister nach dem Zusammenbruch der Monarchie. Sein Sohn Friedrich erschoss im Jahr 1917 den Ministerpräsidenten Grafen Stürgkh und wurde danach einer der leitenden Männer der Republik. Im Jahre 1943 machte ich seine Bekanntschaft in Burlington, Vermont (USA).

Durch meine Tante, die mit der Familie Adler befreundet war, lernte auch ich den alten Viktor kennen, der wiederholt aus politischen Gründen in Haft gewesen war. Als er sich einmal im Gefängnishof aufhielt, und der Spielball des kleinen Buben eines Aufsehers aus dessen Wohnung in den Hof herabfiel, rief der Junge aus dem Fenster »Gengan's Herr Einbrecher, san's so guat und schmeißen's ma'n auffi!« Adler war ein ausgesprochener Idealist, der den größten Teil seines Privatvermögens seiner Partei zur Verfügung stellte. Nichtsdestoweniger zeigte er stets eine besondere Vorliebe für die kostspielige Schweizer Lindt-Schokolade. Als ihn meine Tante deshalb einmal hänselte, meinte er: »Ich will ja, dass alle Menschen Lindt-Schokolade essen sollen«, worauf ihm Tante Muz erwiderte: »Lieber Viktor, das wird Ihnen nicht gelingen. Es wird immer zweierlei Menschen geben. Solche, die Lindt-Schokolade machen und solche, die sie essen.«

Einer der spannendsten und überwältigendsten Augenblicke meines Lebens war es, als am 12. Oktober 1909 in Gegenwart des Kaisers und von 300.000 Zuschauern der französische Flieger Louis Blériot in dem primitiven gebrechlichen Flugzeug, mit dem er kurz zuvor den Ärmelkanal überquert hatte, über unseren Köpfen auf der Simmeringer Heide knatternd seine Kreise zog. Es war der erste Aufstieg eines Aeroplans in Mitteleuropa und kommende Generationen, die unter einem flugzeuggesprenkelten Firmament zur Welt kommen und aufwachsen, werden sich nie mehr von dem Gefühl des Triumphes einen Begriff machen können, das uns Zeitgenossen von 1909 angesichts dieser ersten Erfüllung eines Jahrtausende alten Menschheitstraumes durchdrang. An die Möglichkeit einer Verwendung der den wagemutigen Flieger zum Himmel emportragenden Maschine zum Abwerfen vernichtender Bomben dachte damals kaum einer. Nur zu bald sollten wir ihrer bewusst werden. Als Blériot über uns schwebte, starrte alles gebannt und atemlos in die Höhe und nur ein geschäftüchtiger Ansichtskartenverkäufer, der durch die Bankreihen der Tribünen schritt, krächzte unentwegt und offenbar, ohne sich von der Überflüssigkeit seiner Feststellung Rechenschaft zu geben: »Bleeeriott ist in Wien, biddä! Bleeeriott ist in Wien, biddä!«

Um meine auch nach der bestandenen Maturitätsprüfung noch immer mutlose und gedrückte Stimmung wieder ins Gleichgewicht zu bringen, wurde eine neue Reise beschlossen. Über das altertümliche Heilbronn nahm mich der Vater mit nach Heidelberg, anscheinend mit dem Hintergedanken, in mir den Wunsch nach einem Studienjahr in dieser altberühmten schönen Universitätsstadt anzuregen. Was ich aber in den Straßen und Gaststätten von dem lärmenden und etwas läppischen Gehaben der Heidelberger farbentragenden Studenten wahrnahm, lockte mich wenig und ich fühlte mich wohler in dem bald darauf erreichten Frankfurt am Main, wo sich reichlich Gelegenheit ergab, Goethe-Reminiszenzen aus der jüngst erst durchstudierten Literaturgeschichte aufzufrischen. In Köln umfing mich die weihevolle Größe des herrlichen Domes, auf den mir das Wort »Architektur ist versteinerte Musik« im wahrsten Sinne zuzutreffen schien, und mit der ehrfürchtigen Bewunderung für deutsche Kunst und Schaffenskraft wurde ich mir der Zugehörigkeit zum deutschen Volk diesseits und jenseits der Reichsgrenzen mit jenem unlogischen, aber freudebringenden Stolz bewusst, in dem auch der Unbedeutendste die Leistungen und Verdienste anderer, denen er durch den Zufall seiner Geburt nahesteht, als eigenen Besitz auf sich selbst bezieht.

Während der Fahrt durch Holland waren es vor allem die Bildergalerien, die Rembrandts, Vermeers, Frans Hals' die mich fesselten. Farbenfreudige Trachten auf den Fischerinseln Volendam und Marken in der seither trocken gelegten Zuijdersee, die schmutzigen aber malerischen Kanäle von Amsterdam, die anmutigen Gärten des Haag, wo ich mir mittels eines Glases Bier den ersten Schwips zuzog, Haarlem, Zandvoord, Scheveningen hinterließen eine helle, freundliche Erinnerung an die Niederlande. Die wundervollen Bauwerke der alten, von malenden Engländern wimmelnden belgischen Städte Gent und Brügge, die stillen Beginenklöster, das fröhlich elegante Treiben in Brüssel und die für eine Hafenstadt ungewöhnliche Vornehmheit Antwerpens, all dies hätten der Vater und ich vielleicht noch mehr genossen, wenn nicht Hitze und knurrende Mägen hinderlich gewesen wären. Mir war die Verwaltung der nicht gerade üppig gefüllten Reisekasse anvertraut und ich erlegte uns beiden allerlei Entbehrungen auf, um nicht auf unsere weiteren Pläne verzichten zu müssen. Wir suchten die denkbar bescheidensten Quartiere auf. In Brügge wohnten wir bei einem biederen Anstreicher namens Pieter Vlaminck, welcher über dem Eingang zu einem durchaus nicht den schönen Künsten gewidmeten kleinen Raum seines Hauses eine Draperie mit den eingestickten Worten »Konst is leven« angebracht hatte.

An einem sonnenglühenden Nachmittag saßen wir erschöpft auf einer Parkbank in Gent mit nichts als einigen wohlfeil erstandenen unreifen Stachelbeeren im Leibe und machten Bilanz. Schleunigste Rückkehr nach Wien schien angezeigt. Ich bestand jedoch auf dem kühnen Sprung übers Wasser nach England und am nächsten Tag befanden wir uns in der Tat auf dem Weg nach London. Die See im Ärmelkanal war unruhig und auf dem Dampfer konnte ich das interessante Farbenspiel zweier wenig seefester Negerinnen beobachten, deren Gesichtsfarbe von Schwarz über Graubraun ins Olivgrüne hinüberwechselte.

London nahm uns mit dem betäubenden Getöse seines gigantischen Straßenverkehrs auf. Wir wählten nach dem Baedeker ein angeblich billiges Hotel, erstarrten aber vor dem für unser Zimmerchen geforderten Preis und flohen in das fünfte Stockwerk des in Tottenham Court Road gelegenen Gasthofes eines speckigen Italieners namens Agosti. Schauderhaft waren die dort gebotenen Mahlzeiten, doch war wenigstens ein deutschsprechender Kellner vorhanden, ein Schweizer, dessen Konversation sich allerdings in der tagtäglich wiederholten Mitteilung erschöpfte »Komisches Wetter heute«. Trotz asketischster Lebensweise gefiel uns London ungemein wohl; wir wanderten durch die City, besichtigten Westminster Abbey, das Parlament, den Tower mit den Kronjuwelen, das British Museum, die Tate Gallery, das Shakespeare-Denkmal, auf dessen Sockel nicht der Name des Dargestellten, wohl aber der Betrag der Errichtungskosten in Erz zu lesen stand, Hyde Park, London Bridge und wie alle die obligatorischen Sehenswürdigkeiten heißen. Vor Whitehall bestaunten wir die regungslos auf ihren Rössern in Helm und Panzer bratenden »Horse Guards«, am Victoria

Embankment die »pavement artists«, die mit farbigen Kreiden allerlei Landschaftsbilder und täuschend plastisch dargestellte Gegenstände auf das Straßenpflaster malen, um für diese nützliche Tätigkeit Almosen einzukassieren. Die schattigen Ufer der von Hausbooten bevölkerten Themse bei Hampton Court und der Park von Richmond mit seinen zahmen Hirschen boten etwas Erholung von den Strapazen des Sightseeing in der Großstadt.

Gerade während unseres Aufenthaltes erlebte London eine Periode politischer Hochspannung. Der Kampf um das Frauenwahlrecht hatte seinen Siedepunkt erreicht; Hungerstreiks und Terrorakte aller Art seitens der rabiaten britischen Weiblichkeit waren an der Tagesordnung. Die Anführerin der aggressiven Suffragetten-Bewegung, Sylvia Pankhurst, saß wieder einmal hungernd und sich gegen den Magenschlauch wehrend im Gefängnis und die mit den Suffragetten sympathisierenden Sozialisten hatten eine Massenversammlung auf dem Trafalgar Square einberufen. Gegen 30.000 Menschen waren um den Fuß der hohen Nelson-Säule versammelt; George Lansbury und andere Männer und Frauen hielten leidenschaftliche Brandreden. Plötzlich ging eine Bewegung durch die Zuhörermenge: Von der Richtung der City her drängte sich, umgeben von reizlosen Genossinnen, ein mageres, unsauberes und ungekämmtes Weib zur Rednertribüne und wurde mit frenetischem Beifall begrüßt. Es war die eben aus dem Kerker entkommene Sylvia Pankhurst in Person. Mit kreischender Stimme forderte sie die Menge auf, einen Sturmangriff gegen die Regierungsgebäude zu unternehmen und ihr zu folgen. Sie wurde von hysterisch schreienden Kriegerinnen auf die Schultern gehoben, mit einer roten phrygischen Republikanermütze verziert, und nun wälzte sich die tobende Lavamasse der Zehntausende die breite Whitehall-Strasse hinunter dem Regierungsviertel zu, unter Absingung der Suffragetten-Hymne auf die Melodie von »O Tannenbaum, o Tannenbaum, wie grün sind Deine Blätter!« Meinem Vater und mir gelang es, knapp neben die Spitzengruppe mit der gestikulierenden Sylvia zu gelangen und wir marschierten munter drauf los, bis mit einem Mal, aus zwei Seitenstraßen hervorkommend, ein dichter Kordon berittener Polizei in etwa 100 Meter Entfernung vor uns die Straße absperrte. Dumpf drohendes »Boo, boo!« rollte den Polizisten entgegen und der Menschenstrom blieb nicht stehen, sondern bewegte sich langsam mit geschwungenen Stöcken und immer lauter anschwellendem Geheul vorwärts. Die Pferde- und Polizistenmauer stand zunächst unbewegt still, aber auf ein rasches Kommando galoppierten die Reiter geradewegs auf uns los und nach ein paar Sekunden befanden wir uns mitten in einem wilden Handgemenge zwischen Pferdehufen und brüllenden Menschen. Die »Bobbies« hieben mit Gummiknüppeln auf ihre Gegner und Gegnerinnen los, aber die fanatischen Weiber ließen sich nicht abwehren, kletterten auf die Pferde hinauf, kratzten und bissen und stießen gellende Schreie aus. Ich sah, wie die Pankhurst von einigen Polizisten ihren Verteidigerinnen entrissen und davon geschleppt wurde und mit Händen und Füßen erkämpften der Vater und ich uns einen Weg aus dem Getümmel. Aus unseren Taschen fehlten eine Silbertabatière, ein Opernglas und ein Schnupftuch, und das Schlachtfeld war einige Zeit später mit Hüten, zerbrochenen Stöcken und Schirmen, Polizeihelmen und zerrissenen Kleidern bedeckt. Sogar ein Fischbeinmieder lag trübselig und verlassen neben einem umgestürzten Omnibus auf der Straße. Die knochige Sylvia verschwand wiederum für einige Zeit in Scotland Yard, aber die Suffragetten setzten endlich doch ihren Willen durch und mussten sich nach anderen Komplexen umsehen.

Nachdem durch ein paar Theaterbesuche unsere letzten Finanzreserven erschöpft waren, kehrten wir über Ostende, Straßburg und den Bodensee zurück in die Heimat und ein neuer Lebensabschnitt lag vor dem zu einem langen schlotterigen Jüngling herangewachsenen Abiturienten.

Der Dresdener Entschluss zur Medizin hatte die Billigung meiner Angehörigen gefunden und im Herbst 1913 begann ich, mich in das Studium der theoretischen Grundfächer zu versenken, wobei ich vor allem durch die glänzenden Vorlesungen des Professors Tandler fasziniert wurde, der selbst ein so trockenes Fach, wie die Anatomie es ist, allen Hörern zum Genuss zu machen verstand. Die beiden ersten Semester gingen ereignislos dahin und für das Frühjahr standen nicht nur ein paar Prüfungen bevor, sondern wiederum eine große Reise, wie sie von der Universität jährlich für Lehrer und Studenten veranstaltet wurden. Anfang April setzten wir uns, 500 Personen stark, in Bewegung nach dem Süden. Mit einigen Theologen und meinem Freund Fritz ein enges Coupé teilend, erwachte ich frühmorgens während der Fahrt durch das Tal des blau und weiß schäumenden Isonzo, gerade auf jenem Teil der Strecke, hinter deren zerfetzten Schienen ich drei Jahre später zum erstenmal alles Grauen des Krieges kennen lernen sollte und an der heute Hunderte meiner Regimentskameraden begraben liegen.

In Triest, der Haupt- und Hafenstadt der damals noch österreichischen Provinz Istrien, schifften wir uns in den notdürftig adaptierten Frachtdampfer »Amphitrite« des österreichischen Lloyd ein und steuerten zunächst nach Durazzo, dem Hauptstädtchen Albaniens, das erst vor ein paar Monaten unter dem deutschen Prinzen Wilhelm von Wied zum selbständigen Fürstentum erhoben worden war, obwohl es nicht einmal eine Eisenbahn, ja kaum befahrbare Straßen besaß und von einer Anzahl einander nach den Gesetzen der Blutrache bitter befehdender räuberischer Stämme und Familien bewohnt wurde. Es hieß, der Fürst werde die Wiener Kulturträger begrüßen und wir warteten lange vor dem mit einem roten Lattenzaun umgebenen »Palast«, einem weiß getünchten Kasten, dessen Eingang mit zwei in Kübeln gepflanzten Lorbeerbäumen geschmückt war. Endlich erschien jemand im Portal und wir schickten uns an, in Hochrufe auszubrechen. Es war aber nicht Seine Hoheit, sondern nur ein schmutziger Koch mit fettiger Schürze. Der Fürst zeigte sich erst eine Stunde später. In eine operettenhaft prunkvolle Uniform gekleidet, einen Reiherbusch auf dem Tschako, bestieg er sein Schlachtross und trabte, von einigen ihm zukommandierten holländischen Offizieren begleitet, durch die Hauptstraße von hinnen, zum Schrecken der Ferkel und Gänse, welche vor der glänzenden Kavalkade quiekend und schnatternd auseinander stoben. Von einer Begrüßung war nichts zu bemerken, obwohl wir aus Leibeskräften »Rrnoft Mbret« (»Es lebe der Fürst«) schrien. Der Bedauernswerte hielt sich übrigens nur wenige Monate auf seinem Thrönlein. Als er notgedrungen das Weite suchte »um von außen her besser über das Wohl des Landes wachen zu können«, wie es in seiner Abschiedsproklamation hieß, wurde ihm noch auf der wackeligen Landungsbrücke der Residenzstadt von einem seiner Minister die Brieftasche gezogen.

Unsere nächste Station war Kandia auf der Insel Kreta, von wo wir zu Pferde und unter dem Schutz einer griechischen Militäreskorte durch Ortschaften, welche während des noch nicht ganz unterdrückten Aufstandes der Kreter verwüstet worden waren, zu den Ruinen von Hagia Triada gelangten, zum sagenhaften Palast des Minotauros, der von fremdartig schönen Blumen umwuchert inmitten einer Hügellandschaft von klassischer Strenge vor uns lag. An einem in Tyvaki erworbenen amerikanischen Detektivroman »Νοτ Πίγκεζτου ὁ ευόοζότ λοτυνομικός« versuchte ich, meine im Gymnasium erworbenen Griechisch-Kenntnisse praktisch zu erproben, doch vergeblich; über Homer und Plato bin ich damit niemals hinausgekommen.

Nach zweitägiger Überfahrt über das blaue Mittelmeer, welche durch wissenschaftliche Vorträge und gesellige Unterhaltungen verkürzt wurde, tauchte die palmenbewachsene Küste Afrikas vor uns auf. Von der betriebsamen Stadt Alexandria aus brachte uns ein bequemer

Schnellzug an Tantah und Benha vorbei nach dem Endziel Kairo. Das war eine ganz neue phantastische Welt: in den Straßen ein Gewimmel dunkelhäutiger Ägypter in wallenden Gewändern, Turbanen und Tarbuschs, pechschwarze Sudanneger, stolz schreitende Araber, dicke Armenier und Türken, bis zu den Augen verschleierte Frauen, deren dunkle Blicke die wahrscheinlich zumeist irrige Illusion geheimnisvoll verborgener Schönheit erweckten, britische Soldaten in schottischen Highlander-Uniformen mit kurzen karierten Röckchen und Kniestrümpfen, elegante Equipagen, zerlumpte Bettler, die meisten mit durch das enorm verbreitete Trachom erloschenen, triefenden Augen, arrogante englische Ladies, schreiende Sorbetverkäufer, Eselkarren, verwahrloste ausgemergelte Hunde und schmutzstarrende, aber oft entzückend anmutige, bettelnde Kinder, die sich klumpenweise an die Wagen der Fremden klammerten und deren man sich nur durch einen Bakschisch oder durch die tröstliche Versicherung erwehren konnte: »Ru imschi, ibn el kelb! Mafisch bakschisch!« etc. (Fort, packe dich du Sohn eines Hundes! Es gibt keinen Bakschisch. Allah wird dir etwas geben.)

Wir wurden in dem luxuriösen Hotel Continental einquartiert. Zwei riesenhafte sudanesische Esmans in roten goldgestickten Uniformen brachten mein Gepäck aufs Zimmer und streckten mir so überdimensionale schwarze bakschischgierige Pranken entgegen, dass ich ihnen in meinem Schrecken alles ausfolgte, was ich an gewechseltem Geld bei mir hatte. Kairo ist überhaupt eine für unrationelle Geldausgaben ungemein geeignete Stadt. Als echt ägyptisches Andenken kaufte ich einen Fez, von dem ich später erfuhr, dass er ein Erzeugnis der Strakonitzer Fez-Fabriken in Böhmen sei, die von dem Vater eines meiner Schulkollegen verwaltet wurden. Auch »echt ausgegrabene« aus Gablonz in Böhmen stammende Antiquitäten wurden überall angeboten und gekauft.

Eine Wanderung durch das verrufene, winklige und finstere Fischmarktviertel, vor dessen Gefährlichkeit im Baedeker ausdrücklich gewarnt wurde, traten wir unser elf an, doch bekamen es neun im letzten Augenblick mit der Angst zu tun und blieben zurück, sodass die Kosten des anspruchsvollen Dragomans, den wir aufgenommen hatten, uns zwei übriggebliebenen Helden, Fritz und mir, zur Last fielen. Den Versuch, uns in einer verdächtigen Seitengasse einzusperren und auszuplündern gab jener edle Orientale jedoch unseres lauten Protestgeschreis wegen wieder auf.

Beim Abstieg vom Gipfel der Cheops-Pyramide drängten mich meine beiden Führer, ohne welche die halsbrecherische Klettertour nicht unternommen werden durfte, plötzlich an einen exponierten

Punkt und verlangten meinen gesamten Geldvorrat, der mir nur dadurch erhalten blieb, dass ich einen zufällig am Fuß der Pyramide auf einem Kamel vorbeireitenden sudanesischen Polizisten anrief. Das schwarze Auge des Gesetzes schwang vielsagend seine lange Peitsche, mit welcher diese Würdenträger zwecks deutlicher Verständigung mit den Eingeborenen ausgerüstet sind, und meine Börse war gerettet. Auch nach einem berittenen Ausflug ins Mokkatamgebirge, als der Treiber meines Esels diesen samt meiner hilflos darauf sitzenden Person in ein mir völlig fremdes obskures Stadtviertel gehetzt hatte, verdankte ich einem jener peitschenbewehrten Polizisten die Beendigung des Rittes ins Ungewisse und die unbeschädigte Rückkehr in das schützende Hotel. Meine Rache für so viel Ungemach kühlte ich an einem mich in Gîzeh um Bakschisch belästigenden jungen Fellachen, indem ich ihm von den zwar wohlschmeckenden, aber auch sehr wirksamen Rhabarberpillen anbot, die ich aus guten Gründen bei mir zu tragen pflegte. Um sein Misstrauen zu beruhigen, konsumierte ich selbst zwei Stück davon und nun verschlang der Unglückliche mit sichtlichem Behagen den übrigen Inhalt der Schachtel. Zufälligerweise erblickte ich ihn am folgenden Tag von weitem. Seine Hautfarbe schien weniger dunkel als zuvor und ich entfernte mich eilends, ohne mich nach seinem Befinden zu erkundigen.

In der 650.000 Einwohner zählenden Stadt Kairo selbst gab es viel Interessantes zu sehen: Die prachtvollen alten Moscheen Sultan Hassan und Muristân Kalaun mit ihren feinziselierten Torbogen und hohen Zinnen, die modernere große Mohammed Ali-Moschee auf der von britischen Truppen besetzten Zitadelle, das arabische Museum, in dem die Mumien der großen Pharaonen Ptahhotep und Ramses II. in bescheidenen Glasschränken ausgestellt waren, nachdem man sie aus den mit unerhörtem Aufwand an Menschenkraft und Menschenleben vor Jahrtausenden für sie errichteten kolossalen Grabmälern pietätlos ans Tageslicht befördert hatte, der in tropischer Blütenfülle prangende Ezbekieh-Park, die von dem Österreicher Kautsky-Bey geleitete moderne Poliklinik, die von buntem orientalischem Leben erfüllten Bazare an der Muski-Strasse, eine temperamentvolle Gerichtsverhandlung vor einem gemischten englisch-ägyptischen Tribunal und endlich die größte mohammedanische Universität El Asr, in welcher Tausende von Studenten des gesamten Islam jahrelang mit nichts andrem als dem Studium des Koran beschäftigt sind. An dieser geheiligten Städte der Wissenschaft wäre es mir beinahe übel ergangen. Wir ungläubigen weißhäutigen Gjaurs mussten vor Betreten des aus vielen weitläufigen

Höfen und Hallen bestehenden Baues gegen Bakschisch erhältliche weite Strohpantoffeln über unsere gottlosen Füße stülpen, um Allahs marmornen Fußboden nicht zu entweihen. Kaum aber war ich in den zweiten Hof gelangt, in dem Scharen koranbeflissener Jünglinge um einen bärtigen Greis hockten, als einige von ihnen bei meinem Anblick in zornerfüllte Rufe ausbrachen und im Nu war ich von einer schreienden Menge zähnefletschender Kommilitonen umringt, die auf meine nichtsahnenden unteren Extremitäten deutend ihr leidenschaftliches Missfallen ausdrückten. Mir blieb nichts übrig, als mich eilends gegen den Ausgang zurückzuziehen. Hierbei verlor ich einen der beiden lose sitzenden Pantoffel und das Wutgeschrei meiner Verfolger schwoll zum Orkan. Als ich mich atemlos in Sicherheit gebracht hatte, ward mir des Rätsels Lösung von einem Sachverständigen kundgetan: die Pantoffel waren ein wenig zu kurz, sodass ihre Sohlen von meinen fluchwürdigen christlichen Fersen nach rückwärts um etwa 2 Zentimeter überragt wurden und somit Schmach und Schande über die Universität El Asr zu bringen drohten. Man machte ein ausreichend dimensioniertes Pantoffelpaar für mich ausfindig und nun durfte ich unbehelligt zwischen meinen indessen beruhigten Kollegen umherwandeln. Streng verboten war auch das Fotografieren im Bereich religiöser Stätten, denn der Islam verbietet alle Arten von grafischer oder plastischer Nachbildung. Dennoch gelangen mir heimlich ein paar gute Aufnahmen, während einem anderen Mitglied unserer Reisegesellschaft seine Kamera entrissen und an Ort und Stelle zertrampelt wurde.

Wohlorganisierte Ausflüge in Pferdewagen, auf Esels- und Kamelrücken führten uns durch die große leere Totenstadt Nekropolis, welche aus zahllosen über Gräbern errichteten Häusern besteht, die sämtlich unbewohnt sind und nur an bestimmten religiösen Festtagen von den Angehörigen der Verstorbenen benützt werden, in das kahlfelsige Mokattamgebirge, zum versteinerten Wald, in die libysche und in die arabische Wüste, deren endlose gewellte Sandflächen einem in zauberhaften gelben und rötlichen Farbtönen leuchtenden wogenden Meer gleichen, zu den Pyramiden von Sakkarah und Gîzeh, vor das verwitterte steinerne Antlitz der Sphinx, das schon über Caesar und Napoleon ebenso gleichgültig hinweggeblickt hatte wie über uns Menschlein des zwanzigsten Jahrhunderts, in die mit kunstvollen Hieroglyphen ausgeschmückten Grabkammern der heiligen Stiere, in die kühle Palmenoase von Bedrachein, zu den Luxushotels von Heliopolis und an die nur noch ein paar Lehmhütten tragende, von hohen Dattelpalmen überwucherte Stätte der verfallenen Millionenstadt Memphis. Die uns als Führer und Eseltreiber begleitenden Fellachen, in der Psychologie des Fremdenverkehrs einigermaßen bewandert, apostrophierten ihre in Ägypten mit Recht hochgeachteten Tragtiere, je nachdem, ob ein Engländer oder ein Deutscher draufsaß, mit den Namen Gladstone oder Bismarck. Wir europäischen Esel- und Kamelreiter wurden durchwegs als Herr Baron angesprochen und beim Marietta-House in der libyschen Wüste veranstalteten die Tragtiertreiber uns zu Ehren einen wilden Tanz mit dem Schlachtgesang: »Ai – ai – ai – ai – Pyramidal! – Kolossal! – Kaiser Wilhelm lebe hoch! – Deutschland, Deutschland über alles!«, bis sie von einem der allgegenwärtigen schwarzen Polizisten mit ein paar Peitschenhieben auseinandergejagt wurden.

Von Alexandria aus brachte uns die »Amphitrite« in stürmischer Fahrt zurück nach Kreta, wo diesmal Herakleion und die Ruinen von Knossos besucht wurden, und nach dem paradiesischen Korfu. Durch Ölbaum-, Lorbeer- und Zypressenhaine näherten wir uns dem von Kaiserin Elisabeth von Österreich erbauten und nach ihrem Tod von Kaiser Wilhelm II. erworbenen Schloss Achilleion, in dessen unbeschreiblich schönem Park der rüstige Monarch zu Füßen eines hohen bronzenen Achilles-Standbildes unter Orangenblüten und von zarten Faltern umgaukelt dem gesundheitsförderlichen Sport des Holzhackens zu frönen pflegte. Die ehrfürchtige Besichtigung des Holzbockes und allerhöchst dero abgehackter Späne wurde der akademischen Plebs huldvoll gestattet, dagegen gelang es mir nicht, den auf einem Balkon mit Gefolge erscheinenden Kaiser zu fotografieren. Ein silberbetresster Lakai stürzte auf mich zu mit den gebieterischen Worten: »Majestät wünschen nich jeknipst zu werden!« und so misslang mein optisches Attentat. Auch die Aufnahme einiger bunt gekleideter korfiotischer Mädchen und Frauen, die nach der glanzvollen kirchlichen Prozession jenes Ostersonntages im Schatten knorriger Ölbäume standen, stieß auf Schwierigkeiten. Meine in edelstem klassischem Griechisch geäußerte Aufforderung: »Ἔρχετε εἰς τόω ξλιου ὦ γυναίκες!« (Schreitet in die Sonne o Frauen!) wurde einfach ignoriert.

Durch den Quarnero ging es zurück nach Triest und heim zu den ersten Prüfungen an der Universität, von denen mir besonders die Chemie arge Sorgen bereitete. Als die Beklemmung und das Bewusstsein meiner mangelhaften Kenntnisse ihren Höhepunkt erreicht hatten – es war acht Tage vor dem angesetzten Termin – überkam mich plötzlich in seltsamer Weise die beruhigende felsenfeste Überzeugung, ich werde in der Hauptsache über Schwefelverbindungen geprüft werden. Von diesem Augenblick an hielt ich es nicht mehr für notwendig, andere

Gebiete gründlich zu wiederholen, sondern studierte alles nur Erdenkliche, was den Schwefel betraf. Bei der Prüfung kam ich als Neunter an die Reihe und muss gestehen, dass ich bei manchen an meine Vorgänger gestellten Fragen glatt versagt hätte. Dies focht mich jedoch nicht an, denn für mich stand die vom Schicksal vorgezeichnete Schwefelfrage fest. Und es kam, wie es kommen musste. Ich deklamierte seelenruhig höchste Schwefelwissenschaft und wurde unverdienterweise mit »Auszeichnung« qualifiziert. Ähnlich Mystisches widerfuhr mir später auch bei der Prüfung aus Anatomie. Der Gedanke, mir auf solch übernatürliche Weise die Prüfungen bequem zu machen, war naheliegend, aber alle weiteren Bemühungen, mittels »Konzentration« und durchbohrenden Blicken eine von mir willkürlich gewählte Frage zu erzwingen, schlugen vollkommen fehl.

In jene für mich von Physik, Chemie und Biologie erfüllten Wochen fielen die Schüsse von Sarajevo, welche ungeheuere Erregung auslösten, doch war neben dem Unwillen über die Umtriebe der serbischen Geheimorganisation »Ochrana«, welcher der jugendliche Mörder Gavriljo Princip angehörte, eine gewisse Genugtuung über das Ausscheiden des sehr unbeliebten Thronfolgers und seiner noch unbeliebteren tschechischen Gattin aus der Sukzession unverkennbar. An Kriegsgefahr dachte man zunächst nicht und mein Vater und ich trafen Vorbereitungen für eine neue Sommerreise. Mitte Juli waren wir in Leipzig, dann in dem stimmungsvollen Weimar, wo wir die Erinnerungsstätten der großen deutschen Dichter aufsuchten, und wo nichts so sehr ergreifend auf mich wirkte, wie des Herrn Geheimen Rates Goethe bescheidenes kleines Gartenhaus, mit dem sich heute kaum ein Taxichauffeur zufrieden geben würde. Schon in Weimar erreichten uns alarmierende Nachrichten über die politische Lage. In Stuttgart vervielfachte sich die Aufregung durch ständig einlaufende konfuse Depeschen und allerlei unkontrollierbare Gerüchte und, während wir am 28. Juli in einem Hotel in Luzern ohne jedes Interesse für den schönen Vierwaldstättersee vor unseren Fenstern die durch die telegraphische Rückberufung des Vaters notwenig gewordene Heimreise berieten, war die Entscheidung über das Schicksal Europas und das Todesurteil über dreizehn Millionen junger blühender Menschen schon gefallen. Graf Berchtold, der österreichische Außenminister, hatte durch die bewusst gefälschte Meldung eines angeblichen Angriffes serbischer Truppen auf den Donau-Brückenkopf bei Semlin den widerstrebenden alten Kaiser zur Kriegserklärung an Serbien zu überreden gewusst.

Zwanzig Jahre später saß ich im Parkett des Wiener Burgtheaters.

Was auf der Bühne vorging, weiß ich nicht mehr; ich habe es auch damals kaum beachtet, denn immerfort musste ich den kahlen, langen Aristokratenschädel da im Halbdunkel unmittelbar vor mir anstarren, jenen Kopf, aus dem der Funke in das europäische Pulverfass gesprungen war und der noch immer lebend auf seinen Schultern saß, indessen Millionen seiner Opfer in fremder Erde verfaulen mussten. Wohl hatte der russische Außenminister Iswolskij in Paris am Tage der Kriegserklärung triumphierend ausgerufen »C'est ma guerre!«, wohl hatte der russische Kriegsminister den Befehl des Zaren, die ausgegebene Mobilisierungsordre zurückzuziehen, unterschlagen, bis es zu spät war; der unmittelbare Anstoß zur Katastrophe fällt dennoch dem eitlen und gewissenlosen Berchtold zur Last.

Im Bahnhof von Luzern herrschte kopfloses Durcheinander. Die Züge nach dem Osten waren von heimwärts strebenden Österreichern, Ungarn und Russen überfüllt. Müde und in unbehaglicher Spannung trafen wir in Wien ein, das im Fieberdelirium zu liegen schien. Menschenmassen zogen singend durch die Straßen. Soldaten und Offiziere wurden auf die Schultern gehoben und mit Blumen bekränzt. Der Laden eines harmlosen Friseurs mit serbischem Namen wurde von begeisterten Patrioten demoliert; das Hotel »Belgrad« an der Landesgerichtsstraße hieß plötzlich Hotel »Dreibund«, eine Bezeichnung, mit welcher der Besitzer ebenfalls nicht lange Reklame machen konnte; alberne Schlagworte wie »Serbien muss sterbien!« wurden gegrölt; man sang den »Prinz Eugen«, die »Wacht am Rhein« und alles schien über das Abwechslung bringende bevorstehende »Stahlbad« hoch erfreut. Auch ich war selbstverständlich begeistert und konnte die Niedergeschlagenheit meines Vaters nicht begreifen. In den folgenden Tagen griff der Brand mit rasender Schnelligkeit um sich. Es jagten einander die Kriegserklärungen Russlands an Österreich, Deutschlands an Russland, Frankreichs an Deutschland und Österreich, Montenegros an Österreich, der Einmarsch deutscher Truppen in Belgien und als erste große Ernüchterung die Kriegserklärung Großbritanniens an die Mittelmächte, mit der man nicht gerechnet hatte.

Neben der maschinenmäßig exakt funktionierenden allgemeinen Mobilisierung wurden allerlei wichtigtuerische Freiwilligenformationen organisiert, in den Bahnhöfen tauchten Scharen von Labe- und Lebedamen auf und ich – mit meinen 19 Jahren noch nicht militärreif – meldete mich zum »ärztlichen Dienst« in einem Rotkreuzspital, welches einer Unmenge wenig kampfesfreudiger Funktionare »unentbehrliche« Hinterlandsposten und aristokratischen Damen die erwünschte

Gelegenheit bot, an verwundeten Soldaten ihre Existenzberechtigung zu erweisen. Ich kann nicht leugnen, dass auch in diesem Spital viel Gutes geleistet und opferwillige Arbeit getan wurde, aber gleichzeitig gewährte es mir einen unerwarteten Einblick in die weniger dekorativen Winkel der menschlichen Natur.

Während draußen an den Fronten der blutige Mechanismus des Krieges allmählich in Schwung kam, die Deutschen mit österreichischen Mörsern den belgischen Festungsgürtel zertrümmerten, die russische »Dampfwalze« über Galizien rollend unsere Armeen zurückschlug und immer dichter die Transporte blutig zerrissener, verschmutzter, verlauster, verpesteter, stinkender, sterbender Menschenkörper in der »Reichshaupt- und Residenzstadt« Wien einlangten, während das unsinnige Jubelgeschrei der ersten Wochen verstummte und der eisigen Angst vor den immer tiefer in österreichisches Gebiet vordringen russischen Heeren wich, bildete das Rotkreuzspital in der Schellinggasse mitsamt seinem Inhalt an Jammer, Schmerzen und Heimweh eine elegante Insel vornehm humanitärer Geselligkeit und tadelloser militärischer Kasernendisziplin. Der kommandierende Oberstabsarzt inspizierte die geometrisch geradlinige Aufstellung der Bettenden und Nachttische, untersuchte genau, was sich unter, aber kaum je, was sich in den Betten befand; Erzherzogin Maria Theresia, die Stiefmutter des ermordeten Thronfolgers mimte bürgerliche Tätigkeit am Waschtrog; der Chefchirurg verschob dringende Operationen, um sie ihrer Kaiserlichen Hoheit mit Glanz vorführen zu können; er gestattete seiner Gattin, die in grauer Vorzeit einmal Medizin studiert hatte, als Weihnachtsgeschenk die Durchführung einer Blinddarmoperation mit entsprechendem Resultat an einem ahnungslosen Opfer; ein finanzkräftiger Lederfabrikant wurde als »Hilfsarzt« eingeteilt (weniger als ich verstand er allerdings auch nicht von der Medizin); Erzherzogin Isabella erfreute die Verwundeten durch Überreichung von Ansichtskarten mit dem Bildnis ihres Meiereien besitzenden Gemahles, des Oberkommandierenden der Armee, Erzherzogs Friedrich des »Rahmreichen«; Gräfin Bienerth, die Gattin des Ministerpräsidenten, spendete Reklame-Zigarettenétuis der Straußenfedern-Firma Steiner; der Vorstand der chirurgischen Abteilung, in der ich meine segensreiche Tätigkeit entfaltete, konnte sich selbst während der Visite von Säbel und Sporen nicht trennen, obwohl er niemals ein Ross bestieg; die gute dreckige alte Baronin Hammerstein trampelte Nachts mit Nagelschuhen durch die Säle, rüttelte die Schlafenden fürsorglich wach, um sich nach ihrem Befinden zu erkundigen und erforschte die Suppentemperatur durch

Eintauchen ihres schwärzlichen Zeigefingers, sodass der tschechische Infanterist Piro klagte: »Bin i nur arme bemische Schustr abr grauste mi doch«; die freiwillig pflegende Prinzessin Waleska Gagarin prügelte sich mit der Hausbesorgerin; »Prinzessin« Nina Tschitschianoff wurde als emeritierte Schlangentänzerin ohne jeden fürstlichen Stammbaum entlarvt; andere Damen liebkosten allzu auffällig die ihrer Fürsorge anvertrauten Patienten, auch ohne von diesen hierzu aufgefordert worden zu sein; ein reichsdeutscher Verwundeter begrüßte die das Spital besuchende seidenumrauschte Gattin des Gesandten Exzellenz von Tschirschky mit den Worten »Raus, olles Luder!«; Erzherzogin Valerie, die somnolente Tochter des Kaisers, fragte gelegentlich eines feierlichen Rundganges durch die Krankensäle jeden Soldaten, gleichgültig welcher Nationalität, und ohne auf Antwort zu warten hartnäckig »Wo sünd Sü verwundet woaden?«; besorgte Väter beschwerten sich bei der Spitalsverwaltung über die allzu häufigen Nachtdienste ihrer Töchter, wobei sich herausstellte, dass die lieben Mäderln Nachts überhaupt nicht in den Spitalsdienst eingeteilt waren; die dicke Schwester Albine spezialisierte sich als »Heldenwäscherin« und wartete sehnsüchtig von einem Verwundetentransport zum anderen, um ihren Reinlichkeitsdurst stillen zu können; Zugführer Trommer aus Hernals sprach eines Nachts zu dem ihn wegen ungebührlichen Lärmens beanstandenden Ulanenmajor Baron Heine: »Halt's Mäu bledar Lauser oder i hau di an d'Wand, dass'd picken bleibst!«; deutsch-österreichische Soldaten sangen das schöne Lied »Und die Russen sollen sehen, dass die Österreicher Sieger sind«, worauf die reichsdeutschen Gäste taktvoll erwiderten »Quatsch! Sieja sin imma nua wia Deutschen!«; einem preußischen Rittmeister wurde das fernere Betreten des Hauses verboten, weil er der Erzherzogin Maria Theresia gegenüber die lasterhafte Bemerkung gewagt hatte »Janz reiz'nde Schwestern hamse da, kaiserliche Hoheit«; Hauptmann von Münzer, eine funkelnagelneue Akquisition der katholischen Kirche, bezeigte sein christliches Empfinden als Firmpate jener Krieger, welchen gelegentlich ihres Aufenthaltes in Wien von der Geistlichkeit diese Okkasion zur verspäteten Annahme des Sakramentes nahegelegt worden war; die asthmatische Exzellenz von Potocki-Liechtenstein verteilte Rosenkränze, nicht ohne zu betonen, dass deren heilbringender Effekt dem aller ärztlichen Maßnahmen bedeutend überlegen sei; der sogenannte »Doktor Raab« verliebte sich hintereinander in die ebenfalls zweisemestrige »Frau Doktor Putzi H.« und in die hübsche Schwester Trude B. und unterhielt sich mit letzterer vortrefflich im Wurstelprater; das alles, während draußen im Feld täglich und nächtlich Tausende in Fetzen geschossen wurden, erfroren, am Flecktyphus und an der Cholera verreckten. Es war ein interessanter und lehrreicher Querschnitt durch die fröhlich zugrunde gehende Gesellschaft einer unter Krämpfen und Qualen zugrunde gehenden großen alten Monarchie. Auch ein wenig kleinchirurgisches Handwerk lernte der Doktor Raab während dieses ersten Kriegsjahres so nebenbei.

Im September 1914 wurde das Spital von dem damals 84-jährigen Kaiser Franz Josef besucht, einem gebeugten, müden Greis, dem beim Anblick all des Elends immer wieder die Tränen über die runzeligen Wangen liefen. Ein Tiroler Landesschütze erzählte nachher »G'röhrt hat er der Kaischer«. Als der alte Herr einen jungen Leutnant, dem beide Beine amputiert waren, fragte, ob er einen Wunsch habe, antwortete der: »Jawohl Majestät, eine Kugel durch den Kopf.« Es war das letzte Mal, dass sich Franz Josef in der Öffentlichkeit zeigte.

Schon nach wenigen Monaten Spitalsdienst trieb mich mein Tatendrang und Ruhmesbedürfnis gegen den Willen des Vaters zu einer freiwilligen Musterung für den Militärdienst. Erst musste ich mich aber von einem Internisten privat untersuchen lassen und dieser konstatierte unglücklicherweise ein »systolisches Geräusch« über dem Herzen (eine ganz harmlose Erscheinung, die sich auch bei vielen gesunden Menschen findet, aber das wusste ich damals noch nicht) und ich musste meinem Vater das Ehrenwort geben, bei jeder militärärztlichen Untersuchung Professor Brauns Befund betreffend meinen sogenannten Herzfehler vorzuweisen. Die Folge war, dass ich bis 1916 bei neun derartigen Versuchen, dem Vaterland meine Dienste aufzudrängen, abgewiesen wurde.

Indessen hatten unsere Armeen sowohl in Serbien als vor allem in Galizien schwere Niederlagen erlitten, die Russen standen bei Munkács bereits auf ungarischem Boden und man erzählte sich, der Personaladjutant des Kaisers, Graf Paar, hätte dem alten Herrn von einer beabsichtigten Reise an die Front mit der Begründung abgeraten, die Reise sei zu weit und beschwerlich »aber warten Sie nur, Majestät, in 14 Tagen können Sie mit der Tramway hinfahren«. Der rasche deutsche Vormarsch auf Paris war an der Marne zurückgeschlagen worden; Przemysl, die stärkste österreichische Festung, fiel im März 1915 den Russen in die Hände und an Stelle des untätig abseits stehenden Italien war ein neuer, allerdings etwas schwächlicher Bundesgenosse an unsere Seite getreten: Sultan Mohammed V., der »Siegreiche«. Hindenburg hatte die russischen Armeen des Generals Rennenkampf in die masurischen Sümpfe getrieben und ersäuft, Ostpreußen war dadurch wieder frei und im Mai setzte unter seiner und Conrad von Hötzendorfs Führung mit dem berühmten Durchbruch bei Gorlice der gewaltige Angriff der deutschen und österreichisch-ungarischen Armeen ein, von dem sich das geschlagene russische Heer trotz den vorübergehenden Erfolgen der Brussilow-Offensive im Jahr 1917 nie wieder erholen konnte. Im August 1915 war die ganze Ostfront in ständigem Vorrücken auf russisches Gebiet begriffen, Warschau und Brest-Litowsk waren gefallen. Um diese Zeit gelang es mir endlich, da ich als »Herzleidender« für den regulären Militärdienst nicht zu brauchen war, einer mobilen Feldhilfsstation des Roten Kreuzes zugeteilt zu werden.

Fünf Tage lang holperten wir mit einer kurzen Unterbrechung in dem schönen, von der Jagellonenburg, dem Wawel, gekrönten Krakau über die von Truppenzügen und Transporten gefangener Russen verstopften galizischen Bahnstrecken nach Russisch Polen hinein. Gesprengte Brücken, niedergebrannte Dörfer, die mit Granattrichtern übersäten und von Schützengräben durchzogenen Schlachtfelder bei Krasnik und Zaklikóv bereiteten uns auf den eigentlichen Kriegsschauplatz vor. In dem kümmerlichen Dörfchen Njedrzwica duza, das großenteils von Juden in schwarzen langen Kaftans, mit runden Käppchen und Pajes genannten Schläfenlocken bewohnt war, mussten wir unsere Diensteinteilung abwarten. Ich bewohnte einen mit Strohsäcken luxuriös ausgestatteten Viehwagen zusammen mit dem Kommandanten der Station, einem klapprigen, kurzsichtigen und überaus nervösen ästhetisierenden Philosophen, der eine heftige Abscheu gegen die von den Soldaten überall gesungene und geklimperte Operettenmusik empfand. Am Morgen seines Geburtstages weckte ich ihn auf, indem ich ihm mittels einer Mundharmonika »Puppchen, du bist mein Augenstern« in die zartfühlenden Ohren blies und auch sonst war unser Verhältnis kein allzu freundschaftliches. Einige bejahrte preußische Krankenpflegerinnen und etliche Sanitätssoldaten wurden uns zugewiesen, aber tagelang kam kein weiterer Befehl und so bot eine auf dem Nebengeleis stationierte mobile Labegruppe mit der 18-jährigen blonden, blaubeschleierten Schwester Mizzi, einem polnischen Advokatentöchterlein, willkommenen Zeitvertreib mit Schokolade, Gugelhupf und Lyrik.

Endlich wurden wir nach der eben erst den Russen entrissenen Stadt Lublin beordert und nach einer glimpflich abgelaufenen Entgleisung unseres Zuges auf der nur notdürftig reparierten Strecke langten wir in dem von Truppen aller Art und von Scharen russischer Gefangener wimmelnden Lublin in dem Augenblick an, als feindliche Flieger einen Luftangriff auf den Bahnhof unternahmen und mit ihren Bomben ein paar Güterwagen samt deren Besatzung aus der Welt schafften. Die Methoden des Luftkrieges befanden sich zu jener Zeit noch in einem Stadium verhältnismäßiger Harmlosigkeit. Zu meiner Enttäuschung wurde ich in ein chirurgisches Spital eingeteilt, aber meines Wirkens war dort nicht lange, denn schon nach ein paar Tagen erwachte ich Nachts mit hohem Fieber und grimmigen Bauchkrämpfen und musste in kläglichem Zustande in eine Schule transportiert werden, wo die Dysenteriekranken Tag und Nacht stöhnend damit beschäftigt waren, »Gut und Blut« dem Vaterlande darzubringen.

Als ich nach Beendigung dieses schmerzhaften und wenig heroischen Zwischenspiels mich als schwankender Leichnam wieder dem sogenannten Wanderzirkus meines Chefs Dr. Ullmann anschließen wollte, war dieser längst in unbekannter Richtung abgegangen und ich stand im weiten Russland einsam und verlassen da. Ein paar Tage der Rekonvaleszenz ließen mich geruhsam das lärmend geschäftige militärische und das provinziell elegante Zivilleben Lublins beobachten, führten mich durch die unvorstellbar verwahrlosten Judenviertel und boten mir das eindrucksvolle Schauspiel einer Truppeninspizierung durch den siegreichen Generaloberst von Mackensen. Auch Erzherzog Friedrich und der Thronfolger Erzherzog Karl Franz Josef trafen in der nun schon weit hinter der Frontlinie liegenden Stadt ein. Ungarische und deutsche Feldgendarmen trieben die Bevölkerung unter Zuhilfenahme von Lederpeitschen in die zum Betreten freigegebenen Strassen und hinter dichten Kordons ausgerückter Formationen schwangen die braven Lubliner gehorsam ihre Taschentücher und Hüte beim Empfang der österreichischen Fürstlichkeiten. Der Thronfolger besuchte ein Hochamt im Dom und verabschiedete sich danach vom Bischof mit demütigem Handkuss.

Meine musikalischen Bedürfnisse ließen sich auf die Dauer nicht durch die in meinem Inventar befindliche Mundharmonika allein befriedigen und so entschloss ich mich zum Kauf einer halbwegs brauchbaren Geige in einem Antiquitätenladen, in welchem gerade der bekannte Budapester Cellist Kerpély als Honved-Korporal verkleidet das Cello-Konzert von Dvorák vortrug und mich dadurch in kriegsferne Gefilde der Seligen entführte. Auch eine polnische Aufführung von Franz Lehárs Graf von Luxemburg vor restlos entzückten rauen Kriegern sah ich mit an und brach dann auf, um kreuz und quer durch Polen und Wolhynien meinen in Verlust geratenen philosophischen

Abb. 2: Russischer Kriegsgefangener, Zeichnung Willi Raab

Befehlshaber zu suchen, aber wo immer ich glaubte, seiner schon hab-
haft zu werden, hieß es, er sei soeben mit unbekannter Bestimmung
abgegangen. Es war zum Verzweifeln, umso mehr, als mich sechs
Wochen hindurch auf meinen Irrfahrten keinerlei Post von daheim

erreichte und mein Gedärm noch immer revolutionären Anwandlungen unterworfen war. Ich schlief in verwanzten Häusern, in Eisenbahnmagazinen, die von deutschen Kavalleristen überfüllt waren, auf Schutthaufen in von den Kosaken zerstörten Ortschaften, deren Mauerreste durch Einsturzgepolter meine Nachtruhe beeinträchtigten und in der sauberen Kanzlei des Rabbi Glicklich in der kurz zuvor eroberten und noch immer von nahem Kanonendonner erschütterten Festungsstadt Luck. Da befand sich eine gute Bibliothek, sogar ein gekacheltes Badezimmer, aber für die Erledigung der unvermeidlichsten menschlichen Notwendigkeiten nur ein der gesamten Einwohnerschaft des Hauses zur Verfügung stehender geräumiger Hinterhof, in welchem der Besucher allen Unbilden der Witterung ausgesetzt war. Beim Abschied überreichte mir der freundliche Diener Jehovas eine Flasche Wein mit den lobenden Worten: »Weil Se sennen gewesen e ordentlicher Mensch.« Ansonsten bestand meine Nahrung zuweilen aus verdorbenen Konserven und einmal sogar aus zähem und süßlichem Hundefleisch, welches ich dem graugrünlich schillernden, allzu aromatischen Kalbsbraten, der zur Auswahl stand, gerne vorzog. Trotz alledem blieb der gleich einer Fata Morgana immer wieder entschwebende Dr. Ullmann unerreichbar und ich wurde für einige Zeit mit der Funktion eines »Abschubleiters« in der russisch-polnischen Stadt Cholm betraut, das heißt, ich hatte die durchgehenden Verwundeten- und Krankentransporte ärztlich zu revidieren, Schwerverletzte in die als Spitäler eingerichteten Kosakenkasernen zu schaffen und etwaige Deserteure hoppzunehmen. Oft zu 40 und mehr Mann in luftlose, schmutzige Viehwagen gepfercht, langten zu jeder Zeit des Tages und der Nacht unzählige der verwundeten, erschöpften, typhus- und ruhrkranken armen Teufel in erbarmungswürdiger Verfassung im Bahnhof von Cholm ein. Ein paar Sanitätssoldaten standen mir zur Verfügung, aber nur eine ganz ungenügende ärztliche Ausrüstung – von den ungenügenden ärztlichen Kenntnissen ganz zu schweigen – und nur einige wenige Tragbahren. Als Zivilist, wenn auch in einer militärähnlichen Uniform steckend, hatte ich keine Möglichkeit, den militärischen Stellen gegenüber mit dem erforderlichen Nachdruck aufzutreten und so war die anstrengende Arbeit in Cholm ein verzweifelter Kampf gegen die Unzulänglichkeit der Mittel.

Stundenlang lagen Scharen von Schwerverletzten und Sterbenden auf dem nackten Fußboden der Bahnhofshalle, bis mir auf meine wiederholten Proteste endlich russische Gefangene als Träger und ein paar primitive Fuhrwerke für den Abtransport der Hilflosesten überlassen

Abb. 3: Hingerichteter Raubmörder, Zeichnung Willi Raab

wurden. In all diesem Elend waren gelegentliche Zusammenkünfte mit der öfters durchreisenden blonden Labemizzi eine nicht zu unterschätzende Erquickung.

Nach Lublin zurückkommandiert und in der von raschelnden Küchenschaben und kompakten Wanzenarmeen bevölkerten Wohnung des Herrn Tochtermann untergebracht, schlenderte ich durch die Straßen, als mir plötzlich mit einem phlegmatischen »Ach, da sind Sie ja!« der Schöngeist Dr. Ullmann gegenüberstand. Er führte Berge von Post und Paketen für mich in seiner Waggongarnitur. Nun konnte ich mich endlich an unserer eigentlichen Aufgabe, dem »Pendeln« mit Verwundeten- und Krankenzügen zwischen weiter vorne gelegenen Abschnitten und den spitalreichen Städten der Etappe beteiligen. Erschwert war diese Aufgabe durch die ständigen internen Streitigkeiten unserer preußischen weiblichen Pflegeengel, denen zu allem Übel auch noch eine superkatholische bissige Wiener Köchin zugeteilt war. Letztere bereitete eines Tages als besondere, lang entbehrte Delikatesse für uns alle 60 leckere Zwetschgenknödel, welche auf einem Brett im Küchenwaggon säuberlich aufgereiht lagen. Als ich bewundernd und schnuppernd davor stand, setzte sich der Zug mit einem Ruck in Bewegung, ich stolperte, stieß an das Brett und sämtliche Knödel rollten auf die wolhynische Sumpfebene hinaus, was nicht zur Erhöhung meiner Beliebtheit in der Gruppe beitrug.

Zwischen Luck, Rozyszcze, Kowel, Cholm und Lublin pendelten wir einige Wochen lang unter wiederholten Zugentgleisungen und sonstigen kleineren Unfällen mit unseren traurigen Ladungen verwüsteter Menschheit hin und her, sahen versprengte Kosakenpatrouillen durch die Wälder reiten, hörten das unheimliche Rollen des Geschützdonners, kamen aber niemals bis an die Frontlinie selbst. Vor meinem Waggonfenster baumelte eines Morgens an einem Galgen ein hingerichteter Raubmörder und streckte mir unhöflich seine blauschwarz geschwollene Zunge entgegen.

Immer wieder packte mich das Fieber an und warf mich auf meinen Strohsack, bis endlich beschlossen wurde, mich neuerdings in ein Spital zu dirigieren. Unsere Waggons standen außerhalb des großen Eisenbahnknotenpunktes Kowel auf offener Strecke, als ich mich bei Nacht und Nebel mit vollgepacktem Rucksack und hoch fiebernd auf den Weg begab, der sich endlos durch die Finsternis zog und zum Kopf einer gesprengten Eisenbahnbrücke führte, an deren Stelle ein notdürftig errichtetes Holzgerüst den Fluss überspannte. Zwischen den Schienen waren bloß schmale, lockere Blechplatten als Fußübergang angebracht. Im Schein meiner halb erloschenen Taschenlampe torkelte ich diesen fragwürdigen Pfad entlang, als plötzlich in einiger Entfernung hinter mir das Schnauben einer sich nähernden Lokomotive vernehmbar wurde. Nun hieß es, auf dem kaum sichtbaren Blechstreifen zwischen zwei schwarzen Abgründen mit dem Zug um die Wette laufen, wollte ich nicht in dem dunklen Gewässer unter mir mein Erdendasein beschließen. Ich gewann das Rennen mit knapper Not und stolperte weiter durch die Sümpfe der Stadt zu.

In Kowel verbrachte ich drei Wochen in einem Bahnwärterhaus, halb angekleidet auf den bloßen Brettern eines Feldbettes liegend mit meiner zusammengerollten Bluse als Kopfkissen, fiebernd, zeitweise bewusstlos, unfähig mich auch nur aufzurichten und ohne jede Reinigung, sodass meine tief grüngelb gewordene Haut allmählich unter einer missfärbigen Kruste von Schmutz und Schweiß verschwand. Die Nahrung bestand aus etwas Zwieback, Milch und einem sogenannten Tee, der mir wie eine Mischung von Petroleum und Pfeffer erschien. Fast dauernd war ich allein und starrte Tag für Tag unentwegt auf das mir immer verhasster werdende Muster der unsauberen Wandtapete, das nur dann etwas Abwechslung bot, wenn Wanzen darüber hin krochen. Hie und da erschien ein freundlicher, jedoch mit Arbeit überlasteter Militärarzt, während mich die zwei tschechischen Sanitätssoldaten dieses »Spitals« oft viele Stunden hindurch mit meiner schwachen Stimme vergeblich um Hilfe rufen ließen und nicht ein einziges Mal meine schmutzstarrende Wäsche wechselten.

Eines Novembertages nun zeigte sich spontan der eine der beiden Wärter und sprach »Melde g'hursamst, Besuch is do. Kanne vurtrettn?« Ich vermutete Mizzi und nickte Zustimmung, aber die Annahme war irrig und mein Gesicht muss nicht nur gelber und bärtiger, sondern auch dümmer ausgesehen haben als je zuvor in meinem Leben, denn da standen leibhaftig mein Vater und Tante Muz und erkundigten sich bei dem biederen Tschechen ungläubig, ob das vor ihnen liegende ausgemergelte Gebilde wirklich der Betreffende sei, den sie besuchen wollten. Man hatte sie ohne mein Wissen telegrafisch von meinem bevorstehenden Ableben verständigt und zu einer eventuell noch möglichen Besichtigung der sterblichen Überreste eingeladen. Unter großen Strapazen und mit mühsam erworbenen Passierscheinen hatten sie die mehrtägige Reise in das ansonsten für Zivilpersonen streng gesperrte Kriegsgebiet unternommen, sitzend in Bahnhöfen geschlafen, eine Nacht bei einer Familie in deren schlampigem Wohnzimmer zugebracht und nun waren sie da in Kowel und mein Erstaunen war noch größer als seinerzeit über das vermeintlich ausgestopfte Weberlein. Sprechen konnte ich kaum, nur immer schauen und ein bisschen heulen. Als die beiden eben mit ihrem Bericht begonnen hatten, geschah wieder etwas Überraschendes. Man teilte mir mit, dass ich innerhalb von zwei Stunden mit unbekanntem Bestimmungsort abgeschoben würde. Der Abschied war kurz. Auf einer Tragbahre wurde ich zum Bahnhof gebracht, in einen schönen Spitalswaggon geladen und fort ging es irgendwohin ins Hinterland. Am dritten Tag der Fahrt waren wir in Brünn. Der Anblick von Straßenbahnen, Briefkästen, bunten Plakaten und sonstigen Produkten einer lang entbehrten Zivilisation erfüllte mich mit Rührung und neuer Lebenskraft. Wieder ging es auf einer Tragbahre an mitleidig dreinblickenden Passanten vorbei und in ein Barackenspital, wo man zunächst meine damals noch vorhandenen Haupthaare ratzekahl schor und ich mich trotz Protest von einigen energischen Brünnerinnen von Kopf bis Fuß baden und säubern lassen musste.

Ein paar Monate gingen in Brünn und Wien mit dem Wiederaufbau meiner ramponierten Leiblichkeit dahin. Ich wurde nebenbei irrtümlich der Desertion beschuldigt und einer rehabilitierenden Untersuchung unterzogen. Das Medizinstudium nahm seinen Fortgang und einige Prüfungen wurden mit Erfolg abgelegt. Aus heiterem Himmel erschien in unserer Wohnung in der Wienzeile die anhängliche polnische Mizzi und hatte in meiner Abwesenheit eine wortkarge Unterredung mit der höchlich verblüfften Tante Muz. Mizzi verbrachte ihren Urlaub in Wien und ich konnte mich für die mir in Russland gespendeten Labungen erkenntlich erweisen.

Nur aus Zeitungsberichten erfuhr ich von den weiteren Ereignissen des schon zur Gewohnheit gewordenen Krieges. Galizien war zurück gewonnen, der größte Teil Russisch-Polens erobert, Serbien und Montenegro waren von österreichisch-ungarischen und deutschen Truppen besetzt, heftige Angriffe der Engländer auf die Dardanellenforts waren gescheitert, im Westen verbluteten Deutsche und Franzosen in hartnäckig verbissenem Stellungskrieg tief in französischem und belgischem Gebiet, Bulgarien hatte sich unter seinem aus dem deutschen Fürstenhaus der Battenberger stammenden Zaren Ferdinand den Zentralmächten als Verbündeter angeschlossen, während Japan, China, Portugal, Griechenland und Rumänien auf der Gegenseite in den Krieg eintraten. Italien, der alte unsichere Dreibundpartner hatte als Preis für seine Neutralität die Abtretung von Südtirol und Triest gefordert und als die von Österreich abgelehnt wurde, an seine bisherigen Bundesgenossen Österreich und Deutschland den Krieg erklärt. »Sacro egoismo« wurde dies im Land, wo die Zitronen blüh'n, genannt. Wochen hindurch hielten schwache Gendarmerieformationen den ersten italienischen Angriffen stand und erst nachdem große österreichisch-ungarische Truppenmassen von der russischen Front nach dem Süden geworfen worden waren, kam es zu einer langen Reihe von Verteidigungsschlachten, die hauptsächlich um Görz und das Isonzotal konzentriert, den Schutz des einzigen österreichischen Handelshafens Triest gewährleisteten. – Zahllose österreichisch-ungarische und deutsche Kriegsgefangene hungerten und froren im europäischen Russland und in Sibirien, gingen zu Tausenden an Seuchen zugrunde und die am Leben Gebliebenen wären jahrelang ohne Verbindung mit der Heimat gewesen, wenn nicht das Genfer Rote Kreuz unter Leitung des Dr. Ferriére, »Oncle Frédéric«, einen mühsam aufrechterhaltenen Postdienst zwischen den Krieg führenden Staaten organisiert hätte.

Im sogenannten Hinterland hatte sich ein üppiges Parasitentum von Kriegslieferanten und deren Anhang entwickelt; Wien war überfüllt von Flüchtlingen aus dem östlichen Kriegsgebiet, die ihren Aufenthalt vielfach zu intensiver Geschäftstätigkeit, zur Preissteigerung unentbehrlicher, knapp gewordener Lebensmittel und in zunehmendem Masse auch zur politischen Agitation gegen die Monarchie benützten. In viele Familien war die Trauer um gefallene Söhne, Gatten und Väter eingezogen, immer neue Jahrgänge wurden zum Waffendienst einberufen und durchgemustert und endlich war es soweit, dass auch mein »Herzfehler« kein Hindernis mehr bildete.

Ich rückte im August 1916 zum Landwehr-Infanterie-Regiment No. 1 in Wien ein und wurde zunächst in einem Barackenlager mit ein paar Hundert Schicksalsgenossen der wenig unterhaltsamen ersten militärischen Ausbildung unterzogen, wobei es nicht ohne gelegentliche Kasernenarreste und sonstige erzieherische Maßnahmen abging, wie zum Beispiel auf Kommando das zwanzig- oder mehrmalige flache Niederwerfen und Wiederaufspringen auf steinigem Boden, das nicht jedem von uns wohl bekam. In unserer bunt zusammengewürfelten Gesellschaft gab es ein paar bekannte Künstler, die mit einer gewissen Schonung behandelt wurden. Von einer solchen war jedoch keine Rede gegenüber einem Mann, welcher den erlauchten Namen Beethoven führte. Er war ein direkter Nachkomme von Ludwig van Beethovens Bruder, hatte in Belgien gelebt, war zum freiwilligen Kriegsdienst in der österreichischen Armee nach Wien gekommen und wurde nun wegen seiner körperlichen Schwächlichkeit und nicht gerade hervorragenden Intelligenz in der rücksichtslosesten Weise drangsaliert und verhöhnt. Bei einem der Bataillonsrapporte musste er vor die ausgerichtete Formation treten, die Kappe abnehmen und auf Befehl des Feldwebels Kopriva sagen: »Guten Abend liebe Kameraden, ich bin der Beethoven, der größte Trottel im Regiment.« Dies war das letzte Erscheinen eines

Beethoven vor der Öffentlichkeit, denn bald darauf starb er im Rainer-
spital an galoppierender Schwindsucht.

Am 21. November 1916 erlag der sechsundachtzigjährige Kaiser
Franz Josef einer Lungenentzündung. Er hatte die beiden letzten Jahre
sehr zurückgezogen im Schloss Schönbrunn gelebt und die boshaften
Wiener hatten behauptet, er sei schon längst gestorben, sein Leibarzt
Dr. Kerzl getraue sich aber nicht, es ihm mitzuteilen. Nun herrschte
aufrichtige Trauer um ihn, der allein durch das Ansehen seiner Persönlichkeit die in allen Fugen krachende, innerlich morsch gewordene österreichisch-ungarische Monarchie noch zusammenzuhalten vermocht
hatte. Den düster-prächtigen Leichenzug, an dem mehrere ausländische
Monarchen teilnahmen, sah ich von bevorzugtem Platz mit an, da ich
mich unter dem Vorwand, »meinem Vater, dem General Raab« eine
dringende Meldung überbringen zu müssen, zu einer Gruppe hoher
Offiziere und deren Ordonnanzen hingeschmuggelt hatte.

Der junge Kaiser Karl, obwohl durch die Unbeliebtheit seiner bour-
bonischen Gattin Zita belastet, gewann die Sympathie des Volkes durch
sein liebenswürdiges Wesen und eine gewisse jugendliche Impulsivität,
die gegenüber dem starren spanischen Zeremoniell des alten Regimes
stark kontrastierte, doch sollte eine Serie schwerer politischer Missgriffe
seine Popularität bald arg erschüttern. Der rasche Wechsel seiner Re-
gierungskabinette wurde viel verulkt, man nannte ihn »Karl den Plötzlichen« und dichtete ihm das folgende Telefongespräch an: »Hallo! Hier
Karl. Ich ernenne Sie zu meinem Ministerpräsidenten. Wer dort?«

Nachdem ich zwar zum Militärdienst, nicht aber zur Frontdienstleistung tauglich befunden einige Zeit der Nervenstation des Professors
Sigmund Erben in Wien zugeteilt gewesen war, der die ihm zu Untersuchungen überwiesenen Soldaten mit empörender Rohheit traktierte,
ersuchte ich um Rücktransferierung zur Truppe und um Einteilung
in eine Marschformation. Am 1. April 1917 erhielt ich den Befehl zum
Abgang an die Isonzofront zu einem Regiment, dessen Bezeichnung
so absonderlich schien, dass ich zunächst an einen Aprilscherz dachte:
Landsturm-Infanterie-Regiment No. 409. Später erfuhr ich, dass diese
unwahrscheinliche Nummer daher rührte, dass das Regiment in Serbien
aus Überresten anderer vernichteter österreichischer Formationen im
Anschluss an ein reichsdeutsches Regiment No. 408 zusammengestellt
worden war.

Nach achtstündigem Marsch über die Karsthöhen bei Santa Lucia di
Tolmino, schwerbepackt und in strömendem Regen, auf Straßen, an deren
Herstellung russische und rumänische Gefangene arbeiteten, erreichte ich

das Regimentskommando Ldst. I. R. 409 in dem nahe hinter der Frontlinie gelegenen slowenischen Dorf Bate. Nach ein paar Tagen, die ich zur Besichtigung des kahlen steinigen Bainsizza-Plateaus und der in verborgenen Mulden postierten schweren Mörser benützt hatte, wurde ich mit Gasmaske, Pistole etc. ausgerüstet und bei Nacht in Begleitung eines Unteroffiziers in die Stellung des Regiments am Isonzo hinuntergeschickt, da bei Tageslicht der unter italienischem Maschinengewehrfeuer liegende steile Abstieg ins Tal nicht begangen werden konnte.

Das kleine Dörfchen Morsko, in welchem ich einen Hilfsplatz übernehmen sollte, war fast völlig in Trümmer geschossen, nur ganz vorne am Ufer des in engem Bett vorbeirauschenden Isonzo, an dessen gegenüberliegender Seite sich die Italiener eingegraben hatten, und den Rücken unserer eigenen vordersten Grabenlinie bildend, stand ein einziges halbwegs unversehrtes Häuschen, das mir als Amtslokal und Domizil zugewiesen wurde, denn, so argumentierte der Kompaniekommandant, »dass sich jemand in ein derart exponiertes Lokal hineinsetzt, werden die Italiener nicht für möglich halten und es deshalb kaum beschießen«. Für die Aufbewahrung des Verbandmateriales jedoch empfahl er immerhin einen nahegelegenen Keller »der größeren Sicherheit wegen«. Durch die Ritzen der mit Brettern dicht vernagelten Fenster konnte man geradewegs über den Fluss hinüber in die feindlichen Stellungen sehen. Licht durfte bei Nacht nicht angezündet werden und tagsüber mussten die ärztlicher Behandlung Bedürftigen die rückwärtige Hausmauer entlang zur »Marodenvisite« schleichen, um nicht von drüben gesehen und aufs Korn genommen zu werden.

Obwohl zur Zeit meines Eintreffens an diesem Frontabschnitt Ruhe herrschte, krachten doch täglich und nächtlich ein paar Granaten und Schrapnells in unser Dörfchen, nahmen dann und wann ein Menschenleben mit und gewöhnten meine Ohren und Nerven an die robuste Musik der Front. Mahlzeiten gab es nur einmal täglich, um Mitternacht. Auch die Wachablösungen und Inspizierungen der bis an den Wasserrand vorgeschobenen Feldwachen und Horchposten, an denen ich mitunter teilnahm, fanden stets bei Nacht statt. Oft konnte man deutlich die Stimmen der Italiener herüberhören. Einmal baten sie in gebrochenem Deutsch, wir mögen sie intensiver mit 7-cm-Granaten beschießen, da sich die kupfernen Führungsringe dieser kleinen Geschosse am besten zu Armbändern für ihre Bräute verarbeiten ließen. Auch rieten sie uns, an den Nachmittagen beim Verlassen der Laufgräben vorsichtiger zu sein, da sie uns um diese Zeit unbedingt beschießen müssten, während sie Vormittags, wenn die Offiziere schliefen, ein Auge zudrücken könnten.

Ein paar Wochen hindurch wurde ich verschiedenen Abschnitten bei den Dörfern Logs, Bodrez, Auzza, Vrhavec und dem fast vollkommen zerstörten Schloss Canale zugeteilt, ärgerte mich über den zynisch brutalen Bataillonsarzt, Dr. Václav Fleischmann, genannt Jod-Wenzel, wurde zum Zugsführer befördert und erlebte einige kleinere Artillerie- und Maschinengewehrüberfälle, die einen Offizier und mehrere unserer Soldaten das Leben kosteten, doch erst in der zweiten Maiwoche begann die Front unruhig zu werden; italienische Überläufer sagten eine große Offensive unter Teilnahme englischer Truppen voraus; nachts wurde an den italienischen Abhängen des Isonzotales der Transport von Pontons beobachtet; die feindliche Artillerie belegte unsere Gräben wiederholt mit schwerem Feuer, dafür schossen unsere Batterien das gegenüberliegende Dorf Ronzina in Brand; die zweite und dritte Verteidigungslinie wurden mit starken Truppenverbänden besetzt und die Mannschaft mit sogenanntem Trommelfeuervorrat versorgt, einem bestimmten Quantum von Konserven, das nur im Fall der Unterbrechung des Proviantnachschubs benützt werden durfte. Das Regiment bestand mit Ausnahme einiger Offiziere und Unteroffiziere fast durchwegs aus Tschechen, zumeist älteren Leuten um das vierzigste Lebensjahr, die in der Mehrzahl seit ein, zwei Jahren dauernd ohne Urlaub im Feuer gestanden hatten. Es waren viele Bauern darunter, Menschen, die sich über den Krieg, in den man sie von Haus und Hof und Weib und Kindern weggetrieben hatte, keinerlei Gedanken machten, denen Kaiser und Reich, Patriotismus und Heldentum leere bedeutungslose Worte waren und die doch in stummer, widerspruchsloser Ausdauer tagaus, tagein, jahraus, jahrein, in Sonnenbrand und Regen, in Schlamm und Schnee ihre schwere und gefährliche Pflicht taten. Manche standen nun schon seit Monaten bei Tag und Nacht auf Posten an den Ufern des Flusses, dessen klangvollen Namen die ganze Welt mit Grauen und Bewunderung nannte, und kannten selbst nicht einmal diesen Namen, wenn man sie danach fragte. In ihren freien Stunden sangen sie schwermütige slawische Volkslieder, in denen vom Krieg wenig die Rede war, und schnitzten Ornamente in Holzstöcke, die sie durch Einlagen von Metall der überall in Massen umher liegenden Geschossstücke kunstvoll zu verzieren wussten. Sie dachten wohl zuweilen an einen kommenden Frieden, aber niemand glaubte in diesem dritten Kriegsjahr noch recht an seine Verwirklichung in absehbarer Zeit.

Ganz anders beschaffen war die Einstellung und das Verhalten der tschechischen Offiziere, die der intellektuellen Mittelklasse angehörten, Lehrer, Rechtsanwälte und Geschäftsleute waren und ihrer Abneigung

gegen den österreichischen Staat und seine der panslawistischen Idee
entgegen gerichtete Kriegspolitik mehr oder weniger unverhohlenen
Ausdruck verliehen. Es kam wiederholt zu scharfen Auseinandersetzungen mit der kleineren Gruppe deutsch-österreichischer Offiziere
und die Stimmung war nicht selten aufs Äußerste gespannt, besonders
seit der Flucht unseres Bataillonsadjutanten Oberleutnants Hlavácek in
die feindlichen Stellungen und der darauf folgenden präzisen Beschießung wichtiger Punkte unseres Abschnittes. Hlavácek spielte später als
einer der Organisatoren der »tschechoslowakischen« Überläufer-Legionen in Italien eine führende Rolle.

Über den Bataillonskommandanten Major Platzer, ebenfalls einen Tschechen, waren allerlei Gerüchte im Umlauf. Es hieß, er solle
durch Lichtzeichen in direkter Verbindung mit den Italienern stehen.
Schließlich wurde auf Grund verschiedener Anzeigen vom Regimentskommando seine Abberufung beschlossen und ein Deutscher, Hauptmann Müller, in die Stellung gesandt, um ihn abzulösen. Dies geschah
in der Nacht vom 11. zum 12. Mai. Es war eine schöne, stille, mondhelle
Nacht. Ich hatte eine längere Strecke entlang unserer vordersten Stellung zurückzulegen und konnte die in tiefem Schweigen vor mir liegenden, vom Feind besetzten Ufer und Abhänge ungefährdet betrachten,
da unser eigenes Ufer sich im Schattenbereich befand. Nur hie und da
flammte ein italienischer Scheinwerfer auf und zwang mich, entweder
mich niederzuwerfen oder, wenn es dafür zu spät war, im Strahlenkegel
festlich beleuchtet und regungslos stehen zu bleiben, denn das einseitige Scheinwerferlicht gestattet weniger leicht die Unterscheidung von
Formen und Umrissen als das Erkennen bewegter Körper.

Kaum hatte ich meinen am Eingang der vom Isonzo abzweigenden
Avcek-Schlucht gelegenen blockhausartigen Unterstand betreten, der den
äußersten rechten Flügelpunkt unseres Regimentsabschnittes bildete, als
urplötzlich mit furchtbarem Donnern ein rasendes Artilleriefeuer aus allen Batterien der Italiener über unsere Stellungen hereinbrach. Ringsum
schlugen heulend und krachend schwere und leichtere Granaten ein, rissen Gestein und Balken mit ohrenbetäubendem Getöse hoch in die Luft
und schleuderten sie in schwarzen Erdwolken in weitem Umkreis über
unsere Gräben und Unterstände. Alles fuhr aus dem Schlaf – wir hatten
in Erwartung des Angriffes schon drei Nächte in voller Gefechtsadjustierung zugebracht – und keuchend rannten wir den Abhang hinauf zu dem
etwa 60 Schritte entfernten gedeckten Eingang der nächstgelegenen in den
Felsen gesprengten Kaverne. Auch die Feldwachen mussten sich in dem
höllischen Orkan von Ekrasit, Eisen, Steintrümmern und Explosionsga-

sen in diese Kaverne flüchten, in deren engem, etwa 20 Meter langem und 1,5 Meter breitem stollenartigem Raum bald 60 Mann versammelt waren und dicht zusammengepresst auf den dort aufgestapelten Munitionskisten kauerten. Vierundachtzig Stunden hielt das furchtbare Trommelfeuer an, welches die Zehnte Isonzoschlacht, eine der größten und blutigsten Schlachten aller Zeiten, einleitete. Vierundachtzig Stunden lang hämmerte die gesamte feindliche Artillerie, unterstützt durch die satanische Gewalt der Minenwerfer mit voller Wucht auf unsere Stellungen los, zerfetzte die mühsam ausgebauten Schützengräben, Drahthindernisse, Unterstände und Telefonleitungen, verwandelte Wiesen und Waldstrecken in eine Wüste von Erdtrichtern und zersplittertem Holz und zwang uns hilfloses menschliches Gewürm vier Tage und drei Nächte lang in finsteren Fels- und Erdlöchern hockend mit verkrampften Gliedern und verworrenen Gehirnen stumpfsinnig unser Schicksal zu erwarten. Beim Licht meiner Taschenlampe schrieb ich mit zitternder Hand Notizen in mein Tagebuch und will hier einige davon im Wortlaut folgen lassen: »Ein Luftstoß nach dem anderen treibt uns in die finstere Tiefe der Kaverne zurück, Erde und Holzsplitter sausen herein, wir drängen alle aufeinander.« »Zu alledem ist aus der Tiefe, anscheinend unter uns, ein unerklärliches Hämmern und Klopfen hörbar. Sollten die Italiener einen Sprengstollen bis hierher getrieben haben, so haben wir wenigstens die Chance, gleich zerfetzt zu werden.« Offenbar handelte es sich aber bloß um die durch das Erdreich und Gestein fortgepflanzte Stoßwirkung der feindlichen Abschüsse.

Wiederholt hatte ich in benachbarten Kavernen Verwundete zu versorgen, deren Abtransport in dem aufgewühlten, von fortwährenden Explosionen bebenden Terrain unmöglich war, und holte Verbandzeug aus meinem immer noch vorhandenen Unterstand, an dessen Wände die Steine prasselten und in dem unbewegt vor sich hinstarrend ein geistesgestörter Mann lag, der schon zuvor Selbstmordabsichten geäußert hatte und die sich nun bietende Gelegenheit auszunützen gedachte, was ihm auch bald gelang. Atemlos rannte und kletterte ich aus Leibeskräften und von einer durchaus nicht heldenhaften Todesangst gehetzt von einer Kaverne zur anderen und erfuhr hierbei, dass alle höheren Kommandanten hinter unseren Linien bereits das Weite gesucht hätten. Nach kurzem Schlaf in verkrümmter Stellung, den Kopf auf die schmutzigen Stiefel eines neben mich gequetschten Kameraden gebettet, schrieb ich ins Tagebuch weiter: »In unserer Kaverne ist die Luft kaum zu atmen, die Zündhölzer brennen nicht; allgemein röchelnd kurzes Schnaufen … wir werden systematisch mit schwersten Minen und Ekrasitgranaten beschossen … Immer wieder sausen Erde und Steine

Abb. 4: Vor dem Unterstand, ganz rechts Willi Raab, Foto eines Regimentskameraden

herein.« Am Eingang der Kaverne wurden einige unserer Leute durch
Steinschläge verletzt, der Kompaniekommandant erlitt einen hysteri-
schen Anfall, schlug sich kreischend und weinend mit den Fäusten an
Gesicht und Stirne. »14. Mai, halb 7 Uhr Früh. 50 Stunden! Absolute

Finsternis. Sturmtruppen mit Stahlhelmen und Handgranaten sind da, steigen auf meinem Bauch herum. – 8 Uhr. Eine Mine ist in unseren Kavernen-Eingang gefahren. Ich erwachte durch auf meinen Kopf fallende Steine und den furchtbaren Luftstoß der Explosion. Der Eingang teilweise zertrümmert. Zwei Tote liegen dort mit zerschlagenen Schädeln. Das Gehirn klebt an der Decke. Fünf weitere zum Teil schwere Kopfschüsse, einen Arm- und Lungenschuss habe ich verbunden. Da 30 Handgranatenkisten am Eingang standen, war die Situation für alle sehr kritisch, aber niemand wollte vor, sie wegräumen. Endlich bewog ich einen Zugführer, sie mit mir von vorne über die Leichen nach innen zu schleppen, wo andere sie weitergaben. Bin voll Blut, Erde, Gehirn und Staub.« Jammernd und stöhnend lagen die Verwundeten da; unter dem Körper eines der Toten zog ich die blutbeschmierte Fotografie eines kleinen freundlich lachenden ungarischen Bauernkindes hervor. Die Leichen wurden vor den Kaverneneingang hinausgeworfen.

Am 15. Mai übersiedelte ich, um unser Bataillon besser versorgen zu können, in eine mehr zentral gelegene Kaverne unseres Abschnittes, die geräumiger aber auch exponierter und in nachgiebiges nasses Erdreich eingebaut war. Der am Ende einer beschädigten Eisenbahnbrücke über die Avcekschlucht gerade dem Feind zugewendete Eingang lag in direkter Schusslinie und wir hatten viel Mühe, die von den nahen Explosionen immer wieder zerblasene kärgliche Laubmaskierung möglichst unauffällig zu erneuern, denn die Entdeckung unseres Standortes durch die feindlichen Artillerie-Beobachter musste unter allen Umständen verhindert werden. Zwei benachbarte Kavernen waren bereits verschüttet und die darin befindlichen etwa 150 Mann erstickt. Werkzeuge zum Ausgraben standen nicht in hinlänglicher Menge zur Verfügung und die verbrauchte Stickluft in den Kavernen ließ den Eingeschlossenen nicht genug Kraft, sich selbst zu helfen. Um in einer etwaigen ähnlichen Situation das Verfahren abkürzen zu können, steckte ich vorsichtshalber ein scharfes Skalpell zu mir.

Endlich ließ das Trommelfeuer nach und in der nun folgenden unheimlichen Stille erwarteten wir den feindlichen Infanterieangriff auf unsere fast völlig vernichteten Verteidigungsanlagen. Um 7 Uhr Morgens Alarm! Verbindungspatrouillen brachten die zunächst unglaublich erscheinende aber bald bestätigte Meldung, dass die Italiener während der Nacht mittels der vorbereiteten Pontons in Stärke von drei Bataillonen, etwa 1500 Mann, den Isonzo überschritten hätten, in unsere Stellungen eingebrochen seien und sich bereits auf den Abhängen in unserem Rücken ausbreiteten. Die tschechischen Offiziere unter

Führung des ominösen Majors Platzer waren samt drei Kompagnien geräuschlos zum Feind übergegangen, auch Platzers zu spät eingetroffener Ersatzmann Hauptmann Müller wurde hinübergeschafft und selbstverständlich mein Chef, der »Jod-Wenzel«, der überdies das gesamte Sanitätsmaterial mitgehen ließ.

Der den rechten Flügel noch haltende Rest unseres Bataillons, 70 Mann und 30 Maschinengewehrleute unter dem Kommando des einzigen verbliebenen Offiziers, Oberleutnants Gottwald, eines älteren Steuerbeamten aus Wien, hatte sich nun vier Tage lang gegen eine italienische Übermacht nach drei Seiten zu verteidigen. Zwar wurden uns wiederholt ungarische Sturmtruppen von rechts her zu Hilfe geschickt, erwiesen sich aber als wenig brauchbar, teils infolge der außerordentlich schweren Verluste, durch die sie schon beim Eintreffen in unserer Stellung dezimiert wurden, teils infolge mangelnder Initiative ihrer Offiziere. Den Kommandanten einer ungarischen Maschinengewehrabteilung, der zwar sehr großartig tat, sich aber als ganz unfähig zeigte, jagte Gottwald unter Androhung von Ohrfeigen und kriegsgerichtlicher Anzeige zum Teufel. Ein anderer, offensichtlich in dem Bestreben einen dekorativen Abgang aus dem unangenehmen Milieu zu erreichen, erschien an meinem Hilfsplatz mit dem Ansinnen, ich solle ihn auf einer Tragbahre abtransportieren lassen, denn, so sprach er, auf seinen intakten Oberschenkel weisend »ich habe hier ein Luufdruck oder so jemant«. Ich forderte den Herrn Oberleutnant aber »gehorsamst« auf, sich zu Fuß zu entfernen. Besonders arge Verluste waren auf den Befehl des ungarischen Kompanieführers zurückzuführen, der seine Leute nachts auf der exponierten zerwühlten Uferstrasse in Doppelreihen aufmarschieren ließ. Sie gerieten in feindliches Scheinwerferlicht und nur wenige blieben übrig, um sich an dem Rückzug dieser Hilfstruppe zu beteiligen. Eine Anzahl junger Sturmsoldaten, die den wahnsinnigen Auftrag erhalten hatten, unmittelbar oberhalb meines Hilfsplatzes bei Tageslicht auf einer frei daliegenden Halde ungedeckt gegen die uns umkreisenden Italiener vorzugehen, wurden wie die Hasen abgeschossen und rollten einer nach dem anderen tot oder verwundet den Abhang herab.

Da der Transport der Verletzten sowohl durch das wieder sehr lebhaft gewordene Granat- und Minenfeuer als durch das Fehlen von Tragbahren und Trägern auf nahezu unüberwindliche Schwierigkeiten stieß, stauten sich in der von stickiger Luft und Explosionsgasen erfüllten Höhle meiner Hilfsplatzkaverne, in der Zündhölzer und Kerzen nicht mehr zum Brennen zu bringen waren, immer größer werdende Mengen in Angst und Schmerzen ächzender Menschen, die da zusammengedrängt in der Finsternis auf schlammigem Boden lagen. Verbandmaterial war Dank Dr. Fleischmanns Umsicht nicht mehr vorhanden und so beschäftigte ich zwei Sanitätssoldaten damit, unaufhörlich Zeltblätter in als Binden verwendbare Streifen zu schneiden und von den Stützbalken der Kaverne Schienen für gebrochene Arme und Beine abzuschnitzen.

Neben meiner ärztlichen Tätigkeit, die mir in fünf Tagen nur vier Stunden Schlaf gestattete, gab es auch allerlei anderes zu tun, vor allem die Einteilung des Relaisdienstes anstelle der zerstörten Telefonverbindungen und zuweilen auch die direkte Überbringung von Befehlen und Berichten, wenn die betreffenden Verbindungsleute gefallen oder dienstunfähig waren wie jener tschechische Schneidermeister, der mich auf den Knien weinend anflehte, nicht mehr in das höllische Feuer hinauszumüssen. Als ich bei solchen Botengängen zum Abschnitt des benachbarten ungarischen Honved-Bataillons 5/4 an der Stelle meines ehemaligen Unterstandes vorbeikam, war von ihm und von seinem lebensmüden letzten Bewohner nichts mehr zu sehen, außer der Vorderwand, die in beträchtlicher Distanz an den Ästen eines hohen Baumes hing.

An unserem vorgeschobensten Maschinengewehrposten, wo ein paar Schwerverwundete lagen, musste ich einem von ihnen den nur noch an einem schmalen Fleischfetzen hängenden Oberschenkel abschneiden. Auf dem Weg dorthin blieb ich eine Weile an offener, ungedeckter Stelle mit heftigen Wadenkrämpfen, die mich am Weiterlaufen hinderten, liegen, wurde aber anstatt des erwarteten Gewehrfeuers nur einer Kleinkalibergranate, eines sogenannten Spuckerls gewürdigt, das überdies fehlging. Nach der Rückkehr zum Hilfsplatz verlor ich vorübergehend das Bewusstsein, denn seit sechs Tagen hatte ich nichts gegessen als eine Schale Erbsensuppe und eine halbe kalte Fleischkonserve.

Auf den Anhöhen hinter uns war das Vordringen der Italiener unter großen beiderseitigen Verlusten durch das Landsturm-Infanterie-Regiment No. 11 und das ungarische Infanterieregiment No. 25 zum Stillstand gebracht worden, die Nachschubbrücke über den Isonzo wurde durch Artilleriefeuer unbrauchbar gemacht aber unser eigener kleiner Abschnitt Gottwald, der von oben den Befehl zum Aushalten bis zum Äußersten erhalten hatte, blieb von den Alpini und Bersa-glieri weiter eingeschlossen, bis wir endlich in der Nacht vom 18. zum 19. Mai durch eine bosnische Ersatzkompanie abgelöst wurden. Schon am Abend wurde ich bei dem magyarischen Nachbarbataillon von den Offizieren, die mich kannten und von mir gehört hatten, auf das freundlichste mit Schnitzel, Gurken, Wein und Honig empfangen und gebadet. Man lud mich zum Übernachten in einem der bequemen, gut gedeckten Unterstände ein. Ich zog es aber vor, unten in der Avcekschlucht auf die abziehende Kompanie Gottwald zu warten und hatte das Missgeschick, dass von den Italienern gerade an jene Stelle ein heftiges Sperrfeuer von Granaten und Schrapnells gelegt wurde, dessen rot flammende Explosionen zwar im Dunkel der Nacht ein prachtvolles Schauspiel boten, mich aber zwangen, mich volle acht Stunden hindurch mit eingezogenen Beinen unter einen schützenden Felsblock zu verkriechen. Sechs Jahre später suchte ich diese erinnerungsreiche Stelle wieder auf und verzehrte mein Gabelfrühstück unter jenem gastfreundlichen, lebensrettenden Stein. Oberleutnant Gottwald und seine Leute trafen mit einer durch das nächtliche Sperrfeuer verursachten mehrstündigen Verspätung ein und nun stiegen wir alle, die noch am Leben waren, zu einer mehrtägigen Erholung hinauf in die friedlichen Gefilde des nur ab und zu von schweren Granaten und Fliegerbomben heimgesuchten Bainsizzaplateaus, wo ich in das Zimmer eines Oberleutnants einquartiert wurde, der zwei Jahre zuvor im Lubliner Ruhrspital mein Bettnachbar gewesen war. Das k. u. k. Kriegspressequartier meldete am 20. Mai: »Mit aller Macht waren die Italiener bemüht, sich an der Einbruchstelle bei Loga-Bodrez zu halten und ihre Stellungen zu einem Brückenkopf auszubauen. Die Übergangsstelle wurde jedoch unter konzentrischem Artilleriefeuer gehalten, sodass der Feind hier nur nutzlos Menschen und Material opferte. Gleichzeitig hielten unsere Schützenlinien die Abteilungen, die sich am linken Ufer eingenistet hatten, mit solcher Zähigkeit umklammert, dass ihnen jede Möglichkeit sich auszubreiten genommen blieb. Auf solche Weise eingekapselt und dem Wirkungsfeuer unserer Artillerie preisgegeben, blieb den Italienern, um der völligen Vernichtung zu entgehen, nichts anderes übrig, als auf das andere Ufer zurückzuweichen. So endete das Ringen in diesem Abschnitt, das als eines der erbittertsten und hartnäckigsten in der ganzen Riesenschlacht bezeichnet werden kann, mit einem glänzenden Erfolge für unsere Waffen.« Mein Tagebuch vom gleichen Tag enthält die Notiz »Diese Tage haben mich gelehrt, dass es nichts Widerwärtigeres gibt als Menschen.« Für kurze Zeit hatte sich meiner eine tiefe Niedergeschlagenheit über die scheußlichen Erlebnisse unten am Isonzo, und die Überzeugung bemächtigt, dass es mir nie wieder möglich sein würde als Mensch unter Menschen zu leben. Ein 24-stündiger Dauerschlaf und der bezaubernde Blick auf die schneebedeckten Kämme der julischen Alpen brachten jedoch mein zerrüttetes Innere bald wieder ins Gleichgewicht und tagelang verfolgte ich als gemütsruhiger Zuschauer mit dem Fernglas die auf den umliegenden Höhen noch immer anhaltenden schweren Kämpfe, das langsame Vordringen der Italiener, welchen die Zehnte Isonzoschlacht als mageren Gewinn den Besitz des Berges Kuk und einiger benachbarter Coten brachte, den Absturz beschossener Kampfflieger, die uns von oben her mit Bomben belegt hatten, und die völlige Vernichtung des Klosters auf dem Gipfel des nahen Monte Santo, der durch die fortwährenden Explosionen wie ein Vulkan von schwarzen Erd- und Steinwolken überlagert war.

Die Verluste der Italiener in diesem Frontabschnitt betrugen 150.000 Tote und Verwundete, während auf unserer Seite nur 24.000 Mann Verluste zu verzeichnen waren. Von den 800 Mann meines eigenen Bataillons ließen 450 ihr Leben, 200 wurden gefangen, etwa 60 verwundet.

Oberleutnant Gottwald wurde zum Hauptmann befördert und mit der an Reserveoffiziere nur selten verliehenen Eisernen Krone ausgezeichnet; Stabsfeldwebel Schreiber, der mit zwei Maschinengewehren tagelang die Straßensperre bei Loga gehalten hatte, noch ein anderer Unteroffizier und zu meiner Verwunderung auch ich erhielten die Große Silberne Tapferkeitsmedaille. Wie ich später erfuhr, war ich sogar von zwei Seiten aus hierfür vorgeschlagen worden, von Oberleutnant Gottwald und von dem Kommando des ungarischen Nachbarbataillons. Auch einige kleine silberne und bronzene Tapferkeitsmedaillen wurden an unsere Leute verliehen, die wahrhaftig mehr Anspruch auf eine höhere Auszeichnung hätten erheben können als ich, der unkriegerische »Beinsäger«.

Noch für eine sehr unheimliche und bange Woche wurden wir in die improvisierte, nur aus kaum gedeckten Erdgruben bestehende Schützenstellung bei Descla-Britof geworfen, um eine angekündigte neue Offensive der Italiener aufzufangen, doch nachdem sich die von uns bewohnten Erdlöcher durch Gewittergüsse mit Schlamm gefüllt und uns die Italiener mit schweren Minen bedacht hatten, von denen eine einzige 13 Mann tötete, und nachdem ich mich an die Läuse in meiner nur selten gewechselten Wäsche gewöhnt hatte, kam der von uns allen mit Freude aufgenommene Befehl zum Abmarsch von der Isonzofront nach dem Eintreffen deutsch-böhmischer Ersatztruppen aus Russland. Die armen Teufel, denen wir unsere elenden Drecklöcher mit Vergnügen abtraten und die über die Schwierigkeiten des Terrains jammerten, waren wenige Tage später durch die feindliche Artillerie in Grund und Boden gedroschen, während wir in erschöpfenden Nacht- und Tagmärschen, bei denen viele am Weg liegen blieben, bis zu der Eisenbahnkopfstation Huda Ljuzna gehetzt wurden. Als wir die erste nicht in Trümmer geschossene menschliche Siedlung erreichten, rief einer der wenigen Wiener unseres

Regiments voll staunenden Entzückens aus: »Jessas da schaut's her, a Haus mit an Dach!« – Nach der dringend notwendigen Generalentlausung wurden wir einwaggoniert, um in einwöchiger Fahrt auf den rumänischen Kriegsschauplatz befördert zu werden.

Die rumänische Armee war nach anfänglichen Vorstößen in die ungarischen Karpathen von österreichisch-ungarischen und deutschen Truppen unter den Generälen Kövess und Falkenhayn zurückgeschlagen worden, Mackensen hatte mit deutschen und bulgarischen Streitkräften bei Rustschuk die Donau überschritten, sodass die Rumänen gezwungen waren, den größten Teil ihres Landes, einschließlich der Hauptstadt Bukarest, preiszugeben und sich in die nordöstlichen Provinzen zurückzuziehen. An dem Fluss Putna bei Focsani war der Vormarsch der Zentralmächte zum Stillstand gekommen.

In dem armseligen, von weiten Getreideozeanen umgebenen typhusverseuchten Dörfchen Socariciul, einem Paradies für Wanzen, Flöhe, Läuse und Fliegen, waren unserem Regiment einige Wochen der »Erholung« in glühender Sommerhitze bei 40° C vergönnt und in angenehmster Weise durch Exerzierübungen ausgefüllt. In meinem Tagebuch findet sich unter dem 26. Juni folgender Satz aus dem Regimentskommandobefehl zitiert: »Infanterist Papousek ist für sechs Stunden in Spangen zu schließen, weil er bei der gestrigen Defilierung ohne der Kopfwendung an mir vorbeimarschierte. Petzold, Oberst.« Diese vom Regimentskommandanten anbefohlene reglementmäßige Strafe bestand darin, dass die Handgelenke kreuzweise an die Fußknöchel gefesselt wurden, eine Prozedur, welche meiner Meinung bei dem Herrn Obersten selbst nicht minder angebracht gewesen wäre, um ihn darauf aufmerksam zu machen, dass das Wort »ohne« mit dem Akkusativ verbunden wird. In einem anderen Befehl an die ihm unterstellten Offiziere verlangte Oberst Petzold die strenge Bestrafung auch geringfügiger Delikte der Mannschaften, da er verpflichtet sei, den höheren Kommandos pro Kompanie und Monat mindestens zehn Strafvollzüge zu melden. Außerdem ordnete er das Tragen weißer Handschuhe durch alle Offiziere bei den Truppenübungen an, wahrscheinlich um das Ansehen der österreichisch-ungarischen Armee bei den als Zuschauern anwesenden Hühnern und Schweinen zu heben.

Gelegentlich einer Besichtigung unserer gesamten Division durch den wegen seiner Tapferkeit sehr populären General Nowak v. Arienti wurde ich diesem mit einer Gruppe anderer Kameraden, die Auszeichnungen erhalten hatten, vorgeführt und mit freundlich anerkennenden Worten bemühte sich der kleine Mann, mir auf die Schulter zu klopfen. Kurz darauf wurde die Division durch Generalfeldmarschall von Mackensen und General von Morgen, den Kommandanten des I. Preußischen Reservekorps, welchem wir zugeteilt waren, bei Costieni mare inspiziert, wobei sich ein heiterer Zwischenfall ereignete: Einem beleibten Kompaniekommandanten, welcher an den Umgang mit Pferden offenbar wenig gewöhnt war, widerfuhr das Unglück, dass während der Defilierung sein kunstliebendes Schlachtross zwischen der Feldherrngruppe und der gegenüber aufgestellten Musikkapelle regungslos stehen blieb und weder durch Sporen noch durch Säbelhiebe auf sein Hinterteil von der Stelle zu bewegen war. Die marschierenden Kolonnen gerieten in Unordnung und dem bedauernswerten Mann blieb nichts übrig als abzusitzen. Hilflos irrte er zwischen den Generälen umher und stocherte mit dem Säbel durch die Luft an seiner Linken, vergeblich die Scheide suchend, welche in weiter Ferne an des Rosses Sattel hing. Während Oberst Petzold rot vor Wut vernichtende Zornesblitze schoss, glitt über Mackensens schöne Züge nur ein kaum merkliches Lächeln. Ich hatte mich fotografiergierig an ihn herangeschlichen und eine gute Aufnahme zustande gebracht, die er 20 Jahre später als 90-jähriger Mann auf meine Bitte mit seiner Unterschrift versah. An jene Pferde-Episode erinnerte er sich noch genau.

Die bei Costieni mare abgehaltene Offiziersbesprechung schloss Mackensen mit den Worten: »Der österreichisch-ungarische Soldat hat sich als dem Italiener weit überlegen gezeigt; nun haben Sie meine Herren dafür zu sorgen, dass er sich dem Russen gegenüber ebenso überlegen fühlt«, denn wir sollten bald der auf rumänischer Seite kämpfenden russischen Armee gegenübergestellt werden. Als einer unserer Offiziere, namens Venus, dem Feldmarschall seinen Namen nannte, meinte dieser: »Mars wäre ein geeigneterer Name für sie.« Leutnant Hajdu aus Budapest vernahm dieses und sprach verwundert: »Mars war doch Gott von griechisches Militär und Venus ist Stern. Wo ist do Witz?«

Das Sterben der verseuchten Zivilbevölkerung in Socariciul und in unserem nächsten Quartier Jarestea gab öfters Gelegenheit, die seltsamen Beerdigungszeremonien der Rumänen zu beobachten. An der Spitze des Trauerzuges schritt in der gleißenden Sonne mit einem mächtigen Regenschirm bewaffnet der Pope, hinter ihm eine Horde heulender Klageweiber und rings um den Sarg die Angehörigen, welche über dem offenen Grab singend die Bettwäsche des Verstorbenen hin- und herwarfen und einen Teller mit gedörrten Pflaumen auf- und ab schwenkten, worauf der Pope aus einer Mineralwasserflasche eine geheimnisvolle Flüssigkeit auf den Sarg goss und alles vergnügt nach Hause ging.

An der Front fanden wir ein in der weiten Ebene zwischen Putna und

Sereth gut ausgebautes Grabensystem vor mit deutschen Orientierungstafeln und Leitsprüchlein (Nach dem Stuhlgang, vor dem Essen: Hän-
dewaschen nicht vergessen!), aber auch eine Unmenge großer Ratten,
die meinen tief unter der Erdoberfläche gelegenen Unterstand Nachts
mit lautem Getrappel und Gepiepse erfüllten und zutraulich auf meinem
Brustkasten umherhüpften, weshalb ich mit Bajonett und Taschenlampe
auf meinem Bretterlager zu schlafen pflegte. Als eines der Nagetiere den
Spaß soweit getrieben hatte, mich durch einen Biss ins Genick aus dem
Schlummer zu wecken, entschloss ich mich, bei Nacht stets einen Teil
meiner Brotration auf dem Fußboden auszulegen zum Zweck einer mög-
lichsten Ablenkung der Tierchen von meiner knusprigen Person.

Die benachbarte Latrine hatte den Nachteil, sich in der Schusslinie
eines »eingespannten« feindlichen Maschinengewehres zu befinden und
der ganz passabel ausgestattete Hilfsplatz lag gerade in der vom Gegner
zu Sperrfeuer-Einschießübungen benützten Zone, sodass beide Örtlich-
keiten nur bei Nacht mit einiger Sicherheit zugänglich waren. Oft wurden wir mit einem Hagel von Ekrasitgranaten beehrt, hatten aber nur

Abb. 5: Russische Kriegsgefangene, Foto Willi Raab

verhältnismäßig geringe Verluste, da die Wirkung der Explosivgeschosse in dem weichen Lehmboden eine ungleich geringere war als in dem steinigen Terrain am Isonzo. Dagegen gab es zahlreiche Fälle von schweren Darminfektionen und von Skorbut, da die Ernährung sehr zu Wünschen übrig ließ. Fünf Tage und Nächte verbrachten wir alarmbereit, um in die zu beiden Seiten von uns unter Mackensens Führung begonnene Offensive einzugreifen. Am 8. August endlich setzte die Artillerievorbereitung unserer Batterien mit einem wütenden Trommelfeuer auf die uns gegenüber am anderen Putnaufer liegenden russischen Stellungen ein. Das laute Heulen und Pfeifen der über uns in hohem Bogen hinübersausenden Granaten gab uns die angenehme Illusion eines aus fliegenden Geschossen gewölbten Schutzdaches. Drüben waren Geschütze und Gewehre verstummt und wir konnten es wagen, aus dem Graben steigend das furchtbar großartige Schauspiel der zahllosen Explosionen, aufsteigenden Erdfontänen und durch die Luft wirbelnden Balken und Menschenleiber zu betrachten, ohne uns selbst decken und niederwerfen zu müssen. Einige Überläufer aus dem uns gegenüberliegenden 30. Armeekorps des damals bereits republikanischen Russland Kerenskys, die aber noch den Namenszug des Zaren auf ihren Stahlhelmen trugen, kamen von Nässe und Angst geschüttelt in unseren Gräben an und um halb 5 Uhr morgens am 9. August gingen wir selber los, durchwateten die Putna und besetzten, ohne auf Widerstand zu stoßen, den vordersten russischen Kampfgraben, in dem nur Leichen, Ausrüstungsgegenstände und russische revolutionäre Schriften umherlagen. Hinter der ersten Linie aber wurden wir von einem mehrseitigen heftigen Maschingewehrfeuer empfangen, das uns zwang, uns geraume Zeit in einer seichten Mulde flach an den Boden zu pressen, denn unaufhörlich zwitscherten und pfiffen die Kugeln knapp über unseren Köpfen hin und klatschten ringsum wie Regentropfen in den Boden.

In den Laufgräben bekamen wir krachende Schrapnells über den Kopf und ein Teil des Regimentes, welches entlang der Putna vorrückte, geriet durch einen irrtümlichen Rückzugsbefehl in derartige Verwirrung, dass die bepackten Plänkler in den engen Gräben hin und her drängend nicht von der Stelle kamen und von den angreifenden Russen durch hinabgeworfene Handgranaten scharenweise in Stücke gerissen wurden, ohne sich verteidigen zu können. In den elenden russischen Unterständen häuften sich die von dichten Fliegenschwärmen bedeckten Schwerverletzten; ein unerträglich süßlicher Gestank von faulendem Blut und Fleisch erfüllte die heißen, schmutzigen Höhlen und an Abtransport konnte bei der unklaren und wechselnden Gefechtslage zunächst nicht gedacht werden. Gegen Abend wurde ich von dem neuen Chefarzt, Dr. Nardelli, einem Dalmatiner, mit einem Sanitätssoldaten ausgesandt, um mit unserem versprengten Bataillon Fühlung zu nehmen. Ein Vorwärtskommen in den von Leichenhaufen versperrten Gräben war stellenweise unmöglich und so rannten wir ungedeckt auf der von Artillerie- und Minenfeuer aufgerissenen bretteebenen Fläche umher, legten im Vorüberlaufen da und dort einem hilflos in seinem Blut liegenden Verwundeten einen primitiven Notverband an, stießen auf die eben zum Angriff vorgehende Schwarmlinie eines fremden Bataillons, gerieten in das Sperrfeuer unserer eigenen Artillerie und kehrten nach langer vergeblicher Jagd bei Nacht erschöpft, aber mit heiler Haut zu unserem verpesteten Hilfsplatz zurück. Todmüde legte ich mich für ein paar kurze Stunden auf ein verlaustes Strohlager. Als ich nachts in schlaftrunkenem Zustand draußen im Freien Umschau hielt, stiegen die russischen Leuchtraketen zu meiner Verwunderung hinter unserem Standplatz auf. Ich war jedoch zu apathisch, um mich weiter darum zu kümmern und erfuhr erst am Morgen, dass der Abschnitt, in dem wir uns befanden, während der Nacht vorübergehend wieder in den Besitz des Feindes übergegangen war, ohne dass wir etwas davon bemerkt hatten oder bemerkt worden wären.

In den folgenden Tagen wurden wir zunächst über die Putna zurückgeworfen, gingen dann aber wieder zum Angriff vor und mit Unterstützung neu eingelangter Truppen des bayerischen Alpenkorps wurde der Widerstand der Russen so sehr geschwächt, dass wir im Verlauf von fünf Tagen eine beträchtliche Strecke in nordwestlicher Richtung besetzen konnten. Hilfsplätze mussten in Lehmgruben, halbzerstörten Häusern, Hohlwegen notdürftig improvisiert werden, doch taten meine tschechischen Sanitätssoldaten, Pacal, Pipek, Marusák und wie sie sonst hießen, in aufopfernder Hilfsbereitschaft ihr Möglichstes und die Wundversorgung, Schienenanlegung, Verabreichung von Antitetanusinjektionen, etc. funktionierte verhältnismäßig gut. Gefangene und eigene Leute wurden in gleicher Weise behandelt. Am ärgsten litten wir alle unter dem Durst in der brennenden Hitze, denn die Russen hatten beim Rückzug systematisch alle Brunnen verunreinigt, sodass uns kein Trinkwasser zur Verfügung stand und wir auf kleine Portionen schlechten rumänischen Weines, die sogenannte »Etappensäure«, angewiesen waren. In den in Flammen stehenden Dörfern, die wir passierten, lagen neben vielen fürchterlich verstümmelten Toten noch lebende Opfer der bestialischen Grausamkeit unserer Gegner, zumeist mongolischer Soldaten aus Ostsibirien, von denen ganze Scharen in unsere

Hände fielen und sofort zu Transportarbeiten und dergleichen verwendet wurden. Einen schwerverwundeten, bewegungsunfähigen jungen Leutnant hatten sie absichtlich an die brennende Wand einer Scheune gewälzt, einem anderen zwölf Bajonettstiche versetzt. Ein eben auf den Hilfsplatz eingelieferter Bursche beging Selbstmord, indem er den Gewehrlauf in seinen Mund schob und mit dem Fuß abdrückte. Größte Schwierigkeiten bereitete immer wieder der Abtransport der Verletzten. In dem unter heftigem Granatfeuer liegenden verwüsteten Dorf Tifesti versuchte ich, für einen Bauchschuss mit Hilfe zweier Ersatzmänner statt meiner anderwärts beschäftigten Sanitäter aus Stanzen und Brettern eine Tragbahre zurechtzuzimmern, musste sie aber mit Mühe und Not allein fertig stellen, da die beiden anderen die Flucht ergriffen.

Als wir uns bei dem Dorf Purcelesti zu kurzer Rast in den Straßengraben geworfen hatten, erblickte ich im Kot einen Zeitungsfetzen, der in großen Lettern den Namen meines Freundes Fritz trug. Es war seine aus dem Wiener Tagblatt herausgerissene Todesanzeige, die sich durch einen rätselhaften Zufall hierher und vor meine Augen verirrt hatte. Besäße ich das traurige Dokument nicht noch heute, so würde ich an dies seltsame Erlebnis, das mich damals sehr erschütterte, selbst kaum mehr glauben. Wieder erschien mir die Welt als ein hoffnungsloser Abgrund von Jammer und Niedertracht und wieder kehrten bald danach Lebenslust und Gleichgültigkeit für das Massenschicksal all der erschlagenen und sich in Qualen windenden Menschen um mich her zurück, als unser von 1800 auf 400 Mann zusammengeschmolzenes Regiment aus dem Gefecht gezogen wurde und ich in der Putna ein unsagbar wonniges Bad nehmen konnte. Unsere Offensive war indessen, ohne größere strategische Erfolge gebracht zu haben, zum Stillstand gekommen und in der Frontlinie wurden wir von meinem Wiener Stammregiment abgelöst. Als privates Ergebnis hatte ich die Verleihung der bronzenen Tapferkeitsmedaille zu verzeichnen. Das Regiment wurde von Mackensen und von Kaiser Karl in Tagesbefehlen belobigt und die wegen der schweren Verluste ursprünglich beabsichtigte Auflösung unterblieb.

Bis zum Dezember 1917 hatten die Reste unserer Division in verschiedenen Abschnitten an der Putna, an dem weiter östlich verlaufenden Sereth, in dem zerschossenen Prisacawald und bei dem vielumkämpften Ort Marasesti Reserve- und Kampfstellungen besetzt zu halten, ohne dass es zu größeren Aktionen gekommen wäre. Von Zeit zu Zeit allerdings trommelten die Rumänen, denen wir hier stellen-

Statt jeder besonderen An...

Vom tiefsten Schmerze e...
Regierungsrat **Richard v...**
Sophie v. Kaan geb. Nechut...
sowie im Namen ihrer Kin...
Gertrud und **Richard** Nachric...
ihr innigstgeliebter Sohn, bzw. b...

Fritz v. Kaan

Leutnant i. d. R. in einem k. k. Kaiserschützenregiment,
Besitzer der silbernen Tapferkeitsmedaille zweiter Klasse

am 26. Juni 1917 im 23. Lebensjahre
auf dem südwestlichen Kriegsschau-
platze in treuer Pflichterfüllung den
Heldentod fand.
Wien, am 4. Juli 1917.

Gefunden während der Putna-Schlacht (Rumänien)
auf einer Straße bei Purceleşti am 10. August 1917

Abb. 6: Todesanzeige Fritz von Kaan

weise nur einen Steinwurf entfernt in sehr ungünstiger Position ge-
genüberlagen, mit schwerer Artillerie auf unsere schlecht ausgebauten
Gräben los; besonders häufig bei Nacht, sodass die kaum dem Kin-

desalter entwachsenen polnischen Bauernburschen, mit denen man das Regiment aufgefüllt hatte, in Todesangst die Gewehre fallen ließen und sich schluchzend und Rosenkranz betend zur Erde warfen, bis der Höllentanz vorbeigezogen war.

Auch meine Nerven blieben nicht mehr ganz fest, besonders, als kritischer Munitionsmangel sich fühlbar zu machen begann, die Feldwachen mit leeren Patronentaschen und sogar ungeladenen Gewehren auf ihren Posten standen und wir im Fall des ständig erwarteten feindlichen Angriffes mit sicherer Gefangennahme rechnen mussten. Zudem nagte der Hunger an unseren Kräften; mitunter gab es zwei und drei Tage nichts zu essen, außer etwas verschimmeltem Mais. Hunderte von verwesenden Rumänenleichen lagen noch von den letzten Kämpfen und Gasangriffen herum und verpesteten die Luft; bei Nacht fuhren Trainwagen und Geschütze über sie hin und quetschten manche von ihnen so platt, dass bloß ein vom Boden steif aufragender Arm oder ein von Fliegenmaden wimmelnder Schädel ihre letzte Ruhestätte andeutete. Ich nahm, von Ekel geschüttelt, dem einen oder anderen Kadaver die metallene Identitätskapsel ab, um über Genf durch das Rote Kreuz die Angehörigen verständigen zu lassen.

Ratten und ausgehungerte wilde Hunde aus den verlassenen niedergebrannten Dörfern bevölkerten die Gegend und attackierten uns in den Nächten; herbstliche Regengüsse überfluteten die ungezieferreichen Unterstände und zwangen uns von Zeit zu Zeit, auf dem nassen, nackten Erdboden zu schlafen; Skorbut, epidemische Darmerkrankungen, Fieber und Gelbsucht griffen in solchem Ausmaß um sich, dass kaum mehr der Wachdienst in unserem Frontabschnitt aufrechterhalten werden konnte.

In dieser düsteren Zeit war es mir eine unerwartete Freude, als ich pfeifend durch den nebelfeuchten Prisacawald stolperte, hinter einem Baum einen Mitpfeifer zu vernehmen. Ein mir unbekannter Leutnant trat hervor und sprach: »Das war die D-Moll Sonate von Brahms.« Strammstehend antwortete ich »Melde gehorsamst, jawohl Herr Leutnant!« und aus diesem Gespräch entstand eine dauernde Freundschaft mit vielen gemeinsamen Sonatenabenden, denn Paul Kemp war ein hervorragender Pianist und ein ernster, feinfühliger Mensch, mit dem sich über manches sprechen ließ, wofür es sonst im Regiment an Resonanz fehlte. Meine nach langem Warten endlich verlautbarte Ernennung zum Fähnrich wurde zu meiner Bestürzung einige Tage später wieder rückgängig gemacht, da man sich bei der Stammtruppe in Wien meiner »Frontdienstuntauglichkeit« erinnert und die Ernennung aus diesem

Grund telegrafisch angefochten hatte. Erst eine formlose Nachassentierung beim Regimentskommando, bei welcher ich nun doch als frontdiensttauglich befunden wurde, brachte diese groteske Sache in Ordnung, die für mich recht peinlich gewesen war, da man mich nach der ohne Angabe von Gründen kundgemachten »Degradierung« allgemein wie einen entlarvten Schwerverbrecher gemieden hatte.

Stundenlange Ritte über die weiten sandigen Ebenen des Putna- und Serethgebietes machten mich mit der trotz ihrer Kärglichkeit reizvollen Landschaft und mit den Überresten zahlreicher zerstörter Ortschaften vertraut. Man hatte mir ursprünglich ein leistungsfähiges, aber einer besonders kurzbeinigen Rasse angehörendes bosnisches Reitpferd zur Verfügung gestellt, welches mit der Länge meiner eigenen Extremitäten in lächerlicher Weise kontrastierte, sodass ich im Interesse der Würde der k. u. k. Armee um ein höher gebautes Tier bat, auf dessen Rücken ich dann sogar ein Rennen gewann und mit Brust und Kopf manche der niedrig gespannten improvisierten Telefonleitungen unabsichtlich durchtrennte, insbesondere bei Nacht, wobei mich der tückische Draht von dem galoppierenden Pferd mitunter fast zu Boden riss.

Ein Besuch der hinter der Front gelegenen Stadt Focsani brachte trotz der betrüblichen Schäbigkeit und Leere aller Verkaufsläden und Gaststätten, in denen kaum etwas Genießbares zu erhalten war, ein wenig »zivile« Abwechslung in das mürrische Einerlei des Stellungskrieges, umso mehr, als im Stadttheater von einer preußischen Schauspielertruppe mit Darstellerinnen weiblichen Geschlechtes die sentimentale Operette »Das Dreimäderlhaus« aufgeführt wurde.

Die deutschen Brüder und Schwestern bemühten sich krampfhaft, Wiener Atmosphäre zu verbreiten (»Hannal, komm man hea, jib mia 'n Bussal!«) und verfielen sogar in steirisches Jodeln: »Duli – duli – duli – duljö – ha!« – In den Straßen Focsanis belebten bulgarische und türkische Offiziere und Soldaten, zerlumpte Zigeuner und rumänische Gefangene das ansonsten etwas armselige Bild. Vor allem aber erfreute der Anblick zwar schlampiger, jedoch intensiv bemalter und parfumumwölkter Damen das schönheitsentwöhnte Auge und wie in einem Zustand magischer Verzauberung holperten wir durch die Nacht in ein paar gebrechlichen Leiterwagen wieder der durch Leuchtraketen und Explosionsflammen flackernd erhellten Front zu.

Bedeutete schon diese flüchtige Berührung mit der Welt hinter den Schützengräben ein erhebendes Erlebnis, so steigerte sich die Freude an den Segnungen der Zivilisation zu wahrem Entzücken, als ich unterwegs zu einem kurzen Heimaturlaub, in Bukarest richtige Restaurants,

Konditoreien, Gartenkonzerte, Friseursalons und ein weiß überzogenes, wenn auch flohgesprenkeltes und nicht ganz läusefreies Hotelbett vorfand.

In Wien war die Stimmung trotz der damals noch sehr günstigen militärischen Lage gedrückt. Nach dem Zusammenbruch der Brussilow-Offensive war der russische Widerstand völlig erlahmt, ganz Russisch-Polen und Teile der getreidereichen Ukraine waren von deutschen und österreichischen Truppen besetzt; die italienischen Armeen fluteten nach dem großen österreichisch-deutschen Durchbruch bei Karfreit in Unordnung und unter Hinterlassung ungeheurer Massen wertvollen Kriegsmaterials aus den Alpen in die Po-Ebene zurück; im Westen stand die lange Front von Flandern bis in die Vogesen trotz unermesslichen Blutopfern beider Seiten nun schon seit Jahren nahezu unverändert, wurde aber durch den Einsatz von fast einer Million frischer Amerikaner mit ihren eisernen Tanks in zunehmendem Maße bedroht. Präsident Wilson war unter dem Druck kriegsinteressierter New Yorker Bankiers an die Seite der Alliierten getreten, um Freiheit und Demokratie für die Welt zu retten. Während über den atlantischen Ozean trotz fieberhafter Tätigkeit der deutschen Unterseeboote Riesenmengen von Kriegsmaterial und Nahrungsmitteln für die Armeen und Zivilbevölkerungen der Westmächte herbei geschafft wurden, gingen in Deutschland und Österreich alle Vorräte zu Ende, das Hinterland hungerte, um für die Front wenigstens das Allernotwendigste zu sichern, Streiks brachen in den Munitionsfabriken aus, die unzufriedenen slawischen Nationalitäten der österreichisch-ungarischen Monarchie suchten geheime Verbindungen mit den feindlichen Regierungen anzuknüpfen und selbst die Haltung des Kaisers gegenüber seinem deutschen Verbündeten war schwankend und unklar geworden.

Im Vaterhaus und in Gesellschaft von Freunden fühlte ich zum ersten mal die von den meisten heimkehrenden Frontsoldaten schmerzlich empfundene Entfremdung, welche eine Mauer des Einander-nicht-verstehen-Könnens zwischen den still und resigniert leidenden Menschen des Hinterlandes und den aus dem seelischen Gleichgewicht geworfenen, verrohten, melancholisch oder überreizbar gewordenen »Frontschweinen« aufgerichtet hatte. Oper, gute Theateraufführungen und Konzerte vermochten nicht mehr so wie früher das verworrene Gemüt zu beglücken. Das mühselige, kärgliche Leben in der darbenden Großstadt schien womöglich noch sinnloser und inhaltsleerer als das an der Front und allenthalben stieß man auf das schleimig-widerliche Getriebe der reich gewordenen Kriegsgewinnler, die, von dem Elend der anderen profitierend, aus Blut und Hunger reichlich Kapital zu schlagen wussten. Enttäuscht und gleichgültig kehrte ich in den zum Lebenselement gewordenen Stumpfsinn und Schmutz des Schützengrabens zurück. Dort gab es wenigstens etwas, das über alle Öde und Brutalität der Front einen Schimmer verklärender Schönheit breitete, etwas, das denen dort hinten fremd und unverständlich war, das aber unsereinem die Front irgendwie zu einer Art von Heimat machte: Kameradschaft auf Leben und Tod ohne Berücksichtigung des Bildungsgrades, der sozialen Provenienz und all der Dinge, die einer verblassten, ausgelöschten Vergangenheit anzugehören schienen.

Der 7. Dezember 1917 leitete das Ende des Krieges an der Ostfront ein. Das desorganisierte bolschewistische Russland und das geschlagene Rumänien baten um Waffenstillstand; die Kanonen und Maschinengewehre verstummten, aber da sich die Friedensverhandlungen in die Länge zogen, lungerten wir noch monatelang in den Stellungen umher. Überflüssige Befestigungsarbeiten und anstrengende Gefechtsübungen waren dazu bestimmt, den »Kampfgeist« unserer hungrigen, missmutigen, in zerlumpten Uniformen frierenden Mannschaften wach zu halten. Seuchen und Mangelkrankheiten schlichen durch die verwahrlosten Unterstände der unwichtig gewordenen verludernden Ostarmeen und die staatsfeindliche Propaganda fand üppigen Nährboden. Jenseits unserer Drahthindernisse lag eine ganze Division »tschechoslowakischer«, ehemals österreichischer Soldaten in russischer Adjustierung, welche teils offen, teils geheim unsere eigenen Tschechen zu Desertion und Meuterei zu bewegen trachteten, allerdings mit wenig Erfolg, da es bei uns keine tschechischen Offiziere mehr gab und die Mannschaften nationalen Schlagworten zum Teil wenig Verständnis entgegenbrachten, zum Teil auf andere Weise das Ihrige taten, so zum Beispiel durch Heimsendung von Handgranaten in den für die Versorgung der Angehörigen käuflichen Mehlkisten. Die Folge davon war ein Verbot der von den Unseren daheim heiß ersehnten Mehlsendungen. Von meiner eigenen Verpflegung sparte ich den Zucker ab, um ihn nach Hause zu schicken; die Stearintropfen unserer Kerzen wurden gesammelt, da es in Wien fast keine Kerzen mehr gab und die Elektrizitätsversorgung eingeschränkt war; meine Rationen von miserablem Truppentabak gingen an den unter Zigarettenmangel leidenden Vater und wurden von ihm mit Begeisterung in Empfang genommen.

Ein wenig umfreiwillige Heiterkeit bescherte unserem griesgrämigen Bataillon der zum Erwerb verspäteter Lorbeeren aus Linz eingetroffene neue Kommandant, Hauptmann Jaroslav Docekal, ein Mann bescheidenen Geistes, der sich bitter über die nationale Uneinheitlichkeit seiner Truppe beklagte: zwei Drittel seien Tschechen, ein Drittel Polen, ein Drittel Deutsche und der Rest seien Slowenen, Italiener und Ungarn. Der Altersunterschied zwischen ihm und seiner Gemahlin war seiner Angabe nach bei der Hochzeit zehn Jahre gewesen, nunmehr aber 18. Eisenbahnschienen sah Hauptmann Docekal merkwürdigerweise immer parallel, »während sie doch eigentlich in der Nähe breit und in der Ferne schmal sind«, Die rumänische Artillerie befand sich »einen Kilometer, ja stellenweise sogar nur 1000 Meter« jenseits unserer Stellungen. Auf Freitag den 27. folgte Samstag der 26. und dass von Hindenburg noch die Großeltern unserer Kindeskinder erzählen würden, verkündete der weise Docekal nachdenklich bei einem jener stundenlang dauernden Nachtmähler, die wir Würdenträger vom Bataillonsstab in der in einen Bahndamm gegrabenen Offiziersmesse zu erdulden hatten, wobei mir die ehrenvolle Aufgabe oblag, als »Grammophonoffizier« mittels eines gleichmäßig rotierenden Zeigefingers den ruinierten Mechanismus unseres uralten Grammophons ersetzend allabendlich das krächzende Repertoire unserer vier oder fünf Platten abzuwerfen.

Nachdem endlich die Friedensschlüsse von Brest-Litowsk und Bukarest unter Dach und Fach gebracht waren und der Alarmzustand neuer Offensivvorbereitungen gegen die bockbeinigen Rumänen sich als unnötig erwiesen hatte, gewährte man mir einige Wochen Urlaub für Vorlesungsbesuch und Prüfungen in Wien. Die Enttäuschung war diesmal noch größer, auch deshalb, weil sie das unmilitärische Gebiet der Liebe betraf, und vor der Rückkehr nach Rumänien reichte ich beim Armeeoberkommando ein Gesuch um Transferierung zu einem Infanterieregiment an der Westfront ein, da dort die letzten Entscheidungen zu erwarten standen.

Aus dem eleganten Bukarest, wo sich zahlreiche entwaffnete, aber dafür geschminkte und Mieder tragende rumänische Offiziere zwischen den Deutschen, Österreichern, Bulgaren und Türken umhertrieben und wo ich in einer total verwanzten Kaserne einquartiert war, sandte man mich zunächst zu einem kleinen »Heu-Détachement« der Okkupationsarmee in dem Dörfchen Malaia in den Transsylvanischen Alpen. Dort in dem grünen waldigen Lotru-Tal unter gutmütigen, reich gestickte Trachten tragenden Landleuten und auf den hochgelegenen Almen der Poiana mare und des Gorescu verlebte ich einige paradiesisch friedliche Monate, die lange Jahre hindurch den Hintergrund vieler meiner Traumerlebnisse bildeten.

Bald hatte ich die aus romanischen, slawischen, magyarischen, griechischen und türkischen Elementen bunt zusammengesetzte rumänische Sprache hinlänglich erlernt, um mich ohne besondere Schwierigkeit mit den Einwohnern verständigen zu können, wobei mir die hübsche junge Bäuerin Joanica Socolescu zu jeder Zeit in liebevoller Weise behilflich war. In den umliegenden arztlosen Gebirgstälern verbreitete sich der Ruhm meiner Heilkunst und trug mir eine ausgedehnte Praxis ein, die, ohne dass ich je eine Entschädigung verlangt hätte, durch allerlei Lebensmittel, wie Käse, Honig und Obst honoriert wurde. Diese guten Dinge, die zum größten Teil nach Wien weiterreisten, mussten mir heimlich und bei Nacht zugetragen werden, da die reichsdeutsche Militärverwaltung die Abgabe von Lebensmitteln durch die Zivilbevölkerung an Österreicher mit schweren Strafen bedrohte und zu deren Durchführung sogar eigene Patrouillen mit Schießbefehl die Gegend durchstreifen ließ. – Ich staune noch heute über den Erfolg meiner damaligen äußerst primitiven und oft ganz unsinnigen therapeutischen Maßnahmen. Mitunter aber ging die Sache freilich doch schief und eines Morgens wurde ich von einem Chor alter Weiber geweckt, die vor meinem Fenster aufmarschiert waren, um mich gemeinsam feierlich in die tiefsten Abgründe der Hölle zu verfluchen. Nichtsdestoweniger überreichte mir später bei meiner Abreise ihre Anführerin, Doamna Circulescu, unter Segenswünschen einen prächtigen Blumenstrauß.

Die größte Sehenswürdigkeit des Ortes war Lina, das anmutige Töchterlein der schönen Bürgermeisterin Doamna Popescu und Seiner Majestät des Königs Ferdinand von Rumänien, welcher vor Jahren im Lotrutal sowohl der Jagd als auch der Frau Popescu zu huldigen geruht hatte. Ganz Malaia und nicht minder der biedere Bürgermeister selbst waren von berechtigtem Stolz über Linas hohe Abkunft erfüllt, was mich jedoch nicht hinderte, den frechen Fratzen aus pädagogischen Gründen einmal für einige Stunden im elterlichen Hause einzusperren. Das Ergebnis der Heuernte unseres Détachements, welche den Pferden der Division zugute kommen sollte, war nur ein kümmerliches, da die Reichsdeutschen uns das Abmähen der gänzlich unbenützten Wiesen im Tal verboten und nur die schwer zugänglichen steilen Bergabhänge überließen, was unseren Leuten und Tragtieren ohne jede Notwendigkeit unerträgliche Strapazen auferlegte. Die Verpflegung der Mannschaft war infolge der deutschen Beschlagnahmen selbst in dieser überaus fruchtbaren Gegend ungenügend, tagelang waren wir zum Beispiel auf den Genuss von »Petroleumknödeln« angewiesen, da in einen der Mehltransporte irgendwie Petroleum eingedrungen war und ein penetrantes Aroma erzeugte. Am deutlichsten ließ die Ausrüstung den Bankrott der Armee erkennen. Uniformen und Schuhe waren zerrissen, manche von den Leuten gingen barfuss und einige trugen in der zunehmenden Kälte des Herbstes bloß die defekte Unterwäsche mit ein paar kaum deckenden Uniformfetzen darüber. Unsere verzweifelten dringlichen Gesuche um warme Kleidung wurden von den Verwaltungsstellen endlich mit einer umfangreichen Sendung von – Sommerkappen beantwortet. Kein Wunder, dass es zu Meutereien kam, bei denen auch scharf geschossen wurde und dass bolschewistische Agitatoren willige Zuhörer fanden.

Meine eigenen Leute verkauften heimlich Decken und sonstiges Material aus Heeresbesitz an die Einwohner der umliegenden Dörfer und als ich daraufhin auf eigene Faust zwangsweise Hausdurchsuchungen durchführte, die einen großen Teil der Dinge wieder erbrachten, wurde mir von unseren reichsdeutschen Gebietern kriegsgerichtliche Bestrafung wegen disziplinwidriger Eigenmächtigkeit in Aussicht gestellt.

Von den Vorgängen auf den Kriegsschauplätzen wussten wir so gut wie nichts, da es keine Zeitungen und nur selten Post gab. So wurde uns auch die Bedeutung der deutschen Niederlagen, welche im August die Westfront ins Wanken brachten, kaum bewusst und erst der Zusammenbruch der bulgarischen Armee in Mazedonien brachte plötzlich furchtbare Klarheit über den Ernst der Situation. Nun überstürzten sich die Ereignisse, doch auch jetzt noch waren wir in unserer Weltabgeschiedenheit vorwiegend auf unkontrollierbare Gerüchte und die Erzählungen wenig glaubwürdiger Zeugen angewiesen. Jede Meldung über das Zurückweichen der deutschen Armeen im Westen und über angebliche revolutionäre Zusammenstöße im Hinterland wurden von den slawischen Soldaten mit Jubel aufgenommen, von Disziplin war keine Rede mehr; wohin wir paar Deutschösterreicher kamen, wurden wir mit höhnischem Grinsen und spöttischen Zurufen empfangen, in die Wohnung des Kommandanten, eines Oberleutnants aus Wien, wurden Gewehrschüsse gefeuert und niemand wusste, was aus uns werden sollte.

Kaiser Karls hilfloser letzter Versuch zur Rettung der Dynastie, das Manifest vom 17. Oktober 1918, in welchem er die Teilung Österreichs in je einen selbständigen deutsch-österreichischen, tschechischen, südslawischen, polnischen und ukrainischen Staat unter habsburgischer Personalunion vorschlug, wurde nur mit Gelächter aufgenommen. Wilson als Wortführer der Entente hatte Deutschland als Vorbedingung für einen Waffenstillstand die Räumung folgender besetzter Gebiete anbefohlen und zugesichert erhalten: Westrussland, die Ukraine, Polen, Finnland, Estland, Livland, Litauen, Serbien, Albanien, Montenegro, Rumänien, Belgien, Ostfrankreich, Oberitalien und Palästina. Die Regelung der innerpolitischen Struktur Österreichs sollte durch die »Tschechoslowaken« als Verbündete der Entente durchgeführt werden. Ungarn erklärte seine volle staatliche Unabhängigkeit von Österreich.

Wie betäubende Hammerschläge trafen uns isolierte Deutsch-Österreicher diese Nachrichten. In meine Kammer eingeschlossen lag ich stundenlang heulend auf dem Bett und konnte an nichts anderes denken als an die Millionen Kameraden, die ihr Leben für eine verlorene Sache geopfert hatten und an die anderen Millionen, die nun nach unerhörten Leistungen und Entbehrungen in das Elend einer zertrümmerten und verarmten Heimat zurückkehren sollten. Dennoch dämmerte in all dieser Verzweiflung und Bitternis ein Hoffnungsschimmer auf: Die Möglichkeit eines Anschlusses Österreichs an das Deutsche Reich, der allein den Leiden und Opfern des Krieges noch Sinn und Wert geben könnte. Trotz aller störenden Rivalitäten des Augenblicks und trotz aller Verschiedenheiten der Wesensart der ernsten, nüchternen Norddeutschen und der heiteren leichtblütigeren Österreicher leuchtete mir wie vielen anderen das Ziel der Vereinigung aller Deutschen in einem geschlossenen nationalen Staatswesen verheißungsvoll in die Finsternis jener Tage und ließ das Leben trotz allem immer noch lebenswert erscheinen.

Am 23. Oktober erreichte mich der Befehl zum Abgang an die Westfront zu dem vor Verdun stehenden ungarischen Infanterieregiment No. 51 als späte Reaktion auf mein im Juli eingereichtes Gesuch. Über Bukarest, wo bereits alles drunter und drüber ging, und Budapest, wo ich von der Errichtung eines selbständigen tschechoslowakischen Staates erfuhr und die mich empörende Nachricht von einem Sonderfriedens-Angebot Österreich-Ungarns an die Entente vernahm, traf ich nach nervenzermürbend langer Fahrt am 30. Oktober in Wien ein. Die Weiterreise nach Frankreich wurde mir bei der Personalsammelstelle als zwecklos widerraten, da der Standort des Regimentes nicht mehr feststellbar sei.

Am gleichen Tage fand in Wien vor dem Landhaus eine stürmische Kundgebung statt, in der die Absetzung Kaiser Karls und Schaffung einer deutsch-österreichischen nationalen Armee gefordert wurde. Offiziere und Soldaten rissen die kaiserlichen Kokarden von den Kappen und ersetzten sie durch Schwarz-Rot-Gold, die Farben des großdeutschen Frankfurter Parlamentes von 1848. Ein Band in diesen Farben, welches die Mutter meines Vaters vor 70 Jahren während der Wiener Revolution getragen hatte, befestigte ich an meiner eigenen Kappe. Aber auch viele rote Fahnen und Kokarden tauchten auf.

Republik

Im Katastrophenwirbel des Zusammenbruches war es kaum möglich, die Tragweite der sich allenthalben in atemraubender Schnelligkeit vollziehenden Umwälzungen zu erfassen. Ein erschütterndes Ereignis jagte das andere: die Unabhängigkeitserklärung der Südslawen und ihr Anschluss an Serbien; die Ermordung des früheren ungarischen Ministerpräsidenten Grafen Tisza; der ohne Verständigung des Armeeoberkommandos erfolgte Befehl des neuen Ministerpräsidenten, des Ententefreundes Grafen Károlyi, an alle ungarischen Truppen zur Waffenstreckung, wodurch die gesamte österreichisch-ungarische Italienfront in Trümmer ging; das Ersuchen einer österreichischen Delegation um Waffenstillstand, nach dessen Beginn die Italiener infolge eines »Missverständnisses« betreffend den Termin ihren ersten glänzenden Sieg über die demobilisierenden und abziehenden Österreicher davontrugen und etwa 200.000 von ihnen triumphierend in die Gefangenschaft schleppten; das regellose Zurückfluten unserer Armee, wobei Scharen von Heimkehrern von den Waggondächern der überfüllten Züge in Eisenbahntunnels herabgerissen und getötet oder schwer verletzt wurden; die Deklarierung Österreichs als Aufmarschgebiet der Entente gegen Deutschland, vorbeugende Besetzung Tirols durch deutsche Truppen, Plünderungen durch die neu aufgestellte disziplinlose »Volkswehr« und die von dem Journalisten Egon Erwin Kisch befehligte kommunistische Rote Garde; Ausbrechen der Kriegsgefangenen aus ihren Lagern, Schießereien auf den Bahnhöfen, in welchen täglich ungeordnete Lawinen demoralisierter ehemaliger österreichischer Truppen aller Nationalitäten eintrafen, um in die neugebildeten »Sukzessionsstaaten« zurückzukehren; Meuterei der deutschen Flotte in Kiel; Abdankung und Flucht Kaiser Wilhelms nach Holland; Absetzung der deutschen Bundesfürsten, von denen König Karl August von Sachsen den originellsten Abgang fand, indem er der ihn von seiner Entthronung verständigenden Deputation vergnügt antwortete: »Auch jut, macht euch euren Dreck alleene!« Inmitten des Revolutionsorkans, der über Mitteleuropa hinwegfegte, saß Karl von Habsburg noch immer als vergessener Monarch in Schönbrunn und machte sich bloß durch unerbetene »Genehmigungen«, Ordens- und Titelverleihungen kläglich bemerkbar, bis endlich seine Internierung in dem Schloss Eckartsau und bald darauf seine Abreise in die Schweiz veranlasst wurde.

Am 12. November 1918 beschloss der Nationalrat im Parlament in einer kurzen Sitzung fast einstimmig die Konstituierung Deutsch-Österreichs als einer Republik und als eines Bestandteiles des Deutschen Reiches. Dies war das Ende der 600-jährigen Herrschaft einer Dynastie, welche vieles Große geschaffen, viel Schönheit und Würde um sich verbreitet, aber nicht mehr die Kraft besessen hatte, das künstliche Gebilde der völkerreichen Monarchie auf gerader politischer Linie durch das Zeitalter eines überall mächtig anwachsenden Nationalbewusstseins zu führen. »Das eben ist der Fluch von diesem hohen Haus, mit halben Mitteln und auf halben Wegen zu halben Zielen zauderhaft zu streben« hatte Österreichs größter Dichter Grillparzer in seinem »Bruderzwist in Habsburg« gesagt.

Dreihunderttausend Menschen waren auf der Ringstraße bei Verkündung der neuen Staatsgrundgesetze versammelt; über die Vorderfront des Parlaments war ein ungeheueres Transparent von mangelhafter Orthographie gespannt »Es lebe die soziallistische Republik!« und kaum waren die neuen deutsch-österreichischen Fahnen Rot-Weiß-Rot an den Masten hochgegangen, als sie auch schon wieder von Demonstranten herabgeholt und zerrissen wurden. Ein paar schmierige rote Fetzen, Symbole des neuen Österreich, flatterten bald darauf über den Köpfen der Volksmasse, die in wilder Panik auseinander stob, als kommunistische Rotgardisten mit Gewehrfeuer den Eintritt in das Parlament erzwangen. Hals über Kopf rannte auch ich davon, um nicht jetzt noch einen verspäteten Heldentod zu sterben.

Die Republik Deutsch-Österreich mit ihren sechs Millionen Einwohnern, von denen zwei Millionen den »Wasserkopf« Wien bevölkerten, der Überrest von 52 Millionen des alten Österreich-Ungarn, wurde von der Entente als »Rechts-Nachfolger« der Monarchie erklärt, in anderen Worten, sie wurde zur Tragung von deren Kriegsschulden, Tilgung der Kriegsanleihen, Zahlung von Kriegsentschädigung an die nunmehr zu »Siegern« ernannten Tschechen, Jugoslawen, Polen, Rumänen, etc. verurteilt. Die vom Parlament sanktionierte Bezeichnung »Deutsch-Österreich« und jeder Versuch einer praktischen Durchführung des Anschlusses an Deutschland wurden auf Befehl des alten Tigers Clémenceau verboten; alles Kriegsmaterial musste unter Kontrolle von Entente-Kommissionen gewissenhaft vernichtet werden, einschließlich Spitalbetten, Bleistiften, Kerzen und ähnlichen gefährlichen Waffen aus Heeresbeständen; die Blockade Deutschlands und Österreichs blieb trotz Waffenstillstand aufrecht mit dem Erfolg einer weiteren Steigerung der Hungersnot, welcher Tausende von Menschenleben zum Opfer fielen. Fast zwei Jahre hindurch hielt das Hungern und Massensterben an; das fast völlige Fehlen von Milch, Butter, Eiern und Fleisch ließ eine Generation schwächlicher, rachitischer Kinder heranwachsen, schwere Allgemeinerkrankungen wie das berüchtigte Hungerödem zogen als wissenschaftlich interessante Phänomene ausländische Ärzte zum Studium der Hungerpathologie nach Wien, ungefähr eine Viertelmillion Menschen wurden in Mitteleuropa von der »spanischen Grippe« weggerafft. Ein Versuch der österreichischen Regierung, durch Verkauf von Kunstschätzen an das Ausland die Einfuhr der allernotwendigsten Lebensmittel zu sichern, wurde von der Entente untersagt, statt dessen hatte Österreich große unentbehrliche Bestände an Milchkühen an Frankreich abzuliefern und nur die Hilfsaktionen neutraler Länder und der Vereinigten Staaten von Amerika ermöglichten ein kärgliches Weiterschleppen von einem Tag zum anderen. Frédéric Ferrière als Repräsentant einer internationalen Hilfskommission organisierte Lebensmitteltransporte nach Wien, doch trafen nicht alle an ihrem Bestimmungsort ein, da Überfälle und Plünderungen an der Tagesordnung waren. Hierbei ereignete sich der heitere Zwischenfall, dass einige Bahnarbeiter nach der Verzehrung amerikanischen Konservenfleisches auf der von ihnen erbrochenen Kiste die Aufschrift »Gift from U. S. A.« bemerkten und in Todesangst zu einem Arzt liefen, um das vermeintliche »Gift« aus ihren Mägen auspumpen zu lassen. In der fast leeren Speisekammer unserer Wohnung fand sich kaum je etwas anderes als ein paar der scheußlichen »Wrucken«, einer sonst nur zur Schweinefütterung verwendeten Rübenart, zu gelblichem Staub zerfallendes Maisbrot und Senf, den ich heimlich löffelweise zu verschlingen pflegte, um meinen nagenden Hunger zu stillen. Pferde- und Kaninchenfleisch waren seltene, kaum erschwingliche Delikatessen. Die Mittagsmahlzeit nahm ich in der für die Universitätsstudenten in der Hofburg eingerichteten Mensa academica ein, wo wir klapperdürren Jünglinge von livrierten Lakaien bedient auf goldgeränderten, kronengeschmückten Tellern Haferreis, stacheliges Dörrgemüse und an zwei besonders ersehnten Tagen der Woche Bohnen verspeisten.

Schweden und Holland nahmen je 60.000 Wiener Kinder in private Haushalte und auf Landgüter Monate und Jahre hindurch als Pfleglinge auf, auch Dänemark, Norwegen, die Schweiz und Argentinien wetteiferten in großzügigen Hilfeleistungen für das grausam misshandelte Österreich und retteten dadurch nicht nur Leben und Gesundheit eines großen Teiles unserer Jugend, sondern auch in den Herzen der darbenden erwachsenen Generation den Glauben daran, dass Menschlichkeit und Güte in der Welt noch nicht vollständig ausgerottet waren. Zwanzig Jahre später benützte die Führung des Dritten Reiches diese selben ehemaligen Kriegskinder, die nun zu kräftigen, orts- und sprachkundigen Männern herangewachsen waren, um mehrere der Länder, in denen sie einst Obdach, Nahrung und liebevolle Fürsorge empfangen hatten zuerst durch Propaganda zu unterwühlen, dann mit Bomben und Tanks zu überfallen, sie erbarmungslos zu verwüsten und auszuplündern. Viele von diesen jungen Menschen sollen sich jedoch der Ausführung der ihnen erteilten Befehle widersetzt oder den inneren Konflikt durch Selbstmord gelöst haben.

Schwerer noch als durch Hunger und Armut wurde die in hoffnungsloser Apathie dahinvegetierende Großstadt Wien durch die sich immer mehr verschärfende Kohlennot getroffen, da die von fanatischer Rachsucht erfüllten Tschechen sich hartnäckig weigerten, von ihren knapp jenseits der neuen Grenze in Mährisch-Ostrau sich türmenden unverwendeten Kohlenvorräten etwas an das verhasste Österreich zu verkaufen. Wochen hindurch musste der Straßenbahnverkehr eingestellt bleiben, Angestellte und Arbeiter waren gezwungen, täglich zu und von ihren Arbeitsstätten lange Strecken zu Fuß zu gehen und dabei ihre aus Papier oder Holz verfertigten Schuhsohlen zugrunde zu richten; ich selbst wanderte täglich drei Stunden lang in dem Strom mürrisch schweigender Fußgänger durch die Straßen. Im Winter 1919/20 mussten alle Geschäftsläden um 3 Uhr Nachmittags schließen, Kinos und Theater waren gesperrt, lebenswichtige Industrien standen still; in der Weihnachtswoche verkehrten in Österreich keine Eisenbahnzüge, in der Wiener geburtshilflichen Klinik froren sechs neugeborene Kinder zu Tode; pro Haushalt durfte in den finstersten Wintertagen nicht mehr als eine einzige elektrische Glühbirne eingeschaltet werden und zwar höchstens für drei Stunden am Tag, was vielen vom Ertrag ihrer Hausarbeit lebenden Menschen den Broterwerb unmöglich machte. Überschreitungen der zulässigen Beleuchtungsdauer wurden rücksichtslos mit völliger Stromabsperrung bestraft. Zehntausende zogen in den Wienerwald hinaus, um sich trotz Polizeiverbot durch wildes Abholzen ein wenig Brennmaterial zu verschaffen, denn das häusliche Familienleben bestand in jenen Wintermonaten darin, dass die unterernährten Menschen frierend und untätig in der Finsternis ihrer ungeheizten Wohnungen umherlungerten oder sich in ihre Betten unter die vielfach aus Zeitungspapierschnitzeln hergestellten Decken verkrochen.

Wiederholte demütige Bittfahrten österreichischer Minister nach Prag blieben erfolglos. Man schien die vergnügte Prophezeiung des tschechischen Außenministers und späteren Präsidenten Beneš, dass in den verödeten Straßen Wiens das Gras wachsen werde, mit allen Mitteln wahr machen zu wollen, bis endlich Alarmtelegramme Frédéric Ferrerès an die in Paris thronenden Herrscher der Welt den Beschluss erwirkten, die Tschechen zu Kohlenlieferungen an Österreich zu zwingen, denn der Ausbruch etwaiger störender Unruhen in der verzweifelten Bevölkerung Mitteleuropas war nicht erwünscht.

In dem düsteren Straßenbild Wiens herrschten immer noch die Uniformen der alten Armee vor, aber es waren zerrissene und geflickte, mit Zivilkleidungsstücken kombinierte Uniformteile aus Brennnesselstoff, ein trübseliger Anblick der Armut und Verkommenheit. Die von der Front heimgekehrten Offiziere wurden beschimpft und verhöhnt, man zerrte ihnen die Distinktionen von Kragen und Kappe; auch ich wurde bei der Oper von einer Volkswehrtruppe überfallen, deren Häuptling mir mit der schmeichelhaften Anrede »Rotzbua ölendigar!« die Bajonettspitze an den Hals setzte und die Leutnantssterne abriss. Einem in der Straßenbahn sitzenden alten General schlug ein von revolutionärem Geist überschäumender junger Ex-Infanterist die Kappe vom Kopf. Der alte Herr zog schweigend einen Revolver aus der Tasche, richtete ihn auf den Burschen und sagte ruhig »Aufheben!«, was prompt geschah; »Abputzen!« Geschah ebenfalls. »Aufsetzen«, womit die Kappe an ihren Platz zurückkehrte; »Aussteigen!«, womit dieses kleine Nachkriegsdrama sein Ende fand.

Viele der ehemaligen aktiven Offiziere brachten sich kümmerlich als Schneeschaufler und Gepäckträger fort, einige etablierten sich sogar mit ordensbedeckter Brust als Schuhputzer in belebten Strassen, andere ließen sich für den britischen Kolonialdienst anwerben, während hochelegante italienische, englische und französische Krieger erhobenen Hauptes und über die Schäbigkeit des besiegten Gegners lächelnd vor den großen Hotels auf der Ringstraße lustwandelten. Deutschlands und Österreichs Armeen hatten zwar die Schlachten gewonnen, die Entente aber den Krieg.

Transporte von Gemälden, Skulpturen und wertvollen Handschriften wurden auf italienischen Militärlastwagen unter Maschinengewehrbedeckung aus den Museen und der Hofbibliothek abgeschleppt und verschwanden auf Nimmerwiedersehen in südlicher Richtung. Der Adel wurde durch die sozialistische Regierung Renner aufgehoben und ein bekannter Aristokrat ließ sich Visitenkarten drucken mit dem Text

»Adalbert Sternberg, aus dem Hause der Grafen Sternberg; geadelt von Karl dem Großen, entadelt von Karl Renner.«

Eine besonders verhängnisvolle Rolle in der wirtschaftlichen und sozialen Struktur des neuen Staates spielten die Massen ostjüdischer Zuwanderer aus den galizischen und ukrainischen Kriegsgebieten, die sich scharenweise vor allem in Wien niedergelassen hatten und denen die republikanische Regierung bereitwillig das Heimatrecht verlieh, da sie als Wähler roter Richtung gut zu gebrauchen waren. Schon während des Krieges hatte die Tendenz eines großen Teiles dieser Menschen, ihren Aufenthalt in der Großstadt vom ersten Tage an zu preistreiberischen Lebensmittelaufkäufen auszunützen, viel böses Blut gemacht. Man sprach erbittert darüber, dass auf den Bahnstrecken im Osten zwei Arten von Zügen in einander entgegen gesetzter Richtung verkehrten: solche, die Truppen an die Front und in den Tod und solche, die polnische Juden nach Wien zu einträglichen Geschäften beförderten. Für die zahlreichen seit Generationen in Wien ansässigen Juden, die sich zu einem überaus wertvollen Faktor im kulturellen und gesellschaftlichen Leben der Stadt entwickelt und im Presse-, Bank-, Theaterwesen, in Literatur und Musik führende Positionen errungen hatten, bedeutete dieser Zustrom ethisch und kulturell großenteils inferiorer und sich rasch verhasst machender Rassegenossen nicht nur ein augenblickliches Dilemma, sondern letzten Endes eine Katastrophe, von der sich zunächst nur wenige Weitblickende unter ihnen Rechenschaft gaben.

Trotz aller Assimilierung in den äußeren Lebensformen, welche seit dem Toleranzedikt Josefs II. und seit der Märzrevolution 1848 den ansässigen Juden den Zutritt in alle Gesellschaftskreise Wiens eröffnet und vielen von ihnen bedeutende finanzielle Vorteile gesichert hatte, fühlten und wirkten sie doch immer noch als eine Sondergruppe, die sich von dem traditionellen engen Zusammenhalten inmitten einer oft unfreundlich eingestellten Umgebung weder losmachen konnte noch wollte. Häufige Übertritte in christliche Religionsgemeinschaften, zumeist aus rein opportunistischen Motiven vollzogen, und Mischehen mit Nichtjuden änderten an dieser Sachlage nur verhältnismäßig wenig. Trotz ihrem hervorragenden Intelligenzdurchschnitt, trotz ihrer Fähigkeit zu scharfer analytischer Kritik, trotz ihrer unermüdlichen Initiative auf wirtschaftlichen, publizistischen, künstlerischen und wissenschaftlichen Gebieten, fehlt es den meisten Juden immer und überall an einem jenseits aller rationalistischen Überlegungen liegenden Grundfaktor, der für ein harmonisches Zusammenleben mit staatsbildenden Majoritäten unerlässlich ist: an dem Verständnis oder zumindest der Achtung für die definierbaren und undefinierbaren Gefühlswerte dieser Majoritäten, für ihre religiösen und ethischen Empfindungen, für ihr Traditionsbewusstsein, für ihre großen und kleinen Sentimentalitäten.

Es wäre jedoch ungerecht, aus diesem Defekt einen Vorwurf konstruieren zu wollen, ohne seine tieferen Gründe zu berücksichtigen. Die Juden in der über alle Welt ausgebreiteten Diaspora befinden sich in der einzigartigen und tragischen Lage eines hochbegabten strebsamen Volkes, welches alle inneren Anlagen besitzt, eine Kulturnation ersten Ranges, ja vielleicht die intellektuell führende Nation der Welt zu bilden, dem aber die territorialen Voraussetzungen zur Entwicklung eines eigenen Staatswesens entzogen sind und damit alle von anderen, geschlossen siedelnden Völkern als selbstverständlich hingenommenen psychologischen Bedingungen für ein politisch und kulturell fundiertes normales Nationalbewusstsein. Der Widerspruch zwischen dem Grad der vorhandenen Fähigkeiten und dem Fehlen der Möglichkeit, die Auswertung dieser Fähigkeiten mit den emotionellen Bedürfnissen des elementaren nationalen Gruppeninstinktes in befriedigenden Einklang zu bringen, muss notwendig eine Verzerrung des Verhältnisses zu der unter solchen Problemen nicht leidenden und deshalb verständnislosen Mitwelt schaffen. Das Judentum als Ganzes gleicht einem geistig überentwickelten körperlichen Krüppel, dessen Einstellung gegenüber seinen gerade gewachsenen Mitmenschen von dem Bewusstsein der eigenen intellektuellen Überlegenheit und einer dadurch noch gesteigerten, wenn auch nur halb bewussten Verbitterung über seine soziale Zurückgesetztheit bestimmt ist. Die kühl distanzierte Anerkennung seiner Leistungen durch die Umwelt bietet keinen vollen Ersatz für die versagte Befriedigung des primitiven Dranges, als Gleicher unter Gleichen wandeln zu dürfen. Das Fehlen einer natürlichen autonomen Existenzbasis, gepaart mit der Eignung und dem Wunsch zu dominieren hält das Judentum als Gruppe in einem chronischen gefühlsmäßigen Gegensatz zu seinen verschiedenen Wirtsvölkern; seine von den Zielen eines souveränen nationalen Eigenlebens abgelenkte Leistungsfähigkeit zersplittert sich in Betätigungsformen, die mit den emotionalen und wirtschaftlichen Interessen dieser Wirtsvölker und seiner Individuen immer wieder in Konflikt geraten, seien sie nun auf nackte Ausbeutung oder auf unerbetene theoretische Beglückungsversuche gerichtet. Der Krüppel bleibt ungeliebt, mag er materielle Reichtümer ansammeln oder ideelle ausstreuen; seine Erfolge jeder Art erregen Neid und Unwillen der »Gesunden« und die Gassenbuben werfen Steine nach ihm. Reine Menschenliebe ist unter solchen Umständen von ihm nicht zu erwarten.

Viele der in der Ära des Liberalismus rasch zu Erfolg und Geld gelangten Vertreter der Wiener Judenschaft hatten aus ihrer Geringschätzung für ihre weniger geschäftsbegabten und dementsprechend weniger wohlhabenden bodenständigen Mitbürger seit jeher kein Hehl gemacht und dieses Überlegenheitsgefühl bestenfalls in eine freundlich wohlwollende Herablassung für ihre immer zahlreicher werdenden nichtjüdischen Angestellten, Dienstboten oder sonstwie abhängigen Personen gekleidet. In den exklusiveren Gesellschaftsschichten des Adels und der Bourgeoisie vermochten sie seit dem letzten Viertel des neunzehnten Jahrhunderts teils durch ihre finanzielle Machtstellung, mehr aber noch durch Geist, Witz und künstlerische Veranlagung in zunehmendem Maße Fuß zu fassen, hierdurch nicht nur zur intellektuellen Belebung dieser Kreise, sondern auch zur Lockerung mancher ihrer traditionellen Normen beitragend. Als Repräsentanten diametral entgegen gesetzter Weltanschauungen traten prominente Persönlichkeiten des Judentums immer mehr und mehr in den Vordergrund: Großkapitalisten und Sozialreformer, Bankiers und Arbeiterorganisatoren, kaiserliche Räte und Republikaner. Nahezu alle akademischen und sonstigen Berufszweige, welche höhere Einkommen garantierten, wurden in zunehmendem Maße von Juden durchsetzt. Unter den Wiener Rechtsanwälten waren nach einer im republikanischen Österreich von Glockemeyer 1936 veröffentlichten statistischen Studie 83% Juden. Im Ärztestand machten sie 75% aus und jüdische Ärzte trugen viel zum internationalen Ruf der Wiener medizinischen Schule bei. Da war vor allen Sigmund Freud, der Schöpfer der Psychoanalyse, der eine ganz neue Ära seelenkritischer menschlicher Beziehungen ins Leben rief, aber von den offiziellen Wiener Fachkreisen immer als Outsider abgelehnt wurde, ferner der Gynäkologe Halban, der Physiologe Steinach, der Chirurg Schnitzler, der Ohrenspezialist Pollitzer, der Anatom und radikale Sozialist Tandler, der Pathologe Erdheim und viele andere. Unter den Chemikern jüdischer Abkunft ragte der Begründer der Kolloidchemie Wolfgang Joseph Pauli hervor, unter den Physikern Robert v. Lieben, der Erfinder der Radioverstärkerröhre, unter den Historikern, Völkerrechtslehrern, Juristen und Philosophen Redlich, Pribram, Kelsen, Gomperz. Im belletristischen Schaffen dominierte Arthur Schnitzler, der als genialer Schilderer der Wiener Gesellschaft um die Jahrhundertwende wienerische Anmut und Heiterkeit mit tiefer Menschenkenntnis und faszinierendem Gedankenreichtum verband; neben ihm Stefan Zweig, Felix Salten, Alfred Polgar, Moritz Scheyer und andere, während der verbitterte Satiriker Karl Kraus in seiner Zeitschrift »Die Fackel« allmonatlich Giftschwaden spitzfindig geistreichen Hohnes ausstieß, die nichts und niemanden verschonten. Besonders heftig zog Kraus gegen die fast gänzlich in den Händen jüdischer Journalisten befindliche Wiener Tagespresse los, die wiederum durch ihre durchaus nicht unparteiischen Fachreferenten das Wiener Kulturleben beherrschte. Österreichs bedeutendste Komponisten jüdischer Abstammung waren Gustav Mahler, Arnold Schönberg, Karl Goldmark, Ignaz Brüll, Erich Wolfgang Korngold. Jüdische Instrumentalvirtuosen, Sänger und Dirigenten standen in der vordersten Reihe des blühenden Konzertbetriebes, welcher von jüdischen Agenturen verwaltet wurde. Auch das Theaterwesen geriet allmählich immer mehr unter jüdischen Einfluss und insbesondere der auf Glanz und Pomp eingestellte erfindungsreiche Regisseur Max Reinhardt bestimmte in weitgehendem Maße den Theaterstil seiner Zeit.

Alles in allem erschien die Rolle des Judentums im Wirtschafts- und Kulturleben Wiens schon vor dem Krieg als eine durch Talent, Fleiß und zielbewusst aggressive Infiltration errungene Führerschaft seitens einer zahlenmäßig geringen Minorität. Ein relativer Mangel an Initiative auf Seite der nichtjüdischen Bevölkerung, aber auch ihre zu passiver Reserve führende instinktmäßige Abneigung gegen die Vordrängungsmethoden des Judentums waren für diesen Stand der Dinge verantwortlich zu machen.

Ich selbst hatte keinen Anlass zu einer grundsätzlich antisemitischen Einstellung. Die in meiner Familie althergebrachten engen freundschaftlichen Beziehungen zu Juden setzten sich auch in meinem persönlichen Freundeskreise fort und seit früher Jugend hatte ich ihnen nicht nur reiche geistige Anregung sondern auch vielfache Beweise eines warmherzigen Wohlwollens zu verdanken. Was das Judentum auf literarischem und künstlerischem Gebiet produzierte, übte starke Wirkung auf mich aus und überdies musste ich, wenn auch nur aus unbestimmten Andeutungen, annehmen, dass irgendwo im Gezweige meines eigenen Stammbaumes ein paar semitische Blättchen raschelten.

Trotz mancher bitteren Kritik an der Wiener Judenschaft, trotz häufigen Animositäten, die sich mehr gegen Einzelpersonen als gegen das Judentum an sich richteten, war das Zusammenleben dennoch lange Jahre hindurch ein erträgliches und bedeutete zunächst kein wirklich ernstes Problem. All dies änderte sich jedoch von Grund aus mit dem Herbeiströmen der ostjüdischen Zuwanderer, deren sich das ansässige assimilierte Judentum in einer zwar naturgegebenen und verständlichen aber letzten Endes für alle gleichermaßen unheilbringenden Weise annahm. Die Extreme verschärften sich. An Stelle gebildeter reicher Mäzene traten kulturlose Schieber und Ausbeuter, die schmutzige Riesenprofite ansammelten; wohlmeinende Sozialtheoretiker wurden von terroristischen Hetzern und. skrupellosen Fanatikern verdrängt, die zwar in dem Mob der verelendeten Großstadt reichlich Anhängerschaft fanden, aber in ihrer radikalen Missachtung aller eingewurzelten Gefühlselemente und Werturteile der konservativeren Volksmehrheit als lästige und gefährliche Ordnungsstörer empfunden wurden. Zwischen diesen beiden Gruppen, den geldgierigen Großgaunern einerseits und den zumeist von Moskau ausgehaltenen kommunistischen Umsturzagenten anderseits, schwoll eine schlammige Masse unsauberer Geschäftemacher an, die mittels zweifelhafter Machinationen eine Menge bestehender Unternehmungen und Firmen an sich brachten oder durch unsolide Neugründungen und andere schlaue Methoden rücksichtslos zu Tode konkurrierten. Sie überschwemmten die Vergnügungslokale und Theater, machten sich in allen kostspieligen und elegant gewesenen Sommerfrischen, Kurorten und Hotels breit, waren fast die alleinigen Eigentümer und Benützer der für die Einheimischen unerschwinglich gewordenen Privat- und Lohnautomobile und beherrschten lärmend, aufdringlich und ihren neu erworbenen Geldbesitz provokant zur Schau tragend das abstoßende Kolorit des Wiener Nachkriegslebens, Luntenleger eines zunächst unter der Oberfläche glimmenden Hasses, der sich dereinst in Racheorgien von unvorstellbarer Scheußlichkeit entladen sollte.

Einstweilen aber wurde sowohl in Deutschland als in Österreich das Dominieren jüdischer Wirtschaftspotentaten, Pressechefs und Politiker von Nutznießern und Opfern gleicherweise hingenommen, wenn auch mit innerlichem Widerwillen und hie und da nach außen durchbrechenden kleineren Protestaktionen, denn man hatte fürs erste andere, dringender Sorgen. Nahezu eine Million Kriegsgefangener waren immer noch in den Ententeländern zurückgehalten. Clemenceau, der den Standpunkt vertrat, dass es ohnehin zu viele Deutsche gebe, schnitt die Diskussion des Kriegsgefangenenproblems gegenüber einer von Frédéric Ferrière geführten neutralen Rotkreuzdelegation mit den brüsken Worten ab: »Messieurs, je ne parle pas de ces affaires là, je suis dans la bataille« und verkündete sein Programm, die deutschen Gefangenen zu Zwangsarbeiten in Frankreich zu verwenden. Junge Wiener Arbeitslose wurden von französischen Agenten angeblich für »gutbezahlte Landarbeit in Ostfrankreich« angeworben und trotz schüchternem Protest der österreichischen Regierung scharenweise in versperrten Viehwagen geradewegs über Marseille nach Marokko und Madagaskar in die Fremdenlegion transportiert.

Immer tiefer wurde das ohnehin zerrüttete Wirtschaftsleben Österreichs durch ständige Lohnstreiks und politische Demonstrationen in den Abgrund gezerrt. Wegen der Anstellung eines einzigen nichtsozialdemokratischen Arbeiters in den Ankerbrot-Werken wurde die Brotversorgung von 800.000 Menschen unterbrochen, bis die Entlassung jenes nicht hinlänglich roten Schafes erpresst war. Kommunistische Unruhen unter Führung eines Ehepaares Friedländer sowie der Genossen Colbert (Kohn), eines ehemaligen kaiserlichen Rates, Koritschoner, Wertheimer, Kisch und Tomann flackerten immer wieder auf, ohne dass die sozialdemokratische Regierung Renner mit den Staatssekretären Dr. Bauer, Deutsch und Ellenbogen energisch eingeschnitten wäre.

Durch die kommunistischen Revolutionen des benachbarten Bayern und Ungarns erhielten die »Austro-Bolschewiken« reichlich propagandistischen Auftrieb. In München war die Regierung des Ministerpräsidenten Kurt Eisner nach dessen Ermordung durch Graf Arco von einer grotesken Gruppe psychopathischer Literaten und Kaffeehauspolitiker namens Mühsam, Levien, Leviné, Landauer, Axelrod, Toller und Dr. Lipp abgelöst worden.

Gleichzeitig hatten in Budapest Béla Kun und Tibor Szamuelyi ein Schreckensregime errichtet, welches von der Sowjetregierung finanziert wurde und in Wien intensivste Umsturzpropaganda betreiben ließ. Immer wieder wurden Putsche angekündigt. Polizei und die zum Teil sehr unverlässliche Volkswehr hatten sich ständig in Alarmbereitschaft zu halten. Am Gründonnerstag 1919 wurde ein Flügel des Parlamentes nach stundenlangem Gewehrfeuer in Brand gesteckt, ein andermal kam es zu heftigen Zusammenstößen mit Kommunisten in der Nähe der Polizeidirektion, wobei 19 Personen getötet und 80 verwundet wurden. Als neugieriger Schlachtenbummler geriet auch ich dort in das Gewehrfeuer der Polizei und hatte alle Mühe, mich in einem Hauseingang in Sicherheit zu bringen, während draußen blutüberströmte Demonstranten vorbei rannten und niederstürzten. Unter den Hörern der Universität hatte sich nach sowjetrussischem Muster ein kommunistisch-sozialistischer Studentenrat gebildet, in dem so gut wie überhaupt keine Deutschösterreicher zu finden waren, der sich aber nichtsdestoweniger als »Vertretung der Studentenschaft« ausgab und in einem ungemein albernen Manifest eine Anzahl der bedeutendsten Lehrkräfte der Universität aus eigener Machtbefugnis als »abgesetzt«

erklärte, was jedoch ohne praktische Folgen blieb. Einer meiner Kollegen, ein rabiater Kommunist galizischen Ursprunges teilte mir in hysterischer Ekstase mit geifernden Lippen und tränenfeuchten Augen mit, er sei von unaussprechlicher Scham über die Schmach erfüllt, dass sein Vater nicht proletarischen, sondern bürgerlichen Kreisen angehöre. Zwei Jahre später erblickte ich den Bemitleidenswerten in einen tadellosen Smoking gekleidet im Foyer der Oper. Er schien sein Schamgefühl siegreich überwunden zu haben.

Eines Tages, als ich gerade mit ein paar anderen Studenten auf den Stufen vor der als »Herd der Reaktion« verschrienen Universität stand, marschierte eine Horde von wüst aussehenden Rotgardisten in schlampiger Formation vorbei. Irgendjemand machte eine spöttische Bemerkung, worauf die Erbosten brüllend und Waffen schwingend die Treppe heraufstürmten. Funktionäre der Universität, die Gefahr erkennend, verschlossen rasch das schwere eiserne Haupttor hinter unserem Rücken und da standen wir nun, unser drei oder vier, von einer wutschäumenden, drohenden Rotte umringt, die sich aber schließlich mit ausgesuchten Verbalinjurien begnügte und es entgegen meinen Erwartungen unterließ, uns aufzuspießen oder zu erschlagen.

Als die rote Hetze ihren Höhepunkt erreicht hatte, wurde ins Parlamentsgebäude eine Geheimkonferenz sämtlicher Arbeiterräte Österreichs einberufen. Es gelang mir, der entscheidenden Sitzung als angeblicher »Arbeiterrat« beizuwohnen, indem ich mich keuchend und höchste Dringlichkeit mimend überall nach einem glücklicherweise gar nicht existierenden »Genossen Hein« erkundigte, dem ich eine wichtige politische Nachricht zu überbringen hätte. So gelangte ich durch den von Roter Garde maschinengewehrumlagerten Eingang und mehrere von Funktionären wimmelnde Vorräume bis in den großen Sitzungssaal, in dem nach langer, zum Teil blutrünstiger Debatte der ursprüngliche Plan eines kommunistischen Putsches fallengelassen wurde, da mit Repressalien, insbesondere mit einer sofortigen totalen Lebensmittel- und Kohlensperre seitens der Entente gerechnet werden musste.

Dem vernünftigen Sinn des Großteiles der Wiener Bevölkerung muss es zugute gehalten werden, dass sie sich trotz aller Not und Armut und trotz der reich dotierten Moskauer und Budapester Propaganda nicht für extremistische Experimente missbrauchen ließ. Freilich war die nur zum geringen Teil dem Arbeiterstand entstammende Führerschaft der radikalen Gruppen nicht danach angetan, die einheimischen Massen auf ihre Seite zu bringen. In einer Kommunistenversammlung, welche ich, um nicht störend aufzufallen, in meiner abgetragensten Uniform, unrasiert und mit erbittert revolutionärem Gesichtsausdruck besuchte, konnte ich mich nicht enthalten, nach dem Hauptreferenten, einem Advokaten Dr. Stern, das Podium zu besteigen und an das Auditorium folgende Worte zu richten: »Genossen! Wir alle müssen Dr. Stern für seine wahrhaft kommunistisch-proletarische Gesinnung unsere Anerkennung ausdrücken. Sie hat sich nirgends deutlicher gezeigt als in einem von ihm gesprochenen Satz, der vielleicht nicht allen von euch deutlich genug zu Bewusstsein gekommen ist. Genosse Stern hat gesagt: Im kommunistischen Zukunftsstaat werden alle Berufsschichten harmonisch zusammenarbeiten, vom Arzt, vom Künstler, vom Juristen bis hinunter – jawohl, bis hinunter! – zum Schwerarbeiter!« Offene Mäuler und schiefe Blicke waren die Reaktion des versammelten Volkes und ich suchte eilends das Weite.

Bedeuteten schon die körperlichen Entbehrungen der Kriegs- und Nachkriegszeit eine kaum erträgliche Last für die zermürbten Österreicher so tat ein zunehmendes Chaos der Geldverhältnisse das Seinige dazu, um das Dasein zur Qual zu machen, ungezählte Selbstmorde zu veranlassen und auf der anderen Seite ein aufdringliches Parasitentum übelster Sorte groß zu züchten. Spekulanten- und Verbrechergesindel aus aller Herren Länder ließ sich wie ein Schwarm von Schmeißfliegen auf dem verfaulenden Kadaver Wiens nieder. Der rapide Verfall der Währung, der schließlich zur fast völligen Entwertung des Geldes führte, ermöglichte den glücklichen Besitzern fremder Valuten, die von jedermann ehrfurchtsvoll und trinkgeldgierig umdient wurden, eine protzig-luxuriöse Lebensführung, welche in schreiendem Gegensatz zu dem Elend der Einheimischen stand. Juwelen, Teppiche, Kunstgegenstände strömten für lächerlich niedrige Beträge aus dem Besitz der proletarisierten bürgerlichen Mittelklassen in die Hände in- und ausländischer Schieber; auch das bescheidene Vermögen meiner Angehörigen verwandelte sich in einen Haufen wertlosen Papiers und manches schöne Erbstück aus besseren Zeiten musste verschleudert werden, um wenigstens Hunger und Frost im Haus zu mildern. In die der verarmten Bourgeoisie nicht mehr zugänglichen Theater war ein ganz neues Publikum eingezogen, welches den Logenschließern viel ungewohnte Arbeit bereitete, da nach den Vorstellungen zahlreiche leere Bierflaschen, Wursthäute und Butterbrotpapiere wegzuräumen waren, die Neid erregenden Dokumente einer gesegneten Ernährung jener Repräsentanten der emporblühenden Nachkriegskultur. Film, Bühne, Publizistik und Reklamewesen übertrumpften einander in Obszönitäten aller Art. Eine Schmutzflut möglichst auffälliger und möglichst krankhafter Erotik, aus kommerziell interessierten trüben Quellen hervorgurgelnd, ergoss sich über Stadt und Land und schwemmte alle überlebten Anständigkeitsbegriffe mit sich fort. Die heranwachsende Jugend, vernachlässigt, unterernährt, ohne inneren Halt und ohne Zukunftsaussichten, bildete den üppigen Nährboden für ein hemmungsloses Verbrechertum. Diebstähle, Raubüberfälle und Morde durch Halbwüchsige und selbst Kinder waren an der Tages- und Nachtordnung, ganz zu schweigen von den Spekulations- und Betrugsaffären, in denen alle Altersklassen schwelgten. Mittelschüler bildeten geheime Valutensyndikate an der Börse, die »Septime« des Schottengymnasiums betrieb einen schwunghaften preistreiberischen Schleichhandel mit oberösterreichischen Lebensmitteln; in ein Restaurant drangen junge Burschen mit dem Schlachtruf »Mir san Terroristen«, zertrümmerten die Einrichtung und verletzten einige Gäste schwer, bloß des Zeitvertreibes halber; ich selbst hörte auf der Straße ein Finanzgespräch zweier etwa sechsjähriger Buben mit an: »Geh heast, wia steht denn heit der Dollar?« – Wer einen Dollar sein eigen nannte, konnte damit so ziemlich alles unter der Sonne kaufen und wurde als überirdisches Wesen bestaunt. Der Preis für eine Loge in einem der massenhaft aufschießenden und von fidelen Ausländern besuchten Nachtlokale betrug das Doppelte des Jahresgehaltes eines Mittelschulprofessors, lauschige Chambres séparées wurden mit österreichischen Banknoten tapeziert; Luxusgeschäfte, die etwas auf sich hielten, nahmen Zahlungen überhaupt nur in ausländischen Währungen entgegen. Der nach 5-jähriger Gefangenschaft im Himalaja-Gebiet heimkehrende Geograph Dr. Gebauer bezahlte einem Gepäckträger am Bahnhof den zehnten Teil der Gesamtkosten seiner letzten Expedition durch Zentralasien. Das Verhältnis des Tageseinkommens eines Kassenarztes zu dem eines Kanalräumers und zu dem eines Taxichauffeurs betrug ungefähr 1:10:150. Die erlauchte soziale Stellung der Taxichauffeure erklärte sich aus ihrem fast ausschließlichen Umgang mit Ausländern. Jeder Versuch intellektueller Berufsgruppen, ihre wirtschaftliche Notlage zu verbessern, stieß auf den heftigsten Widerstand der extremen sozialistischen Machtfaktoren. Als die Assistenten der Wiener Universitätskliniken an das Unterrichtsministerium mit dem Ersuchen herantraten, in ihren Bezügen erhöht und den Abwaschfrauen der Spitäler gleichgestellt zu werden, wurde dies schroff abgelehnt mit der Begründung, der Assistentenberuf sei interessanter und das genüge. Eine daraufhin unter dem Schlagwort »Der Assistent und die Abwaschfrau« einberufene Protestversammlung bürgerlicher Parteien wurde prompt durch bewaffnete Volkswehr gesprengt.

Alle Preise stiegen sprunghaft von Tag zu Tag, ja innerhalb weniger Stunden ereigneten sich Preissteigerungen um 30, 50, 100% und damit einhergehend die entsprechende Entwertung ausgezahlter Löhne und Gehälter. Die rasende Inflation verringerte die Kaufkraft der Krone schließlich auf ein Zehntausendstel des Nennwertes; Hausfrauen schleppten in ihren Einkaufskörben ganze Haufen von Papiergeld zum Markt und selbst vor den lumpigen Millionenscheinen hatte niemand mehr Respekt. Es war eine höllische Zeit nervenzerrüttender, toller Widersinnigkeiten, von der sich niemand einen Begriff machen kann, der nicht selbst dazu verflucht gewesen ist, sie zu durchleben.

Die Abneigung der ländlichen Provinzen gegen das rote, von Juden beherrschte Wien äußerte sich in Verweigerungen der Lebensmittel- und Holzzufuhr und in Aufenthaltsverboten für die überall nach Essbarem fahndenden Großstädter auf ihrem Gebiet. Im Salzkammergut wurden die Sommergäste mit Maschinengewehren bedroht und in Viehwagen abgeschoben. Wer in eines der feindlichen Länder Tirol, Salzburg, Steiermark, Vorarlberg, Oberösterreich einreisen wollte, bedurfte eigener, von den betreffenden Landesregierungen ausgestellter schriftlicher Ausweise. Als mein nach dem Krieg zum Hofrat in der niederösterreichischen Landesregierung ernannter Vater entsprechende Aufenthaltsbewilligungsgesuche an die politischen Behörden sämtlicher Alpenländer gerichtet hatte und alle abschlägig beschieden worden waren, beschlossen wir im Sommer 1919, auf eigene Faust zu kurzem Ferienaufenthalt in Oberösterreich einzudringen. Nach einer auf Linzer Parkbänken verbrachten Nacht irrten wir Quartier und Nahrung suchend drei Tage lang in der langweiligen Gegend von Wels umher, wurden aber nirgends länger als 24 Stunden geduldet und erhielten während dieser Zeit nichts als gegen teures Geld ein paar Stücke Brot, zwei Portionen Gulasch, sechs Eier und etwas Most. Wir flüchteten deshalb schließlich auf bayerischen Boden, wo eben die kommunistische Narrenwirtschaft ein blutiges Ende genommen hatte. Da wir keine Pässe besaßen, wurde uns sofortige Rückkehr nach Österreich per Donaudampfer anbefohlen, doch zogen wir es vor, uns zehn Tage lang in Passau illegal versteckt zu halten und uns an Kalbsbraten und Knödeln zu ergötzen, bis man mich als »bolschewistischen Spion« arretierte und unter Eskorte von zwei bewaffneten Schutzpolizisten nach München befördern wollte. Mit viel Beredsamkeit legte ich den Vertretern des Gesetzes meine harmlosen, weniger politischen als kulinarischen Absichten dar und wurde schließlich in Gnaden entlassen, während mein Vater samt Handgepäck bei Nacht und Nebel zu Fuß über die Grenze entwich.

Unterwegs begegnete er einem seiner ehemaligen Unterbeamten, einem höflichen jungen Mann, der sich angelegentlich nach des Herrn Hofrates Befinden erkundigte. »Danke, man wird alt und schäbig« sagte dieser, worauf der zerstreute Jüngling sich beflissen weiter erkundigte »Und das Fräulein Schwester auch?«.

In Kärnten waren Monate hindurch schwere Kämpfe mit den von mehreren Seiten her eingedrungenen Südslawen im Gang, welche ohne Unterstützung durch die Wiener Regierung von lokalen Freiwilligentruppen geführt werden mussten und schließlich nach Intervention Italiens mit einer für Österreich günstigen Volksabstimmung endeten.

Noch fast zwei Jahre nach dem Abschluss der Waffenstillstände befand sich ganz Mittel- und Osteuropa in einem Zustand fortwährender blutiger innerer und zwischenstaatlicher Konflikte. Die gewaltsame Konstruktion des an Minoritäten reichen tschechoslowakischen Staates führte zu wiederholten Zusammenstößen mit den Sudetendeutschen, Magyaren und Polen; das zerstückelte bolschewisierte Ungarn wurde von der rumänischen Armee getreu ihrer alten Tradition, immer dann zu siegen, wenn kein kampffähiger Gegner vorhanden war, besetzt und ausgeraubt; in Sowjetrussland wurden Millionen Menschen bestialisch hingeschlachtet, während weißrussische und Ententetruppen vergebliche Versuche unternahmen, den glänzend organisierten Widerstand der von ehemaligen zaristischen Generalen geführten Roten Armee zu brechen. Deutsche Militärverbände standen in den baltischen Provinzen mit anfänglicher Zustimmung der Entente im Kampf gegen die Bolschewisten, das Innere des Deutschen Reiches aber wurde immer von Neuem durch Zusammenstöße zwischen den Resten der fast völlig entwaffneten Armee und den radikal terroristischen Organisationen der sogenannten Spartakusgruppe und der revolutionären Arbeiterräte erschüttert. Als böse Geister der ewigen Unordnung und Unruhe, welche systematisch geschürt wurde, um den Boden für einen bolschewistischen Umsturz vorzubereiten, fungierten russische Emissäre, wie Karl Radek. Beide gegnerischen Parteien kämpften mit äußerster Erbitterung und Grausamkeit; die einen um die Erhaltung einer tief erschütterten und kompromittierten sozialen Ordnung, die anderen um die Schaffung der ihnen als Ausweg aus Not und Elend vorgespiegelten Proletarierdiktatur. Nicht immer vermochte der gegenseitige Hass die Achtung vor dem Idealismus der jeweiligen Gegner völlig zu überwuchern. Ein führender norddeutscher Exekutivbeamter, den ich in einem sehr reaktionären Wiener Milieu kennen gelernt hatte, sagte mit Bezug auf die Berliner radikalen Spartakisten: »Hut ab vor den Leuten, aber hängen müssen wir sie doch.«

In Berlin und den Industriezentren wurden mit Maschinengewehren, Artillerie und Minenwerfern die großen Auseinandersetzungen zwischen Rechts und Links ausgetragen, während in Weimar die erste Nationalversammlung der deutschen Republik eine neue demokratische Verfassung schuf.

In Österreich trat eine Nationalversammlung mit sozialistischer Majorität zusammen. Die kleine »nationaldemokratische« Partei brachte nicht einen einzigen Kandidaten ins Parlament, obwohl kein Geringerer als ich persönlich für sie agitierend von Haus zu Haus wanderte, einen tschechischen Schuster für den großdeutschen Gedanken gewann und von dem Monarchisten Oberst Lehár, dem späteren Organisator des Karl-Putsches in Ungarn, eigenhändig aus seiner Wohnung hinausgeworfen wurde.

In Genf hatte sich auf Anregung des naiven und über europäische Verhältnisse hervorragend uninformierten Schwärmers Wilson der sogenannte Völkerbund etabliert, der dazu bestimmt war, die Menschheit einer Epoche paradiesisch friedlicher Gerechtigkeit entgegenzuführen und deshalb mit der Ausschließung Deutschlands und Österreichs sein 20-jähriges fragwürdiges, aber kostspieliges Dasein begann. Auch Sowjetrussland war nicht vertreten, ja nicht einmal die Vereinigten Staaten von Amerika, die Wiege des Völkerbundprogramms, da die Amerikaner es vorzogen, nach erledigtem Kriegsgeschäft dem Wespennest internationaler Probleme aus dem Weg zu gehen.

Das von den Westmächten mit großem Aufwand an salbungsvollen Reden vertretene Prinzip des »Selbstbestimmungsrechtes der Völker« wurde konsequent überall dort ignoriert, wo es sich um Deutsche handelte, von denen ungefähr neun Millionen trotz Protest unter fremde Herrschaft gezwungen und als französische, belgische, italienische, tschechoslowakische, polnische, jugoslawische Staatsangehörige einer vielfach rücksichtslosen Entnationalisierungspolitik ausgesetzt wurden.

Mit besonderem Eifer unterdrückten die alliierten Selbstbestimmungsrechtsapostel alle Bestrebungen Österreichs, den durch einen demokratischen legalen Parlamentsbeschluss als Staatsgrundgesetz erklärten Anschluss an Deutschland zu verwirklichen und ließen in ihrer Presse diese Tendenzen als einseitige imperialistische Manöver des Deutschen Reiches denunzieren. Um solchen Entstellungen den

Boden zu entziehen, veranstaltete die österreichische Regierung eine Probevolksabstimmung, die zunächst in Tirol und Salzburg mit einem Ergebnis von 98% Ja-Stimmen durchgeführt wurde. Dieses den Alliierten unliebsame Resultat veranlasste eine sofortige Drohung aus Paris, alle weiteren Selbstbestimmungsanwandlungen mit einer neuen Hungerblockade zu beantworten und die Abstimmung in den anderen Provinzen wurde gehorsamst untersagt.

Wilsons berühmte 14 Punkte, auf deren Durchführung vertrauend Deutschland die Waffen niedergelegt hatte, waren längst begraben und vergessen; die leidenschaftliche Rachepolitik der westeuropäischen Staatsmänner und Generäle hatte über alle Humanitätstheorien des wohlmeinenden, aber ahnungslos weltfremden transatlantischen Universitätsprofessors einen vollen Sieg davongetragen, als unter Androhung militärischer Einmärsche die Unterzeichnung der Friedensdiktate von Versailles und Saint Germain durch Deutschland und Österreich erzwungen wurde: Besetzung des linken Rheinufers durch die Entente, Entmilitarisierung einer 50 Kilometer breiten Zone rechts des Rheins, Abtretung Elsass-Lothringens an Frankreich, des Gebietes von Eupen und Malmédy an Belgien, Oberschlesiens und Westpreußens an Polen, Abtrennung Ostpreußens durch einen polnischen Korridor, Internationalisierung der Stadt Danzig und des Saargebietes, Wegnahme aller deutschen Kolonien und der deutschen Handelsflotte sowie der zur Entsandung des Unterrheins notwendigen Baggerschiffe, Reduktion der deutschen Armee auf ein kleines Freiwilligenkorps von 70.000 Mann und 4.000 Offizieren ohne schwere Artillerie und ohne Luftwaffe, der österreichischen Armee auf 5.000 Mann, der deutschen Kriegsflotte auf sechs leichte Kreuzer; auf 50 Jahre vorgesehene Entrichtung von Kriegsentschädigungen an alle Ententeländer mit einer vorläufigen Anzahlung von 20 Milliarden in Gold, Ablieferung von Milchkühen, Rohmaterialien und Waren aller Art, Ablieferung eines Drittels der deutschen Kohlen- und von drei Vierteln der Eisenproduktion, Abtretung von Deutschböhmen, Mähren und von Teilen Niederösterreichs, fast der gesamten deutschösterreichischen Industriegebiete und der einzigen österreichischen Zuckerfabrik in Hohenau an die Tschechoslowakei, Abtretung des deutschen Südtirol an Italien und von Teilen der Südsteiermark an Jugoslawien, Errichtung tschechischer Schulen in Wien auf Staatskosten, Konfiskation aller Auslandsguthaben, Bezahlung der Kriegsschulden auch für die nunmehr plötzlich »siegreichen« Sukzessionsstaaten Tschechoslowakei, Jugoslawien und Polen durch Deutsch-Österreich, welches unter Kontrolle seiner Finanz- und Außenpolitik als »unabhängiger« Staat von Deutschland getrennt zu bleiben hatte. Wir aus dem seelischen und materiellen Gleichgewicht geworfenen jungen Menschen jener würgenden Zeit schwankten hin und her zwischen lähmender Verzweiflung und ohnmächtigem Zorn, zwischen zynischer Wurstigkeit und Anfällen eines sinnlosen Aktionsbedürfnisses. Monatelang verbohrte ich mich in die kindische Idee eines Attentates auf Clemenceau, bis diese innerliche melodramatische Wichtigtuerei ihren düsteren Zauber allmählich verlor und ich meine Mordlust in Grinzinger Heurigenschenken und in den trüben Fluten der Donau abkühlte, trostreich umplätschert von Annie W., einem überaus vulgären, aber reizvollen Pflänzchen aus der Brigittenau.

Prophetischen Geistes schrieb ich in mein »Friedens-Kriegstagebuch«: »Der neue Krieg hat begonnen. Fürs erste wird er ein unsichtbarer und für den Feind verborgener Krieg bleiben, aber das deutsche Volk wird sein größtes Kapital, das ihm nicht einmal in Versailles gestohlen werden konnte, seine Arbeitsenergie und Organisationskraft in zäher Beharrlichkeit und zielbewusstem Mut mit allen Mitteln ausnützen zu innerer Wiederaufrichtung und endlich zu gewaltigem Druck nach außen.« Vor meinen Fenstern gröhlten indessen ein paar vergnügte Überlebende des Weltkrieges zum Himmel empor: »A guates Flascherl und a echtes Weaner Liad, a fesches Pupperl, aba dulli was für's Gmüat, dann bin i z'friedn bis in alle Ewichkeit! I kenn kan' Neid, na meiner Seel, i kenn kan' Neid!« In allen Wiener Bars wurde mit Begeisterung der aus U.S.A. neben Gerechtigkeitsidealen und Corned beef frisch importierte Foxtrott getanzt und während die Stimmung in Berlin als ernst, aber nicht verzweifelt galt, war sie in Wien »verzweifelt, aber nicht ernst«.

Die Ungeheuerlichkeit der Friedensbedingungen und ihre Gefährlichkeit auf lange Sicht wurde selbst in weiten Kreisen der Ententeländer deutlich erkannt, parlamentarische und Straßendemonstrationen gegen ihre Erzwingung fanden statt, aber nichts vermochte die allmächtigen Greise Clemenceau, Lloyd George und Foch in ihrem Sieges- und Racherausch zu ernüchtern. Sie wussten, dass sie ohnehin bald ruhmbedeckt ins Grab steigen würden und das Ernten ihrer Drachensaat der folgenden Generation vorbehalten sei. Symbolische Akte, wie die Versenkung der von den Engländern beschlagnahmten 75 Einheiten der deutschen Kriegsflotte in der Bucht von Scapa Flow durch ihre eigenen Besatzungen oder die Verbrennung der von Frankreich zurückgeforderten, in den Jahren 1870/71 eroberten französischen Fahnen durch Berliner Studenten trugen nur zu einer Verschärfung der Zwangsmaßnahmen gegen Deutschland bei. Auf die ursprünglich kategorisch verlangte Auslieferung aller prominenten deutschen Politiker und Heerführer zur Aburteilung durch einen Ententegerichtshof wurde aber nach langem Hin und Her endlich verzichtet.

Generalfeldmarschall von Mackensen hatte seinem Versprechen getreu »als letzter seiner Soldaten« feindlichen Boden verlassen. Er wurde von der Regierung Ungarns, das ihm die Rettung vor der serbischen und die Befreiung von der rumänischen Invasion im Kriege zu verdanken hatte, in Budapest in eine Falle gelockt, verhaftet, an die französischen Besatzungstruppen ausgeliefert und ein Jahr lang in Saloniki in Gewahrsam gehalten. Als er endlich im November 1919 als 70-jähriger Mann aus der Haft entlassen im Wiener Westbahnhof eintraf, wurden ihm 20 ehemalige Soldaten seiner einstigen Armeegruppe vorgeführt – unter ihnen auch ich – und der alte Herr wusste jedem von uns ein paar freundliche Worte zu sagen, bevor er die Fahrt in seine Heimat fortsetzte.

Das in Ententekreisen geflissentlich betonte »Wohlwollen« für das »selbständige« Österreich äußerte sich bloß in der Zuteilung eines kleinen, von 26.000 Deutschen bewohnten Landstriches am Westrand des durch Wegnahme von 72% seiner Bodenfläche verstümmelten Ungarn, womit nebenbei die Absicht verbunden war, einen dauernden Konfliktstoff als Keil zwischen die beiden nicht gerade ententefreundlichen Nachbarn zu treiben.

Auch das Verhältnis Österreichs zur Tschechoslowakei blieb ein gespanntes, da nach der trotz feierlichem Protest der sudetendeutschen Abgeordneten erfolgten Abreißung Deutschböhmens und Mährens in diesen Gebieten brutale Schikanierungen der fast ein Drittel der Gesamtbevölkerung des Staates ausmachenden Deutschen einsetzten. Nach Feuerüberfällen tschechischen Militärs auf sudetendeutsche Zivilisten und Schulkinder in Eger und Asch wurde in Wien eine Protestkundgebung vor das Rathaus einberufen; gleichzeitig veranstalteten tschechische Turner in ihrem Stammlokal, dem Hotel Posta in der inneren Stadt ein nationales Fest. Unter den Demonstranten wurde die Parole ausgegeben, als Antwort auf diese Provokation das Hotel Posta zu stürmen und an der Spitze des mehrere tausend Mann starken Zuges marschierend durchbrachen mein Freund Richard v. Kaan und ich mit einigen anderen Angreifern mehrere Polizeikordons, bis wir in der engen Griechengasse nahe dem Hotel einer massiven Front berittener Polizei gegenüberstanden. Da hier ein Durchkommen unmöglich war, überredeten wir den Chauffeur eines schweren Post-Lastautos, als

Tank gegen die Wache loszufahren und an das Fahrzeug angeklammert gelang es uns, etwa zehn Burschen, die scheuen Pferde auseinandertreibend bis an den Eingang des Hotels heranzukommen, doch waren die Polizisten, »Mistelbacher Kosaken« genannt, hinter uns her; einige stürzten sich auf mich mit dem Ruf »Den Langen da müsst's erwischen, der ist der Hauptmacher!« und nur mittels einiger energischer Armdrehungen und unter Verlust eines Manschettenknopfes vermochte ich mich loszuwinden und ruhmlos durch eine Seitengasse davonzulaufen.

In all den Erschütterungen der ersten Nachkriegsjahre, in der Misere der Verarmung des eigenen Heimes, war das medizinische Prüfungsstudium keine leichte Sache; Vorlesungen und Übungen wurden auf das notwendigste Mindestmass zusammengedrängt und außer einer kurzen Hospitantenzeit an der medizinischen Klinik des Hofrat Ortner hatte ich keinerlei Gelegenheit zu gründlicher praktischer Ausbildung. Dennoch promovierte man mich am 7. Juni 1920 zum »Doctor universae medicinae« zusammen mit 41 anderen Jünglingen, von denen bloß drei Deutschösterreicher waren.

Doktor der Medizin

Das erhebende Gefühl, den Parnass der medizinischen Wissenschaft erklommen zu haben, durfte ich einen ganzen Sommer lang in Muße und ungewohnter Sorglosigkeit auskosten, denn durch Vermittlung von schwedischen Freunden hatte ich eine Einladung erhalten, als »Kriegskind« zwei Monate in Stockholm und Umgebung zu verbringen. Eine ältere Dame, fröken (Fräulein) Lisa Ohrn, Besitzerin eines Privatsanatoriums, hatte sich bereit erklärt, einen österreichischen Arzt als Sommergast aufzunehmen und so war es dem ausgehungerten und verbitterten mitteleuropäischen Medicus vergönnt, mit einem Male in eine längst zerstört geglaubte sonnige Welt der heiteren Lebensfreude, märchenhaften Gastfreundschaft und üppiger Menus versetzt zu werden. Fröken Ohrn war in aufmerksamster und taktvollster Weise bemüht, mir den Aufenthalt sowohl in dem vor Sauberkeit strahlenden Stadtsanatorium als auf Siarö, einem der zahllosen föhrenbewachsenen Felsinselchen des Skärgarden so angenehm und ungebunden zu gestalten als nur irgend möglich. In dem nach schwedischer Art rot und weiß gestrichenen altertümlichen Häuschen, welches einsam und von dichtem moosigem Nadelwald umgeben am Ufer einer der stillen Buchten des klippenreichen Siarö gelegen war, lösten einander vielerlei Gäste aus der Stadt und von den benachbarten Inseln ab, freundliche, offenherzige Menschen, die von der vornehmen und gutgelaunten Gastlichkeit der humorgesegneten Hausfrau gerne Gebrauch machten.

Motorbootausflüge bis zu dem eleganten Sandhamn am offenen Meer hinaus wurden unternommen; Baden, Fischen, Pilze- und Beerensammeln bildeten die tägliche Beschäftigung und Abends gab es gute Grammophonmusik vor dem offenen Kaminfeuer, denn die hellen schwedischen Sommernächte sind kühl. Drei muntere kleine Öhrn-Neffen erfüllten Haus und Insel mit kindlicher Fröhlichkeit. Den jüngsten von ihnen, einen entzückenden kleinen Kerl, hätte ich am liebsten mitgenommen und beschloss, wenn mir das Schicksal je einen Jungen bescheren sollte, ihn nach meinem kleinen Freund im Norden Herbert zu nennen.

Anfängliche Schwierigkeiten der sprachlichen Verständigung waren bald überwunden. Auch hier fand sich eine anziehende und erfolgreiche Lehrmeisterin in Gestalt eines lieben goldhaarigen Schwesterleins aus

dem Sanatorium. Bald war ich imstande, selbst die zartesten Gefühls-
regungen in geläufigem Schwedisch zum Ausdruck zu bringen und
der Sommer auf Siarö erscheint mir noch heute wie ein himmelblauer
Traum, fern von aller Wirklichkeit meines früheren und ferneren All-
tagslebens.

Auch in Stockholm hätte ich mich wunschlos glücklich gefühlt,
wenn mein völliger Geldmangel dort nicht mitunter doch allzu deutlich in Erscheinung getreten wäre. Als zwei der Sanatoriumsschwestern
einen gemeinsamen Besuch des Skansen-Parks vorschlugen, glaubte
ich, nicht gut ablehnen zu können, doch war bereits mit dem Erwerb
der Eintrittsbilletts mein aus dem österreichischen Inflationssumpf
mitgebrachtes winziges Kapital völlig erschöpft, und mit eisigem Entsetzen vernahm ich den Wunsch der vergnügungssüchtigen Mädchen,
in einem von drohender Orchestermusik erfüllten noblen Restaurant
das Abendmahl einzunehmen. Vergeblich versuchte ich, die beiden bei
dem kostenlos zugänglichen Eskimolager zurückzuhalten und würgte
schließlich wortlos und von Grauen vor dem Erscheinen des Zahlkell-
ners geschüttelt ein paar wahrhaft unbezahlbare Bissen hinunter. Als
der befrackte Engel der Rache mit Notizblock und Bleistift vor mir
stand, mimte ich so lange völlige Verständnislosigkeit, bis meine beiden
verwunderten »Gäste« die schmerzhafte Finanzoperation in eigener
Regie erledigt hatten.

Gelegentlich einer recht guten Lohengrin-Aufführung in der Stockholmer Oper, in welcher Lohengrin an Elsa die eindringliche Aufforderung richtete »Du skall mig aldrig fraga och ej med tvivel plaga«,
lernte ich während eines Zwischenaktes den Musikhistoriker Professor
Hallén kennen, der mich im Foyer in ein langes Gespräch über den
Verfall der Kunst im zwanzigsten Jahrhundert verwickelte, welcher
zum Beispiel daran zu erkennen sei, dass die Stockholmer Oper sich
nicht scheue, Lohengrins Schwan von links her auf der Bühne erscheinen zu lassen, während Richard Wagner in einem Brief an Mathilde
Wesendonck ausdrücklich bemerkt habe, er solle von rechts kommen.
Mit solcher Leidenschaft vertiefte sich der Gelehrte in dieses Problem,
in dessen Erörterung ich ihn nicht zu unterbrechen wagte, dass er die
Klingelzeichen zum Beginn des letzten Aktes überhörte und wir beide
schließlich allein in dem menschenleeren verdunkelten Foyer standen.

Aus friedlichem Urlaubs-Genießertum wurde ich durch die Berichte
der eben aus Russland heimgekehrten Gesandtentochter Elsa Bränd-
ström aufgerüttelt, die das namenlose Elend der immer noch in der
ganzen Sowjet-Union und in Sibirien zurückgehaltenen Hunderttau-

sende deutscher und österreichischer Kriegsgefangener schilderte, für die sie selbst in unerhörter Tatkraft und Aufopferung fünf Jahre lang an Ort und Stelle als Organisatorin skandinavischer Hilfsaktionen gearbeitet hatte. Von den tschechischen Legionen, die in Ostrussland eine eigene Republik errichtet hatten, war sie gefangengenommen und unter Anklage der Spionage zum Tod verurteilt worden, aber schließlich entkommen. Nun richtete sie einen Appell an Europa, den unter Hunger, Seuchen und Ärztemangel leidenden halbvergessenen Opfern des Krieges zu Hilfe zu kommen und so suchte ich diese bewundernswerte und dabei überaus bescheidene Frau auf, um mich ihrer Aktion zur Verfügung zu stellen. Sie nahm das Anerbieten freundlich an und die ersten Vorbereitungen zur Abreise nach Russland waren bereits getroffen, als ein heftig beschwörender Brief meines Vaters mich zurückrief und den schönen schwedischen Sommer in Beschämung und Missmut enden ließ.

Die Tätigkeit eines »unbezahlten Aspiranten« im Wiener Franz Josef Spital brachte mich in die dringend notwendige engere Berührung mit der praktischen inneren Medizin unter Leitung des mir sehr wohlgesinnten Professors Josef Wiesel. Nebenbei besuchte ich Röntgenkurse im Institut Holzknecht und arbeitete in der bakteriologischen Abteilung des experimentell-pathologischen Institutes unter Hofrat Paltauf. Dort entstand meine erste wissenschaftliche Publikation betreffend einen merkwürdigen Fall von Gasbrand-Infektion der Gehirnhäute einer jungen Patientin, die nach dramatischem Krankheitsverlauf schließlich geheilt entlassen werden konnte. Mein Stolz kannte keine Grenzen, als ich die Sonderdrucke in Empfang nahm und ich hielt es für selbstverständlich, dass alle Welt mein epochales Werk mit staunender Bewunderung zur Kenntnis nehmen werde, dies umso mehr, als mich ein bekannter Bakteriologe aus Hamburg um Überlassung des betreffenden Bakterienstammes ersuchte, welcher auch einem »Bakterien-Museum« in Wien einverleibt wurde. Mit diesem kleinen Erfolg war der erste Schritt in das verführerische und tintentriefende Gebiet der wissenschaftlichen Forschung getan, die so vielen angehenden Medizinern allmählich zum Lebensinhalt wird, nicht nur weil sie dem Drang nach neuer Erkenntnis, sondern gleichzeitig auch dem persönlichen Geltungsbedürfnis weiten Spielraum lässt. Ein Überwuchern prestigemäßiger Ambitionen beeinträchtigt freilich oft genug den objektiven Wert der geleisteten Arbeit und ist für die unübersehbare Flut überflüssiger und geschwätziger Veröffentlichungen verantwortlich zu machen, zu der auch ich späterhin meinen Teil beigetragen zu haben gestehen muss.

Nur wirklich bedeutende Geister sind fruchtbar genug, unter Verzicht auf die antreibenden Kräfte des Ehrgeizes und der Eitelkeit die von ihnen gewählte Sache um ihrer selbst willen über alle Schwierigkeiten und Enttäuschungen hinweg zum endlichen Erfolg zu führen. Allen gemeinsam ist aber die leidenschaftliche Freude am zähen und hartnäckigen Kampf mit der Natur, das seltsam stolze Gefühl des Triumphes, wenn es gelungen ist, der großen Gegnerin eines ihrer streng gehüteten Geheimnisse zu entwinden, sei es ein auch noch so unbedeutendes. Die augenblickliche phantastische Überschätzung der objektiven Wichtigkeit des jeweils verfolgten Problems bildet den flüchtigen Brennstoff für die Flamme der Begeisterung, welche dem Forscher die Kraft verleiht, Nächte über Nächte im Laboratorium zu verbringen, Misserfolg über Misserfolg zu verwinden und welche schließlich für eine kurze Weile irgendein winziges neugefundenes Tatsächelchen als den Mittelpunkt des Universums erscheinen lässt, bis die nächste offene Frage alles Denken und Handeln neuerdings in ihren Bann schlägt. In der Welt dieses Hirnsportes geht es nicht viel anders zu als unter Fußball- oder Tennisspielern. Das von Ehrgeiz angefeuerte Streben nach absoluter Leistung steht im Vordergrund, persönliche Rivalitäten wirken oft in unerfreulicher Weise mit, der Frage der objektiven Nützlichkeit wird zumeist wenig Beachtung geschenkt. Mein späterer Chef, der Physiologe W. B. Cannon an der Harvard-Universität in Boston sagte einmal »Ist es nicht eigentlich skandalös, dass unsereiner fortwährend treibt, was ihm gerade Spaß macht und dafür noch obendrein bezahlt wird?« Auf den ersten Blick mag es wirklich so scheinen und doch haben rein theoretische Forschungsergebnisse von mitunter anscheinend absurder Zwecklosigkeit in zahllosen Fällen die Grundlage für allgemein segensreiche Errungenschaften gebildet.

Mein erstes Spitalsjahr wäre beinahe durch einen solennen Hinauswurf abgebrochen worden und zwar aus einem für die damaligen Disziplinarverhältnisse ungemein bezeichnenden Grund. Der allmächtige, aus Subalternärzten zusammengesetzte »Ärzterat« des Krankenhauses teilte mir eines Tages meine Versetzung in eine andere Abteilung auf eine eben freigewordene bezahlte Aspirantenstelle mit. Da ich bei Professor Wiesel bleiben wollte, lehnte ich dankend zugunsten des rangnächsten unbezahlten Aspiranten ab. Dies wurde jedoch nicht zur Kenntnis genommen, worauf ich dem Ärztesowjet mitteilte, auch Professor Wiesel wünsche mein Verbleiben an seiner Abteilung. Diese ungeheuerliche »Disziplinwidrigkeit«, das Befragen eines Abteilungsvorstandes um seine Meinung und das noch ärgere

Ansinnen, diese zu berücksichtigen, veranlassten die Einberufung einer außerordentlichen Sitzung der so sehr auf die proletarische Aspirantenwürde bedachten, revolutionär gesinnten ärztlichen Körperschaft, welche den Antrag auf meine Ausschließung aus dem Spital mit Stimmengleichheit beantwortete. Nur der Stichentscheid zu meinen Gunsten durch den Vorsitzenden ermöglichte mein weiteres Verbleiben in der Anstalt.

Im Frühling kam fröken Öhrn mit ihrer Nichte Helga nach Wien. Als eifriger Fremdenführer hatte ich wie noch nie zuvor Gelegenheit, alle Schönheiten der Stadt und ihrer Umgebung auch auf mich selbst einwirken zu lassen; wir besuchten Konzerte, Aufführungen der damals unter der Direktion von Richard Strauss stehenden Oper, die Museen und die ehemals kaiserlichen Paläste. Als der Abschied heranrückte, wussten wir zwei Jungen, dass Helgas bevorstehende Weiterreise nach Paris, wo ihre offizielle Verlobung mit einem schwedischen Holzhändler im Familienkreis stattfinden sollte, uns beiden viel Kummer und das schmerzvolle Erwachen aus einer kurzen unerfüllbaren Zukunftsillusion bringen würde. Noch Jahre hindurch wirkten die heftigen Erschütterungen jenes Frühlingssturmes in mir nach; auch in Paris und Schweden gab es Tränen und bittere Auseinandersetzungen, aber die Zeit heilt alle Wunden und so versank endlich auch dieses Erlebnis, das ich damals kaum ertragen zu können glaubte, in der Tiefe meines weiterströmenden Lebens, auf dessen dunklem Grunde es ruht wie ein matt schimmernder Edelstein.

Das Bleiben in Wien war mir nun so verleidet, dass ich gerne das für mein Alter überaus günstige Angebot annahm, als Assistent in die »propädeutische« Klinik des berühmten Endokrinologen Professors Arthur Biedl an der ältesten aller deutschen Hochschulen, der deutschen Universität in Prag, einzutreten.

Zunächst absolvierte ich noch einen Besuch in Berlin bei dem Serologen Professor Morgenroth, einem früheren Mitarbeiter Paul Ehrlichs, der mich zu mehrtägigem Aufenthalt in seinem schönen, mit erlesenstem Geschmack ausgestatteten Haus eingeladen hatte. Mit der Hausfrau, einer hervorragenden Pianistin, durfte ich musizieren, interessante Gäste aus führenden Berliner akademischen und Finanzkreisen kamen und gingen, und ich genoss die Atmosphäre dieses vornehmen und hochkultivierten, von wirtschaftlichen Sorgen unbeschwerten Milieus, ohne jedoch die kalte Gleichgültigkeit zu übersehen, mit der Deutschlands brennende Nöte dort betrachtet oder vielmehr ignoriert wurden.

Eine Serie sonderbarer Zufälle vermittelte mir die Anknüpfung einer liebenswürdigen Bekanntschaft. In dem Ozean unschöner und anmutloser Berliner Weiblichkeit fiel mir gelegentlich einer Untergrundbahn-Fahrt mit Frau Professor Morgenroth eine ungemein reizvolle jugendliche Erscheinung auf, der ich am folgenden Tag in ganz anderer Gegend wiederum in der Untergrundbahn begegnete, wo auch sie mich zu bemerken schien. Einen Tag später stand ich vor einem Schaufenster in der Leipzigerstrasse und erblickte plötzlich wiederum das hübsche Gesichtchen im Spiegelbild neben mir. »Das ist zu viel Fräulein!« sagte ich, »Wenn Sie mir an drei Tagen unter vier Millionen Menschen dreimal begegnen, so muss der Herrgott dabei eine besondere Absicht haben.« Sie stammelte errötend etwas in gebrochenem Deutsch mit deutlich schwedischem Akzent und so wiederholte ich meine Ansprache auf Schwedisch mit dem Resultat, dass wir ein paar nette Abende zusammen verbrachten, u. a. in dem Restaurant »Fürstenhof« wo folgende leckere Gerichte von dem Raffinement der Berliner Küche Zeugnis ablegten: Schweinebauch, Fettdarm, Bürgerliche Speise, Illustrierte Gurke, Ochsenschlepp, Fürstenhoftopf. Auch die kalte Schale jugendlichen Angedenkens fehlte nicht. Zwar hätte ich gerne alle diese Herrlichkeiten durchgekostet, doch fesselte »Gebratenes Huhu« mein Interesse am meisten und ich bestellte eine Portion dieses geheimnisvollen Gerichtes, war aber bitter enttäuscht, als es sich herausstellte, dass es sich nur um einen Druckfehler und um ein ganz kommunes Huhn handelte, das ich in so ungewöhnlicher Umgebung gar nicht vermutet hätte.

Als ich Ende November 1921 in Prag eingetroffen und in einem kümmerlichen engen »Intercostalraum« zwischen zwei Krankensälen der propädeutischen Klinik einquartiert war, teilte mir Professor Biedl mit, dass ich der einzige angestellte Arzt der Klinik sei und als solcher Permanenzdienst machen müsse; nur einmal in der Woche dürfe ich das Spital verlassen, um an den Sitzungen des nahen Ärztevereines teilzunehmen. »Sie werden leben wie auf einer verlassenen Insel« sagte er und zwei Jahre hindurch, bis zur Anstellung eines zweiten Assistenten, blieb es dabei. Nur ausnahmsweise konnte ich mir einen Ausgang leisten, wenn sich einer der diensthabenden Ärzte der benachbarten Klinik Jaksch zu meiner Vertretung bereit fand.

Für den einsamen propädeutischen Assistenten, der nur von ein paar hospitierenden Studenten unterstützt wurde, gab es an der kleinen, bloß 25 Betten umfassenden Klinik Biedl reichlich Arbeit; jede Injektion musste ich selbst ausführen, fast jede Nacht wurde ich ein- oder mehrmals an ein Krankenbett gerufen. Den sehr mangelhaft ausgebildeten, durchwegs tschechischen Pflegerinnen konnte nur wenig Verantwortung überlassen werden und mit der Sprache ging es im Anfang recht langsam vorwärts, denn das Tschechische ist überaus schwierig zu erlernen und auszusprechen. Manche Worte besitzen nicht einen einzigen Vokal, es gibt sogar einen ganzen, rein konsonantischen Satz: Strc prst skrz krk (zu Deutsch: Steck den Finger durch den Hals) und die paar rauen militärärztlichen Redewendungen, die ich mir bei meinem tschechischen Regiment im Feld angeeignet hatte, erwiesen sich als völlig unangebracht im Zivilleben, besonders im Verkehr mit weiblichen Patientinnen.

Allmählich aber brachte ich es doch zu einer ziemlich weitgehenden Vollkommenheit, wobei sich wiederum das System ungezwungener praktischer Unterweisung auf bukolischer Basis vortrefflich bewährte. Zwar wichen Vokabular und Grammatik der temperamentvollen Anicka mitunter von den Sprachnormen der tschechischen Akademie ein wenig ab, doch verstand sie es, meine alten, politisch bedingten Vorurteile gegen ihre Nation weitgehend zu besänftigen und mich mit deren mehr allgemein menschlichen Qualitäten intimer vertraut zu machen.

In mancher Hinsicht ging es an der Klinik Biedl höchst patriarchalisch zu. Der Schlafraum der fünf Pflegerinnen, deren slecna vrchni (Oberfräulein) 110 Kilo wog, war identisch mit Teeküche und Dienstzimmer, sodass ich oft unfreiwilliger Zeuge durchaus undienstlicher Einzelheiten aus dem schwesterlichen Privatleben wurde. Ein Ärztebad gab es nicht; die Badewanne, für die männlichen Patienten stand weithin sichtbar inmitten des Krankensaales und so blieb mir nichts übrig, als in der wenigstens durch einen Vorhang notdürftig verborgenen Wanne des Frauensaales der Reinlichkeit zu pflegen.

Das Krankenmaterial der Klinik, wenn auch zahlenmäßig beschränkt, war ein ausgewähltes und ungewöhnlich interessantes, da Patienten mit seltenen innersekretorischen Störungen nicht nur aus allen Teilen der Tschechoslowakei, sondern auch aus anderen Ländern nach Prag geschickt wurden, um unter Professor Biedls Leitung untersucht und behandelt zu werden. Zuweilen kam ich mir vor wie in einem Panoptikum und erinnere mich u. a. eines Gespräches zwischen einem 7-jährigen greisenhaft aussehenden Mädchen und einem infantilen Zwerg, den die Kleine, die beim Auskehren, Geschirrwaschen und dergleichen behilflich war, zur Mitarbeit aufforderte: »Komm her Bubi, du kannst mir mit dem Besen helfen«, worauf der Angeredete indigniert mit piepsender Stimme erwiderte: »Halt's Maul, ich bin kein Bubi, ich bin 40 Jahre alt«. Die Mehrzahl der Patienten waren Tschechen und hie und da kam es zu kleinen Reibereien mit den deutschen Leidensgenossen. Einen tschechischen Radaubruder, der schallend erklärte »Alle Deutschen sind Schweine!« entließ ich ungesäumt aus der Klinik, um ihn nicht, wie ich ihm sagte, dem unhygienischen Zustand auszusetzen, von einem Schwein behandelt zu werden. Zwar erklärte er »Hab ich ibrhaupt nix gesagt von Schweine und hab ich gesagt, sind Tschechen auch Schweine«, doch diese Entschuldigung half ihm nichts.

Als ich eines Tages den kleinen kaftanumhüllten und o-beinigen Speisenausträger der jüdischen religiösen Vereinigung Chewre Kadischa, die unsere orthodoxen Patienten mit koscheren Mahlzeiten versah, vor meiner Zimmertür antraf und fragte, ob er mich suche, erhielt ich die verächtliche Antwort »Ihnen? Den Abort such ich.«

Nicht selten hatten wir es an der Klinik mit Geistesgestörten zu tun, so mit einem ehemaligen Chefredakteur, der alle Patienten und Schwestern mit Erfolg gegeneinander aufhetzte, an Professor Biedl ein »Manifest« erließ, in dem er ankündigte, er werde die nach seinem Leben trachtende Klinik nur in Begleitung bewaffneter Freunde betreten, jedermann wegen Ehrenbeleidigung und Tötungsabsicht zu beklagen drohte und der sich überdies auch als Erfinder einer neuen Leibschüssel, »Gesäßtrommel« genannt, auszeichnete, für welche er von einem Patentanwalt unterstützt ein durch mich zu unterzeichnendes Gutachten verlangte, gegen »50% Beteiligung an dem in die Millionen gehenden Reingewinn«.

Ein Hauptvorteil der propädeutischen Klinik war ihre enge Verbundenheit mit dem ebenfalls von Professor Biedl geleiteten Institut für allgemeine und experimentelle Pathologie, in dem ich theoretisch und experimentiertechnisch viel zu Lernen Gelegenheit hatte und eine Anzahl von Arbeiten fertig stellte, die sich in Grenzgebieten der klinischen Pathologie und pathologischen Physiologie bewegten. Die wesentlichste davon betraf die Auffindung spezifischer Einwirkungen der Hypophyse auf den Fettstoffwechsel, welche weiterhin zur Isolierung des »Lipoitrins« führten, einer von der Hypophyse aus ins Zwischenhirn einwandernden Substanz welche von dort aus den Fettstoffwechsel beeinflusst. Viele Experimente wurden an Hunden ausgeführt, zumeist rasselosen Kötern, unter denen ich aber manchen lieben Freund besaß. Vor allem der kleine Terrier Leopold war mir ans Herz gewachsen, teils weil die Resultate der vielen Hunderten von Blutentnahmen und der wiederholt an ihm ausgeführten Hirnoperationen zumeist nach meinem Wunsch ausfielen, teils wegen seines treuherzigen Wesens und seiner nach jedem Versuch durch Handlecken und liebevolle Blicke zum Ausdruck gebrachten wahrhaft unbegründeten Dankbarkeit. Nicht mit allen stand ich freilich auf so gutem Fuß und Petronella, das Luder, ging sogar so weit, mich ausgiebig in die Hand zu beißen. Einen meiner ersten Prager Weihnachtsabende verbrachte ich in Ermangelung menschlicher Gesellschaft im Hundestall, in dem ich durch Verteilung extrafeiner Knackwürste und »Stille Nacht, heilige Nacht« singend die richtige Festesstimmung zu verbreiten bemüht war.

Oft war die Beschaffung der Versuchstiere mit Schwierigkeiten verbunden und zum Zweck des Erwerbes einiger Kaninchen aus einer bestimmten Zucht mussten der Institutsassistent Dr. Reiss und ich sogar eine Reise nach dem zwischen anmutigen Rübenfeldern gelegenen Dorf Lissa an der Elbe unternehmen.

Mit zwei umfangreichen, je sieben Kaninchen enthaltenden Säcken bestiegen wir den nach Prag zurückgehenden Zug und deponierten unsere Bürde, nichts Böses ahnend, in dem Gepäcknetz gegenüber unseren Sitzen über den Häuptern eines säbelbewehrten tschechischen Kriegers und seiner mit einem blendend weißen neuen Hut geschmückten Braut. Es währte nicht lange, bis ich zu meinem Entsetzen eine stellenweise gelbliche Verfärbung jenes Hutes und das sie verursachende Getröpfel aus der Kaninchenhöhe wahrnahm. Ein bedeutungsvoller Blick zu meinem Kollegen und schleunigst flüchteten wir mit unserer zappelnden Last bis in den letzten Waggon des Zuges, den wir vorsichtshalber an der nächsten Haltestelle verließen. Hinter dem Waggon verborgen hockend, wie Max und Moritz, die bösen Buben, sahen wir den erbitterten Hutbesitzer flammenden Auges, doch vergeblich den Perron nach uns absuchen und zogen es vor, drei Stunden lang auf den nächsten Zug zu warten.

Von der Stadt Prag selbst hatte ich, Professor Biedls Voraussage entsprechend, zunächst wochenlang nichts zu Gesicht bekommen. Als es mir aber allmählich doch gelang, mich hie und da von der »verlassenen Insel« zu entfernen, konnte ich mich kaum fassen vor Entzücken über die unbeschreibliche stimmungsvolle Schönheit dieser altertümlichen, von deutschen und italienischen Meistern der Architektur geschaffenen Stadt. In den stillen, holperigen Gassen der Kleinseite stehen barocke, schnörkelverzierte Bürgerhäuser und Aristokratenpaläste in unberührter Weltabgeschiedenheit nebeneinander, dunkle Baumkronen ragen über Parkmauern, auf deren Gesimsen steinerne Genien und Liebesgötter tanzen; da und dort schiebt sich ein prunkvolles Kirchen- oder Klosterportal zwischen die weltlichen Gebäude und auf den menschenleeren Plätzen meint man, es müsse im nächsten Augenblick aus einem der engen Seitengässchen eine schimmelbespannte Equipage mit gepuderten Damen in Perücke und Reifrock und mit Dreispitz tragenden bezopften Lakaien zum Vorschein kommen. Feinziselierte Wunderwerke gotischer Baukunst erheben sich aus dem winkeligen Häusergewirr der Altstadt und beim ersten Anblick der viele Jahrhunderte alten steinernen Karlsbrücke, die sich, von zahlreichen Heiligenstatuen überhöht, in weitem Bogen über die Moldau zum Fuß des Hradschin, der alten Königsburg, hinüberspannt, blieb ich hingerissen staunend, offenen Mundes als Verkehrshindernis minutenlang mitten im Torbogen des die Brücke abschließenden Altstädter Brückenturmes stehen. Mit meiner getreuen Kamera stöberte ich in malerisch verschlampten Hinterhöfen, in gepflegten Gärten ehemaliger fürstlicher Palais, unter Arkadenwölbungen alter Handelshäuser und in geheimnisvoll düsteren Gassen, den spukhaften Überresten des einstigen Ghettos, nach photographischen Motiven, jedesmal mit reicher Beute belohnt, denn Prag ist eine der schönsten, wenn nicht die allerschönste unter den Städten Europas.

Trotz der unerschöpflichen Fülle beglückender optischer Eindrücke gab es jedoch auch vieles, was das Leben in der Hauptstadt der jungen tschechoslowakischen Republik, die sich nachträglich zu den Siegerstaaten rechnete, für den deutschen Neuankömmling recht unerfreulich machen musste. Noch war der von den Friedensschlüssen herstammende Machtrausch der herrschenden tschechischen Nation, die allerdings kaum 50% der Gesamtbevölkerung ausmachte, in vollem Ausmaß vorhanden, noch ließ man keine Gelegenheit vorübergehen, ohne dem künstlich geschürten Hass gegen die nemci, die Deutschen, in boshafter Weise freien Lauf zu lassen. Von den 3,5 Millionen gegen ihren Willen durch die Friedensmacher in das neue Staatsgebilde gepressten Deutschen wohnten in Prag selbst nur etwa 30.000, zumeist Geschäftsleute und Akademiker, opferbereite und überzeugungstreue, wenngleich etwas engstirnige Vertreter der uralten kulturellen Traditionen des Prager Deutschtums, zu dessen Leistungen auch hier das jüdische Element Bedeutendes beigetragen hatte. Allen diesen Menschen war der öffentliche Gebrauch ihrer Muttersprache verboten. Als Gerhart Hauptmann in der Prager deutschen Urania einen Vortrag hielt, musste dieser in folgender Weise angekündigt werden: »Conférence en langue Allemande, 8 hodin vecer«, um sowohl die Sympathie für das verbündete Frankreich zum Ausdruck zu bringen, das »Staatsvolk«

durch die Zeitangabe in tschechischer Sprache zufrieden zu stellen und den berühmten Gast aus dem missliebigen Nachbarlande zu demütigen. Die guten alten Zeiten, da Prager Rechtsanwälte ihr Berufsschild noch zweisprachig aushängen durften (zum Beispiel Dr. D. Rosenbaum, Advokat – Advokát) waren vorbei. Dr. Rosenbaum war nun nur mehr ein Advokát, dessen berufliche Existenz ganz und gar von dem tschechisierenden Akzentstrichlein über dem a abhing, ohne welches er seine Kanzlei hätte zusperren können. Der amerikanische Negertenor Roland Hayes beging den argen Fehler, in einem Konzert die »Feldeinsamkeit« von Brahms in deutscher Sprache zu singen. Er wurde durch beschimpfende Rufe aus dem Publikum unterbrochen und brach, empört über solche weißhäutige Barbarei, das Konzert gänzlich ab. Das finnische Konsulat musste auf seiner doppelsprachigen Tafel (Suomi-Finland) die schwedische Bezeichnung »Finland« schwarz überkleben, da sich immer wieder Steinbombardements gegen die vermeintlich deutsche Aufschrift ereigneten. Das alte »Deutsche Haus« auf dem Graben durfte sich nur durch das Wort »Restaurant« zu erkennen geben. Von dem Grabstein eines in einem Prager Friedhof bestatteten Deutschen mussten auf Befehl des Bürgermeisters Baxa die aufreizenden Worte »Ruhe sanft« entfernt werden, da sie offenbar seitens der umliegenden tschechischen Kadaver als »Provokation« empfunden wurden. Eine nationalistische Zeitschrift verstieg sich sogar zu der Forderung, man solle den Unterricht in allen fremden Sprachen verbieten »um die anderen Völker zur Erlernung der tschechischen Sprache zu zwingen«. Einige Zeit hindurch wurden Briefe nach Wien, Leipzig, Dresden, Frankfurt, etc. von den Postämtern nicht befördert, sondern einfach weggeworfen, wenn sie nicht mit den tschechischen Namen der betreffenden Städte Viden, Lipsko, Drazdan, Frankobrod adressiert waren, ja sogar das armselige St.Pölten in Niederösterreich wurde mit einer eigenen tschechischen Übersetzung beehrt, es hieß Svatý Hippolyt. Selbstverständlich erging es allen deutschen Orten auf dem Gebiete der tschechoslowakischen Republik erst recht so. Aus Eger wurde Cheb, aus Leimeritz Litomerice, aus Marienbad Mariánské Lázne und die österreichische Grenzstadt Gmünd wurde in Cmunt umgetauft. Da jedoch dieser Name bei vielen tschechischen Patrioten wegen seines allzu »deutschen« Klanges Anstoß erregte, änderte ihn die Regierung nach zwei Jahren in das melodischere »Breclav« ab. Gmünd-Cmunt-Breclav war übrigens auch dadurch bemerkenswert, dass die Grenzkommission der alliierten Siegermächte – eine Gruppe japanischer (!) sachverständiger Offiziere – die Stadt zwar in Österreich belassen, den Bahnhof aber der Tschechoslowakei zugesprochen hatte, so dass die österreichischen Einwohner eines tschechoslowakischen Passvisums bedurften, um die nächste Bahnstation ihres eigenen Landes zu erreichen.

Der britische Gesandte und Gattin wurden in Prag auf der Straße verprügelt, weil man ihre englische Konversation für Deutsch gehalten hatte. Als ich aber einen Polizisten vorsichtshalber auf Französisch um eine Auskunft ersuchte, brüllte er mich kategorisch an: »Redden Sie Daitsch!« Die von Frankreich entsandten Instruktionsoffiziere unter Général Mittelhauser (Mitlosee) konnten sich mit ihren neuen Untergebenen nur in deutscher Sprache verständigen und selbst das noch aus österreichischen Zeiten stammende Dienstwort »Klenkipunki« (Gelenksübungen) wurde in Übersehung seines germanischen Ursprunges in der tschechischen Armeesprache beibehalten. In dem rein deutschen Riesengebirge wurden die von den dortigen Touristenvereinen angebrachten Orientierungstafeln auf behördliche Anordnung samt und sonders entfernt, ohne jedoch etwa durch tschechische ersetzt zu werden, womit nicht nur der nationalen Ehre Genüge getan, sondern auch das willkommene Ziel einer Schädigung des deutschen Touristenverkehres erreicht war. Deutsche Schulen im deutschen Gebiet wurden in großer Zahl gesperrt oder in tschechische umgewandelt, in welche die deutschen Kinder selbst aus entfernten Orten unter bewaffneter Bedeckung durch tschechische Gendarmen zu gehen gezwungen wurden. In manchen gemischtsprachigen Gebieten dagegen wurde der Tschechisch-Unterricht in den belassenen deutschen Schulen verhindert, um dadurch einen indirekten Zwang zum Besuch der tschechischen Schulen aus Gründen der wirtschaftlichen Konkurrenzfähigkeit der jungen deutschen Generation auszuüben. Mit allen Mitteln wurde eine energische Tschechisierungspolitik im Sudetenland und in den zahllosen versprengten deutschen Sprachinseln betrieben. Enteignung deutschen Grundbesitzes, Verdrängung deutscher Arbeiter aus ihren Betrieben, Abwürgung deutscher Industrien und ihre Überführung in tschechische Hände waren überall an der Tagesordnung. Die plötzliche Entlassung von 3.000 deutschen Postbeamten und Vertreibung aus ihren Dienstwohnungen wurde ohne Rücksicht auf das sich daraus ergebende Post-Chaos als Weihnachtsüberraschung am 24. Dezember 1925 durchgeführt, kurz man schwelgte in Racheaktionen aller Art für die Unterdrückung, welche die Tschechen im alten Österreich angeblich zu erdulden gehabt hatten. Wohl ist es richtig, dass infolge des kulturell ausschlaggebenden Einflusses des deutschen Elementes im kaiserlichen Österreich die Tschechen als Nationalität zweiten Ranges nicht die ihren alten Ambitionen entsprechende dominierende Rolle zu spielen vermocht hatten, dass ihnen gewisse sprachliche Beschränkungen auferlegt waren, wenn auch keineswegs in dem jetzt von ihnen selbst betriebenen Stil, dass Behörden und Polizei mit den ewigen Krakeelern und Saboteuren nicht immer sanft verfuhren, sich zweifellos auch viele Ungerechtigkeiten und überflüssige Härten zuschulden kommen ließen, aber bei alledem war man in Österreich doch im Großen und Ganzen schon um des lieben Friedens willen stets bemüht, die zahlenmäßig starke, intelligente und aggressive tschechische Minorität freundlich zu stimmen und ihr im Interesse der Existenz des labilen Gesamtstaates immer von Neuem zu weiteren Forderungen ermutigende Konzessionen zu gewähren. Wie weit hierbei sogar in symbolischen Äußerlichkeiten gegangen wurde, erkannte ich staunend an dem Kolossaldenkmal des tschechischen Historikers Palacký, welches unter der Regierung Kaiser Franz Josefs im Jahre 1912 in Prag feierlich enthüllt, das österreichische Staatssymbol, den Doppeladler, als ein zweiköpfiges Scheusal darstellt, das zu Füßen Palackýs mit giftigen Blicken sich am Boden wälzend den Körper eines jungen Tschechen mit seinen Krallen zerfleischt.

Sieht man von den damals freilich auf Schritt und Tritt wahrnehmbaren Exzessen eines überhitzten Nationalismus ab, der das Verhältnis zwischen Tschechen und Deutschen zum Teil aus beiderseitigem Verschulden so sehr beeinträchtigte, so sind diesem hochzivilisierten slawischen Volksstamm doch viele wertvolle Eigenschaften zuzuerkennen: Genügsamkeit und Sparsamkeit, unermüdlicher Fleiß, Intelligenz und Organisationstalent, künstlerische Begabung, vor allem auf dem Gebiet der Musik, auf welchem die tschechische Nation der Welt die unsterblichen Genies Dvorák und Smetana geschenkt hat, und nicht zuletzt eine leidenschaftliche Heimatliebe, die erst durch die Hetze kleinbürgerlicher Agitatoren in gehässigen Chauvinismus ausgeartet war. Eine gewisse Neigung zu Verschlagenheit und Unaufrichtigkeit allerdings ist so gut wie allen Schichten des tschechischen Volkes in höherem oder geringerem Masse eigen und trägt zu einer außergewöhnlichen Unbeliebtheit auch bei den slawischen Stammesgenossen bei. Ich musste mit Verwunderung feststellen, dass die so nahe bluts- und sprachverwandten Slowaken gegenüber den sie überall in den Hintergrund drängenden Tschechen einen noch tieferen Hass empfanden und unverhohlen äußerten, als dies vonseiten der Deutschen der Fall war. Freilich, die tschechische Regierung hatte den Pittsburgher Vertrag, die feierliche Zusage voller Autonomie an die Slowaken und formelle Grundlage der tschechoslowakischen Staatskonstruktion nun schon seit Jahren kaltblütig ignoriert, ebenso wie sie die Karpatho-Ukrainer im Osten der Republik hartnäckig um die ihnen zugesicherte Selbstverwaltung betrog und sich über die in den Friedensverträgen übernommenen Verpflichtungen betreffend den Minoritätenschutz unbedenklich hinwegsetzte. Der alternde Masaryk, als Begründer der nationalen Unabhängigkeit des tschechischen Volkes und als erster Präsident der Republik persönlich allgemein verehrt, ein hochgebildeter, rechtschaffener, abgeklärter Mann mit weitem Blick und gutem Willen, war praktisch machtlos gegenüber dem Druck der radikalen Chauvinisten und den berechnenden Winkelzügen seines intriganten Außenministers und späteren Nachfolgers Dr. Beneš, der alle wohlmeinenden Versuche Masaryks, ein erträgliches und loyales Verhältnis zu den nichttschechischen Volksgruppen herzustellen, im Keime zunichte zu machen verstand.

Im Prager Parlament herrschte ein chaotisches Durcheinander der Sprachen, ähnlich wie im alten Österreich und häufige Prügelszenen waren der sogenannten »Würde des Hauses« nicht gerade zuträglich. Als die Regierung ein sehr radikales und sogar als rückwirkend erklärtes »Gesetz zum Schutze der Republik« durch das Abgeordnetenhaus peitschte, war ich Zeuge, wie unter ohrenbetäubendem Skandal, Pfeifen, Brüllen und Pultdeckelkonzert oppositionelle Abgeordnete von der Parlamentswache an den Füßen aus dem Sitzungssaal gezerrt wurden. Die Vertretung des Sudetendeutschtums war trotz zahlenmäßiger Stärke völlig einflusslos, da die Aufsplitterung in etwa zehn Parteien jedes geschlossene Vorgehen verhinderte und die deutschen Volksvertreter ihre parlamentarische Tätigkeit vielfach auf nationale Gesänge und den eifrigen Besuch der umliegenden Gaststätten beschränkten. Dem aus Frankreich importierten Oberkommandierenden der tschechoslowakischen Armee, General Mittelhauser, passierte das peinliche Missverständnis, dass er gelegentlich einer turbulenten Parlamentsitzung, in welcher die deutschen Abgeordneten wieder einmal nichts Besseres zu tun wussten als die »Wacht am Rhein« zu singen, dieses ihm unbekannte feierliche Lied für eine patriotische Manifestation der Tschechen hielt und stramm salutierend von Anfang bis Ende mit anhörte. Wenige Tage darauf verließ er Prag für immer.

Die Beziehungen der tschechoslowakischen Republik zu ihren westlichen und südlichen Nachbarn waren fast dauernd ebenso unerquicklich wie die zu Österreich und Deutschland. Mit Polen gab es endlose Grenzstreitigkeiten, und zwei Putschversuche, welche der unglückselige Ex-Kaiser Karl von der Schweiz kommend in Ungarn unternahm, und die mit seiner endgültigen Deportierung nach Madeira endeten, gaben beinahe den Anlass zu einem neuen bewaffneten Zusammenstoß mit dem monarchistisch gesinnten Ungarn, welches unter dem Druck der Entente die Habsburger von der Thronfolge auszuschließen und den ehemaligen Admiral von Horthy als Reichsverweser des königslosen Königreichs beizubehalten gezwungen wurde. Die überfallartige Besetzung des Ruhrgebietes durch Frankreich, welche, obwohl jeder rechtlichen Grundlage entbehrend, von der tschechischen Öffentlichkeit mit unzweideutiger Schadenfreude aufgenommen wurde, verschärfte von neuem die Feindschaft zwischen dem jeder Willkür hilflos ausgelieferten Deutschland einerseits und Frankreich samt seinen mitteleuropäischen Verbündeten anderseits in bedrohlicher Weise. Unter den Deutschen Prags wurde eine Geldsammlung zur Unterstützung der im Ruhrgebiet monatelang streikenden deutschen Arbeiter veranstaltet, an welcher ich mich durch Ablieferung von 1000 tschechischen Kronen, dem Äquivalent von 1,5 Monatsgehältern, beteiligte, wofür ich vom deutschen Gesandten ein freundliches Dankschreiben erhielt.

Späterhin hatte ich öfters Gelegenheit, selbst in der Gesandtschaft zu verkehren. Exzellenz v. Koch war ein musikliebender, gemütlicher alter Sachse, der sowohl »de Flääde« blies als »de Bossgaiche« spielte und da gab es manchen schönen Kammermusikabend in anregender Gesellschaft. Die Prager, Tschechen wie Deutsche, sind musikalische Leute und gute Kammermusik wurde in vielen Häusern gepflegt. Nachdem ich einige Zeit hindurch im Streichquartett des Professors Zeynek den kurz zuvor noch von dem nach Deutschland übersiedelten Physiker Albert Einstein innegehabten Violinpart übernommen hatte, taten wir vier Ärzte uns zu einem eigenen ständigen Quartett zusammen, das wöchentlich zweimal ein paar Stunden lang in meiner Dienstwohnung übte und alle 14 Tage im Haus des Anatomen Professors Großer in kleinem Kreis klassische und moderne Werke zur Aufführung brachte. Auch gute Klavierbegleitung für Sonatenliteratur fand sich und die melodienreiche Musik der großen tschechischen Meister zog mich immer wieder zu den Konzerten der ausgezeichneten tschechischen Philharmonie und in das prächtige Nationaltheater, wo ich zahlreiche Aufführungen der Prodaná nevesta (der »Verkauften Braut«) Smetanas, der Rusalka und des Jakobín von Dvořák und vieler anderer slawischer Opern genoss. Die bezaubernde Wirkung dieser blutvollen, gefühlswarmen Werke ließ immer wieder allen Groll über die Hässlichkeit des politischen Alltags dahinschmelzen in Empfindungen des Dankes für so viel zu Herzen gehende ergreifende Schönheit aus den tiefen Quellen der slawischen Seele.

Hie und da nahm sich das Národní dívadlo, das Nationaltheater, auch fremder, insbesondere italienischer und französischer Opern in tschechischer Übersetzung an, selbst die Salome von Richard Strauss wurde nicht gescheut und es klang besonders reizvoll, wenn Salome sang »Jsi mi prec' prísahal na míse stríbrné hlavu Jokanaanovou!« (»Du hast mir doch versprochen den Kopf des Jokanaan auf einer silbernen Schüssel«). Auch Cavaradossis leidenschaftlicher Ruf »Pockej Tosco « oder die von Tosca an Scarpias Leiche geflüsterten Worte »Vydíchne Rím jenz kdysy pred ním trásl« trugen zur Erhöhung des musikdramatischen Effektes bei. Die Gunst der später zur internationalen Primadonna aufgestiegenen wunderschönen Jarmila Novotná, die ich als graziöse kleine Statistin kennen gelernt hatte, verscherzte ich mir durch eine wohlgemeinte, aber anscheinend missverstandene Aufmerksamkeit, indem ich ihr nach der Premiere eines Stückes, in dem sie bloß die Worte »Utopte ho!« (»Ersäuft ihn!«) zu rufen hatte, eine Schachtel Bonbons mit Glückwunsch zu ihrer ungewöhnlichen und erschütternden schauspielerischen Leistung übersandte, denn Jarmila pflegte sich mit Stolz als eine umelkyne (Künstlerin) zu bezeichnen. Aus dem vereinbarten nächsten Rendezvous wurde nichts.

Unvergesslich bleibt mir ein Abend in einem Prager Kino, welches als besondere Attraktion die drahtlose Übertragung eines Militärkonzertes von dem einige Kilometer entfernten Flugplatz Kbely angekündigt hatte. Beiderseits neben der Leinwand waren große Schalltrichter angebracht und nachdem die Liebenden des vorgeführten Kinodramas einander glücklich vereint in die Arme gesunken waren, erkrächzten die Trichter in schauderhaftem Trompetengetöse. Es war ein martervoller Genuss und doch ein überwältigendes, erhebendes Bewusstsein, wiederum die ersten unsicheren Schritte einer neuen großartigen technischen Errungenschaft von unabsehbarer Tragweite miterleben zu dürfen.

Prag war seit jeher eine bevorzugte Heimstätte für allerlei verschrobene Köpfe und Originale, die in der geheimnisvoll mystischen Atmosphäre seiner altertümlichen barocken Häuschen und Gässchen ein absonderliches Dasein führten. Da war der »Ehrendoktor Guttmann«, ein wallend beschopfter, grell kariert gekleideter Mann mit flatternder Krawatte und unförmig großer Unterlippe, der seinen Titel seit der ihm von den Studenten der deutschen Technik angetanen Ulk-Promotion mit großer Würde und Ernsthaftigkeit führte. Der Schnorrer Alois

Weiss, genannt Haschile, erschien in langem schmierigem Kaftan bei allen Promotionen der Universität und beglückwünschte die neuen Doktoren, deren Geburtsorte er stets rechtzeitig in Erfahrung zu bringen wusste, mit dem diskreten Hinweis darauf, dass auch er, Haschile, aus dem betreffenden Orte stamme und deshalb an diesem festlichen Tag einer kleinen Spende wohl würdig sei.

Ein anderer, etwas schwachsinniger Greis verdiente sein Brot damit, dass er auf den Kinderspielplätzen gegen Entrichtung einer Gebühr von zehn Hellern in die Luft hüpfte und dabei »Hopp-hopp!« rief, während »Dr. Kohn« sich an die zahlreichen Pärchen in den Parks heranmachte und einen schwunghaften Handel mit improvisierten Liebesgedichten betrieb, in deren glühende Verse die jeweils besungene Márenka oder Bozena mit vollem Namen eingefügt war, was den sicheren Erfolg seines poetischen Geschäftsunternehmens verbürgte. – Im Hügelgebiet der Sárka bei Prag stand eine baufällige verrußte alte Studentenkneipe, »Zum Schipkapass« genannt, in welcher das orientalisch drapierte fettige Wirtspaar »Osman und Suleika« schon seit Generationen deutsche Prager Studenten mit geistigen Getränken zu versorgen pflegte.

Als Stammgast unserer Klinik erschien zweimal wöchentlich zwecks Injektionsbehandlung der bejahrte Nathan Guth (Tuchhandel und Likörerzeugung), welcher es sich nicht nehmen ließ, die ihm geleisteten ärztlichen Dienste von Zeit zu Zeit durch »erstklassige Präsente« zu honorieren, etwa durch eine Schachtel Zündhölzer, eine wertlose Briefmarke, ja einmal sogar durch ein Paar »prima delikate Würstel«. Den Chef der Klinik erfreute er zum Weihnachtsfest durch Überreichung eines dickbändigen Verzeichnisses sämtlicher Staatsangestellten der tschechoslowakischen Republik mit dem Bemerken: »Herr Professor werden gewiss sehr erfreit sein, denn auf Seite 374 – ich hab hineingelegt e Buchzeichen – kennen der Herr Professor lesen Ihren Namen gedruckt.«

Auch mein Name figurierte in diesem interessanten Buch, obgleich mein Gewissen gegenüber der Republik kein ganz fleckenreines war. Ich hatte seinerzeit in Wien, inspiriert durch Berichte über Gewaltakte tschechischer Legionäre eine Karikatur gezeichnet, einen tschechischen Legionssoldaten und einen Senegalneger, den einen mit einer Handgranate, den anderen mit einem blutigen Messer zwischen den Zähnen, beide mit dem gleichen bestialischen Gesichtsausdruck, beide in der Uniform der französischen Armee und umschlungen von einem blauweiss-roten Band mit der Aufschrift »brutalité – bestialité – égalité«, darunter die Worte: »Der eine ist aus Senegal, der andere heißt Dolezal. Im Rheinland stiehlt der Neger, der Tschech' in Prag und Eger.

Ein jeder sorgt auf seine Weis' für Frankreichs Ehre, Ruhm und Preis.« Dieses anonyme Kunstwerk hatte ich dem Sudetendeutschen Hilfsverein in Wien zur Verfügung gestellt, der es auf farbigen Postkarten in Tausenden von Exemplaren nach Deutschböhmen einschmuggeln ließ und der es außerdem ohne mein Wissen der eben von einem gewissen Adolf Hitler in München ins Leben gerufenen Nationalsozialistischen Deutschen Arbeiterpartei übergab. Diese kleine aggressive Gruppe ließ die Karten in Berlin verteilen und Abdrucke davon in Wien plakatieren, was zum Einschreiten der beleidigten tschechischen und französischen Gesandten bei der österreichischen Regierung Anlass gab. In den Fenstern von Prager national-tschechischen Buchhandlungen wurde die Karte mit erregten Kommentaren über die Frechheit der Deutschen ausgestellt, die Zeitungen spuckten Galle und niemand hatte eine Ahnung davon, dass der Bösewicht, dem man so gerne den Kragen umgedreht hätte, als fixbesoldeter Diener des Staates mitten in der Hauptstadt saß.

Sogar eine außerordentliche Remuneration von 3.000 Kronen wurde mir für wissenschaftliche Leistungen von Staats wegen gewährt und schließlich im Jahr 1926 auch die Habilitierung als Privatdozent für Pathologische Physiologie unter außerordentlicher Nachsicht von zwölf Prüfungen, die ich als Ausländer hätte normalerweise wiederholen müssen. Ich hatte also persönlich durchaus keinen Grund, mich über die tschechoslowakische Regierung zu beklagen und muss anerkennen, dass ich von den Beamten des Unterrichtsministeriums, denen ich Monate hindurch wegen meiner Habilitierungsangelegenheit die Türen einrannte, stets mit großer Höflichkeit und mit staunenswerter Geduld behandelt wurde, wobei mir die Geläufigkeit meines tschechischen Redeflusses besonders zustatten kam.

An große Reisen, wie ich sie vor dem Krieg und vor dem Verlust unseres Familienvermögens unternommen hatte, war bei der engen Beschränktheit meiner Mittel während der Prager Jahre nicht mehr zu denken, doch reichten die Ersparnisse immerhin für ein paar weniger ausgedehnte Auslandsbesuche; einer davon war sogar mit einem kleinen Reingewinn verbunden, dem Honorar von 100 Reichsmark für einen Vortrag vor dem Ärzteverein der Wagner-Stadt Bayreuth. Im Sommer 1923 veranstaltete der Prager deutsche Volksbildungsverein Urania zu billigen Preisen eine Italienfahrt, die ich mir nicht entgehen ließ. Organisation, Unterkünfte und Verpflegung waren über alle Begriffe miserabel und der Reiseleiter musste schließlich die Flucht ergreifen, um von den erbosten Teilnehmern der strapaziösen Expedition nicht verhauen zu werden. Nichtsdestoweniger gab es auch erfreuliche Erlebnisse und nebenbei war für unfreiwillige Erheiterung durch die Aussprüche einer nach humanistischer Bildung dürstenden Galanteriewarenhändlerin aus Brünn gesorgt. Diese nur an kontinentale Landschaften gewöhnte Dame fragte mich beim ersten Anblick des Meeres ungläubig »Bitte, ist das lauter Wasser?«. Palmen bezeichnete sie als Kakteen, in Venedig erkundigte sie sich nach dem kürzesten Weg zum akademischen Viertel, Capri hielt sie für Griechenland und in Pompeji beklagte sie die nach ihrer Meinung durch den bösen Weltkrieg verursachten Beschädigungen dieser schönen Stadt.

Während in Venedig und Florenz trotz infernalischer Hitze meine Leibeskräfte noch ungeschwächt waren und ich in schweißtriefender Begeisterung von Bildergalerie zu Bildergalerie und von Kirche zu Kirche wanderte, ereilte mich in Rom das so vielen sommerlichen Italienfahrern drohende Schicksal eines intensiven Darmkatarrhs, der mich schmerzlich an die blutigen Tage von Lublin gemahnte.

Von einer Aufführung der »Aida« im offenen Amfiteatro Greco-Romano, wo das Publikum stundenlang auf kühlen Steinbänken lagernd die Sänger durch Applausstürme zu endlosen Da Capos gezwungen hatte, kehrte ich spät Nachts zu meiner Pension heim, deren Tore ich fest verschlossen fand. Die Klingel funktionierte nicht, Geschrei und Steinwürfe an die Fenster blieben erfolglos und so irrte ich den Rest der Nacht hindurch in der ewigen Stadt umher, hie und da einen Eckstein als Ruheplätzchen benützend, was aber das Missfallen der die Strassen durchstreifenden Carabinieri erregte. Die Gesten Caesars, Ciceros und Catos tauchten vor meinem geistigen Auge auf und ermahnten mich, antike Seelengröße zu zeigen, doch hatten indes feindliche Mächte von meinem Inneren Besitz ergriffen und als unsere Reisegesellschaft am folgenden Tag den Vatikan betrat, um vom heiligen Vater empfangen und gesegnet zu werden, da bohrte der Satan seine Krallen in meine Eingeweide und es gelang ihm, mich so lange in einem der unscheinbarsten vatikanischen Nebenräume zurückzuhalten, bis die Audienz vorüber war. So kam es, dass ich Seiner Heiligkeit nicht ansichtig ward und als Erinnerung an diesen tragischen Tag nichts anderes behielt als ein blütenweißes Blatt päpstlichen Klosettpapiers. Nur mit schwerer Not vermochte ich die Weihe der klassischen Stätten, des Forums, des Circus Maximus, des Kolosseums und des Kapitols in mich aufzunehmen und in Neapel wurde die Sache noch schlimmer. Dort quartierte man mich in einem unter dem Dach des schäbigen Hotels Astoria gelegenen winzigen Loch ein auf einem gebrechlichen, schmutzigen Eisenbett, dessen Kopfende an die unverschließbare Türe stieß, während das Fußende auf einen Hinterhofbalkon hinausragte. Dieser war erstens durch einen undichten, übelriechenden Gasometer und zweitens durch ein großes Blechgefäß ausgezeichnet, in welches während der Morgenstunden das Hauspersonal, meiner nicht achtend, gewaltige Mengen von Mist abzuladen und mich hierbei mit Staubwolken zu bedecken pflegte. Sonstiges Mobiliar war nicht vorhanden. In diesem Gemach verlebte ich bei tropischen Temperaturen einige einsame Tage und dachte darüber nach, ob das bekannte Sprichwort »Neapel sehen und dann sterben!« für meine Person nicht in umgekehrter Reihenfolge besser angebracht wäre. Aber auch diese Prüfung ging vorüber. Ich erholte mich soweit, um an der Überfahrt nach Capri teilnehmen zu können und hierbei seekrank zu werden. In ähnlichem Zustande umschiffte ich die Südspitze Italiens und, nachdem man uns noch in Patras im Golf von Korinth und in Ragusa hatte etwas Staub schlucken lassen, kehrten wir frohen Mutes heim an die Gestade der braunen Moldau.

Noch ein zweites mal im gleichen Jahr betrat ich italienischen Boden, diesmal neu italienisches, noch vor wenigen Jahren zu Österreich gehörendes Gebiet, das Tal des Isonzo, den Schauplatz der furchtbarsten Kämpfe des Weltkriegs und die alte Frontdomäne meines Regimentes. Es schien seltsam, dass es nun möglich war, an den Abhängen und auf der Straße, die seinerzeit nur im Schutz der Dunkelheit betreten werden konnten, frei und ungefährdet umherzugehen. Dennoch hatten die dazwischen liegenden fünf Friedensjahre nicht vermocht, alle dem Wald, dem Boden und den menschlichen Siedlungen geschlagenen Wunden zu heilen. Wohl waren Schützengraben und Granattrichter von dichtem Gebüsch überwuchert, die nackte Erde lag nicht mehr aufgewühlt und zerrissen am Tageslicht, aber zwischen neuaufgebauten Steinhäusern der nun zu italienischen Staatsbürgern gewordenen Slowenen lagen immer noch die rauchgeschwärzten Trümmer zerschossener und niedergebrannter Gebäude; da und dort waren Kaverneneingänge und betonierte Unterstände an den Abhängen zu sehen; der besonders stark befestigte Maschinengewehrstand des einstigen linken Flügels meines Regimentes mit seiner 1,5 Meter starken Betondecke, einst der Stolz des I. Bataillons, diente nun den Einwohnern des Dörfchens Prapotno als kühles Wein- und Bierdepot. Ein Soldatenfriedhof reihte sich an den anderen. Hunderte und Tausende von einfachen Holzkreuzen waren da in militärischer Ordnung nebeneinander in den Boden gepflanzt, manche von ihnen trugen Namen, die mir noch in der Erinnerung hafteten. Da lagen sie friedlich nebeneinander, Tschechen, Deutsche, Magyaren und Italiener und unsichtbar stand über all diesen Gräbern die fragende Inschrift »Wofür?«.

Als ich in Auzza bei Nacht über eine Leiter auf den Heuboden eines Bauernhauses getappt war und mich in der Finsternis zum Schlafen zurechtgelegt hatte, vernahm ich plötzlich aus einem Winkel des vollständig dunklen Raumes ein ruckweise grunzendes und gurgelndes Geräusch, das mich wiederholt auffahren ließ und in nicht geringe Unruhe versetzte. Bei Morgengrauen aber entpuppte sich das vermeintliche Raubtier als ein höchst harmloser, mit einem mächtigen Kropf gezierter Dorftrottel.

Eine beschwerliche weglose Wanderung führte mich über unsere ehemaligen äußersten Vorpostenstellungen bei Descla und Britof hinaus in »feindliches« Gebiet, wo es nun keines besonderen Heldenmutes mehr bedurfte, um in die großartig ausgebauten, tief in den Felsen getriebenen Stollen- und Kavernensysteme der Italiener und in die uns so verhasst gewesenen Artillerienester auf dem Monte Kuk einzudringen, die jetzt nur noch von in der Sonne schillernden Eidechsen und bösartigen Skorpionen belebt waren. Langsam stieg ich den steilen Monte Santo hinan, den blutigsten aller Berge, dessen waldige Kuppe einst vollständig kahl getrommelt worden war und auch jetzt noch wüst und öde über mir lag. Unmengen von verrosteten Stahlhelmen, zerbrochenen Gewehren, Patronentaschen und sonstigem Kriegsmaterial bedeckten noch immer den Boden. Auch sonnengebleichte Menschenknochen lagen da und dort verstreut umher und alles Entsetzen der schon so weit zurückliegenden, halb vergessenen Kriegszeit schüttelte mich von neuem, als plötzlich die tiefe Stille um mich her von einer Explosion zerrissen wurde, die donnernd aus der Tiefe des Isonzotales zwischen dem Monte Santo und dem lang gestreckten Rücken des San Gabriele widerhallte. Ich traute meinen Ohren nicht und glaubte an eine Sinnestäuschung aber es dauerte nicht lange und wieder erdröhnte eine Detonation, diesmal aus entgegengesetzter Richtung, dann noch eine und noch eine und nun sah ich auch Rauch- und Erdwolken aufsteigen. Es war ein rätselhaftes und unheimliches Schauspiel.

Die Gespenster der toten Isonzokämpfer schienen den verfluchten »heiligen Berg« nicht zur Ruhe kommen lassen zu wollen. In Wirklichkeit handelte es sich darum, dass durch die glühende Sonnenhitze seit Jahr und Tag immer noch zahlreiche der in Massen umher liegenden sogenannten Blindgänger zur selbsttätigen Explosion gebracht wurden und, als auf dem Gipfel des Berges vor dem aus Marmorfragmenten der ehemaligen Wallfahrtskirche errichteten Freilichtaltar gleichzeitig mit mir eine Gruppe von Pilgern eintraf, sausten ein paar mal die Sprengstücke in nächster Nähe explodierender Geschosse so knapp vorbei, dass sich alle niederduckten oder zu Boden warfen. Es war genau wie in der guten alten Zeit anno 1917.

Die in den erbitterten Kämpfen des Krieges fast völlig zerstörte Stadt Görz – jetzt Gorizia – war von den neuen Herren zum großen Teil wieder aufgebaut, doch konnte ich mich in heimlichen Gesprächen mit den ansässigen Slowenen von ihrem fanatischen Hass gegen die italienischen Eroberer und insbesondere gegen die Vertreter der vor Kurzem unter Führung Mussolinis zur Macht gelangten faschistischen Partei überzeugen, die überall in theatralischer Aufmachung in schwarzen Hemden und mit Siegermienen einherstolzierten. Von dem weißhaarigen Bürgermeister von Canale wurde ich als Österreicher besonders freundlich willkommen geheißen und mit Klagen über das Schicksal seiner Volksgenossen überschüttet. Bald danach war ich wieder daheim in den steirischen Bergen, wo ich mit meinen paar tschechischen Kronen, den sogenannten »Powidl-Dollars« als reicher Mann auftreten konnte, denn die österreichische Währung hatte ihren Tiefpunkt erreicht. Dort im wilden felsigen Dachsteingebiet gab es ein anderes kleines Erlebnis nationalpolitischer Art. Ich hatte mich in das Gästebuch einer Schutzhütte eingetragen, die Stadt Prag als Wohnort angebend, und war eben im Abstieg über den steilen Weg nach Schladming hinunter begriffen, als zwei Jünglinge, die nach mir die Hütte betreten hatten, zum Vorschein kamen und mich unter der liebenswürdigen Aufforderung »Ziag o, bledar Bem bledar!« von oben her mit Steinen bewarfen. So sprach die Stimme des Volkes.

Im Herbst des gleichen Jahres fungierte ich als Zeuge bei der in aller Stille vollzogenen Trauung meines Vaters und seiner zweiten Frau in dem Dorf Hörbranz am Bodensee und war froh, ihn nach langen Jahren wieder zufrieden und heiter zu wissen.

Auch mein eigenes Schicksal nahm in diesem Herbst eine Wendung, die auf Jahre hinaus mein Dasein mit dem noch ungekannten Glück unbeschränkter und sorgloser Zweisamkeit erfüllen sollte. Die ganze Welt schien verwandelt und erhellt durch ein Paar junger sonniger Augen, aus denen Licht und Wärme in mein Dasein strömten. Alle Schwermut früherer Zeiten war vergessen und selbst die kleinsten Dinge des Alltags empfingen einen neuen freundlichen Sinn vor dem zauberhaft schönen farbenfrohen Hintergrund des alten Prag mit seinen hundert Türmen, der blühenden Apfelbäume von Roztoky, der

Felsen von Schreckenstein, der Gipfel des Riesengebirges, der mächtigen böhmischen Burgen, der grünen Wälder am Moldauufer und unter den Weihnachtskerzen im bescheidenen Assistentendienstzimmer an der Klinik. Ein neues, volleres Leben war angebrochen und die nüchternen Fragen der materiellen Zukunft schienen zunächst in unwirkliche weite Fernen gerückt.

Im Frühling 1924 führte mich eine Osterfahrt nach Paris mit meinem Freund Hans Schnitzler zusammen. Im Haus seines Vaters, eines berühmten Chirurgen, hatte ich seit Jahren viele schöne Stunden verbracht und interessante Menschen kennengelernt, vor allem den Bruder des Professors, den Dichter Arthur Schnitzler. Hans selbst war ein ungewöhnlich begabter Pianist, eine lebensfreudige, humorvolle und dabei nachdenkliche Natur. Wir hatten oft miteinander musiziert und unsere Ansichten über viele gemeinsame Interessengebiete ausgetauscht, doch vermieden wir es beide geflissentlich, uns über politische Tagesfragen auseinanderzusetzen, denn die Divergenz mancher unserer Anschauungen war uns beiden zur Genüge bewusst. Meine eigene Einstellung zu den aktuellen nationalen und sozialen Problemen war zu stark gefühlsmäßig betont und andererseits zu wenig mit solider Sachkenntnis unterbaut, um nüchtern kritische Diskussionen zu gestatten.

In Paris bemühte ich mich, unter möglichster Zurückdrängung der immer wieder aufwallenden bitteren Empfindungen, die auf französischem Boden unvermeidlich waren, die zeitlosen Schönheitswunder dieser so unendlich reizvollen liebenswerten Stadt und die Grazie ihres Lebensrhythmus vorbehaltlos zu genießen. Am Quai d'Orsay begegnete ich einem älteren Herren in Zivil mit buschigem grauem Schnurrbart und scharfem Blick, dem ich eine Weile in respektvoller Distanz durch die Straßen folgte, denn es war kein Geringerer als Marschall Foch, der Sieger des Weltkrieges, der Mann, welcher im Wald von Compiègne die deutsche Waffenstillstandsdelegation mit hochmütiger Herablassung in jenem Eisenbahnwaggon empfangen hatte, der nun als historisches Schaustück im Hof des Hotel des Invalides stand und in dem dereinst von Adolf Hitler die Waffenstreckung der geschlagenen französischen Republik diktiert werden sollte.

Auch einige Größen der französischen Politik bekam ich zu Gesicht und Gehör, in zwei Sitzungen der Chambre des Députés, deren Besuch mir durch Vermittlung der österreichischen Gesandtschaft möglich gemacht worden war: Briand, Painlevé, den eben zum Kammerpräsidenten gewählten Herriot und Caillaux, derzeit Finanzminister nach Entlassung aus jahrelanger Haft, welche er seinem erbitterten Gegner

Clemenceau zu verdanken hatte. Caillaux, ein schlanker, eleganter Mann mit Monokel befand sich eben in der unangenehmen Lage, eine scharfe Interpellation der Linken über Korruption und Misswirtschaft in der Finanzierung des Wiederaufbaues der verwüsteten Gebiete Ostfrankreichs erledigen zu müssen. Er tat dies in einer ebenso formvollendeten, witzigen und geistsprühenden als inhaltslosen Rede, in welcher er so gut wie alle konkreten Anfragen unbeantwortet ließ. Ich war überzeugt, Missfallenskundgebungen der unbefriedigten Opposition würden seine Stellung erschüttern, aber statt dessen brach auf allen Bänken des Hauses stürmischer Beifall los und zeigte mir wieder einmal in aller Deutlichkeit den tiefen Wesensunterschied zwischen romanischem Temperament und deutscher Sachlichkeit.

Einige Monate nach jenem rhetorischen Erlebnis trat ich selbst zum ersten mal mit einem größeren Vortrag über meine Fettstoffwechseluntersuchungen als Redner vor den in Wien tagenden Kongress der deutschen Gesellschaft für Stoffwechselforschung. Eine Menge hervorragender Gelehrter war da versammelt und in der vordersten Reihe, gerade unter mir, saßen die ältesten und arteriosklerotischsten von ihnen in ehrfurchtgebietender Würde. Einige schienen interessiert; der allgemein gefürchtete Hofrat Pal aber schüttelte zu meinem Schrecken mit missbilligender Miene sein Haupt; nicht nur einmal, nein, wieder und wieder, ja den ganzen Vortrag hindurch und ich machte mich schaudernd auf eine seiner üblichen giftspritzenden Diskussionsreden gefasst. Doch nichts dergleichen geschah; im Gegenteil, der gefährliche Greis klatschte kopfschüttelnd in die Hände und schüttelte auch während des folgenden Vortrages unentwegt weiter, bis ich endlich begriff, dass er nichts Böses im Schilde führte, sondern einfach mit dem sogenannten Tatterich behaftet war.

Als Begleiter eines lungenkranken Patienten hatte ich bald darauf Gelegenheit, das als gewaltiges Felsmassiv aus der slowakisch-ungarischen Tiefebene aufragende Tatra-Gebirge kennenzulernen, an dessen wild zerklüfteten Abhängen luxuriöse Sanatorien vielen Kranken aus dem Osten Europas die Vorteile eines hochalpinen Klimas und die Illusion des »Über der Welt Lebens« gewährten, denn die unendliche weite Fläche des slowakischen Landes liegt tief unten zu Füßen der Tatra-Bewohner ausgebreitet wie ein Teppich.

Nach ein paar erfrischenden Tagen in primitiven Schutzhütten und raffinierten Hotelsalons gedachte ich, von dem Städtchen Poprad, dessen Straßen- und Orientierungstafeln in slowakischer, tschechischer, magyarischer, deutscher und hebräischer Sprache prangten, mittels

Nachtschnellzuges die Heimfahrt nach Prag anzutreten und verausgabte mein letztes Bargeld für das Billett. Wenige Minuten später, als sich der Zug eben in Bewegung setzte, warf ich das kostbare Zettelchen irrtümlicherweise mit Schokoladepapieren und dergleichen zum Fenster hinaus und war nun genötigt, während der 12-stündigen Nachtfahrt mich hinter den bauschigen Faltenröcken mitleidiger slowakischer Bauernweiber, welche den Korridor des überfüllten Waggons bevölkerten, zu verkriechen, sooft der inspizierende Beamte mit seiner Blendlaterne erschien, was während dieser Schreckensnacht siebenmal der Fall war. Übernächtigt und todmüde traf ich am folgenden Morgen in Prag ein und entzog mich bei der Ausgangskontrolle der vorschriftsmäßigen Nachzahlung des 1,5-fachen Fahrpreises nur dadurch, dass ich schwedische und rumänische Worte lallend den engen Durchlass mit meiner Person so lange verstopft hielt, bis es sowohl dem nachdrängenden Menschenstrom als dem verzweifelt auf mich einredenden Beamten zu dumm war und der letztere mich fluchend »k certu« (zum Teufel) schickte, was ich mir nicht zweimal sagen ließ, denn mit meinen Finanzen stand es damals ganz besonders schlecht. Dies hatte seinen Grund in einem Abenteuer kriminalistischer Art, welches mich kurz zuvor meine sämtlichen Ersparnisse gekostet hatte.

Zwei elegante holländische Tuchhändler, Salatmänner, wie man diese Branche in der Gaunersprache nennt, hatten mir unter allerlei beredsamen Vorspiegelungen angeblich erstklassige englische Stoffe für sechs komplette Herrenanzüge aufgedrängt, für welche ich ihnen in einem Anfall von geistiger Umnachtung bereitwillig mein gesamtes Barkapital überließ. Die Feststellung eines Schneiders, dem ich meine Beute weiterverkaufen wollte, es handle sich um ganz minderwertige Tuchabfälle aus der Humpoletzer Ramschindustrie, von denen nicht ein einziger für einen ganzen Anzug ausreichte, veranlasste mich zur Erstattung einer polizeilichen Anzeige. Nach vergeblichem Studium des Verbrecheralbums, in welchem ganze Scharen der in der tschechoslowakischen Republik tätigen durchwegs holländischen Salatmänner figurierten, folgten nun sechs Wochen einer aufregenden Suche, unterstützt von dem biederen Klinik-Patienten Nathan Guth, der mich in die ihm wohl vertrauten, aber geschäftlich lästigen Kreise der lichtscheuen Prager Unterwelt einführte und von seinem Freund, dem Dienstmann Isidor Stern, bisherigen erfahrenem Führer und Berater der ausländischen Tuchschwindler, der aber »seit der Geschichte mit die Hosen« in das salatfeindliche gegnerische Lager umgeschwenkt war. Zeitraubende Aufenthalte bei Tag und Nacht in anrüchigen Lo-

kalen und in den von Salatmännern bewohnten Hotels, deren Portiers
sich nur durch ausgiebige Trinkgelder zu verschiedenen Informationen
bewegen ließen, sowie wiederholte Konfrontierungen mit frisch verhafteten Salatmännern in der Polizeidirektion verschafften mir die persönliche Bekanntschaft mit einer langen Reihe von Mitgliedern der von
den Brüdern Aaron und Isaac Goudenburg geleiteten Salatorganisation
und anderer verdächtiger Persönlichkeiten, deren Namen und Spezi-
alfächer ich gewissenhaft in Evidenz hielt. All diese systematischen
Bemühungen blieben jedoch zunächst völlig resultatlos, bis ich eines
Nachts ganz zufällig die beiden Gesuchten in angeregter Unterhaltung
mit ein paar dubiösen Mädchen unter einer Straßenlaterne stehen sah.
Begleitet von einem anfangs widerstrebenden, gummiknüppelbewaff-
neten Polizeimann, der sich hinter mir verbarg, um nicht zu früh durch
seine Uniform aufzufallen, schlich ich an die nichtsahnende fröhliche
Gruppe heran und ein paar Minuten später marschierten wir alle miteinander zur nächsten Wachstube, wo den Herren Garnade und de
Vries auf mein Ersuchen ihre Pässe abgenommen wurden. Einstweilen blieben sie jedoch noch auf freiem Fuß; Mijnheer Garnade, dem
ich meinen Glückwunsch zu seinen erfolgreichen Transaktionen und
zu der Dummheit seiner Mitmenschen, mich inbegriffen, aussprach,
lud mich sogar auf ein Glas Champagner ein. Am folgenden Morgen
aber, als in der gleichen Wachstube Geld und Stoffe in die Hände ihrer
ursprünglichen Besitzer zurückgelangt waren, erfolgte auf Grund der
erstatteten Anzeige und ohne weiteres Zutun meinerseits die formelle
Verhaftung des höchlich erbitterten Niederländers, den ich später nur
noch einmal gelegentlich eines Verhörs im Gefängnis zu Gesicht bekam, ein Bild kragenloser, unrasierter Kümmernis und ein warnendes
Exempel zur Bekräftigung des erbaulichen Moralsprüchleins »Unrecht
Gut gedeiht nicht.«
Umso größer war meine eigene Freude an dem Triumph des Rechtes
über die Verworfenheit und sie ward überdies besonders versüßt durch
die Tatsache, dass der mir äußerst verhasste Krankenhausdirektor Dr.
Doskár, den die beiden Gauner am gleichen Tage mit einem noch grö-
ßeren Betrag hineingelegt hatten als mich, von seinem Geld nichts zu-
rückerhielt.
Jedenfalls befand ich mich nun wieder im Besitz der notwendigen
Mittel, um einer neuerlichen Einladung fröken Öhrn's nach Schweden
Folge leisten zu können. Diesmal ging es nach dem neu erworbenen
Gut Ormor an der Küste südlich von Stockholm, wo fröken Öhrn mit
ihren Hunden und einigen Schießgewehren fern von allen mensch-

lichen Siedlungen hauste und im Sommer stets einige Verwandte oder Freunde zu Gast lud, während sie den Winter mutterseelenallein zu verbringen pflegte. Wieder vergingen einige Wochen der friedlichen Erholung mit Motorbootfahren, Fischen und Baden.

Der glänzend organisierte internationale Physiologenkongress, für welchen auch ich einen kleinen Vortrag angekündigt hatte, lockte mich nach Stockholm und brachte mich in persönlichen Kontakt mit vielen Männern der Wissenschaft, die mir aus ihren Arbeiten wohl bekannt gewesen waren, u. a. mit dem damals etwa 26-jährigen Nobelpreisträger Charles H. Best aus Kanada, dem Mitentdecker des Insulins und manchen anderen. In den riesigen Prunkräumen des neuen Stadthauses, welches als das bedeutendste architektonische Werk des zwanzigsten Jahrhunderts gilt, fanden prachtvolle Festlichkeiten statt. Ausflüge nach Saltsjöbaden und in die alte Universitätsstadt Uppsala gaben Gelegenheit zu interessanten Gesprächen, bei welchen sich mir die Kenntnis mehrerer Idiome ebenso wertvoll erwies wie in Diskussionen zu den Vorträgen von Rednern aus aller Herren Länder.

In fröken Öhrns Haus in Stockholm kam es unter strenger Bewachung zu einem kurzen, bewegten Wiedersehen mit Helga. Gleichzeitig erreichte mich die Nachricht von einer schweren Erkrankung meines Vaters. Der Aufenthalt in Schweden war damit beendet, doch nach ein paar Tagen in Wien, wo eine Besserung im Zustand des Vaters eingetreten war, befand ich mich bald wieder unterwegs und zwar diesmal nach dem sagenhaften bolschewistischen Russland, dass seit Jahren von der Berührung mit der westlichen Zivilisation fast hermetisch abgeschlossen, dauernd den Gegenstand leidenschaftlicher Debatten bildete, von den einen als Paradies auf Erden hoch gepriesen, von den anderen als eine Hölle barbarischer Scheußlichkeiten verflucht, aber nur von ganz wenigen aus eigener Anschauung beurteilt. Die Möglichkeit zu dieser für damalige Verhältnisse ziemlich gewagten Reise hatte sich mir durch Vermittlung zweier Patienten unserer Prager Klinik ergeben, eines führenden tschechischen Kommunisten namens Dr. Kohn und der Gattin des russischen Gesandten Alexandrowski, mit welcher ich allerdings nicht auf besonders gutem Fuß stand, da sie in der Klinik einerseits die Proletarierin mimend darauf bestand, im allgemeinen Krankensaal zu liegen, anderseits aber die kompliziertesten Separatbegünstigungen beanspruchte, weshalb ich sie mit dem unter ihren Parteigenossen streng verpönten Titel »Eure Exzellenz« zu apostrophieren pflegte, zum Gaudium ihrer Mitpatientinnen geringeren Standes.

Nach Erledigung umständlicher Passformalitäten rumpelte ich zunächst in einem langsamen, mit übelriechenden Bauern und verlausten Juden überfüllten Personenzug dritter Klasse nach Polen hinein. In der – abgesehen von einem schönen Park und ein paar Repräsentationsbauten und Kirchen – ziemlich uninteressanten und farblosen Stadt Warschau besuchte ich eine gute Aufführung von Gounods Oper »Faust«. Die Nacht verbrachte ich frierend in einem überaus unsauberen Hotel mit zerschossenen Fensterscheiben, Überbleibseln aus den wiederholten Revolten, die sich während der letzten Monate in Warschau abgespielt hatten. – In einem ziemlich anständigen Waggon, an dessen Wänden das zur Reinlichkeit auffordernde schwierige Wort »Njezanieczyszczacz!« zu lesen war, gelangte ich am folgenden Tag über Bialystok nach der polnischen Grenzstation Stolpce, von welcher aus sich der Zug durch ein sowohl auf polnischer als auf russischer Seite von schwerbewaffneten Militärposten und Drahthindernissen eingesäumtes Niemandsland nach dem auf Sowjetboden gelegenen Ort Negoreloje bewegte. Dort wurden während der Nacht die wenigen Passagiere stundenlang in einem mit vielsprachigen kommunistischen Schlagworten, Lenin-Plakaten und roten Fahnen austapezierten Raum eingesperrt gehalten und von einigen wüst aussehenden, halbuniformierten Grenzwachorganen nach Druckschriften und sonstiger Konterbande durchsucht.

Die russischen Bahnen haben eine größere Spurweite als die aller anderen Länder und dementsprechend auch ihre eigenen Waggongarnituren. Die im übrigen Europa gebräuchliche Unterscheidung der Waggons nach »Klassen« hatte der Sowjetstaat getreu seinem Programm der sozialen Ausgleichung auch der Gesellschafts-«Klassen« abgeschafft. Immerhin blieben in praxi doch gewisse Nuancierungen bestehen. Es gab nämlich sogenannte »weiche« und sogenannte »harte« Waggons. Die ersteren entsprachen dem, was man unter Kapitalisten als Luxuswagen erster Klasse bezeichnet; sie wurden von ausländischen Diplomaten und Geschäftsleuten sowie von den besseren Proletariern benützt, sofern sie höhere Posten in der kommunistischen Partei bekleideten. In den »harten« Waggons, deren auch ich mich bescheidentlich bediente, war die allein »herrschende Klasse« der Arbeiter, Bauern und Soldaten samt Gattinnen und Nachkommenschaft zusammengepfercht und führte hier während der etwa 1,5 Tage dauernden Fahrt bis Moskau ein zwar räumlich beengtes, aber dafür höchst ungeniertes Familienleben. Gestank und Schmutz übertrafen alles, was ich in sozial weniger fortschrittlichen Ländern jemals erlebt hatte, bei weitem.

Draußen dehnte sich endlos und in trauriger Eintönigkeit das westrussische Flachland. Vage Erinnerungen an den Geschichtsunterricht der Gymnasialzeit tauchten bei den Namen Beresina, Smolensk und anderen auf. Ein Beamter der österreichischen Gesandtschaft, den ich unterwegs kennengelernt hatte, beförderte mich nach der Ankunft in Moskau im Dienstauto zu meinem Quartier, dem »Dom Utschonych« (Haus der Gelehrten), einem nüchternen aber sauberen Gebäude, in dessen kasernenartig ausgestatteten kahlen Räumen je zwei oder drei zu vorübergehendem Aufenthalt in Moskau weilende Akademiker auf dürftigen Eisenbetten untergebracht waren, außer mir durchwegs Russen. Das mir zugewiesene, bei Nacht erbärmlich kalte Zimmer teilte ich mit einem Philologen aus dem Kaukasus und einem Mathematiker aus Leningrad. Lebensmittel gab es im Dom Utschonych nicht, bloß heißes Wasser für den »Kipiatok«, in dem sich jeder seinen Tee mit Zucker selber zubereitete. Eine Art von Gesellschaftshalle war mit roten Fahnen, überdimensionalen Bildern Lenins und anderer prominenter Bolschewiken, mit Spruchbändern und kommunistischen Propagandaschriften aufs Geschmackloseste dekoriert. Noch bemerkenswerter erschien mir jedoch der in dem gemeinsamen Waschraum aufgestellte Topf, welcher eine Auswahl zum Teil schon recht abgenützter und unappetitlicher Zahnbürsten, etwa 30 an der Zahl, enthielt, die denjenigen kommunistischen Gelehrten, welche der reaktionären Unsitte des Zähneputzens nicht entsagen wollten, zum leihweisen Gebrauch dienten.

Als erste und wichtigste Handlung befahl man mir den Gang zur Polizeidirektion, woselbst ich um eine spezielle Aufenthaltsbewilligung für die Stadt Moskau anzusuchen und meinen Pass abzuliefern hatte, was ich nur mit einigem Unbehagen tat. Tag für Tag suchte ich von nun ab den von abenteuerlichen Gestalten – Kirgisen, Zigeunern, Chinesen, Kalmücken, Turkmenen, Georgiern, Afghanen – wimmelnden Warteraum auf, um den Pass zurückzuerhalten, wurde aber eine ganze Woche lang immer wieder vertröstet. Als ich das kostbare Dokument endlich in Händen hielt, teilte man mir mit, ich müsse es sofort wieder abgeben, um die Erlaubnis für meine nach einer weiteren Woche beabsichtigte Abreise zu erhalten. Der Genuss des Besitzes einer schriftlichen Aufenthaltserlaubnis war mir also nur wenige Minuten hindurch vergönnt. Besondere Bewilligungen zum Betreten bestimmter Gebäude musste ich mir im Volkskommissariat des Äußeren beschaffen, wo man mir nach längerem Hin und Her auch einen Erlaubnisschein für die Benützung meines fotografischen Apparates ausstellte, jedoch unter ausdrücklicher Ausschließung des Kremls, sowie aller Militär-, Polizei- und Eisenbahnobjekte. Im »Narkomzdrav«, dem Volkskommissariat für Gesundheitswesen, wurde ich von einem höheren Beamten namens Scheftel empfangen, einem eleganten Herrn mit weißem Kragen und Seidenkrawatte, dem ich einige Tage später in der Straßenbahn wieder begegnete, wo er als Proletarier und Mann des Volkes verkleidet eine blaue Kappe, Arbeiterbluse und hohe grobe Stiefel trug. Ich selbst hatte durch Hut und steifen Kragen gleich nach meiner Ankunft so viele gehässige Blicke auf mich gezogen, dass ich mich schleunigst der allgemeinen Maskerade anschloss und die kompromittierenden Insignien bürgerlicher Herkunft in meinen Koffer sperrte. Betonte Schäbigkeit der äußeren Erscheinung war das hervorstechende optische Merkmal der Moskauer Bevölkerung, die sich in Strömen an den gähnend leeren Geschäftsauslagen vorbei durch die Straßen bewegte. Auch in den Theatern und in den sehr kostspieligen Nachtlokalen, in denen Zigeuner ihre melancholischen Lieder sangen und kaukasische Messertänzer mit gellenden Schlachtrufen über die Bühne wirbelten, war die Toilette der Moskauer die gleiche wie tagsüber bei der Arbeit. Bloß die jüngeren Frauen und Mädchen brachten ein wenig Farbe in das öde Einerlei durch in dicken Schichten auf Wangen und Lippen aufgetragene Rot, vor dem selbst die orthodoxesten Bolschewiken nachsichtig ein Auge zudrückten, da es sich ja schließlich und endlich um eine politisch nicht anstößige Farbe handelte. Die Funktionäre der Partei beiderlei Geschlechtes trugen von Kopf bis Fuß düstere schwarze Lederkleidung, während die in großer Zahl sichtbaren Soldaten in ihren langen, weiten, gelbbraunen Mänteln eher den Eindruck einer gewissen Behäbigkeit erweckten. Bettlern begegnete man auf Schritt und Tritt, doch versank der trübselige Anblick dieser Jammergestalten immer wieder in Bedeutungslosigkeit gegenüber dem grauenhaften Höllenspuk der »Bezprisornij«, der überall scharenweise umherwimmelnden verwahrlosten, heimatlosen Kinder, welche während der Hungerkatastrophen nach der Revolution wie Rattenzüge in Massen in die Städte eingedrungen waren und sich nun da in Kanälen, Hinterhöfen, und auf Müllhaufen eingenistet hatten. Ohne eine eigentliche Sprache zu erlernen, notdürftig in Fetzen gehüllt, schmutzstarrend, von Abfällen, Diebstahl und Raubzügen lebend, wuchsen diese Geschöpfe auf wie Ungeziefer und bildeten sowohl durch ihre bei hellichtem Tag blitzschnell ausgeführten frechen Überfälle auf Passanten und Geschäftsläden als durch das Verschleppen ansteckender Krankheiten eine öffentliche Gefahr, deren die Stadtverwaltung nicht Herr zu werden vermochte. Der Versuch, einen Teil von ihnen zu kasernieren,

Abb. 7: Russische Straßenkinder, Fotos Willi Raab

scheiterte an ihrem gewohnten Bedürfnis nach hemmungsloser Ungebundenheit und so trieben sie nach wie vor, in Rudeln durch die Gassen streifend und aus Hinterhalten hervorbrechend, ihr Unwesen weiter, von den Behörden stillschweigend geduldet in der Hoffnung, Seuchen und Winterfröste würden dieses peinliche soziale Problem allmählich von selbst einer Lösung zuführen.

Eine andere dem europäischen Auge damals noch ungewohnte alltägliche Erscheinung im Straßenbild Moskaus waren Gruppen in Ketten gefesselter Menschen, die unter schwerbewaffneter Militär- oder Polizeieskorte von Gefängnis zu Gefängnis oder zu den Eisenbahnzügen getrieben wurden, welche sie zur Zwangsarbeit nach den Bergwerken Sibiriens oder zum Bahnbau an der menschenverschlingenden arktischen Murmanskküste bringen sollten. Täglich begegnete ich solchen traurigen Prozessionen, bei denen es sich nicht durchwegs um politische Sträflinge, sondern vielfach auch um gemeine Verbrecher handelte. Das »Chuli-ganstvo« (Hooligantum) machte gerade damals der Polizei viel zu schaffen, da sich in der Atmosphäre einer allgemeinen Verrohung und Verelendung das Überfallen und Misshandeln harmloser Passanten spaßeshalber zu einem beliebten und weitverbreiteten Sport der heranwachsenden Jugend entwickelt hatte und energische Gegenmaßnahmen erforderte. Die Verhafteten wurden gewöhnlich zuerst nach dem Hauptquartier der G. P. U., der Geheimen Staatspolizei, gebracht, einem großen ehemaligen Hotel auf dem Lubjanka-Platz, dessen Fensterscheiben im Erdgeschoss weiß getüncht waren, um die Vorgänge im Inneren dieses Schreckenspalastes vor den Augen der Außenwelt zu verbergen. Man erzählte mir, dass in den Revolutionsjahren Tausende in den Kellern der G. P. U. getötet und die Leichen bei Nacht durch Kolonnen von Lastautos abtransportiert worden seien. In einer einzigen Nacht nach einem Attentat auf Lenin waren es dreitausend Menschen. Über dem Eingang des Lubjanka-Hotels lächelte freundlich das in Stein gehauene bartumrahmte Antlitz Karl Marx'. – Der ehemalige Chef der G. P. U., Genosse Dserschinski, der vor wenigen Monaten in Leningrad von seinen Amtskollegen vergiftet worden war, hatte mehr Menschen dem »höchsten Strafmaß« (der undelikate Ausdruck »Todesstrafe« war abgeschafft) ausgeliefert als alle professionellen Henker der Weltgeschichte zusammengenommen und die dankbaren Hinterbliebenen hatten ihm vor dem Operntheater ein würdiges Ehrenmal errichtet, einen Erdhügel, dessen Vorderfläche mit einem kunstvoll angelegten Beet bedeckt war: Bunte Blümlein stellten die Gesichtszüge des unvergesslichen Verewigten in zarten Farben dar.

An einem Tag jeder Woche war es den noch am Leben befindlichen Mitgliedern der ehemaligen russischen Aristokratie und Bourgeoisie gestattet, auf einem großen Vorstadt-Marktplatz, dem Smolenskij Rynok, die Überreste ihrer einstigen Besitztümer zum Verkauf anzubieten. Da hockten sie in langen Reihen auf dem Straßenpflaster, ausgehungerte alte Herren und Damen in zerlumpten Kleidern, mit vergrämtem oder apathischem Gesichtsausdruck und vor ihnen im Schmutz der Rinnsteine war eine phantastische Kollektion von zum Teil schönen und geschmackvollen, zumeist aber ganz armseligen und wertlosen Dingen ausgebreitet: antike Vasen, Korsetts, Musikinstrumente, zerrissene Strümpfe, Porzellantassen, beschriebene alte Ansichtskarten, Kinderspielzeug, Elfenbeinminiaturen, Heiligenbilder, Kehrichtbesen, Uniformknöpfe. Manche von diesen Lemuren einer ausgerotteten Gesellschaftsschicht sprachen Französisch, Deutsch oder Englisch, doch war es nicht ratsam, sich in längere Gespräche mit ihnen einzulassen, denn Auge und Ohr der G.P.U. waren überall.

Vor der Kapelle der »Iberischen Madonna«, einem ganz kleinen Gebäude im Zentrum der Stadt, in dem die Zaren und zuletzt auch der später von den Bolschewiken geschlagene »weiße« General Kornilow in entscheidenden Situationen ihre Andacht zu verrichten pflegten, drängten sich vom Morgen bis in die Nacht Scharen von Gläubigen. Auf ihren Knien liegend schoben sie sich ins Innere der engen, von zahllosen Kerzen erhellten und von Weihrauchwolken erfüllten Kapelle, berauscht von dem inbrünstig frommen Gesang der langhaarigen Popen und von dem Glanz ihrer goldgestickten Gewänder. Andere standen stundenlang regungslos da und starrten, Gebete murmelnd, in das schwarze Antlitz des von Gold und Edelsteinen umrahmten Madonnenbildes. Keiner achtete auf die an der Wand eines benachbarten Gebäudes in riesigen steinernen Lettern angebrachte Inschrift »Religion ist Opium für das Volk«. Die offizielle Gottlosenpropaganda stand erst in ihren Anfängen und selbst einen betrunkenen Arbeiter, der fluchend und fäusteschwingend einen Priester vor sich her über den Roten Platz hetzte, sah ich mürrisch Halt machen und davontorkeln, als der von ihm Verfolgte schweißbedeckt und keuchend auf den geheiligten Stufen der iberischen Kapelle angelangt war.

Die meisten Kirchen Moskaus waren zwar gesperrt oder standen als Lagerhäuser und dergleichen in Verwendung, auch die berühmte Wassilij-Kathedrale, das historische Standardwerk der bizarren russischen Kirchenbaukunst, durfte nicht betreten werden, dagegen wurden in der prächtigen, von einer ungeheueren goldenen Kuppel gekrönten modernen Erlöserkathedrale regelmäßig Gottesdienste abgehalten und zwar durch Geistliche der »Roten Kirche«, die sich aus jenen Kreisen des Klerus rekrutierte, der sich um verschiedener Vorteile willen bereit fand, das religiöse Leben in den Dienst einer mehr oder weniger verschleierten politischen Propaganda zu stellen. Die wundervollen Männerstimmen des Kirchenchores wirkten in der mit dunkelgrünem Marmor ausgekleideten Kathedrale mit zauberhafter Gewalt und ließen die beklemmenden Eindrücke des Moskauer Alltags für kurze Zeit in der Weihestimmung mystisch fremdartiger Schönheit aufgehen. Zwei oder drei Jahre später wurden sowohl die Kapelle der iberischen Madonna als die große Erlöserkathedrale auf Befehl der Sowjetregierung zur Belustigung des Volkes an Lenins Geburtstag in die Luft gesprengt. Dem also Gefeierten freilich war es leider nicht mehr vergönnt, diese sinnige Ovation selbst zu genießen, denn schon seit langer Zeit lag er säuberlich einbalsamiert auf dem »Roten Platz« in seinem Mausoleum, einem nüchternen kistenartigen Gebilde aus Holz, vor dessen Eingang allabendlich zwischen 7 und 9 Uhr lange Menschenschlangen auf den Einlass in die unterirdische Gruft warteten. Auch ich hatte mir die obligatorische Eintrittsbewilligung verschafft und bewegte mich langsam in dem schweigenden Zug ehrfürchtig ernstblickender Menschen über die Galerie, welche rings um den Glasschrein führte, in dem der Körper des großen Fanatikers lag, mit bleichem Angesicht, die Augen geschlossen und den Orden des Roten Sowjetsternes an die einfache Bluse geheftet.

Lenins bedeutendster Mitarbeiter, Leo Trotzki, der Schöpfer der Roten Armee, war um diese Zeit bereits bei seinem mächtigen Rivalen Josef Dschugaschwili Stalin in Ungnade gefallen und während überall Ansichtskarten mit den Porträts anderer prominenter Kommunisten zum Verkauf ausgestellt waren, verschwand das hässliche, verkniffene Gesicht des eisig grausamen Trotzki immer mehr im Hintergrund. Auch der früher sehr einflussreich gewesene Radek, welchem die Unterminierung der mitteleuropäischen Staaten anvertraut gewesen war, musste sich jetzt mit der bescheidenen Stellung eines Rektors der Moskauer chinesischen kommunistischen Universität begnügen. In einem Konzertsaal hörte ich ihn einen dreistündigen, sehr trockenen Vortrag über die zukünftige Ostasienpolitik Russlands halten. Umgeben von mehreren unordentlich aussehenden Funktionären und Funktionärinnen stand er in schwarzer Parteitracht auf dem Podium, einen sonderbaren wolligen Bartstreifen von Ohr zu Ohr unter dem rasierten Kinn hindurch, die kurzsichtigen Augen von kreisrunden dicken Brillengläsern verdeckt, eine Personifikation kalter doktrinärer Volksbeglückungswissenschaft.

Einige Jahre später wurde er im Zug der Liquidierung fast aller Prominenten der Lenin-Trotzki-Ära auf Befehl Stalins zu lebenslänglichem Kerker verurteilt, während Trotzki selbst als überall unerwünschter Verbannter von Land zu Land zu flüchten gezwungen war und schließlich in Mexiko von Stalins Agenten ermordet wurde.

Zur Zeit meines Aufenthaltes in Russland amtierte Trotzki noch, wenn auch in untergeordneter Funktion, im Kreml, der, von hohen Festungsmauern und -türmen umgeben, eine eigene befestigte Stadt inmitten von Moskau bildete, mit Palästen, Amtsgebäuden und Kirchen, deren zwiebelförmige Turmspitzen wie goldene Blumen im Sonnenschein über den Moskwa-Fluss hinüberglänzten. Das Betreten des ringsum von Soldaten bewachten Kreml, in dem die mit Recht um ihre Sicherheit besorgten höchsten Sowjetgewalthaber residierten und in dem sich die wichtigsten Ämter befanden, vor allem das »Zik« (Zentral-Exekutiv-Komitee), war nur ganz wenigen bevorzugten Sterblichen vergönnt, zu denen dank meiner Empfehlungen aus Prag auch ich mich zählen durfte. Beneidet von meinen Moskauer Bekannten, welche die Hoffnung aufgegeben hatten, die Kunstschätze und Prachtbauten des Kreml jemals wieder zu Gesicht zu bekommen, eskortiert von einem Offizier der Roten Armee und in Gesellschaft zweier amerikanischer und eines deutschen Kommunisten gelangte ich an mehreren Wachtposten vorbei in das Innere des riesigen Komplexes, auf dessen weiten Plätzen Truppen exerzierten und von dessen Mauerbrüstungen sich ein herrlicher Blick über Stadt und Fluss weitete. Ich bemühte mich, als letzter in unserer Gruppe zu gehen, um unbemerkt meine Kamera in Aktion setzen zu können, doch verwackelte ich leider die meisten Aufnahmen in der zitternden Furcht ertappt zu werden, was zweifellos zu sehr bösen Folgen geführt hätte. Zwei deutsche Studenten verbrachten wegen unbefugten Photographierens mehrere Jahre in russischen Gefängnissen. – In den Kirchen des Kreml, insbesondere in der prunkvollen Archangelski, wurde von Fachleuten sorgsam an der Konservierung der goldenen, edelsteinbesetzten Ikonostasen und an der Wiederherstellung alter, unter der Zarenherrschaft vielfach geschmacklos übermalter Fresken gearbeitet. Ein vormaliger Herrensitz in dem freundlichen Dörfchen Kuncewo am Moskwa-Fluss beherbergte, zum Möbelmuseum umgestaltet, ausgesucht edle Werke verschiedener Stilperioden, welche aus privaten Beständen enteignet worden und mit erbaulichen Aufschriften betreffend die Nichtswürdigkeit ihrer früheren Besitzer versehen waren.

Überhaupt war die Sowjetregierung demonstrativ darauf bedacht, die Kunstwerke der russischen Vergangenheit vor Beschädigungen zu schützen und liebevoll instandzuhalten, ein an sich anerkennenswertes Bestreben, welches jedoch in seltsamem Gegensatz zu der systematischen Verhässlichung aller Dinge des alltäglichen Lebens und zu der künstlerischen Sterilität der Gegenwart stand. Was an neuen Gebäuden und Denkmälern zu sehen war, schloss sich entweder der alten abgebrauchten Schablone an oder kehrte krampfhaft eine trostlos phantasiearme Pseudooriginalität hervor. Das repräsentative Revolutionsmonument, ein langweiliger akademischer Obelisk mit dem üblichen Flattergenius war durch nichts anderes ausgezeichnet als durch die ornamentale Anbringung von etlichen Maschinengewehren.

Großartiges wurde dagegen, der Moskauer Tradition gemäß, von den Theatern geleistet, vor allem von der berühmten Stanislawski-Bühne, die es sich sogar leisten durfte, nicht ausschließlich kommunistische Tendenzstücke aufzuführen. Auch Oper und Ballett standen auf hervorragender Höhe, ohne jedoch völlig auf kleine harmlose Konzessionen an die Tagespolitik zu verzichten. So zum Beispiel sah ich in einer ganz vorzüglichen »Carmen«-Aufführung am Beginn des ersten Aktes die Kinderschar mit einer großmächtigen roten Fahne über die Bretter marschieren.

In den zahlreichen Kinos waren die regietechnisch und schauspielerisch glänzenden Revolutionsfilme Eisensteins, des klassischen Meisters der Sowjetfilmkunst zu sehen: »Panzerkreuzer Potemkin«, »Zehn Tage, die die Welt erschütterten«, »Die Mutter« und andere, doch fehlte es auch nicht an mittelmäßigen amerikanischen Unterhaltungs- und Gesellschaftsstücken, deren lasterhaft wohlgekleidete, gepflegte und juwelengeschmückte Darsteller auf das Publikum offensichtlich eine ungleich stärkere Anziehungskraft ausübten als das nun schon seit Jahren unentwegt breitgetretene Thema proletarischen Edelmutes und bürgerlicher Niedertracht. Des unbestreitbaren Kassenerfolges wegen ließ es sich der Staat deshalb nicht nehmen, in den von ihm selbst betriebenen Kinos den kapitalistischen Unflat nutzbringend auszuwerten.

Das Prinzip der Geringschätzung des Individuums gegenüber der »Masse« fand seinen symbolischen Ausdruck in dem ausgezeichneten, ohne Dirigenten musizierenden »Persimfans«-Orchester. In ähnlicher Weise hatten auch die Wissenschaften als Werkzeuge der kommunistischen Weltanschauungspropaganda herzuhalten. Im »Institut der Roten Professur« wurden politische Agitatoren mit einem Minimum an Fachkenntnissen für die Nachfolge getöteter, nach Sibirien verschickter oder sonstwie beseitigter Hochschullehrer des alten Regimes herangebildet. Der bekannte Pathologe Professor Bogomoletz vermochte die notwendige staatliche Dotation für sein Institut erst dadurch zu erwirken, dass er in einem öffentlichen Vortrag die reaktionäre Anschauung, das Gehirn sei ein höher differenziertes Organ als die Muskulatur einer vernichtenden Kritik unterzog und durch den wissenschaftlich belegten Hinweis auf die Gleichwertigkeit von Cerebrum und Bizeps seine Existenzberechtigung im Sowjetstaat dokumentierte.

Gelegentlich der Besichtigung verschiedentlicher wissenschaftlicher Institute, von denen einzelne in ehemaligen Adelspalästen untergebracht und aufs Luxuriöseste ausgestattet waren, machte ich die Bekanntschaft des Pharmakologen Professors Steppuhn, eines Balten, der gut Deutsch sprach und sich mir in liebenswürdigster Weise als Fremdenführer zur Verfügung stellte. Als ich eines Abends in seine im Hinterhof eines armseligen Vorstadthauses gelegene Wohnung zum Abendessen geladen war und mit ihm, seiner schönen Frau Natascha und zwei reizenden Buben bei Tisch saß, läutete die Türglocke. Die Wirkung war verblüffend. Während Frau und Kinder schreckensbleich und keines Wortes fähig sitzen blieben, schlich der Professor mit ängstlicher Miene zur Tür, öffnete sie vorsichtig und kam mit einem Seufzer der Erleichterung, einen Expressbrief in der Hand haltend, zurück. Da ich die Szene nicht begriff, wurde mir erklärt, dass um diese Zeit keine Besucher erwartet würden, dass dagegen jederzeit, auch ohne besonderen Anlass mit einer Verhaftung durch die G.P.U. gerechnet werden müsse, die von Zeit zu Zeit Einschüchterungsrazzien nach Nichtkommunisten veranstalte und Professor Steppuhn sei als »Unpolitischer« nicht gut angeschrieben. Mir erschien das Ganze als hysterischer Unsinn, aber einige Monate später brach eine von Steppuhn mit mir geführte Korrespondenz plötzlich ab und erst nach langer Zeit erfuhr ich, dass er aus unbekannten Gründen für Jahre nach Sibirien verschickt worden war. Nach seiner Rückkehr ins pharmakologische Institut, dessen Leitung inzwischen in andere Hände übergegangen war, schrieb er mir einmal in strikt geschäftlicher Form wegen eines Beitrages, den ich einer russischen Zeitschrift liefern sollte, und fügte die vielsagende Bitte hinzu, nicht ihm persönlich, sondern dem Institut zu antworten, denn der persönliche Kontakt mit Ausländern gehörte zu den Todsünden in dem allein selig machenden Sowjetparadies.

Noch schlimmer als Steppuhn erging es dem bedeutendsten Internisten Russlands, Professor Pletnew, den ich in seiner Klinik aufsuchte, wo er zuerst vorsichtig alle Türen seines Arbeitszimmers verschloss, um dann über das Sowjetregime herzuziehen, ohne dass ich jedoch irgendwie meine Zustimmung zu erkennen gab, denn man hatte mich schon in Prag gewarnt, in jedem Kritiker, wer immer er sei, einen Provokateur zu vermuten. Pletnew wurde im Jahr 1937 gelegentlich eines der von Stalin arrangierten politischen Schauprozesse, in denen die Angeklagten zum Deklamieren ungeheuerlicher Selbstbeschuldigungen gezwungen wurden, der »Beihilfe zur Ermordung des Dichters Maxim Gorki« für schuldig befunden und zunächst zum Tod verurteilt, dann aber zu lebenslänglicher Zuchthausstrafe begnadigt.

Nach einem Besuch bei dem bejahrten Endokrinologen Professor Scherwinski hielt ich im Volkskommissariat für Gesundheitswesen einen Vortrag in deutscher Sprache, da mein in den vorangegangenen Monaten mit viel Mühe erlerntes Russisch zwar halbwegs für die kleinen Dinge des Alltags und zum annähernden Verständnis von Theateraufführungen etc., aber nicht für den Gebrauch in der Öffentlichkeit ausreichte. Professor Steppuhn machte den Dolmetscher und die Zeitschrift Wjestnik Endokrinologii brachte einen ausführlichen Bericht. Auch eine materiell günstige Anstellung an der Universität wurde mir angeboten, doch lehnte ich dankend ab und machte mich auf die Heimreise nach Prag, nicht ohne einiges Bangen wegen der im Futter meines Mantels verborgenen, mit unerlaubten Aufnahmen des Kreml, der G. P. U.-Zentrale, roter Truppenkörper und zerlumpter Bezprisorni bedeckten Films. Alles ging gut, und auf polnischem Boden angelangt, hatte ich das erleichternde Gefühl, endlich wieder frei atmen zu können.

Monate hindurch wurde ich, wo immer ich hinkam, mit Fragen über das große Rätsel Sowjetrussland bestürmt. Ich konnte viel über nach europäischen Begriffen Seltsames und Abstoßendes, auch über manches Bewundernswerte berichten, über die bis ins Kleinkindesalter hinabreichenden politischen Jugendorganisationen, über neue Schulen und Ambulatorien, über die »Rabfak«, die Arbeiteruniversität, welche auf Mittelschulvorbildung verzichtend, jungen Arbeitern den Weg zu akademischen Berufen eröffnete und anderseits über die plumpe Verlogenheit der alles durchdringenden und jede individuelle Gedankenregung erstickenden Propaganda; zu der wesentlichsten Frage, ob die große Masse des russischen Volkes besser und zufriedener lebe als unter den Zaren, wusste ich jedoch nichts zu sagen, da es mir an jeder Vergleichsmöglichkeit gebrach. Größeres Elend als es mir in meinen kurzen Moskauer Tagen auf Schritt und Tritt begegnete war allerdings nur schwer vorstellbar. Man hatte mir in Russland hiezu folgende Anekdote erzählt: In einer Arbeiterversammlung bestieg ein Redner die Tribüne und zeigte einen Spazierstock vor, der, wie er sagte, ein Sinnbild des zaristischen Russland darstellte, oben die Adeligen und Großgrundbesitzer – der silberne Griff, in der Mitte die Bauern und Arbeiter – das lange Holz, und unten das Lumpengesindel – die schmutzige Eisenspitze. Dann drehte er den Stock um und sprach: Jetzt ist es umgekehrt, was unten war ist oben, was oben war ist unten, nur das Holz in der Mitte ist an derselben Stelle geblieben, wo es immer war.

Während ich in Russland selbst nichts von einer etwaigen Überwachung meiner Person bemerkt hatte, ließ sich unmittelbar nach meiner Rückkehr in die Prager Klinik dort eine junge Russin aufnehmen, der so gut wie nichts fehlte und die als angebliche Tochter eines zaristischen Generals ihrem leidenschaftlichen Hass gegen die Bolschewiken beredten Ausdruck gab, ohne mich jedoch zu irgendeiner abfälligen Kritik verleiten zu können. Da sie sich einer kommunistischen Mitpatientin gegenüber als Gesinnungsgenossin zu erkennen gab und nach zwei Tagen unverrichteter Dinge die Klinik wieder verließ, hatte ich guten Grund, hinter dieser Episode eine kleine Aufmerksamkeit der G. P. U. zu vermuten.

Viele Jahre hindurch verfolgten mich trotz der Harmlosigkeit meiner eigenen Erlebnisse die Erinnerungen an die würgende Atmosphäre Sowjetrusslands in häufigen Angstträumen, bis sie schließlich durch eine wesensverwandte neue Wirklichkeit abgelöst und verdrängt wurden.

Wieder in Wien

Der Wunsch nach breiterer klinischer Ausbildung und die Unmöglichkeit, in der tschechoslowakischen Republik trotz meiner Promotion an der deutschen Universität ohne Erwerb der Staatsbürgerschaft den ärztlichen Beruf in der Praxis auszuüben, veranlassten mich im Herbst 1926, nach erfolgter Habilitierung für pathologische Physiologie, meine Prager Stelle aufzugeben und in die von dem Holländer Professor Wenckebach geleitete Erste Medizinische Klinik der Universität Wien einzutreten. Die Anwartschaft auf eine der neun Assistentenstellen der Klinik war mir von Professor Wenckebach zugesichert, doch ließ sich noch nicht voraussagen, wann eines der bemoosten Häupter sich entschließen würde, das Feld zu räumen und so musste ich mich zunächst mit dem tiefen Sturz von der olympischen Höhe eines Ersten Assistenten und Privatdozenten zum »unbesoldeten Hilfsarzt« abfinden.

Der Abschied von dem schönen Prag und von meinem wohlwollenden Chef fiel mir indessen nicht nur wegen des Verzichtes auf eine gute Stellung und angenehme Arbeitsstätte schwer. Er bedeutete für mich vor allem das bittere und schmerzliche Ende eines Glückszustandes, wie er freudvoller einem Menschenherzen kaum zuteil werden konnte. Wenn auch der Zauber jener verklärten Jahre später noch ein paar mal sowohl in Böhmen als in den österreichischen Alpen zu neuem flüchtigem Leben erwachte, so war doch mit meinem Weggehen von Prag die Einleitung zu einem endlichen Bruch gegeben, der beiden Teilen viel schweren Kummer und mir die Last eines vielleicht nicht ganz begründeten, aber deshalb nicht minder drückenden Schuldbewusstseins aufbürdete.

In trüber Missstimmung gingen die ersten Jahre an der Klinik Wenckebach, wo ich mein Quartier in dem Nebenkämmerchen eines Laboratoriums aufgeschlagen hatte, dahin. Selbst als endlich die versprochene Assistentenstelle durch das Ableben des 62-jährigen Professors Winterberg freigeworden war und mir ein mehr als bescheidenes Gehalt zugesprochen wurde, fehlte es mir an den Mitteln für eine befriedigende wissenschaftliche Arbeit, da infolge der prekären finanziellen Lage der Universität fast alle Forschungstätigkeit aus privater Tasche bestritten werden musste.

Im väterlichen Heim in der Wienzeile gab es seit dem Einzug der neuen Hausfrau oft Spannungen und Konflikte, die durch meine Anwesenheit eher verschärft als ausgeglichen wurden. Die gute Tante Muz, die trotz ihrer eigenen Sorgen und Leiden in dieser auch für mich traurigen Zeit allen meinen ihr anvertrauten Seelennöten liebevolle Anteilnahme entgegenbrachte, war, wie immer, meine gütige Trösterin. Oft kam sie Abends zu mir in meine kärgliche Behausung und oft traf ich sie bei lieben Freunden, bei Friedmanns, bei der stets wohlgelaunten und heiteren Paula Munk oder bei Dr. Michael Hainisch, dem ersten Präsidenten des Bundesstaates Österreich und seiner humorbegabten Frau, mit denen Tante Muz seit jungen Jahren eng befreundet war. »Onkel Michel«, wie ich ihn schon als Kind genannt hatte, war nach der republikanischen Verfassung von der Nationalversammlung zum Präsidenten gewählt worden und bekleidete sein hohes Amt durch acht Jahre. In seiner Person verkörperte er die Ehrenhaftigkeit und tolerante Gesinnung, die Warmherzigkeit, die Liebenswürdigkeit und persönliche Anspruchslosigkeit des besten Österreichertums. Er war kein glänzender Redner, aber allein seine auffallend schöne, männliche Erscheinung, die hohe Gestalt, der gepflegte weiße Vollbart – der »Bundesbart«, wie ihn mein Vater zu nennen pflegte – sicherten ihm überall Respekt und Sympathie.

Seitdem ich die ersten Tage nach dem Tode meiner Mutter in dem Landhaus der Familie Hainisch am Eichberg im Semmeringgebiet zugebracht hatte, war ich immer wieder als Gast bei diesen gütigen, vornehmen Menschen eingekehrt, deren dauernde Freundschaft ich stets als eine besondere Gunst des Schicksals empfand. Noch im hohen Alter, lange nach Ablauf seiner Amtszeit, begab sich Dr. Hainisch, obwohl von den ersten Anzeichen einer schweren Erkrankung gequält, an einem regnerischen Tag zum Unterrichtsminister Dr. Rintelen, um die aus Ersparungsgründen geplante Auflassung der damals von mir bekleideten Assistentenstelle zu verhindern und rettete so meine akademische Laufbahn. Während seiner Präsidentschaft hatte er die ihm angebotene Prunkwohnung im Schloss Belvedere abgelehnt und bewohnte nach wie vor sein altes, äußerst primitives kleines Haus auf der Hohen Warte, das so eng war, dass die üblichen gesellschaftlichen Veranstaltungen zumeist im Garten abgehalten werden mussten. Größere Empfänge dagegen fanden in den prächtigen Räumen des Ministeriums des Äußeren am Ballhausplatz statt, wo ich, ebenso wie im kleinen Kreis auf der Hohen Warte, mit hervorragenden Persönlichkeiten der Wiener Gesellschaft und der Diplomatie in Berührung kam. Sehr häufig waren Tante Muz und ich in die ehemaligen Kaiserlogen der Oper und des Burgtheaters eingeladen, welche dem Bundespräsidenten für ihn selbst und für seine Gäste zur Verfügung standen. Abgesehen von den mit diesen Logen verbundenen und dem Publikum unzugänglichen Empfangs- und Garderoberäumen befand sich dort auch noch ein winziges Nebenkämmerchen in Rücksichtnahme darauf, dass selbst Majestäten einen menschlichen Organismus besitzen. Ein goldener Dreifuß stand darin, welcher ein mit der kaiserlichen Krone geziertes edel geformtes Porzellangefäß in luftiger Höhe trug. Es war dies einer der wenigen sichtbaren höfischen Überreste aus der prachtliebenden Kaiserzeit.

Graue Schäbigkeit lag jetzt über dem Leben der Österreicher und obwohl der kluge und energische Bundeskanzler Prälat Dr. Seipel es verstanden hatte, den in Genf tagenden Völkerbund zu einer mit strengen Kontrollmaßnahmen verbundenen Sanierung der zerrütteten österreichischen Geldwirtschaft zu bewegen, so konnte doch von einer Auferstehung des alten soliden Wohlstandes keine Rede sein. Das ewige Gezänke der beiden rivalisierenden großen Parteien, der Christlichsozialen, welche ihre Stütze vorwiegend in der Provinz besaßen und der das »rote Wien« beherrschenden Sozialdemokraten, hemmte immer wieder die schüchternen Ansätze einer inneren Stabilisierung und führte endlich im Juli 1927 zu schweren blutigen Zusammenstößen.

Angeblich bloß zum Zweck einer Demonstration gegen den Freispruch zweier politischer Gegner, die in einem niederösterreichischen Nest auf eine Gruppe von Sozialdemokraten geschossen hatten, mobilisierte die sozialdemokratische Partei Tausende ihrer Anhänger zu einem Marsch über die Ringstraße. Nachdem ein Angriff auf die als reaktionär verschriene Universität durch ein großes Polizeiaufgebot abgewiesen worden war, wandte sich der Mob gegen den Justizpalast, der unter Aufsicht des sozialdemokratischen »Schutzbundes« systematisch in Brand gesteckt wurde. Ich kam an den Kadavern erschossener Pferde und an einer in Flammen stehenden Wachstube vorbei, als eine Anzahl von halbwüchsigen Burschen benzingetränkte brennende Strohbündel und Papier durch die Souterrainfenster ins Innere des großen Gebäudes beförderte; andere drangen auf Leitern in die oberen Stockwerke ein, warfen Berge von Akten, Möbel, Bilder, Standuhren, etc. auf die Strasse und legten dabei ebenfalls an mehreren Stellen Feuer. Bald schlugen aus allen Fronten des Palastes und aus seinen Dachkuppeln hohe Flammen, dicke schwarze Rauchwolken verdunkelten den Himmel und das Entzücken der umstehenden Menschenmassen, die zum Teil aus lichtscheuem Verbrechergesindel, zumeist aber aus organisierten Arbeitern bestanden, war grenzenlos. Weiber tanzten umher, zerrten in Ekstase an ihren Haaren und stießen hysterische Schreie aus.

Alles johlte vor Vergnügen, wenn irgendein schönes Möbelstück aufs Pflaster herab krachte und besonderen Beifall erntete ein Jüngling, der auf einem Fensterbrett im zweiten Stockwerk ein altes Ölgemälde der Kaiserin Maria Theresia aufgestellt hatte und dieses in aller Öffentlichkeit als Bedürfnisanstalt benützte. Den im Inneren des Gebäudes eingeschlossenen Polizisten wurde der Ausgang versperrt; einige, die durch Kellerfenster zu entkommen suchten, wurden erschlagen, den übrigen gelang es mit knapper Not, sich durch Abfuhrkanäle zu retten. Feuerwehrzügen, welche sich bemühten, an die Brandstätte heranzukommen, wurden die Schläuche durchschnitten; den herbeigeeilten Bürgermeister Dr. Seitz rissen einige »Rote« von seinem Auto herab und verprügelten ihn, obwohl er als Sozialdemokrat einer der Ihren war, weil er versuchte, ihre Unterhaltung zu beeinträchtigen. Ringsum jagten einander Polizei und Demonstranten durch die Straßen, Gewehrfeuer knatterte hin und her, aus Metallfabriken mitgebrachte Eisenstücke wurden als Wurfgeschosse benützt und nach stundenlangem wechselvollem Kampf lagen mehr als 100 Tote und zahlreiche Verwundete auf dem Pflaster. Mitten in dem Tumult gelangte ich bis ganz nahe an die brennende Hauptfront des Justizpalastes heran und brachte einige Photoaufnahmen zustande, die später dem Archiv des Polizeipräsidiums einverleibt wurden.

Ein die Brandlegung beaufsichtigender Funktionär des Schutzbundes fragte mich barsch »Für wen machen Sie diese Aufnahmen?«, gab sich aber mit meiner Antwort »Für die Nachwelt« zufrieden, offenbar in der Meinung, es handle sich um eine radikale Zeitschrift dieses Namens. – Da es ein heißer Sonntag war, fand sich auch ein Straßenverkäufer ein, der mit dem Ruf »Saure Zuckerln, bittää!« den Kampflärm übertönend seelenruhig durch die tobende Menge schritt und gute Geschäfte machte. Ein anderer, der sogar Gefrorenes zu bieten hatte, wechselte wiederholt seinen Standort an einer Ecke des Parlamentsgebäudes, je nachdem von welcher Seite gerade weniger heftig geschossen wurde. Während ich von dem Anblick des Brandes und der erregten Menschen gebannt dastand, klopfte mir ein »Pülcher« auf die Schulter und sprach wohlwollend:«oba Herr, was machen's denn da? Gengan's lieber ham, sunsten kriagn's no a paar Kugeln in Bauch eini; gengan's ham; is g'scheiter.« Ich konnte mich der Richtigkeit dieser Argumentation nicht verschließen und als ich, für den guten Rat dankend, mich zum Gehen wandte, folgte mir mein Gönner mit der diskreten Aufforderung »Gengan's Herr, gebn's ma an Schülling auf a Bier.« Sein Wunsch wurde in Eile erfüllt, denn gerade gingen wieder Polizeisalven

Abb. 8: Der brennende Justizpalast in Wien, Juli 1927, Fotograf unbekannt

in unserer Richtung los und ich musste, um mich in Sicherheit zu bringen, eine hohe Barrikade unförmiger Schneepflüge überklettern, welche von den Demonstranten aus dem Rathaus herbeigeschafft worden waren. Noch einige male geriet ich auf dem Heimweg in lebhaftes Ge-

Abb. 9: Unruhen vor dem Parlamentsgebäude während der Julirevolte 1927 in Wien,
Fotos Willi Raab

wehrfeuer, denn die Straßenkämpfe hatten sich über einen großen Teil der Stadt ausgebreitet. Nach zwei Tagen war die Revolte, die auf die Errichtung einer Proletarierdiktatur gezielt hatte, niedergeschlagen. Das Prestige der arg kompromittierten sozialdemokratischen Partei hatte schwer gelitten und in den Bundesländern erhielt die faschistisch gefärbte antisozialistische Heimwehrbewegung starken Auftrieb, der sie einige Jahre später zu einem bedeutenden innerpolitischen Machtfaktor anwachsen ließ. Die Spannung zwischen Rechts und Links nahm nach der misslungenen Julirevolte zwar noch weiter zu, erschöpfte sich aber ohne schwerere Zusammenstöße in kleinlichen gegenseitigen Bosheitsakten und Intrigen.

Ein kurzer Aufenthalt in Holland gelegentlich eines medizinischen Kongresses führte mir wieder einmal den Kontrast zwischen dem behaglichen Wohlstand, der inneren Stabilität des europäischen Westens und dem ruhelosen Daseinskampf unseres armen, geschrumpften Österreich in deprimierender Weise vor Augen. Vor allem eine Dampferfahrt durch die weite Zuijdersee, deren Trockenlegung durch ein Damm- und Kanalisierungssystem von gigantischen Ausmaßen in vollem Gange war, erfüllte mich mit Bewunderung für dieses einer friedlichen, fruchtbringenden Aufgabe dienende Riesenwerk und ließ mich das kühne Sprichwort verstehen »Die Welt ist von Gott erschaffen, Holland aber von den Holländern.«

Auf der Heimreise besichtigte ich als Gast des befreundeten schwerindustriellen Ehepaares Krieger in Düsseldorf eine große Ausstellung zeitgenössischer deutscher Kunst, die neben manchem Wertvollen eine Fülle für die Nachkriegszeit charakteristischer wüster Exzesse der Geschmacklosigkeit und Albernheit in tiefernster Aufmachung darbot und die normalsinnigen Beschauer durch herablassende Andeutung ihres künstlerischen Unverstandes derart einschüchterte, dass sie ehrfürchtig staunend etwa vor einem gasometerförmigen, pechschwarzen und rot getupften »Christuskopf« oder vor einer sinnlos mit bunten Lappen benähten kolossalen Sackleinwand standen und kaum wagten, ihre Häupter zu schütteln. Auch das Düsseldorfer Denkmal für die Gefallenen des Weltkrieges fügte sich in diese Stilrichtung ein. Es stellte zwei sphinxartige steinerne Gebilde dar, deren Löwenleiber an den Hinterbeinen mit Militärstiefeln bekleidet waren, während die Oberkörper in Uniformen steckten und die mit Soldatenmützen bedeckten Köpfe aus kugelförmigen Fischaugen und mit geöffnetem Karpfenmaul stupid ins Leere glotzten. Einige Jahre später wurde dieses Kunstwerk glücklicherweise entfernt.

Wiederholt kam ich nach Prag, da ich als Dozent an der Deutschen Universität meinen Lehrverpflichtungen bis zu einem gewissen Mindestmaß nachzukommen hatte und gerne jede Gelegenheit wahrnahm, diese mir so liebgewordene Stadt wieder aufzusuchen. Einmal verstieg ich mich sogar dazu, von der slowakischen Hauptstadt Bratislava aus eines der sehr primitiven und unbequemen Flugzeuge der tschechoslowakischen Lufttransportgesellschaft zu einem Flug nach Prag zu benützen, der sich trotz stürmischem und regnerischem Wetter zu einem unvergesslich eindrucksvollen Erlebnis gestaltete.

In jene Zeit fiel eine seltsame Begebenheit, welche die Erinnerung an andere ähnliche, in das Kapitel »Hellseherei« gehörige Dinge wach werden ließ aber ebenso wenig wie jene vermochte, mich zu einem aussichtslosen »Studium« unerklärlicher Phänomene zu verlocken oder gar in den Dunstkreis der damals florierenden spiritistischen Gesellschaften zu treiben. Ich befand mich für einige Tage in der schönen steirischen Stadt Graz und beabsichtigte, bei dieser Gelegenheit einen dort lebenden Arzt, Dr. W., aufzusuchen, dessen Bekanntschaft ich 13 Jahre zuvor während des Krieges auf einer mehrtägigen gemeinsamen Eisenbahnfahrt nach Russland gemacht hatte, als wir beide noch Studenten waren. W.'s Persönlichkeit hatte mir durch ihren ungewöhnlich scharfen Geist lebhaften Eindruck gemacht und mich veranlasst, seiner in meinem Kriegstagebuch ausführlich Erwähnung zu tun. Nach unserer Ankunft in Lublin hatten wir einander aus den Augen verloren und ich wusste nicht, ob W. seinen damals geäußerten Plan, sich in Graz niederzulassen, wahr gemacht hatte, fand aber bald die Adresse und drückte eines Morgens an die Klingel seiner Wohnungstür. W. öffnete selbst und starrte mich zuerst mit erschrecktem Gesichtsausdruck an, dann stammelte er: »Ja, um Gotteswillen, wieso kommst denn Du zu mir?« (Die Anredeform »Du« war unter österreichischen Kriegskameraden allgemein gebräuchlich). Ich erwiderte, das sei doch nichts so sehr Erstaunliches, wurde aber von ihm aufgeklärt: »13 Jahre lang habe ich nicht an dich gedacht; gestern Abend und heute früh aber habe ich mit meiner Frau lange über dich und unsere gemeinsame Fahrt nach Russisch-Polen gesprochen und nun stehst Du auf einmal selber da.« Das war nun freilich merkwürdig, aber damit hatte die Sache noch nicht ihr Ende. Vier Jahre später war ich in Wien damit beschäftigt, allmählich verschiedene meiner Habseligkeiten aus der Wohnung des Vaters in mein Dienstquartier in der Klinik zu schaffen und stieß dabei auf das alte russische Kriegstagebuch, in welchem ich Abends während der Straßenbahnfahrt zur Klinik unter anderem die Notizen über W.

durchlas. Bei meinem Eintreffen im Spital teilte mir die nachtdiensthabende Schwester mit, ein neuer Patient, ein schwerer Morphinist, sei eben eingeliefert worden. Mit dem Tagebuch in der Tasche trat ich ins Krankenzimmer und da lag – diesmal zu meiner Überraschung – der geheimnisvolle W., der inzwischen zu einer menschlichen Ruine verfallen war.

Eine besondere Empfindlichkeit für transzendentale Zusammenhänge schien mein Unterbewusstsein auch sonst zu besitzen. Gelegentlich eines Aufenthaltes in Paris erschien mir im Traum ein lange nicht gesehener, halb vergessener Schulkollege, Robert von L. Als ich am Morgen die Bildergalerie des Louvre durchschritt, kam er mir in natura entgegen. Während meiner Prager Zeit fiel einmal beim Lesen der Zeitung mein Blick auf den Namen des österreichischen Parlamentsabgeordneten und früheren Gesandten in Berlin, Dr. Ludo Hartmann, mit dessen Familie ich bekannt war. Ich wollte die ihn betreffende Notiz lesen, aber der Name schien von dem Zeitungsblatt verschwunden und alles Suchen war vergeblich, bis am nächsten Tag die Nachricht von seinem Tod erschien. Etwa zehn Jahre später hielt ich mich in der Schweiz auf und träumte im Hotel Maloja-Kulm von der mir nur ganz oberflächlich bekannten Schwiegertochter jenes Dr. Hartmann, worauf sie mir prompt wenige Stunden später über den Weg lief. Auch Dorle von E., eine längst erloschene Flamme meiner Wiener Studentenzeit, tauchte eines Nachts als Traumgebilde wieder auf, während ich in der Prager Klinik des Schlummers pflog, vielmehr ich erhielt zuerst einen Traumbrief von ihr mit der Mitteilung, sie befinde sich bei Verwandten auf dem Lande und erwarte meinen Besuch. Als ich dieser Einladung folgend das Haus betrat, erschien sie am Arm eines Wiener Chemikers Dr. Sch. und erfreute ihn in meiner Gegenwart durch allerlei Zärtlichkeiten. Ich war eben im Begriff mein Missfallen über solch ungehöriges Betragen kundzutun, als mich der Briefträger durch lautes Klopfen an der Tür meines Zimmers aus dem Schlaf riss und mir einen Brief überreichte. Er kam von Dorle. Sie schrieb, dass sie bei Bekannten in Karlsbad sei, durch Prag reisen werde und bald nach Wien komme. Übrigens habe sie sich eben mit Dr. Sch. verlobt. Von ihrer Bekanntschaft mit diesem Mann hatte ich – abgesehen von der Traumszene – nicht die geringste Ahnung gehabt. Auch die Art, in der ich Dorle seinerzeit kennengelernt hatte, war durch eine Verkettung höchst seltsamer Zufälle ausgezeichnet gewesen.

Dass persönliche Beziehungen bei dem Zustandekommen von Erlebnissen der geschilderten Kategorie nicht von ausschlaggebender Bedeutung zu sein scheinen, zeigte mir eine mysteriöse Begegnung mit dem Naturforscher Ernst Haeckel. Ich hatte weder seine Werke gelesen, noch ihn selbst je gesehen und kannte nur von Bildern seinen weißen Bart und die charakteristische weiße Mähne. Im Sommer 1919 saß ich bei Passau auf einer Bank am Rande einer durch weite Getreidefelder führenden, völlig menschenleeren geraden Landstrasse, als ich in etwa 100 Meter Entfernung Haeckels imponierende hohe Gestalt mit Bart und wallendem Schopf daherkommen sah. Ich war neugierig, den berühmten Mann genauer zu sehen, aber als der Wanderer näher herangekommen war, erwies er sich als ein kleines, gebeugtes, kahlköpfiges und bartloses Männlein, das da zu meiner Verblüffung an mir vorbeihumpelte. Am folgenden Tag erfuhr ich aus der Zeitung, dass Haeckel um die gleiche Stunde in Jena gestorben war. Ähnliche Geschichten hatte ich oft genug gehört und gelesen – selbst Goethe berichtet über dergleichen aus seinem Leben aber lange für phantastisches Altweibergeschwätz gehalten. Erst eigenes Erleben machte mich weniger skeptisch und ich habe mich daran gewöhnt, Dinge wie die eben erzählten, oder etwa die Auffindung der Todesanzeige meine Freundes Fritz während der Putna-Schlacht, die Vorahnung meiner chemischen Prüfungsfrage, das dreimalige Zusammentreffen mit der hübschen kleinen Schwedin in Berlin und anderes zwar mit Verwunderung zu registrieren aber keine weiteren Schlüsse daraus zu ziehen als den, dass Shakespeare Recht hat: Es gibt mehr Dinge zwischen Himmel und Erde als unsere Schulweisheit sich träumen lässt.

[Spätere Einfügung:]
Erst 43 Jahre später zeigte es sich, dass dennoch zwischen Ernst Haeckel und dem damaligen nichtsahnenden Medizinstudenten eine geheimnisvolle, noch ungeborene Gemeinsamkeit bestand. Während des Zweiten Weltkrieges und nach seinem Ende braute ich mir eine aus der Erschütterung meiner Wertbegriffe und aus dem Bekanntwerden mit gewissen Phänomenen der Gehirnphysiologie erwachsene extrem materialistische Privat-Philosophie. Vor allem meine eigene Entdeckung des Vorhandenseins hochwirksamer, vermutlich psychoaktiver Katecholamine in der Hirnsubstanz (Biochemical Journal 37: 470, 1943; Federation Proceedings 6: no.1, März 1947; American Journal of Physiology 152: 324, 1948) und die rapiden Fortschritte der Atomphysik drängten mich in eine mir selbst ganz neue und meinen bisherigen Anschauungen diametral entgegen gesetzte negative Auffassung des sogenannten Leib-Seele-Problems.

Obgleich heute die Interpretation »psychischer« Vorgänge, einschließlich der »Willensbildung«, im Sinne rein physikalisch-chemisch bedingter Reflexabläufe zum Gemeinplatz geworden ist und ohne mein Wissen vor meinen Spekulationen ihre Vertreter gehabt hatte, bedeuteten diese vermeintlich spontanen – sit venia verbo – »Erkenntnisse« einen elementar desillusionierenden Umschwung in meinem gesamten Denken und Empfinden. Nach außen hin war davon wohl so gut wie nichts zu bemerken, doch kann das Ausmaß der Umwälzung in meinem Inneren nur mit dem weit zurückliegenden katastrophalen Zusammenbruch meiner dogmatischen Religiosität verglichen werden. Diesmal freilich handelte es sich um eine seltsame Kombination des naiven Triumphgefühles über ein, wie ich glaubte, nur mir selbst zugängliches »Wissen« und seine ernüchternde Auswirkung auf alle subjektiven Emotionen. Sowohl Freude als Kränkung verloren ihren Sinn, der Stolz des »freien Willens« schrumpfte zum passiven Automatismus und selbst der allen Erwägungen zugrundeliegende psychische Prozess des rationalen Denkens wurde der reflexbedingten Unkontrollierbarkeit und Unzuverlässigkeit verdächtigt. In einem »Trockenrückstand« betitelten Essay versuchte ich, mein grau und matt gewordenes Weltbild – sozusagen für den Selbstgebrauch – darzustellen. Als viele Jahre später mein bereits im Illusionsvakuum seiner wissenschaftsgetränkten Generation aufgewachsener Sohn Fredrik das erwähnte Opus gelesen hatte, machte er mich mit teuflischer Schadenfreude darauf aufmerksam, dass gerade jener, mir einst nur metaphysisch begegnete Ernst Haeckel in ketzerischer Auflehnung gegen die herrschenden dualistischen Religionen und Philosophien den Begriff des »freien Willens« geleugnet, die Psyche als eine Serie chemischer Reaktionen definiert und den Menschen zum bloßen Partikel eines völlig materiellen Universums abgewertet hatte (Monismus).

So schien sich der Kreislauf von dogmatischer Frömmigkeit durch dogmatischen Materialismus zurück ins Mysterium zu schließen. Auch die letzte magere Illusion der eigenhändig fabrizierten privaten Welträtsel-Lösung ist mir damit verloren gegangen und »da steh ich nun ich armer Tor und bin so klug als wie zuvor.«
[Ende der späteren Einfügung]

Weniger mystisch, aber dafür desto dramatischer war eine Begegnung mit dem Tod, die mir widerfuhr, als ich mir zum Zweck eines Stoffwechsel-Selbstversuches in der Klinik Wenckebach eine ziemlich ausgiebige Dosis Adrenalin injizierte, ohne zu wissen, dass ich gegenüber dieser aus den Nebennieren stammenden höchst wirksamen Substanz überempfindlich bin. Ein plötzlicher enormer Anstieg des Blutdruckes mit darauf folgendem Kollaps war mit heftigen Brustschmerzen vom Typus der Angina pectoris und einem so furchtbaren Vernichtungsgefühl verbunden, wie ich es mir qualvoller überhaupt nicht vorstellen kann. Einige zu Hilfe gerufene klinische Kollegen standen ratlos neben meiner ächzenden und nach Luft schnappenden Leiblichkeit und waren, wie sie mir später mitteilten, fest davon überzeugt, dass ich im Begriff sei, das Zeitliche zu segnen. Sechs Stunden lang hielt die Pulsunregelmäßigkeit an, im Elektrokardiogramm zeigten sich die Symptome einer »Erstickung des Herzmuskels«. Viele Jahre später sollte sich mir dieses so unangenehme Ereignis als sehr wertvoll erweisen, denn es bildete die Grundlage meiner Theorie des Entstehungsmechanismus der Angina pectoris und einer darauf aufgebauten neuen Behandlungsmethode, sowie für die Untersuchung der hormonalen Ursachen anderer häufiger Herzleiden.

Da seitens der Universität und Klinik keine pekuniäre Unterstützung meiner experimentellen Arbeiten möglich war und die Beschaffung von Versuchstieren mein sehr beschränktes Budget ruiniert hätte, da ich anderseits den Spitalspatienten manche meiner zu studierenden Prozeduren nicht zumuten konnte, war ich damals oft zu Selbstversuchen gezwungen wie etwa zu dem Konsum von 100 Gramm Harnstoff in 12 Litern Wasser, das über einige Versuche verteilte Trinken von 3 Litern Öl und die Verabreichung von allerlei Injektionen, darunter von 30 Einheiten der Hypophysensubstanz Pituitrin, welche offenbar durch einen Krampf der Augen- und Hirngefäße neben sonstigen lästigen Symptomen eine einstündig anhaltende Erblindung hervorrief. Das Ergebnis der zumeist sehr mühsamen und langwierigen Untersuchungen entsprach durchaus nicht immer meinen Wünschen, doch fiel mir auch in jener nicht gerade fruchtbaren Zeit die eine oder andere interessante Tatsache in den Schoß, so zum Beispiel die Entdeckung eines für den sogenannten »essentiellen« arteriellen Hochdruck spezifischen Blutdrucksturzes« während willkürlich vertiefter Atmung, eines Phänomens, das weiterhin von vielen Nachuntersuchern bestätigt wurde und mich auf den Weg jahrelanger Untersuchungen über die Rolle der Vasomotorenzentren des Gehirns im Entstehungsmechanismus des Hochdrucks sowie zur Behandlung gewisser Hochdrucksymptome mittels elektrischer Diathermie des Schädels führte.

Nach Amerika

Der Fürsprache meines Chefs Professors Wenckebach sowie der amerikanischen Professoren Abel und Carlson verdankte ich eine Einladung der Rockefeller Foundation in New York, ein Studienjahr in den Vereinigten Staaten von Nord-Amerika zuzubringen und ich war hochbeglückt von der Aussicht, dieses große fremdartige Land kennenzulernen, dessen hervorragende Leistungen auf medizinischem Gebiet mir zwar wohlvertraut waren, von dessen Lebensform und Volkscharakter ich mir aber eine nur sehr vage und schwankende Vorstellung gebildet hatte. Sie war teils von den Kindheitseindrücken eines Indianerzirkus unter der Leitung des berühmten Buffalo-Bill, teils von »Huckleberry Finn« und von »Onkel Toms Hütte« bestimmt, teils von den Groteskkomödien und schmalzig-sentimentalen »happy end«-Dramen der modernen amerikanischen Filmproduktion, teils von den Zeitungsberichten über das Gangstertum der Großstädte, teils von dem noch aus der Inflationszeit herstammenden Nimbus, welcher den Dollar umgab und ihn wie einen heiligen Gral auf der unerreichbaren Höhe eines fernen Montsalwatsch erscheinen ließ. Die Tatsache, dass mit dem Betrag der Herstellungskosten eines einzigen der vielen amerikanischen Filmlustspiele die Staatsfinanzen Österreichs hätten saniert werden können, machte jedermann in Ehrfurcht vor dem Reichtum Amerikas erschauern. Wohl hatte ich wiederholt die persönliche Bekanntschaft von Amerikanern gemacht und feststellen können, dass sie nicht viel anders aussahen als wir gewöhnlichen Europäer, und doch wurde ich entgegen besserer Einsicht das Gefühl nicht los, dass ein Volk, das im Wesentlichen aus Milliardären und Raubmördern besteht, in Wolkenkratzern lebt, Cakewalk tanzt und an dem himmelschreienden Blödsinn der Kino-Zappelkomödien Gefallen findet, nicht nur seelisch, sondern irgendwie auch körperlich von unsereinem fundamental verschieden sein müsse. Die Lektüre von Mark Twain, Edgar Allan Poe, Sinclair Lewis und anderen amerikanischen Autoren hatte nicht genügt, um mich vom Gegenteil zu überzeugen, und so sah ich dieser neuen Reise mit größter Spannung entgegen.

Die Beschaffung des Passvisums war keine Kleinigkeit. Steuerzettel, Sittenzeugnisse etc. waren erforderlich und vor allem mehrere feierliche Eide im amerikanischen Konsulat, mit denen ich die schriftliche Erklärung zu bekräftigen hatte, dass ich kein Schwachsinniger, kein Vagabund, kein Polygamist sei, dass ich lesen und schreiben könne, dass ich weder die Absicht habe, die amerikanische Regierung zu stürzen, noch ihre Beamten zu ermorden oder die amerikanische Gesellschaftsordnung zu bedrohen. Nachdem ich alles dies mit ungewöhnlich gutem Gewissen beschworen hatte, machte ich mich Anfangs August 1929 auf den Weg.

Nicht nur den europäischen Kontinent zu verlassen, war ich im Begriff. Auch die letzten Bande, die mich noch an eine liebe nahe Vergangenheit geknüpft hatten, waren in schwer erkämpftem Verzicht endgültig gelöst und als ich Wien verließ, winkte mir vom Bahnsteig eine von Alter und Sorgen gebeugte Frauengestalt mit müdem und traurigem Blick nach: Tante Muz, bedrückt von der Ahnung, dass sie »ihren Buben« nie mehr wiedersehen würde.

In Paris trat mir das Wesen Frankreichs in all seiner Jahrhunderte alten Schönheit, Verfeinerung und Traditionsbewusstheit nochmals strahlend entgegen, überdies ergänzt durch einen würzigen Schuss Asien in Gestalt einer reizvollen Berufskollegin aus der Mandschurei, mit der ich von ihrer Wiener Studienzeit her befreundet war, wo sie der halben Fakultät den Kopf verdreht hatte und die sich nun als sympathische Fremdenführerin erwies.

Die Überquerung des atlantischen Ozeans erfolgte in dem ehemaligen amerikanischen Truppentransportdampfer »Minnekahda«, einem unbequemen alten Kasten, der zum Platzen mit Gelehrsamkeit angefüllt war, mit 500 Teilnehmern des bevorstehenden internationalen Physiologenkongresses in Boston. Eine interessantere Gesellschaft hätte ich mir gar nicht wünschen können und die neun Tage der Überfahrt vergingen trotz rauer See und erstickend klebriger Luftfeuchtigkeit im Gebiet des Golfstromes wie im Flug. Unter den amerikanischen Passagieren befand sich eine nette, dunkelhaarige kleine Kalifornierin, von der ich mich zu meinem Bedauern verabschieden musste, als wir in Boston eintrafen, denn sie fuhr weiter nach New York.

Die Verhandlungen des Kongresses, zu denen auch ich einen Vortrag beisteuerte, festliche Veranstaltungen und Gastmähler, die zumeist in einem schwer genießbaren »chicken salad« gipfelten, ließen zunächst wenig Zeit zum Bekanntwerden mit dem eigentlichen amerikanischen Leben. Aber schon die überwältigende Gastfreundschaft, mit der 3.000 Personen durch zwei Wochen völlig kostenfrei verpflegt, transportiert und mit allerlei Aufmerksamkeiten bedacht wurden, die Marmorpaläste der Harvard Medical School, die Pracht der riesigen Studentendormitorien, in denen wir untergebracht waren, versetzten mich in einen Zustand ununterbrochenen Staunens, der sich zu einer Art Betäubung steigerte, als wir eines Morgens per Dampfer an den dolomitenartig zum Himmel aufragenden Gebäuden von Manhattan entlang in New York eingelaufen waren und nun wie winzige Tröpfchen in den unermesslichen Menschenozean dieser ebenso schönen wie hässlichen, ebenso anziehenden wie abschreckenden und erbarmungslosen Stadt versanken. Zwar war auch hier für die Sicherheit und das leibliche Wohlbefinden des Einzelindividuums in raffinierter Weise vorgesorgt, aber alle Bequemlichkeit der goldstrotzenden Hotelräume, der durch 20, 50, 70 Stockwerke auf und ab rasenden Fahrstühle, der gigantischen Autobusse, ja nicht einmal die an den Nachttisch im Hotelzimmer vorsichtshalber angekettete Bibel konnten mich von dem Alpdruck der sieben Millionen gewissermaßen auf meinem Brustkorb sitzender und mir die Atemluft raubender Menschen befreien.

Sieben Millionen! Mehr als in ganz Österreich! Und doch begegnete ich schon am zweiten Tage unter diesen Millionen einem bekannten Gesicht. Sogar einem sehr hübschen. Es war das der graziösen Kalifornierin von der »Minnekahda«, die eben aus einem der alle Dinge der Welt enthaltenden Warenhäuser heraustrat und mich nun einige Tage hindurch in der Menschenwüste New Yorks als liebliche Oase erfrischte. Wir besuchten gemeinsam prunkvolle Revuen und Kinos, wanderten durch die trostlos schmutzigen und lärmenden Elendsviertel der Eastside, über den von Tausenden toll wirbelnder Lichter taghell erleuchteten Times Square, durch die Straßen der Negerstadt Harlem und tanzten bis spät in die Nacht auf dem Dach des eleganten Hotel Waldorf-Astoria, ein zur Wirklichkeit gewordenes Menschenpaar aus unglaubwürdig romantischer Filmatmosphäre. Dort oben, hoch über der gemeinen Welt blühte ein kunstvoll angelegter Garten mit Blumenbeeten, Palmen, Springbrunnen und Marmorbänken in verschwiegenen Winkeln. Hätten nicht die grellen Lichter benachbarter Wolkenkratzer durch die Nacht gefunkelt, wäre nicht das Getöse der tief, tief unten durch die Häuserschluchten brausenden Autoströme vernehmbar gewesen und hätte die vom Kellner diskret auf einem Teller präsentierte Rechnung nicht einen schwindelerregenden Dollar-Betrag ausgemacht, hätte man meinen können, es sei der Himmel Italiens, der sich über diesem irdischen Paradies wölbte.

Dass auch die Amerikaner und Amerikanerinnen Menschen sind, stand für mich zwar nun außer Zweifel, doch blieb meinem europäischen Gemüt mancher Schock trotzdem nicht erspart, so zum Beispiel, als ich dazu verurteilt war, in einem der ungeheuer großen, mit nieder-

schmetterndem Pomp ausgestatteten Kinos zwischen zwei wenig geist-
vollen Films als Einlage ein Krüppelballett genießen zu müssen, welches aus zwanzig einbeinigen Männern bestand, zehn rechtsbeinigen
und zehn linksbeinigen, die in rotsamtene und goldbetresste Gewänder
gekleidet zum Gaudium des eher vier- als zweibeinigen Publikums mit
Musikbegleitung über die Bühne hopsten und stolperten. Nicht genug
damit! Nach dem Fallen des Vorhanges tauchte in magischer Weise aus
der Versenkung ein etwa 100-köpfiges Orchester auf, dessen Mitglieder
in glänzend weiße Seidenfräcke gehüllt waren und bei wechselnd grü-
ner, violetter, gelber und roter Beleuchtung einen Musiksalat aus Wag-
nerschen Opern vor sich hindonnerten. Die technische Errungenschaft
des Tonfilms, welche etwas mir vollkommen Neues war, versetzte mich
dagegen trotz der inhaltlichen Idiotie des Gebotenen und obwohl Mädchen, Frauen und Kinder mit rauen Bass-Stimmen zu sprechen schienen,
in ähnlich staunende Bewunderung wie seinerzeit das erste Radio-Ge-
krächze in einem Prager Kino. Auch die an einer Kirchenpforte sichtbare
verlockende Ankündigung, am nächsten Sonntag werde der bekannte
ehemalige Preisboxer, Reverend Soundso predigen, das gespenstische
Farbenspiel weißgepuderter und rotgeschminkter Negerinnen, die Anmut und Gepflegtheit der sich in den Zügen der Untergrundbahn drängenden und ihre Rosenmündchen in ständiger Gummikaubewegung
hin- und herziehenden Büromägdlein und Verkäuferinnen, das überall auffallende Rassengemisch von europäischen Einwanderern, Juden,
Negern und Chinesen, die paradoxen Hutgepflogenheiten (Hut auf in
Geschäftslokalen und Büros, Hut ab in jedem Lift), die Appetitlichkeit
und Schmackhaftigkeit der Speisen in den stets überfüllten »cafeterias«,
die beängstigenden und den Straßenverkehr allenthalben blockierenden
Massen teils luxuriösester, teils völlig heruntergekommener Autos, der
atmosphärische Schmutz, dem kein Hemdkragen länger als einen halben
Tag standhielt, und vor allem natürlich die grandiosen himmelhohen
Felswände und -türme der Wolkenkratzer von Manhattan erinnerten
mich ständig daran, dass ich mich in einer fremden Welt, in der »Welt
der unbegrenzten Möglichkeiten« befand.

Ein zweiwöchiger Aufenthalt in dem stillen Badeörtchen Woods
Hole, in dessen prachtvollem marinebiologischen Laboratorium die
bedeutendsten Physiologen Europas und Amerikas als Gäste versammelt waren, wirkte nervenberuhigend nach dem tumultuösen New
York und vermittelte mir nebenbei die Bekanntschaft eines seltsamen
alten Herren, des Fürsten Lazarovich-Hrebelianovich, der als jugosla-
wischer Thronprätendent von der Dynastie Karageorgievich verfolgt

im Exil in Amerika lebte und mir in langen Abendgesprächen erstaunliche Dinge aus seiner politischen Karriere und aus der Geschichte der Balkanländer erzählte.

Mein Hauptquartier für das folgende dreiviertel Jahr schlug ich als Untermieter einer bejahrten knochigen Irländerin in Boston auf, wo ich als Research-Fellow der berühmten Harvard Universität im Institut des Physiologen Cannon sowie im Boston City Hospital unter dem späteren Nobelpreisträger Minot, dem Entdecker der Leberbehandlung der perniziösen Anämie, experimentelle Arbeiten betreffend die zentralnervöse Regulation des Blutdruckes durchführte. Die großartige Ausstattung der Laboratorien und die überaus anregende Atmosphäre des Bostoner wissenschaftlichen Lebens machten das Arbeiten zu einem wahren Vergnügen. Geldfragen spielten kaum eine Rolle. Ich verbrauchte in wenigen Monaten volle 100 Katzen, deren Ursprung mir übrigens erst klar wurde, als die Zeitungen über sich häufende Beschwerden katzenbesitzender alter Damen über das spurlose Verschwinden ihrer Lieblinge und über die Verhaftung zweier belasteter Tierhändler berichteten. Auch mehrere große Hunde standen mir zur Verfügung, mit denen ich aufregende Kämpfe auszufechten hatte. Kostspielige Apparate wurden für meine Versuche angeschafft und überdies erwiesen sich die Negerpatienten im Boston City Hospital als rührend dankbare Objekte selbst für recht unangenehme Experimente, wie etwa die Punktion der Hirngefäße an der Stelle, wo sie aus der Schädelbasis austreten. Viel kritischer verhielt sich ein weißer Ex-Boxchampion, welcher den bezeichnenden Namen Rocky Stone führte und vor Beginn der Prozedur seine gewaltige Pranke erhebend freundlich zu mir sprach: »Doctor, if you hurt me, I smash your face!«

Seit dem Weltkrieg hatte die amerikanische medizinische Forschung ihre europäischen Lehrmeister auf vielen Gebieten weit überflügelt, nicht nur auf Grund der zur Verfügung stehenden unvergleichlich reicheren technischen Hilfsquellen, sondern vor allem auch Dank einer sachlicheren, konzentrierteren Arbeitsweise, die freilich auch wiederum durch den größeren materiellen Wohlstand ermöglicht war. Hier zersplitterten nicht drückende Sorgen und zermürbender Daseinskampf die Arbeitskraft der als Forscher tätigen Menschen und machten nicht die Wissenschaft selbst zur »melkenden Kuh«, die dazu herhalten muss, in erster Linie als Hilfsmittel in der Konkurrenz um mager besoldete Anstellungen und als Reklamebehelf in der ärztlichen Praxis zu dienen. Frei von Karriere- und Geldsorgen durfte auch ich hier den mir so wert gewordenen »Hirnsport« betreiben und konnte schließlich mit dem Ergebnis durchaus zufrieden sein.

Wissenschaftliche Sitzungen von hohem Niveau hielten den Kontakt zwischen den Vertretern verschiedener Fachgebiete lebendig und zu meinen schönsten Erinnerungen gehören wiederholte Zusammenkünfte mit dem großen Chirurgen, Gelehrten und Menschen Harvey Cushing, dem Begründer der modernen Hirnchirurgie und Entdecker vieler wichtiger Tatsachen der Physiologie und Pathologie. Schon seit Jahren hatte ich mit Cushing in gelegentlichem wissenschaftlichen Briefwechsel gestanden. Nun ließ er mich mehrmals zu sich rufen, um verschiedene Probleme, die ihn interessierten, zu besprechen und stundenlang saß ich dem kleinen energischen Mann mit dem scharf geschnittenen Profil in angespannter Aufmerksamkeit gegenüber. Auch in seinem patrizierhaften Haus verkehrte ich zuweilen, wo wir uns zusammen mit seiner Tochter Betsy, die bald darauf einen Sohn des Präsidenten F. D. Roosevelt heiratete, mit seinem Lieblingsspiel, Hufeisenwerfen, unterhielten.

Cushing interessierte sich für einen von mir im Jahre 1924 publizierten Fall, welcher an einem basophilen Tumor der Hypophyse mit einer Reihe sehr merkwürdiger Symptome gelitten hatte. Er erinnerte sich, ebenso wie sein Assistent Dr. Teel, einen ähnlichen Fall gesehen zu haben und diese drei autoptisch bestätigten Fälle, meinen mit inbegriffen, bildeten die Grundlage einer klassischen Beschreibung dieser Krankheit, welche bald in aller Welt als »Morbus Cushing« große Aufmerksamkeit erregte und den Schlüssel zu neuen Erkenntnissen bezüglich der hormonalen Bedingtheit von Arteriosklerose und Hochdruck und anderer Alterserscheinungen bildete.

Das Leben in dem konservativen, abseits des Einwandererstromes gelegenen Boston mit seinen »nur« zwei Millionen Einwohnern, seiner historischen Atmosphäre aus der Zeit der amerikanischen Revolution, mit seinem Mangel an hohen Wolkenkratzern und mit seinen eleganten Villenvierteln unterschied sich sehr weitgehend von dem Hexenkessel New York, ohne jedoch der merkwürdigsten Absonderlichkeiten zu entbehren. Diese im 17. Jahrhundert von englischen Puritanern gegründete Stadt galt seit jeher als Hochburg der amerikanischen Aristokratie und eines auf die Spitze getriebenen Moralismus. So zum Beispiel war in gewissen besonders auserwählten Bezirken die Errichtung von Theatern, Kinos und ähnlichen weltlichen Einrichtungen verboten; Sonntags durften im Tonfilm keine fluchartigen oder sonst lästerlichen Worte geäußert werden, die Sprechmaschinen wurden während derartiger Stellen des Textes ausgeschaltet und die Schauspieler klappten auf der Leinwand geräuschlos ihre Münder auf und zu, um dann plötzlich wieder in hörbar gottgefälliger Rede fortzufahren. Sportliche Betätigungen wurden am Sonntag nicht geduldet und selbstverständlich auch nicht das fluchwürdige Kartenspiel. Einige Männer, welche letzteres Verbot missachteten, wurden von einem Polizeiaufgebot umzingelt, das mittels Feuerleitern durch die Fenster eindrang und die Bösewichte der verdienten Bestrafung zuführte. Strenge Vorschriften bedrohten das Zusammensein von nicht miteinander verheirateten Personen verschiedenen Geschlechtes hinter verschlossenen Türen mit exemplarischen Strafen und neben diesen lokalen Spezialitäten lauerte in allen Winkeln das Gespenst der damals seit einigen Jahren als Bundesgesetz in Kraft befindlichen sogenannten Prohibition, des Verbotes der Herstellung, des Verkaufes und des Transportes von Alkohol in mit Rädern versehenen Vehikeln. Nicht verboten waren dagegen der Besitz, der Genuss und der zu Fuß erfolgende Transport dieser teuflischen Flüssigkeit.

Schien durch die angeführten und noch viele andere Maßnahmen die moralische Führungsposition Bostons in eindrucksvoller Weise gefestigt, so konnte sich diese vielseitige Stadt dennoch auch anderer Spitzenleistungen rühmen. Nicht nur im Schuh- und Fischexport stand Boston an erster Stelle, sondern es war auch die Zentrale des amerikanischen Mädchenhandels und unterhielt lebhafte einschlägige Geschäftsbeziehungen mit europäischen und insbesondere südamerikanischen Großstädten. Der Natur dieser Handelsbranche entsprechend gab es zwischen den in ihr tätigen Persönlichkeiten häufig allerlei kleine geschäftliche Differenzen, die in der Regel mittels Revolver oder Gift ausgetragen wurden. Gerade zu meiner Zelt war eben in einem vornehmen Hotel ein Mr. Rothstein ins Jenseits befördert worden, womit sich die Zahl der ungesühnten Geschäftsmorde in den Kreisen der Bostoner Mädchenhandelsorganisationen auf die runde Zahl 50 erhöhte. Dieser ungestört emsige Betrieb war nicht zuletzt dem wohlwollenden und wahrscheinlich auch nicht ganz uninteressierten Verhalten der Polizei zu verdanken, die sich mit derlei Kleinigkeiten schon deshalb nicht abgeben konnte, weil sie anderwärts alle Hände voll zu tun hatte; nicht nur mit dem Schutz der Sonntagsruhe und der bürgerlichen Moral, sondern vor allem mit der Durchführung des Alkoholverbotes. So zum Beispiel wurde ein Überfall auf das Hotel Statler unternommen, da sich laut anonymer Anzeige in dessen Kellern ein großes Schnapsdepot befand. Ein Wachdetachement drang ein, doch siehe, da waren bereits acht uniformierte Kollegen versammelt, welche die Hotelverwaltung gemietet hatte, um den kostbaren Schatz durch sie vor unbefugten Eindringlingen behüten zu lassen.

Der Chef der Prohibitionsabteilung der Polizei, ein Mr. Garrett, hatte sich innerhalb kurzer Zeit ein hübsches Vermögen im Betrag von mehreren Hunderttausend Dollars dadurch beiseitezulegen gewusst, dass er die bei verschiedenen Raids konfiszierten Alkoholmengen in weiß bemalten Milchflaschen durch die Meierei seiner Gattin zu zwangsmäßig erhöhten Preisen an ihm bekannte Alkoholschmuggler, die sogenannten »bootlegger« weiterkaufte. Überdies ließ er sich von den Inhabern alkoholischer Gaststätten, in denen es sogar geheime Polizeitrinkstübchen gab, für die telefonische Voraussage offizieller Polizeirazzien gut honorieren und entrichtete seinerseits eine bescheidene laufende Monatsgebühr von 1000 Dollars an seinen Chef, den Polizeipräsidenten Wilson, welcher auf Grund dessen mit allem einverstanden war und sämtliche gegen Mr. Garrett einlaufenden Korruptionsanzeigen durch Mr. Garrett persönlich in selbstverständlich negativem Sinn erledigen ließ. Als der erst 36-jährige Garrett, von seinen Amtsgeschäften ermüdet, beschloss, sich auf Grund eines falschen ärztlichen Zeugnisses »krankheitshalber« pensionieren zu lassen, kamen durch irgendeinen ärgerlichen Zufall seine Missetaten ans Tageslicht und er wurde unter Anklage gestellt. Monatelang zog sich die Voruntersuchung hin. Als endlich der Zeitpunkt des Prozesses herannahte, verschwanden plötzlich die den peinlichen Fall betreffenden Akten aus dem State House zur großen Erleichterung mehrerer hoher Funktionäre und Richter. Die Bundesregierung in Washington bestand aber auf »korrekter« Behandlung des Falles und entsandte einen eigenen Kommissar, unter dessen Überwachung schließlich Garretts Verhaftung anbefohlen wurde. Dieser Befehl blieb jedoch zunächst erfolglos, da der unter dem Schutz mächtiger Organisationen stehende Beschuldigte zwar weithin sichtbar in den Straßen Bostons lustwandelte, hierbei jedoch von den Polizisten nicht erblickt wurde, denn keiner von diesen wollte das Risiko auf sich nehmen, es sich mit der »Unterwelt« zu verderben. Lieber schauten sie diskret in eine andere Richtung, wenn der Gesuchte in ihren Gesichtskreis trat. Man ließ deshalb das Polizeikorps einen auf Garretts Verhaftung bezüglichen Spezialeid schwören, aber auch das half nichts, bis es endlich ihm selbst zu dumm wurde und er mit einem munteren »Hello boys!« im Polizeigefängnis erschien, um daselbst einen gemütlichen »Erholungsurlaub« abzusitzen.

Wie wenig in jener Zeit der blühenden »prosperity« viele Menschen von ernsten Sorgen beschwert waren, ließ sich an den zahlreichen Veranstaltungen unsinnigster Wettbewerbe erkennen, deren Gewinner hohe Geldsummen einheimsten; Dauertanzen durch mehrere Tage und Nächte, Dauersitzen auf Baumästen, Dauerstehen auf den Zehen und dergleichen waren Ereignisse, welche das Interesse der Öffentlichkeit in hohem Maße in Anspruch nahmen und die Spalten der Zeitungen füllten. In Kirchen fanden »bible-marathon«-Konkurrenzen statt, das heißt, es wurde von mehreren Teilnehmern unter fachmännischer Kontrolle mit lauter Stimme und größtmöglicher Geschwindigkeit die Bibel vorgelesen, teils zwecks Erbauung der Seele, teils zwecks Erringung der für größte Bibelleseschnelligkeit ausgesetzten Preise. Wettbewerbe um die größte Zahl von Sommersprossen, um den schmutzigsten und flohreichsten Hund und dergleichen wurden durch von Tausenden besuchte Paraden der Sieger und der anderen Teilnehmer gefeiert; ein Harvard-Student hatte es sich zur Aufgabe gemacht, auf allen Vieren kriechend mit der Nase eine Nuss quer durch Boston vor sich her zu rollen, bei welch nützlichem Unternehmen ihm eine für ungestörte Durchführung sorgende Polizeieskorte zur Verfügung stand. Der Komiker Will Rogers, der Jahre hindurch jeden Sonntag im Radio durch 15 Minuten seine zumeist ziemlich matten Scherze zum besten gab, erhielt pro Minute 1000 Dollar; der gleiche Betrag wurde einem Schulkind zuteil, welches bei einem Wettbewerb den Namen der letzten Königin von Hawaii, Liliuokalani richtig zu schreiben vermochte. Für die sonderbarsten Dinge wurden Unsummen Geldes ausgegeben und niemand dachte an die Vergänglichkeit dieses paradiesischen Zustandes, als am Donnerstag den 26. Oktober 1929 aus heiterem Himmel ein gigantischer Krach der New Yorker Börse das ganze Gebäude des amerikanischen Geldreichtums ins Wanken und rasch zu einem so gründlichen Einsturz brachte, dass nicht nur zahllose Einzelexistenzen, Industrien und Privatunternehmungen aller Art im Lande selbst ruiniert waren, sondern ein katastrophales finanzielles Erdbeben sich über die ganze Welt ausbreitete und auch in dem schwer ringenden Mitteleuropa die schüchternen Ansätze einer beginnenden wirtschaftlichen Genesung wieder zunichte machte.

Gerade damals lag ich an Grippe erkrankt in einem der großen Säle des Peter Bent Brigham Hospitals und meine ausführliche Krankengeschichte wanderte in die Hände einer der Sekretärinnen des Krankenhauses, einer gewissen Miss Olga Palmborg, welche das Dokument mit lebhaftem Interesse studierte, handelte es sich doch um einen Ausländer aus dem Lande der Walzer und der in Hollywood so naturgetreu dargestellten hundertprozentigen sorglosen Fröhlichkeit, also um eine zweifellos tanzfreudige und jodelnde Kreatur. Der Zufall wollte es, dass ich bald nach Wiederherstellung meiner Gesundheit im Hause der Tochter des Physiologen Benedict mit jener Miss Palmborg gelegentlich einer »party« zusammentraf und mich sowohl durch ihre jugendfrische Erscheinung, welche die skandinavische Abkunft verriet, als durch ihr humorvoll freundliches Wesen intensiv angezogen fühlte. Sei es nun, dass meine schwedischen Sprachkenntnisse, sei es, dass es irgendwelche andere Umstände waren, welche Miss Palmborgs Enttäuschung über meine dem Hollywooder Wienertum durchaus nicht entsprechenden Eigenschaften überwinden halfen, jedenfalls kam sie dem Fremdling mit bezaubernder Liebenswürdigkeit entgegen und zu meiner Freude war ich weiterhin nicht mehr genötigt, Kino, Theater und die Konzerte des herrlichen Bostoner Symphonieorchesters in betrüblicher Einsamkeit zu genießen. Die Telefonnummer »Jamaica 2996-W« war in jenem Winter ungewöhnlich stark in Anspruch genommen und oft war es mir vergönnt, mich an der mit schmackhaften schwedischen Speisen reich gedeckten Tafel des gastfreundlichen Hauses Palmborg von den gastronomischen Strapazen zu erholen, die ich mir in der unappetitlichen, aber billigen Cafeteria des Mr. Smiles, von den Harvard Studenten als »The Dirty Spoon« bezeichnet, selbst auferlegt hatte, um mein Budget für die Durchführung eines neuen Reiseprogramms zu schonen.

Das Honorar für eine im Druck befindliche Monographie und die verhältnismäßig üppigen Beträge des Rockefeller-Stipendiums ermutigten mich zur Anmeldung für eine winterliche Urlaubsfahrt nach den westindischen Inseln, und wenige Tage nach einer nahrhaften Weihnachtsfeier bei Palmborgs sowie einer schönen« Meistersinger«-Aufführung der Metropolitan Opera in dem von einer dicken Schneeschicht überzogenen New York badete ich, von südlicher Sonne geblendet, in der Brandung der Korallenriffe auf den britischen Bahamas. Motorboote mit gläsernem Boden gestatteten die Beobachtung farbenprächtiger Pflanzen und Fische in dem kristallklaren Wasser stiller Buchten, an deren Außenufern zahlreiche Wracks von Schiffen lagen, die den hier so häufigen tückischen Tornados zum Opfer gefallen waren. In Nassau, der kleinen sauberen Hauptstadt der Bahamas, sorgten schwarze Polizisten in blütenweißen, goldbeknopften Uniformen und Tropenhelmen für tadellose Ordnung des Straßenverkehrs und bemühten sich, ihre uns weiße Halbgötter überallhin verfolgenden trinkgeldbedürftigen einheimischen Stammesgenossen zu verscheuchen.

Auf der »Araguaya«, einem kleinen englischen Luxusdampfer, teilte ich meine Kabine mit einem biederen Vogelhändler, Mr. Carroll aus Providence, Rhode Island, dessen auffallend gute Laune in dem eingestandenen Zweck seiner Reise begründet war, sich möglichst weit entfernt von der lästig gewordenen Gattin eine neue Heimstätte samt Lebensgefährtin zu suchen. Sogar einen Smoking, in Amerika als »tuxedo« bezeichnet, hatte er sich eigens für diese Expedition anfertigen lassen und war von dem ungewohnten Besitz eines so vornehmen Kleidungsstückes derart begeistert, dass er es von Früh bis Spät stolz zur Schau trug.

Sowohl Mr. Carroll als auch ein großer Teil der anderen amerikanischen Reiseteilnehmer blickten der Ankunft auf der Insel Kuba mit hochgespannten Erwartungen entgegen, bestand doch dort nicht nur keine Prohibition, sondern im Gegenteil eine blühende Industrie vorzüglicher geistiger Getränke. Zwar hatte schon mit dem Augenblick des Verlassens der U.S.A.-Hoheitsgewässer auf der Araguaya stürmische Nachfrage nach den Äthylvorräten des Schiffes eingesetzt, die in manchem Passagier auch bei ruhiger See die täuschende Illusion wild bewegter Wogen zu erzeugen vermochten, doch war dies nur ein Stadium der Vorbereitung auf jene hochkonzentrierten Genüsse, welche vielen unserer Westindienfahrer als eigentliches und einziges Reiseziel vor Augen schwebten. An Ort und Stelle angelangt ließen sie sich weder durch den Anblick der spanischen Kathedralen und Paläste, noch durch die in tropischer Blütenfülle prangenden Parks, weder durch das bunte, lebhafte Getriebe in den engen Gassen und auf den weiten luxuriösen Boulevards, noch durch die drohende Wucht des kanonenbewehrten Castel Morro ablenken. In Havanna ebenso wie an allen weiteren Landungsplätzen eilten sie geradewegs in die Bodegas und Weinstuben und harrten dort aus bis zum letzten Abfahrtsignal, nach welchem etliche von ihnen mangels der erforderlichen Gehfähigkeit in Säcken an Bord geseilt werden mussten. Auch ein auf der Hochzeitsreise befindliches Paar war darunter, dessen männlicher Teil den weiblichen durch einen athletischen Wurf gegen die Kajütenwand schwer beschädigte. Kurz, an geselliger Unterhaltung war kein Mangel und wer, so wie ich, weniger aufs »Geistige« eingestellt war, suchte und fand romantischen Anschluss bei den Tanzabenden oder auf Landausflügen und verbrachte die eigentümlich verwirrenden, warmen Nächte unter dem sternenklaren, schwarzblauen Tropenhimmel auf dem Oberdeck in angeregtem Zwiegespräch. Die milde Luft, die fremdartigen Eindrücke einer leidenschaftlichen, exotischen Lebensweise, Musik und Meeresrauschen schufen einen – wie die Psychiater sagen – »Ausnahmezustand«, der jedoch in meinem speziellen Fall nicht etwa so weit gedieh, dass ich Miss Palmborg gänzlich aus dem Gedächtnis verloren hätte.

Eine Reihe obligatorischer Sehenswürdigkeiten wurde in Havanna besichtigt, so die Kapelle, in welcher bis 1898 die sterblichen Überreste des Kolumbus geruht hatten, der würdevolle Senatorenpalast, das übermäßig prunkvolle Capitol, ein von riesigen Marmordenkmälern wohlhabender Persönlichkeiten strotzender, höchst nobler Friedhof und eine weniger noble Zigarrenfabrik, in deren Arbeitsäumen Romanvorleserinnen für die Zerstreuung der Blättersortiererinnen sorgten.

Auch das Vergnügen eines Theaterbesuches wollte ich mir nicht entgehen lassen und erstand einen Parkettsitz im Teatro Marti, in dem ein ziemlich gemischtes Publikum versammelt war, darunter zahlreiche, zum Teil sehr hübsche schwarzhaarige und glutäugige Damen mit seidenem reichgesticktem Umhängeschal, hohem Kamm und Spitzenschleier nach spanischer Art. Auf dem Vorhang war in etwas ungelenker Maltechnik die Büste eines ausdruckslos den Besucher anstierenden und von überaus wohlgenährten Musen und Putten umdrängten Mannes dargestellt, deren Sockel das Wort »Immortalidad« trug. Die Identität des Unsterblichen festzustellen, blieb mir leider versagt, und auch über das Programm des Abends befand ich mich einigermaßen im Unklaren, denn der Theaterzettel kündigte sowohl »El barber de Sevilla« als auch »La casta Susanna« an. Zwar schien die Antwort des von mir befragten Billetteurs zu bedeuten, dass beide Werke zur Aufführung gelangen würden, doch konnte ich dies nicht recht glauben und gab meiner ungenügenden Sprachbeherrschung die Schuld für das vermeintliche Missverständnis. Mein Ohr hatte mich jedoch nicht getäuscht und überhaupt sollte an diesem Abend des Staunens kein Ende sein. Zuerst erschien ein befrackter junger Mann und teilte in ausführlicher Rede mit, nicht die Oper »El barber de Sevilla« sondern ein diese Oper betreffendes Lustspiel werde über die Bretter gehen. Dies geschah nun während der folgenden zwei Stunden, doch vermochte ich die Heiterkeit des Publikums nur in geringem Masse zu teilen und hätte mich tödlich gelangweilt, wenn nicht die reizende Senorita Conchita Panadés mitten im zweiten Akt, wenn auch ohne ersichtlichen Grund, den anscheinend in allen Erdteilen unvermeidlichen Frühlingsstimmenwalzer von Johann Strauss gezwitschert hätte. Zu meiner Überraschung blieb nach Beendigung des Lustspieles alles sitzen, der Conférencier plauderte abermals und trug mit mächtigem Pathos einige Gedichte vor, worauf in vorgerückter Stunde die Aufführung der Wiener Operette »La casta Susanna« begann. Die richtige Stimmung wollte sich jedoch nicht einstellen und nach dem übermäßig in die Länge gezogenen ersten Akt richtete der kluge Conférencier an das sichtlich ermüdete Publikum die Aufforderung, abzustimmen, ob die Operette weitergespielt oder an ihrer Stelle ein »Gran espectaculo y variété« geboten werden solle. Dieser Vorschlag erregte allgemeine Begeisterung und in der Tat konnten sich die kubanischen, spanischen, argentinischen und mexikanischen Tanz- und Gesangsleistungen, welche die folgenden Stunden ausfüllten, sehen und hören lassen. Nichtsdestoweniger verließ ich das Gebäude nach fünfstündigem Aufenthalt in gänzlich erschöpftem Zustande und war nur froh, dass ich nicht noch als Nachspiel etwa die »Götterdämmerung« anzuhören hatte.

Auch im Süden Kubas, in dem zwischen palmenbewachsenen Bergen an einer tiefen Meeresbucht gelegenen malerisch verschlampten Santiago ward mir ein Kunstgenuss zuteil, ein amerikanischer Rührfilm, dessen tragische Szenen bei dem das etwas baufällige Kino bevölkernden fast durchwegs aus Negern bestehenden Publikum wahre Lachstürme auslösten. Auffallend war in dieser schmutzigen, unordentlichen Stadt, die übrigens ein paar Jahre später durch ein Erdbeben fast völlig zerstört wurde, die ungewöhnliche Schönheit der Menschen, meistenteils Kreolen und Mestizen.

In den von unseren trinkfreudigen Reisegenossen eifrig frequentierten Weinstuben Santiagos waren auch die schönen Künste in überraschendem Ausmaß vertreten. Heiligenbilder und nicht ganz dezente Darstellungen unbekleideter Damen hingen in friedlicher Eintracht nebeneinander an den Wänden, dergestalt den divergierendsten Geschmacksrichtungen des Kundenkreises Rechnung tragend.

Die Insel Jamaika mit ihrer wohlgepflegten, sauberen Hauptstadt Kingston, mit gut ausgebauten Autostrassen und eleganten Bungalows ließ im Gegensatz zu Kuba deutlich den ordnenden Einfluss der britischen Kolonisatoren erkennen, der sich selbst auf Kleidung und äußere Haltung der schwarzen Einwohner erstreckte. Dass diese trotzdem auf die sie beherrschenden und ihre Arbeitskraft schonungslos ausbeutenden Bleichgesichter Europas nicht sonderlich gut zu sprechen waren, erfuhr ich bei dem Versuch, ein paar vor einer Eingeborenenhütte spielende Kinder zu photographieren, als mich der bejahrte Großvater mit der unhöflichen Aufforderung »Go to hell with your damned white skin!« stockschwingend aus dem die Hütte umgebenden Kaktusgehege hinaustrieb. Auch die überall auf Bäumen und Zäunen hockenden, hakenschnäbligen schwarzen Aasgeier, die unbesoldeten abfälleverschlingenden Sanitätspolizisten der Insel, drehten verächtlich ihre nackten, fleischigen Hälse nach mir um und schienen dem unerwünschten Fremdling mit höhnischer Geringschätzung nachzublicken.

Über weit ausgedehnte, sonnenglühende Zuckerrohr- und Bananenplantagen und durch das von einem undurchdringlichen Dickicht breitblättriger Palmen und Schlingpflanzen überschattete Tal des Rio Cobre gelangten wir auf den Monte Diablo, von dessen Gipfel sich ein prachtvoller Rundblick über die tropische Wildnis dieser märchenhaft schönen Insel eröffnete und wo elegante englische gentlemen und ladies auf der Terrasse eines mit Palmblättern gedeckten aber tip top eingerichteten kleinen Hotels würdevoll eisgekühlte Getränke schlürften.

Als letztes und fernstes Reiseziel lief die Araguaya Port au Prince an, Hauptstadt von Haiti, das seit einigen Jahren unter amerikanischem Protektorat stand, da die serienweise Ermordung von zwölf Präsidenten dieses ungemütlichen Staates der weißen Zivilisation begründeten Vorwand zum energischen Einschreiten gab. Ursprünglich französische Kolonie hatte sich Haiti unter der Herrschaft Napoleons selbständig gemacht und unter Führung des dunkelhäutigen Nationalhelden Toussaint L'Aventure sogar ein kaiserliches Strafexpeditions-Korps zum Abzug gezwungen, eine bemerkenswerte militärische Leistung, deren Gedächtnis noch heute durch ein etwas verbeultes Bronzedenkmal wachgehalten wird. Haiti ist von drei Millionen Negern und etwa 1700 Weißen, zumeist amerikanischen Soldaten und Beamten, bewohnt. Ferner schien zumindest ein Italiener da ansässig zu sein, denn eine wackelige Bretterbude war mit dem italienischen Staatswappen und der stolzen Aufschrift »Fascio Italiano di Haiti« geziert.

Die mit der Außenwelt mehr als der Rest des Landes in Berührung stehende Hauptstadt Port au Prince machte krampfhafte, aber wenig erfolgreiche Anstrengungen, sich äußerlich einen etwas europäischen Anstrich zu geben. Ein pompöser Präsidentenpalast, die Stätte des verfrühten Ablebens zahlreicher haitischer Staatsoberhäupter, steht zwischen halb zerfallenen, schmierigen Hütten; im Hafen wehte die Staatsflagge von der Kriegsflotte, bestehend aus einem antiken, aber immerhin beweglichen Motorboot. Unfern der von militärisch uniformierten Negern wimmelnden Landungsbrücke erhebt sich eine große zweitürmige Kathedrale, in welcher eben ein weißer Geistlicher den schwarzen Sarg eines Mitgliedes einer in schwarzen Trauergewändern versammelten schwarzen Familie einsegnete, während draußen der schwarze Leichenwagen mit zwei schwarzen Pferden unter der Obhut eines schwarzbefrackten und mit einem schwarzen Zylinder bedeckten schwarzen Bestatters das Ende der düsteren Zeremonie abwartete.

Die Annahme der äußeren Formen und Riten des Christentums hinderte die Haitianer nicht, vor allem in den inneren Teilen der Insel, bis auf den heutigen Tag an den aus ihrer afrikanischen Urheimat stammenden Gebräuchen eines heidnischen Leichenkultus, des sogenannten Voodoo, festzuhalten. Die Landessprache ist ein einigermaßen misshandeltes Französisch, das einen seltsamen akustischen Kontrast zu dem nur halbzivilisierten Aussehen der zerlumpten Gestalten in den armseligen Strassen und Verkaufsläden von Port au Prince bildet. Ein kleiner Junge mit Schulbüchern unter dem Arm, den ich ansprach und über seine Unterrichtsgegenstände befragte, äußerte den Wunsch »Pour les informations« in barer Münze honoriert zu werden. Als ich eben im Begriff war, ihm einen amerikanischen Nickel zu überreichen, tauchte plötzlich ein anderer kleiner schwarzer Teufel auf, entriss mir das Geldstück und sauste davon, was den enttäuschten Schulknaben zu der indignierten Erklärung veranlasste »Il est un vicieux!«

Beklagenswert war das Schicksal, welches Mr. Carroll, den biederen Vogelhändler am Ziel seiner Fahrt in die eheliche Freiheit ereilte. In Port au Prince angelangt, ließ er sein Gepäck an Land schaffen und verfiel unter dem Einfluss festlicher Getränke rasch in eine derart mitteilsame Stimmung, dass er mit lauter Stimme und unzweideutigen Ausdrücken die mangelhafte Sauberkeit der Stadt und die Rückständigkeit der haitianischen Regierung kritisierend durch die Straßen seiner neuen Wahlheimat wankte. Er wurde von beleidigten Patrioten verhaftet, musste vor einem kohlrabenschwarzen Polizeitribunal alle der Ehre Haitis abträglichen Äußerungen zurücknehmen, erhielt keine Aufenthaltsbewilligung und kehrte als mein bekümmerter Kabinengenosse, den nicht einmal mehr der neue Smoking zu erfreuen vermochte, heim in die Arme der verlassenen Gattin und zu seinem Warenlager von Papageien und Kanarienvögeln.

Grauer frostiger Nebel umhüllte die Wolkenkratzer von New York, als die »Araguaya« in den Hudson einlief und finsteres Winterwetter erwartete mich in Boston. Auf meinem Schreibtisch fand ich eine Postkarte von Tante Muz vor, auf der sie mir mitteilte, dass sie schon seit Wochen ernstlich erkrankt sei, mich aber vor Antritt meiner Reise nicht in sorgenvolle Stimmung versetzen wollte. Am nächsten Tag traf ein Telegramm meines Vaters mit der Todesnachricht ein.

Nach und nach folgten noch ein paar Briefe von ihr selbst mit zitternder schwacher Hand geschrieben; erst von der Hohen Warte, da Hainischs die Kranke zu sich ins Haus genommen hatten, dann aus der Klinik Wenckebach, wo nach qualvollen Tagen die Erlösung aus einem Leben eintrat, das in seinen letzten Jahren von viel unverdienter Bitternis erfüllt gewesen war. In der traumhaften Unwirklichkeit meines Daseins in weiter Ferne von der Heimat blieben mir auch die traurigen Berichte von drüben nur halb fassbar und irgendwie unglaubhaft. Ich las von dem einfachen Begräbnis auf dem Döblinger Friedhof, wo sie noch vor ein paar Monaten am Grab der Großeltern neben mir gestanden hatte, sie, die nun selbst unter dem breiten Fliederstrauch für immer rasten durfte. Viele, viele Menschen hatten ihr das letzte Geleit gegeben, so schrieb man mir, eine große Zahl treuer Freunde, aus den verschiedensten Kreisen, aber einig in der Trauer um eine liebenswerte Persönlichkeit, einig in der Dankbarkeit für zahllose Beweise tätiger Hilfsbereitschaft und für manchen Trost in schweren Stunden. Mehr als je empfand ich nun, was ihre anspruchslose bescheidene Seele nicht nur für mich, sondern auch für so viele andere bedeutet hatte. Ihr unzerstörbar heiterer Optimismus, die Fähigkeit, in Menschen und Dingen immer nur das, wenn auch noch so verborgene Gute zu finden und in den Vordergrund zu stellen, ihr unermüdlicher Wille, die Sorgen anderer zu teilen und tragen zu helfen, eine vom ersten Augenblick des Bekanntwerdens an herzerwärmende Offenheit und Freundlichkeit hatten sie zum guten Geist, ja zur Stütze und Zuflucht vieler Beladener und zum unbewussten Mittelpunkt einer Gemeinschaft anhänglicher und dankbarer Freunde gemacht, in deren Erinnerung sie ein lebendigeres und dauerhafteres Bild hinterließ als dies manchen bedeutenderen und äußerlich erfolgreicheren Menschen vergönnt sein mag. Noch lange Jahre nach ihrem Tod traf ich sowohl in der Heimat als im Ausland mit Leuten zusammen, die ich gar nicht oder nur dem Namen nach gekannt hatte und die sich vor allem erkundigten, ob ich »der Neffe des Fräulein Maria Raab« sei.

Immer tiefer drang erst spät in mein Bewusstsein die Erkenntnis, wie unendlich viel an Lebensfreude, an Fähigkeit Schönes zu genießen und an innerem Halt ich ihr für das ganze Leben zu danken habe und wie unendlich viel an Bescheidenheit, Selbstlosigkeit und Opferbereitschaft mir fehlt, um ihrem Beispiel irgendwie gleichen zu können. All das war mir in ihrer Gegenwart nur undeutlich und selten in den Sinn gekommen; meine damals besonders hervorstechende Gewohnheit, die negativen Seiten bei anderen zu suchen und überheblich zu kritisieren, lenkte meine Aufmerksamkeit oft auf manch kleine Schwächen und Unvollkommenheiten, von denen selbstverständlich auch Tante Muz nicht frei war und die leise Komik des Zustandes, von einer Tante bis ins Mannesalter bemuttert zu werden, versetzte mich mitunter in Verlegenheit. Ihre rastlosen Bemühungen, mir alles an erreichbaren Erziehungs- und Ausbildungsvorteilen zugute kommen zu lassen, durch ihren weitverzweigten und teilweise einflussreichen Freundeskreis meine

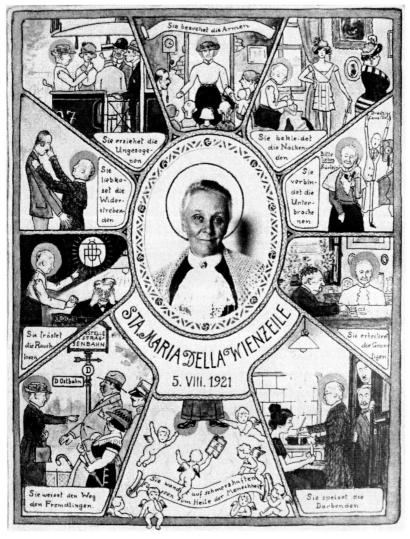

Abb. 10: Geschenkblatt für die Tante Maria Raab, genannt Tante Muz, 1921

persönlichen Beziehungen in verschiedenen Richtungen auszubauen, kurz mir in jeder Weise den Weg in die Zukunft zu ebnen, nahm ich mit dem unbekümmerten Egoismus der Jugend als fast selbstverständlich hin und lernte auch diese Dinge erst allmählich in ihrem ganzen Ausmaß zu würdigen. Ihre Liebe und Fürsorge war mir ein Lebenselement.

183

Ich wusste, dass ich bei ihr Verständnis und guten Rat in allen meinen Nöten finden und in allen Erfolgen auf ihre, freilich oft über Gebühr enthusiastische, Anerkennung rechnen konnte. Trotz der natürlichen Oppositionsstellung des Jüngeren gegenüber manchen Prinzipien und Anschauungen der älteren Generation war unsere Beziehung so innig und vertrauensvoll wie sie sonst nur zwischen Mutter und Sohn sein kann und dies allein bildete den kargen Lohn, der ihr in dieser Welt für alle Güte beschieden war, die sie mir mit vollen Händen hatte zuteil werden lassen.

Als mich die unerwartete Todesbotschaft wie ein harter Schlag getroffen hatte, war es nur natürlich, dass ich als Fremder unter Fremden die mitfühlende Wärme meiner jungen Bostoner Freundin Olga Palmborg wohltuend empfand und mich ihr immer enger anschloss. Viele Besuche in Jamaica Plain und gemeinsame Ausflüge bedeuteten eine willkommene Abwechslung in meiner intensiv und zufriedenstellend fortschreitenden experimentellen Arbeit im Physiologischen Institut und in den Laboratorien des City Hospital.

Eines Abends begaben wir uns »down town« in einen politischen Club, in dem Graf Michael Károlyi, der verbannte ehemalige ungarische Ministerpräsident, der dem Kommunisten Béla Kun die Macht übergeben hatte, über ein aktuelles Thema sprechen sollte. Károlyi hatte eine zwiespältige Vergangenheit als in Sozialismus dilettierender Hocharistokrat, Größtgrundbesitzer und politischer Intrigant hinter sich. Sein im Oktober 1918 an die ungarischen Truppen ausgegebener Befehl, sich ohne Verständigung des österreichischen Armee-Oberkommandos bei Wacht von allen Fronten zurückzuziehen, wodurch die ausharrenden Österreicher der Vernichtung oder Gefangennahme ausgeliefert waren, wurde Jahre später in Wien auf offener Straße durch ein paar mächtige Ohrfeigen belohnt, mit welchen der prankengewaltige Graf Salm Seine Exzellenz auf das Straßenpflaster beförderte. Nun stand der näselnde »rote Graf« vor einem Publikum von Yankees und berichtete in hohen Tönen über seine Großtaten zur Befreiung des von den Magnaten unterdrückten magyarischen Landvolkes, unter welches er die Güter des Klerus und der Gentry verteilt hätte, bis die blutige Reaktion unter Admiral Horthy alle seine sozialen Errungenschaften wieder zunichte gemacht habe. In der folgenden freien Diskussion erlaubte ich mir die Anfrage, ob und in welchem Ausmaß der Herr Graf auch seine eigenen Güter, welche bekanntlich die ausgedehntesten ganz Ungarns waren, verschenkt hätte, und wie es komme, dass nach seiner Verbannung im Jahr 1921 laut Zeitungsberichten der Károlyische

Großgrundbesitz durch die Regierung Horthy an ehemalige Soldaten abgegeben worden sei. Seine Ex-Exzellenz antwortete etwas verlegen, diese Güter seien durch die Regierung Horthy expropriiert und mangels eines Rechtsnachfolgers aufgeteilt worden. Ich dankte für die Auskunft, welche bestätige, dass dieser löbliche Akt sozialer Gerechtigkeit nicht durch den Sozialisten Grafen Károlyi sondern durch den Reaktionär Horthy vollzogen worden sei, worauf der Vorsitzende der verwundert glotzenden Versammlung rasch einem anderen Diskussionsredner das Wort gab.

Ein andermal ermöglichte Miss Palmborgs Bereitwilligkeit, mich in ihrem mit viel Geschick gelenkten Auto kreuz und quer durch den anmutigen Staat Massachusetts zu führen, den Besuch eines »pow-wow«, einer der jährlichen Zusammenkünfte des Indianerstammes der Wampanoag. Es war trotz reichem Federschmuck der Männer und trotz den glasperlenbestickten Lederkleidern der Squaws, die pfeiferauchend vor ihren Wigwams hockten, eine recht klägliche Veranstaltung. Der Häuptling Red Shell, dem wir vorgestellt zu werden die Ehre hatten, klagte in einer von Bitterkeit erfüllten Rede die Bleichgesichter an, den Verfall der Ureinwohner Amerikas verschuldet zu haben und rief aus: »Wenn ihr Weißen mit Verachtung auf uns Rothäute herabblickt, so denkt daran, dass ihr es wart, die uns zu dem gemacht haben, was wir heute sind.«

Im Mai gab eine Internisten-Tagung in Atlantic City, dem protzigen und über alle menschlichen Begriffe geschmacklosen Badeparadies der New Yorker im Staat New Jersey, den Anlass zu einer Fahrt nach südlicheren Städten. In dem vornehmen, von historischer Atmosphäre durchwehten Washington mit seinem unvergesslich schönen und ergreifenden Lincoln-Memorial, dem einfach würdigen White House, vielen eindrucksvollen Monumentalbauten und eleganten Parks musste ich es erleben, dass gerade vor dem Capitol, der Wiege des Prohibitionsgesetzes, dem sternhagelvoll besoffenen Schaffner meines Straßenbahnwagens die Uniformkappe vom Kopf aufs Pflaster hinausfiel und dass dieser illoyale Funktionär alle Straßennamen in falscher Reihenfolge herausrülpste.

Jenseits der Grenze des Staates Virginia, in Arlington, wo sich das marmorne Grabmal des »Unbekannten Soldaten« des Weltkrieges befindet, traute ich meinen Augen kaum beim Anblick getrennter Zugabteile, Warteräume und Toiletten für weiße und schwarze Staatsbürger, denn damals waren wir rückständigen Europäer an die Technizismen der Rassendiskriminierung noch nicht gewöhnt.

In dem nüchternen, unsauberen Baltimore wurde ich in der Johns

Hopkins Universität von dem berühmten Pharmakologen J.J.Abel, dem Internisten Longcope und anderen bedeutenden Fachleuten freundlich aufgenommen und lernte auch den 80-jährigen Klassiker der Bakteriologie und Begründer der amerikanischen medizinischen Forschung, William H. Welch, kennen. Tief beeindruckt war ich von einem die Stadt überragenden hohen Bauwerk, welches, im Stil des ins Amerikanische multiplizierten Turmes des Palazzo della Signoria in Florenz errichtet, auf seiner Renaissancekrone eine gigantische blaue Mineralwasserflasche der Firma »Bromo-Seltzer« trug. Diese rotierte Tag und Nacht (während der letzteren magisch beleuchtet) feierlich um ihre Achse, hierdurch wohl die kühnsten Schönheitsträume Lorenzos des Prächtigen von Medici in den Schatten stellend.

Gelegentlich einer Wanderung durch eines der ausgedehnten Negerviertel wurde ich von gewaltigem, aus einem niedrigen Gebäude dringenden Lärm angelockt und versuchte, durch ein ebenerdiges Fenster ins Innere zu blicken, als ein respekteinflößender schwarzer Greis mit schneeweißem Haupthaar und Bart erschien und freundlich zu mir sprach: »Come in, brother, you are welcome.« So wurde ich Zeuge eines der geräuschvollen Gottesdienste der »Apostolic Free Church«. Auf dem Podium des restaurantartigen Raumes waren mehrere Neger eifrig damit beschäftigt, vor ein paar auf Pappendeckel gemalten überaus primitiven Heiligenbildern Klavier, Saxophon und andere wenig geistliche Instrumente zu spielen. Ich nahm diskret in einer rückwärtigen Sitzreihe Platz, erregte dort aber destomehr die Aufmerksamkeit der gläubigen Gemeinde, da diese sich zuweilen samt und sonders plötzlich von dem musikalischen »Altar« abwandte und niederkniend nach rückwärts dorthin wandte, wo ich in einiger Verlegenheit saß, mit den Regeln der religiösen Gymnastik dieser seltsamen Sekte nicht genügend vertraut. Öfters gingen Andächtige an mir vorüber, nicht ohne ihrer Genugtuung über das unerhörte Ereignis der Anwesenheit eines »no colored man« in ihrem Gotteslokal durch demütige Verbeugungen Ausdruck zu geben. Alles transpirierte in der Hitze des mangelhaft gelüfteten Raumes intensiv und während ein pechschwarzer Riese, ein ehemaliger Boxmeister, fäusteschwingend erbauliche Prinzipien für die moralische Ertüchtigung der Jugend in den Saal brüllte, wurden unentgeltlich Fächer aus Karton verteilt. Diese waren auf der Vorderseite mit einem Christusbild geschmückt, während die Rückseite folgende bemerkenswerte Inschrift trug: »Cleanliness is next to godliness! Let the bible cleanse your soul, let us cleanse your overcoats, pants, shoes, hats, etc. – John Sholmsdene Co.«

Über Philadelphia und New York ging es zurück in das glühend heiße dunstige Boston, wo letzte Vorbereitungen für eine von der Rockefeller Foundation finanzierte Reise nach dem Westen der U.S.A. zu treffen waren. Fünf Tage vor dem Abschied von dieser mir vertraut gewordenen Stadt und von Miss Palmborg kam mir der – wie sich später erweisen sollte – geniale Einfall, die letztere an dem baumumkränzten Ufer des Boston Reservoirs um ihre Meinung hinsichtlich der Ehe im allgemeinen und mit Bezug auf meine Person im speziellen zu befragen. Alles folgende spielte sich in einem mein 36-jähriges Junggesellengehirn derart verwirrenden Tempo ab, dass ich schon wenige Jahre später darauf angewiesen war, mich um die Einzelheiten der damaligen Ereignisse bei Mrs. Raab als der einzig zuständigen Autorität zu erkundigen. Nach ihrer in der inzwischen einigermaßen erlernten deutschen Sprache gegebenen Schilderung hätte sie auf meine schicksalsschwere Frage mit einem dezidierten »Wohlan!« geantwortet. Freilich gab es noch mancherlei Schwierigkeiten zu überwinden: die natürlichen Bedenken der Eltern gegen einen schließlich und endlich doch unbekannten exotischen Fremdling, dem sie nun ihr einziges Kind anvertrauen und in ein fernes, von Armut und ständiger Unruhe heimgesuchtes Land mitgeben sollten, nachdem ihnen wenige Jahre zuvor der Tod ihren bereits erwachsenen Sohn geraubt hatte; ferner die im Staate Massachusetts geltende Vorschrift, nach welcher zwischen der Anmeldung im Rathaus und der Trauung fünf Arbeitstage verstreichen müssen. Unglücklicherweise fiel zwischen unsere Verlobung und den wegen meines fixierten Vortrags- und Besuchsprogrammes unverschieblichen Abreisetermin der Staatsfeiertag der Schlacht von Bunker Hill, sodass in Rücksichtnahme auf jenes 155 Jahre zurückliegende Gemetzel um eine besondere Fristabkürzung nachgesucht werden musste. Im Übrigen aber ist das Heiraten in Amerika eine im Vergleich etwa zur Erlangung der Einreiseerlaubnis verblüffend einfache Angelegenheit. Zwei oder drei elementare Personaldaten mit Unterschrift auf einen simplen Zettel und keinerlei eidliche Erklärungen bezüglich Schwachsinn, Mordabsichten, etc. wie bei jener anderen Prozedur, ja nicht einmal bezüglich einer etwaigen polygamistischen Vergangenheit.

Die Trauung fand im Kreis weniger Verwandter und Freunde von Olgas Familie im Haus des Pfarrers der Unitarischen Kirche von Jamaica Plain, Reverend Frank O. Holmes statt. Am folgenden Tag waren wir unterwegs nach Rochester im Staat New York und nach dem traditionellen Ziel unzähliger Hochzeitsreisender, den großartigen Niagara-Fällen, hinter deren dröhnenden Wassermauern wir halb betäubt von Getöse und atemraubendem Luftdruck, uns in wasserdichten Gewändern an Drahtseilen über glitschige Felsblöcke und Stege vorwärts tasteten. Weiter ging es nach Detroit und zu Henry Fords gigantischen Fabriken in River Rouge, der Geburtsstätte von täglich 925 funkelnagelneuen Autos, von denen alle 45 Sekunden eines den Produktionskanal des 100.000 Arbeiter beschäftigenden Werkkolosses fix und fertig verließ; nach der luxuriösen kleinen Universitätsstadt Ann Arbor, Michigan, und endlich nach Chicago, damals dem Hauptquartier des zügellosen amerikanischen Verbrechertums, in dem noch der berüchtigte Al Capone als Gebieter der »Unterwelt« herrschte. Unter dieser Bezeichnung verstand man ein weit verzweigtes, alle Berufs- und Gesellschaftsschichten durchflechtendes Netz von Betrüger- und Erpresserorganisationen, denen im Geheimen auch Polizeichefs, Richter, Anwälte, Bürgermeister, Ärzte, Senatoren angehörten und sie so zu einem fast unangreifbaren Staat im Staate machten, bis es endlich gelang, den Massenmörder Capone wegen Steuerhinterziehung zu verhaften und auf der Insel Alcatraz hinter Schloss und Riegel zu setzen.

Das 3.000 Zimmer und Apartments umfassende, nicht gerade gemütliche Hotel Stevens, das größte der Welt, bewohnend, Wolkenkratzer, Museen und Neger-Slums besichtigend ächzten wir durch eine der gefürchteten lähmenden Hitzewellen des Mittelwestens bis zum Tage des Scheidens, denn Olga musste zurück nach Boston, um ihre Nachfolgerin in das so plötzlich verlassene Amt als Sekretärin eines vielbeschäftigten Arztes notdürftig einzuweihen.

Die folgenden Wochen, während deren ich allein die Reise zur Erledigung meines beruflichen Programms fortsetzte, waren nichts weniger als eine fröhliche Vergnügungsfahrt. Abgesehen von dem unnatürlichen Zustand der so baldigen Trennung von meiner jungen Frau machten sich die psychischen Folgeerscheinungen der überstürzten Metamorphose vom auf hundertprozentigen Eigennutz eingestellt gewesenen Junggesellen zum verantwortungsbeschwerten, gefühlsgebundenen Ehegatten in vehementer und beklemmender Weise geltend. Es war nahe daran, dass diese paradoxe, einsame Hochzeitsreise über die Grenzen des Daseins hinaus in jenes weite, dunkel friedvolle Land geführt hätte, nach dem wohl jeder, der nicht mit einem ganz robusten Gemüt begabt ist, hie und da in Zeiten der Niedergeschlagenheit ein übermächtig drängendes Heimweh empfindet. Meist aber genügen schon die ernüchternden Reisevorbereitungen allein, um dieses Sehnsuchtsgefühl zum Dahinschwinden zu bringen und es bedarf oft nur irgendeines kleinen halb willkommenen irdischen Anreizes, um alle derartigen Emigrationspläne fahren zu lassen und sich mit dem Diesseits doch abzufinden, so gut es eben geht. Bei Faust waren es die Osterglocken, bei mir der trotz des nicht geöffneten Hotelfensters anschwellende Straßenlärm des zu einem neuen Arbeitstag erwachenden Chicago.

Die Fahrt nach Minnesota zu den weltbekannten Mayo-Kliniken und weiter nach dem fernsten Westen wurde also fortgesetzt, freilich zunächst in einem derartigen Zustand der Wirrnis und Losgelöstheit von allem Konkreten, dass aus dem trüben Nebel der Erinnerung nur vereinzelte Erlebnisse fassbar herausragen. Vor allem der überwältigende Anblick des Grand Canyon, jener 1600 Meter tiefen und bis zu 28 Kilometer breiten, ungeheuren, phantastisch zerklüfteten, in allen Farben leuchtenden Felsschlucht, durch deren Abgrund sich der schlammig braune Colorado River in reißenden Wirbeln hindurchzwängt, ließ mich alle persönlichen Sorgen und Kümmernisse vergessen, bis mich der in unverkennbar sächsischer Ekstase von einem Felsvorsprung her erklingende Ausruf »Einfach ieberürdisch!« in die raue Wirklichkeit zurückrief.

Nichts anderes reichte an den erschütternden Eindruck des Grand Canyon heran, nicht die prähistorischen Felsbauten von Colorado, nicht die Siedlungen der farbenfrohen und kunstgewerblich begabten, vor fremden Bleichgesichtern aber sich scheu zurückziehenden Pueblo-Indianer im sonnenüberfluteten Hochland von New Mexico, nicht die seltsam primitiven Adobe-Architekturen des überwiegend von spanischen Volkselementen bewohnten, altertümlich-romantischen Santa Fé, nicht die brennend heiße, in gelbem und rotem Gestein glühende Wüste Arizonas, zu deren Durchquerung der Schnellzug einen ganzen Tag benötigt – und schon gar nicht das südkalifornische Filmparadies Los Angeles. Zwar bilden die im Hintergrund aufsteigenden Ketten der Sierra und die prachtvollen Alleen hoher Palmen einen malerischen Rahmen für manches Straßenbild der sich rapid nach allen Seiten ausbreitenden Riesenstadt; von ein paar kärglichen Überresten aus der Zeit der Stadtgründung durch spanische Missionare abgesehen, ist aber in dem Ozean von zum Teil prunkvollen Gebäuden und in dem hastigen Straßengetriebe nichts zu entdecken, was diesem Konzentrationslager der oberflächlichen, geldüberwucherten Superbequemlichkeit irgendeine urwüchsige Stimmung oder menschlich berührende Atmosphäre verleihen würde. In Ermangelung irdischer Sorgen und angeödet von der Inhaltslosigkeit ihres Daseins suchen zahllose Menschen jenes aus der Ferne so verlockend erscheinenden Schlaraffenlandes krampfhaft nach seelischem Halt in künstlich angefachtem Enthusiasmus für irgendeine der dort üppig gedeihenden religiösen Sekten, in denen es an krankhaften Auswüchsen und Narreteien aller Art nicht fehlt. Es genügt, wenn die übel beleumundete Prophetin Amy McPherson in ihrem aufgedonnerten Tempel einer gläubig lauschenden und willig bezahlenden Menge mitteilt, sie sei in den pazifischen Ozean untergetaucht, um unter der Erde hindurch schwimmend im Innern des Kontinents geläutert wieder ans Tageslicht emporzusteigen, und Tausende verfallen unter Hosiannah-Rufen in religiöse Verzückung ob solch himmlischen Wunders.

Selbst Hollywood, dessen Name das Herz nahezu aller jungen Mädchen des Erdballes in der Ahnung unerhörter Herrlichkeiten höher schlagen lässt, ist eine Ansammlung langweiliger Häuserzeilen, kistenartiger Filmateliers und zwar schön gepflegter aber so aufdringlich kostspieliger Villen und Gärten, dass man sich kaum wundern würde, eines Tages statt Blättern grüne Dollarnoten an den Zweigen sprießen zu sehen. – Vor dem in chinesischem Pseudo-Stil erbauten großen Graumann-Kinotheater, in dem die exklusivsten Filmpremieren stattfinden und in dessen Zementboden die Fußabdrücke der prominentesten Film-Heroen und -göttinnen für alle Ewigkeit aufbewahrt sind, stand ohne jeden ersichtlichen Grund die Staatskutsche Napoleons mit einem die Echtheit bestätigenden Beglaubigungsdokument zur Schau, wahrscheinlich, um diesem Ort den all den überall sonst so offensichtlich mangelnden Zauber historischer Umwitterung angedeihen zu lassen. Damit aber der Geist modernen Fortschrittes nicht zu kurz komme, hatten die feinsinnigen Dekorateure über dem barocken Vehikel an Drahtseilen hängend auch ein ausgedientes Flugzeug angebracht.

Zu meiner Überraschung erblickte ich gelegentlich einer Autorundfahrt durch Los Angeles an einer Straßenkreuzung eine auf hohem Sockel errichtete Reiterstatue der Jungfrau von Orléans. Doch mein Erstaunen stieg mehr und mehr, als ich das gleiche Monument an den verschiedensten Stellen der Stadt immer wieder von Neuem zu Gesicht bekam: noch eine Jeanne d'Arc und noch eine und noch eine, alle in gleicher Haltung das gleiche Schwert schwingend, bis ich endlich des Rätsels Lösung in der auf dem Sockel angebrachten Tafel fand, die da in aller Schlichtheit lautete: »Visit the Hotel Normandie!«

Ein kurzer Ausflug über San Diego, den größten pazifischen Kriegshafen, führte mich auch auf mexikanischen Boden, in die jenseits der Grenze gelegenen und fast ausschließlich für den Vergnügungsbedarf amerikanischer Staatsbürger erbauten Städtchen Tijuana und Agua

Caliente. Hier war so ziemlich alles gestattet, was im Zeitalter der Prohibition und des Glücksspielverbotes den strengen Sittengesetzen der U. S. A. zuwiderlief und demgemäß bewegten sich ständig Ströme von Moralurlaubern hin und her über die Demarkationslinie, welche Tugend und Laster in staatsrechtlich einwandfreier Weise voneinander schied und dem letzteren südlich der Grenzbalken unbeschränkten legitimen Spielraum ließ. Außer einem gültigen Reisepass war zur Wiederaufnahme der fast durchwegs sinnlos betrunkenen verlorenen Söhne in die offenen Arme der ethisch höherstehenden Heimat nichts anderes erforderlich als eine Autofahrprüfung, bei welcher scharfäugige Polizeiorgane festzustellen hatten, ob der Heimkehrer imstande sei, seinen Wagen mit genügender Sicherheit zu lenken. Andernfalls wurde er eingesperrt, bis der Rausch ausgeschlafen war. Die hierfür bereitstehenden Unterkünfte sollen dauernd voll in Anspruch genommen gewesen sein. Zu sehen war in Tijuana nichts als unsicher wankende Amerikaner, physiognomielose Straßenzüge, die gänzlich aus Alkoholschenken und Hazardspielbuden bestanden, ein Negerrestaurant, in dem es bei wüster Musik so animiert zuging, dass sich ein Teil der Gäste grölend auf dem Fußboden umherwälzte, und sehr viel Staub und Sonne. Außer den beiden letzteren dürfte heute von Tijuana nicht mehr viel vorhanden sein, denn die Prohibition ist aufgehoben und der U. S. Bürger kann seinen geistigen Bedarf unbehelligt im nächsten drug store decken. Nur für Ehescheidungen soll Tijuana noch einen gewissen, allerdings an den von Reno nicht heranreichenden Wert besitzen und so ist die Hoffnung auf eine neue Blüteperiode dieser ehrwürdigen Stadt vielleicht doch noch nicht endgültig begraben.

Nach den tropischen Tagen in Südkalifornien bedeutete das kühle und eher nüchterne San Francisco eine wahre Erholung. Hier gab es auch manches Interessante zu betrachten, den schönen Golden Gate-Park, den großartigen Campus der University of California in Berkeley, wo ich einen Vortrag hielt, und vor allem San Franciscos China Town, das ausgedehnte Chinesenviertel, in dessen Geschäftsauslagen wundervolle Stickereien, Porzellanwaren und Elfenbeinfiguren, aber auch appetitanregende Delikatessen, wie getrocknete Frösche und Seepferdchen feilgeboten waren. China Town besitzt ein eigenes Telefonsystem, in welchem die Parteien nicht nach Nummern sondern nach ihren Eigennamen verbunden und aufgerufen werden. Das Rathaus ist in der Art eines Tempels ausgestattet und auf den Bühnen der beiden chinesischen Theater werden vor einem ständig wechselnden Publikum den ganzen Tag unter ohrenzerreißender Instrumentalbegleitung von unermüdlichen Schauspielern in phantastischen Masken und herrlichen juwelenstrotzenden Kostümen mit wild ausdrucksvollem Gebärdenspiel symbolische und religiöse Dauerdramen aufgeführt, vor deren Dimensionen die Nibelungentrilogie zu einem Schnaderhüpfel zusammenschrumpft.

Freunde, mit denen ich in San Francisco zusammentraf, nahmen mich in ihrem Wagen durch ganz Nordkalifornien mit bis nach Portland im Staate Oregon. Durch die grünen Kathedralen der märchenhaften Redwood-Wälder mit ihren viele Jahrhunderte alten, zum Himmel emporragenden Sequoya-Bäumen ging die mehrere Tage dauernde Fahrt durch Canyons mit gespenstischen Sand- und Steinformationen, über die nackten schwarzen Lavafelder der Cascade Mountains zu dem azurblauen, einen riesigen erloschenen Vulkankrater erfüllenden Crater Lake. In dem Gebiet der Oregon Caves verbrachten wir eine Nacht in einem hoch in den Bergen gelegenen Blockhaus, vor dem eine Schar junger Studenten und Studentinnen der University of Oregon unter dem sternklaren Himmel um das rotflackernde Feuer eines brennenden Holzstosses auf Felsblöcken lagernd und an die uralten Baumstämme gelehnt fröhliche und traurige Lieder sangen. Dann wieder wurden Hunderte von Kilometern durch endlose, vollständig unbesiedelte Waldstrecken zurückgelegt. Von dem schön gelegenen, rosenreichen Portland aus setzte ich die Reise alleine fort bis Seattle im Staate Washington und von dort mit dem Schiff nach dem von konservativ-aristokratischer, typisch britischer Atmosphäre erfüllten Victoria an der kanadischen Westküste. Noch weiter nördlich, in der Handels- und Hafenstadt Vancouver fehlte es sowohl an der Noblesse als an dem für die meisten Städte typischen sichtbaren Wohlstand, wenn ich einmal von dem begabten Sängerterzett absehe, welches durch die morosen Straßen marschierend die Vorzüge eines elektrischen Backofens in melodischen Strophen anpries. Nach Besichtigung einiger totem poles, grotesk grausiger, ritueller Bildsäulen, vor denen die Indianer ihre religiösen Zeremonien abzuhalten pflegen, wandte ich dem pazifischen Ozean den Rücken, um die Bahnfahrt nach New York anzutreten. Nur in den an die Schweizer Alpen erinnernden Canadian Rockies wurde die Reise für einen Besuch des zwischen gewaltigen Fels- und Gletschermassiven eingebetteten Lake Louise unterbrochen.

Endlich, nach fünf Tagen und fünf Nächten des Rüttelns und Schüttelns traf der Zug um 6 Uhr Morgens im Grand Central Station in New York ein, wo mich die so schnöde vernachlässigte Gattin erwartete. Infolge eines telegrafischen Missverständnisses hatte die Ärmste die ganze Nacht in der großen Marmorhalle auf einer Bank vergeblich wartend zugebracht, von Polizisten misstrauisch umkreist und an der Wiederkehr des treulosen Gemahls von seiner Solo-Hochzeitsreise fast verzweifelnd.

In der höllischen Gluthitze des hochsommerlichen New York und in Boston wurde nun eine Serie von Pflichtbesuchen bei Verwandten und Bekannten absolviert, Koffer wurden gepackt, Billetts besorgt, und Mitte August nahm ein kummervolles Elternpaar Abschied für lange Zeit von dem unternehmenden Töchterlein, das sich anschickte, an der Hand seines nicht gerade wie ein Märchenprinz aussehenden beglatzten Auserwählten den großen Sprung übers Wasser und in eine völlig fremde Welt zu tun.

Wenngleich der neu gebackene Ehemann sich der Schwierigkeit einer so tiefgreifenden Umwälzung in dem Leben der jungen Frau, die mit inniger Liebe an ihren Eltern hing, dunkel bewusst war, so besaß er doch nicht genügend Einfühlungsvermögen, um all den schwankenden Stimmungen gerecht zu werden, die sich ihrer in den ersten Monaten und Jahren des Zusammenlebens bemächtigen mussten, und so ging es einige Zeit hindurch nicht ohne Tränen und Auseinandersetzungen ab, in denen beide Teile an Bockbeinigkeit und Einseitigkeit der Standpunkte wetteiferten, letzten Endes aber sehr zum Vorteil eines aus Zärtlichkeit und Zorn, aus Lachen und Weinen, aus gemeinsamen Freuden und Sorgen erwachsenden festgefügten und glückbringenden Gefühles des Zusammengehörens, das späterhin auch manchen gemeinsam empfangenen harten Schicksalsschlag leichter und mutiger ertragen half und sich zu jenem seltenen und segensreichen Zustand entwickelte, den man leichthin als eine »gute Ehe« zu bezeichnen pflegt.

Die ersten Eindrücke, welche das Mädchen aus der Fremde auf europäischem Boden empfing, waren nur wenig dazu angetan, ihr die Trennung von Heimat und Eltern und das Einleben in die neue Umgebung zu erleichtern, in der ihr am Anfang selbst die Möglichkeit der sprachlichen Verständigung fehlte. Die weltwirtschaftlichen Folgen des großen amerikanischen Finanzkraches vom Vorjahr waren auch in Europa bereits weit gediehen, das Gespenst der Arbeitslosigkeit schlich würgend durch die Länder und, was in dem verarmten Österreich während der vergangenen Jahre etwa an schüchternen Ansätzen einer wirtschaftlichen Gesundung zu keimen begonnen hatte, war in der Dürre der allgemeinen Depression rasch wieder dem Untergang verfallen. So konnte es nicht wundernehmen, dass in amerikanischen Augen, die nicht daran gewohnt waren, sich auf die Harmonie der Architekturen und auf das historisch Bedeutungsvolle im Bild europäischer Städte zu konzentrieren, zunächst jene optischen Eindrücke das Urteil bestimmten, welche auf mangelhafter Instandhaltung der Gebäude, auf der verkehrstechnischen Unzweckmäßigkeit alter enger Straßen und auf dem bedrückten, ärmlichen Aussehen der Menschen beruhten. In dem nüchtern geschäftigen und wohlgepflegten Berlin, wo wir uns nach der Landung in Bremerhaven ein paar Tage lang aufhielten, war der Kontrast gegenüber dem amerikanischen Städtecharakter noch nicht so sehr auffallend, dagegen erschien das hochsommerlich schläfrige Wien, angefangen von dem ruinenhaft vernachlässigten, rußgeschwärzten Franz Josefs-Bahnhof und dem altmodischen wanzenreichen Hotel »Zum Goldenen Hirschen«, wo wir uns im Beginn einquartierten, wie der Kadaver eines einstmals schön und blühend gewesenen, nun aber in einem fortgeschrittenen Stadium der Auflösung befindlichen Lebewesens.

Der Empfang der Schwiegertochter durch meinen Vater war zwar herzlich und gut gemeint, aber infolge der Sprachschwierigkeiten auf eine für alle Beteiligten verlegenheitsbringende, unbeholfene Mimik beschränkt, während die kühl ablehnende Einstellung meiner über den Familienzuwachs verärgerten jungen Stiefmutter bald genug klar zutage trat und weiterhin zu einer langen Serie teils simpler Sticheleien, teils komplizierter Bosheitsakte führte, die einem von krankhafter Missgunst gequälten verschrobenen Gemüt entsprangen. Hiezu kam der rasch fortschreitende traurige Verfall der geistigen Persönlichkeit meines Vaters, wie er in so vielen Fällen den Abschluss des Lebens intellektuell aktiver Menschen bildet, wenn die alternden Blutgefässe des Gehirns den Sieg über die Kräfte der Seele davontragen. So gingen unter ständigen Aufregungen und zumeist überflüssigen, aber dennoch unvermeidlichen Konflikten zwei schwere Jahre dahin, welche das natürliche Heimweh Olgas oft bis an die äußerste Grenze des Erträglichen steigerten und auch mein Gleichgewicht immer wieder starken Erschütterungen aussetzten.

Dennoch denken wir beide mitunter gerne an die zwei Zimmerchen der primitiv eingerichteten Dienstwohnung zurück, die mir als Assistenten an der Ersten Medizinischen Klinik zur Verfügung stand und wo wir in spartanischer Einfachheit hausend zuweilen liebe Freunde bei uns hatten, Pläne für die Zukunft entwarfen, uns an mancherlei kleinen Ausschmückungen erfreuten und wo Olga von der voluminösen Bedienerin Frau Kreuter mit den Fundamenten der deutschen Sprache unter besonderer Berücksichtigung der Redefeinheiten Ottakrings vertraut gemacht wurde, während ich in den anstrengenden Spitalsdienst eingespannt oder im Laboratorium beschäftigt war.

Da die meisten unserer Bekannten gerne die Gelegenheit wahrnahmen, an Olga ihre vielfach beträchtlichen Kenntnisse des Englischen übungsweise anzuwenden, ging es mit dem Deutschsprechen im Beginn etwas langsam vorwärts, später aber erwarb Olga einen rapid anschwellenden, erstaunlich umfangreichen Wortschatz, in dem allerdings Frau Kreuters grundlegende Einflüsse noch nach langen Jahren immer wieder zu einem die Zuhörer überraschenden Durchbruch kamen.

Der korrekte Gebrauch der Anredeformen »Du« und »Sie« stieß oft auf Schwierigkeiten und während Greisler, Trambahnschaffner und Taxichauffeur von Olga häufig geduzt wurden, musste ich mir nicht selten ein formelles »Sie« gefallen lassen, welches Olga übrigens mitunter auch im Umgang mit Dackeln, Papageien und Säuglingen unseres Bekanntenkreises in Anwendung brachte. Einige von Olgas eigenen Sprachschöpfungen verdienen der Nachwelt erhalten zu bleiben und sollen deshalb hier samt zugehöriger Übersetzung dokumentarisch niedergelegt werden:

Herrenkuh	Stier
Besofferin	Alkoholisierte Frau
Derbian	Derber Mensch
Zahnwürschtel	Zahnwurzel
Ein Lüftlein wedelt	… weht
Bauchumfass	Bauchumfang
Hintertüchtig	Hinterlistig
Entkindung	Entbindung
Husarenkrampferln	Husarenkrapferln
Die Heidreiligen Könige	Die heiligen drei Könige
Bedürfbüglig	Bügelbedürftig
Ich habe mich angegötzt	… ergötzt
Stichwürmig	Wurmstichig
Es tunkt mich ein	Es dünkt mich

Der Ausdruck »Schlampertrattel«, dem Schatzkästlein der ehelichen Hausterminologie entnommen, bedeutet so viel wie »Schlamperter Trottel«, während die bildhaft plastische Redewendung »Es schneit wie am Spieß« mangels wörtlicher Übersetzungsmöglichkeiten als solche genossen werden muss.

So gab es neben vielen Sorgen doch auch allerlei Heiterkeit und vor allem waren es gute alte Freunde, Friedmanns, Hainischs, Paula Munk, Baronin Leithner, die alles Erdenkliche taten, um uns beiden Jungen die ersten materiell und seelisch holperigen Ehejahre freundlicher zu gestalten und der ihnen bald ans Herz gewachsenen Amerikanerin so weit als möglich das drückende Heimweh zu lindern. Auch ein lebhafterer Verkehr mit einigen klinischen Kollegen und ihren Frauen entwickelte sich, mit Hitzenbergers, Zdanskys, Scherfs, Kutscheras. Freilich, die alle hatten Kinder, und an einen derartigen Luxus konnten wir noch lange nicht denken.

Einen argen Schock bedeutete für mich die Ablehnung meines drei Jahre zuvor eingebrachten Gesuches um Habilitierung für Innere Medizin durch das Professorenkollegium. Das Nichtvorhandensein eines Klinikchefs, der sich mit entsprechender Autorität dafür hätte einsetzen können (Wenckebach war 1930 zurückgetreten), bildete wohl die Hauptschwierigkeit, doch wurden in der Debatte im Kollegium auch Argumente gegen mich vorgebracht. Professor Nikolaus v. Jagic, Vorstand der II. medizinischen Klinik, schlug vor: »Dieser Tschech' soll nach Prag zurückgehen!«, der Pädiater Professor Franz Hamburger nahm daran Anstoß, dass der Physiologe Durig, der Biochemiker Barrenscheen und der Pharmakologe E. P. Pick sich zu warm für mich eingesetzt hätten, denn, so argumentierte er »ein Mensch, den die Theoretiker so sehr loben, ist für ein klinisches Fach a priori nicht zu brauchen« und der Psychiater Professor Otto Pötzl, der als Mitglied des Prager Kollegiums sechs Jahre zuvor dort für mich gestimmt hatte, nahm nun den gegenteiligen Standpunkt ein. Nach Beendigung der Sitzung gab er Professor Hitzenberger, der mich verteidigt hatte, triumphierenden Blickes die logische Erklärung »Sehen Sie, Herr Kollege, vor ein paar Monaten haben Sie gegen meinen Assistenten Hoff gestimmt, nun habe ich Ihnen gezeigt, dass ich dafür Ihren Schützling ablehnen kann.« Hitzenbergers erstaunte Erwiderung, er habe doch gar nicht gegen Hoff Stellung genommen, veranlasste zwar den berühmten Seelenarzt, sein Bedauern über dieses Missverständnis auszudrücken, doch war mein Durchfall, wenn auch mit nur knapper Stimmenmehrheit, bereits protokollarisch besiegelt und ich musste mich nach Absolvierung der obligatorischen Wartezeit zwei weitere Jahre bis zur abermaligen Einreichung und im Ganzen neun Jahre gedulden, bis meine im Jahr 1926 in Prag einstimmig erfolgte Zulassung zur akademischen Lehrtätigkeit auch in Wien anerkannt und ich endlich zum Propheta in patria erhoben wurde.

Erst lange Zeit später wurde mir von eingeweihter Seite bedeutet, dass zu meinem Missgeschick wesentlich auch die Abneigung des sehr einflussreichen Nobelpreisträgers Professors Wagner v. Jauregg beigetragen habe, der es mir nicht verzeihen konnte, dass ich in den vorangegangenen Jahren in Wort und Schrift gegen die von ihm als Mittel zur Kropfprophylaxe eingeführte unkontrollierte Abgabe künstlich jodierten Kochsalzes zu Felde gezogen war. In Übereinstimmung mit vielen anderen Ärzten hatte ich die Beobachtung gemacht, dass unter Erwachsenen, besonders unter den sehr jodempfindlichen Frauen Wiens, in sehr zahlreichen Fällen basedowartige Erkrankungen als Folge des oft unbewussten Jodsalzgebrauches auftraten. Trotz mehrfachen Warnungen vor dem Zorn des gewaltigen Wagner und der zu gewärtigenden Gefahr für meine Karriere trat ich mit meinen Protokollen an die Öffentlichkeit, nachdem ich sie zuvor Professor Wagner selbst zur Kenntnis gebracht hatte. In der Gesellschaft der Ärzte gab es eine zweistündige erregte Debatte, Wagner schleuderte Donnerkeile, mehrere meiner ärztlichen Kronzeugen fielen ängstlich um und die Zeitungen waren voll von der Sache; ein Protest gegen den geheimen und dem Publikum unbekannten Weitervertrieb des Jodsalzes durch die staatliche Salinendirektion, den ich im Gesundheitsministerium vorbrachte, endete mit meinem fast brachialen Hinauswurf. Immerhin war die Aufmerksamkeit der Ärzteschaft und des Publikums erweckt, man wurde im Salzbezug vorsichtiger, die Zahl der Erkrankungen nahm ab und mehrere Jahre später erlebte ich die paradoxe Genugtuung, dass kurz nach Wagners Eintritt in die nationalsozialistische Partei vom nationalsozialistischen Reichsgesundheitsamt in Berlin eine zu dieser Zeit bereits auch für Österreich gültige offizielle Warnung vor dem wahllosen Jodsalzgebrauch ausgegeben wurde.

Ob mein akademischer Durchfall objektiv berechtigt gewesen war oder nicht, will ich dahingestellt sein lassen, ein unparteiisches Urteil kann in solchen Dingen wohl niemand sich selbst zutrauen. An klinischer Routine hatte ich zweifellos noch sehr viel hinzuzulernen und auch, dass meine zum großen Teil experimentellen Arbeiten keinen Beweis für Lehrbegabung bildeten, lässt sich nicht leugnen. Professor Jagic, dem man nicht unbedingte Bösartigkeit nachsagen konnte, nahm mich ein paar Wochen später gelegentlich einer Ärztetagung beiseite und krächzte väterlich-wohlwollend: »Herr Kollege, reichen's nur wieder ein, aber mehr klinisch müassen's arbeiten, mehr klinisch!« »Was verstehen Sie darunter, Herr Professor?« »Na, Krankeng'schichten müassen's zusammmstellen und so, aber nix entdecken, nix entdecken!

In einer Klinik kann ma nix entdecken!« Eingedenk dieser goldenen Worte tat ich in den folgenden Jahren mein Möglichstes, um dem von Jagic empfohlenen wissenschaftlichen Programm gerecht zu werden und erwarb mir derart allmählich seine sehr ausschlaggebende Gunst.

Die mir längere Zeit hindurch anvertraute Leitung der Frauenambulanz gab hierzu reichlich Gelegenheit. So sehr mich dieser infolge des ständigen Massenandranges von Patientinnen notgedrungen unexakte und oberflächliche Betrieb langweilte und unbefriedigt ließ, so brachte er doch mancherlei Wissenswertes mit sich und gewährte mir interessante Einblicke in die weibliche Psyche. Typisch für die zeitraubende Prozedur der femininen Anamnese-Erhebung war etwa folgendes Gespräch: »Was fehlt Ihnen?« – »Der Magen.« – »Haben Sie Schmerzen?« – »Und was für a.« – »Kommen die Schmerzen nach dem Essen?« – »I hab halt a gar a so schwere Arbeit.« – »Ich habe Sie gefragt, ob die Schmerzen nach dem Essen kommen.« – »Na ja, wann i mi halt so vül ärchern muass.« – »Ich habe Sie nicht gefragt, ob Sie sich ärgern müssen, sondern ob die Schmerzen nach dem Essen auftreten.« – »Nach'n Essen? Herr Dokta, i iss nia nix.« Oder: »Herr Dokta, bittscheen, mir geht's haass aus'n Mund.« – »Das verstehe ich nicht, bitte erklären Sie mir das genauer.« – »Na, wann i mi anziagn tun und wann i mi ausziagn tun, nacher sticht's mi in der Brust wia mit tausend Spennadeln.« – »Bitte ziehen Sie sich aus. – Wo tut es weh?« – »Bittscheen, in die Händ.« »Waas? In den Händen? Wo in den Händen?« – »Bittscheen Herr Dokta, in die Füass aa.«

Eines Tages fand ich eine junge Frau zur Untersuchung bereit im Ambulanzraum sitzen, welche auf alle Fragen die ungarische Antwort »nem tudom« (ich verstehe nicht) gab. Die diensthabende Schwester riet mir, den im Korridor wartenden Gatten der Patientin zu interviewen. Ihr Name sei Frau Hofbauer. Tatsächlich traf ich draußen einen auf und ab schreitenden Mann an. »Sind Sie der Herr Hofbauer?« – »Jo, der bin i.« – »Sie sprechen auch Deutsch?« – »Jo natürli, i kann eh nix anders« – »Sie sprechen nicht Ungarisch?« – »Net a wurt.« – »Ja wieso denn, sind Sie denn nicht der Mann der Ungarin da drinnen?« – »Jo, Jo, des is mei Frau.« – »Aber die kann doch kein Wort Deutsch.« – »Naa, Deitsch kann's net.« – »Wieso haben Sie sie denn geheiratet?« – »Na wissen's, vur an halben Jahr is's aus Ungarn nach Wean auffikumma und da ham ma si kenna g'lernt. Hansi! hat's z'mir g'sagt – ich heiße nämlich Johann – Hansi, hat's g'sagt und so hamma si kenna g'lernt. Es war gewissermaßen, wia ma sagt, ein Roman. Mia verstengan sie ausgezeichn't und jeatzt'n krieg'n ma bald a kind.« Auf eine genauere Anamnese musste ich verzichten.

Die mit neuralgischen Erscheinungen behaftete Gemahlin eines Fleischhauers klagte: »Wissen's, mei Mann der hat Eahna solchene Pratzen (Geste der Riesenhaftigkeit) und wann der an zärtlichen Griff tuat, dös is dar a Schmerz ...!«

Anderer Art war das Leiden einer bejahrteren Dame, welche von anhaltendem »Krepezen« (Singultus) geplagt wurde. »Herr Doktor, ach krepez – hup – den ganze Tag. Ach – hup – ach krepez in der Früh – hup – ach krepez bei Tag, ach krepez – hup – sogar bei der Nacht.« – »Haben Sie in letzter Zeit irgendeine große Aufregung durchgemacht?« – »Aufregung? – hup – Ja. Vor 3 Wochen is mei Tochter gestorben – hup – no hab ach mach geärgert.«

Meine Teilnahme an einer der deutschen Internisten-Tagungen in Wiesbaden gab den Anlass zum Besuch schöner alter Städte: Frankfurt, Rothenburg, Nürnberg, München, in denen Olga zum ersten mal in die Lage kam, den teils robust erdgebundenen, teils von religiöser Mystik erfüllten Zauber des deutschen Mittelalters auf ihr ganz dem zwanzigsten Jahrhundert angehörendes Gemüt einwirken zu lassen. Noch hatten die üblichen Touristenhorden der später beginnenden Reisesaison sich nicht über das stille uralte Städtchen Rothenburg ergossen. Über das höckerige Pflaster der winkeligen, engen Gassen rasselte nur hie und da ein mit Pferden oder Ochsen bespannter Karren; die ersten Blumentöpfe wurden vor die Fenster ins Freie gestellt und in dem von ungezählten Radierungen und Gemälden her weltbekannten, in ein »Hotel« umgewandelten hochgiebeligen Haus »Am Markusturm«, über dessen steile, steinerne Wendeltreppe die niedrigen schmalfenstrigen Zimmerchen mühsam erklettert werden mussten, waren Olga und ich die einzigen Gäste. Den Nachmittagskaffee mit Backwerk und Kuchen nahmen wir auf der in die hohe, türmebewehrte Stadtmauer eingegliederten Steinterrasse eines ehemaligen Stadtwächterhäuschens, das von dunkel grünem Efeu so überwuchert war, dass bloß eine altertümlich geschnitzte Türe und die Fensteröffnungen frei blieben, in denen kleine Käfige mit zwitschernden Meisen und Rotkehlchen hingen. Über den von der Stadtmauer zum tiefen Festungsgraben abfallenden Abhang hinweg tat sich ein weiter Blick über die noch braunen Äcker auf bis zu den in der Ferne bläulich verschwimmenden Anhöhen. Die Luft war klar und mild und erfüllt von dem Duft der jungen Frühlingserde. Tief unter uns auf einer von frischem Grün überhauchten Wiese konnten wir einen lebhaften kleinen schwarzen Schäferhund beobachten, der unter eifrigem Bellen die ihm anvertraute Schafherde umkreiste und jeden seiner Schutzbefohlenen, der sich nur im Geringsten abseits wagte, energisch an seinen Platz zurückverwies. Es war eine jener stimmungsvollen Stunden, die, wenn auch aus kleinen Nichtigkeiten zusammengesetzt, lebendiger und klarer im Gedächtnis haften als mancher bedeutungsreiche und schicksalsschwere Augenblick, dessen Einzelheiten von der Gewalt seines Inhaltes aus der Erinnerung hinweggeschwemmt werden.

In München suchten wir die mit Tante Muz befreundet gewesene Witwe des Musikhistorikers Thürlings auf, eine immer noch anziehende und humorvolle alte Dame, die einst Johannes Brahms' letzte Liebe gewesen war. Sie selbst erfuhr von Brahms' ihr gegenüber niemals eingestandenen Heiratsabsichten erst nach Jahrzehnten durch eine Novelle, in der ein gemeinsamer Bekannter das damalige seelische Dilemma des alternden Brahms schriftstellerisch behandelte.

Während des auf unsere Deutschlandreise folgenden Sommers unternahmen Olga und ich nur kleinere Ausflüge in das felsige Raxgebiet, zu den römischen Ruinen von Petronell nahe der ungarischen Grenze, in das von Wäldern und Weinbergen eingesäumte Donautal der Wachau mit seinen mittelalterlichen und barocken Städtchen, Burgen und Klöstern, und nach Bratislava, der Hauptstadt der Slowakei.

Der Gesundheitszustand meines Vaters hatte sich indessen in bedrohlicher Weise verschlechtert. Das in Herz und Hirn von der ständig fortschreitenden Arteriosklerose angerichtete Zerstörungswerk nahm den mir von vielfachen Erfahrungen der Klinik her wohlbekannten Verlauf, der doch eine so ganz andere traurige Bedeutung erhält, wenn man ihn an einem Organismus mit ansehen muss, dessen denkende, schaffende, leidende und liebende Seele einem vertraut gewesen war, eine Seele, die nun in gleichem Maß mit dem immer hilfloser werdenden entstellten Körper einer grausam zögernden Auflösung verfiel. Hie und da flackerte noch ein Schimmer des alten, immer etwas bitter gewesenen Humors, ein Aufleuchten des in stumpfer Teilnahmslosigkeit versinkenden Geistes oder ein warmer Schein der Zuneigung für den so fremd gewordenen Sohn aus den langsam ersterbenden Augen, bis endlich der lang ersehnte Friede des Todes mit sanfter Hand die Male des Leidens und Kämpfens von dem in bleicher, ernster Schönheit ruhenden Antlitz strich. Wiederum war eine Welle im Meer der Unendlichkeit abgelaufen; Sonne und Wolken hatten sich in ihr gespiegelt, der Wind des Lebens hatte sie gejagt und gestreichelt und nun war sie dahingeschwunden, Raum gebend für eine nächste, die selbst sich bereits dem Abstieg entgegenbewegt damit der Weg frei sei für alle, die da noch kommen werden in Zeit und Ewigkeit.

Die Leiche wurde zusammen mit dem exhumierten Sarg meiner

Abb. 11: Porträt des Vaters, Zeichnung Willi Raab

Mutter auf dem neuen Friedhof bei Gloggnitz bestattet, am Rand eines Föhrengehölzes, das die Höhe eines die Ostausläufer des Semmeringgebirges überblickenden Hügels krönt, gerade an der Stelle, wo ich als kleiner Bub oft neben dem auf einer Bank rastenden und in schwermütige Gedanken versunkenen Vater im Grase gespielt, Steinhäuschen gebaut und tiefblauen Enzian gepflückt hatte.

Die letzte Bindung an die Welt meiner Kindheit und Jugend war nun gelöst und gerne widmete ich mich der lieben Aufgabe, der noch immer nicht recht heimisch gewordenen Gefährtin meines neuen Lebens so viel Schönes und Freundliches in unserem alten Europa zu zeigen, als Mittel und Zeit es gestatteten. Zunächst wurde sie mit einem echten Ausseer Dirndl-Kostüm ausgerüstet, in dem sie das Entzücken nicht nur des voreingenommenen Gatten hervorrief und in dem sich ihre skandinavisch-transatlantische Erscheinung anmutig in den landschaftlichen Rahmen der Ost-Tiroler Berge einfügte, in deren Tälern wir ein paar friedvolle Sommerwochen verbrachten. Zwar bedurfte es einiger Überredung, um Olga in die den motorisierten, vierrädrigen Amerikanern nahezu völlig unbekannten Freuden des Spazierengehens, Wanderns und Bergsteigens einzuweihen, doch brachte sie es bald zu beachtlichen Marschleistungen.

Dunkle Nadelwälder, himmelhohe Felswände, glockenläutende Rinderherden auf sanft gewellten Alm-Matten, der weiße Schaum niederstürzender Wildbäche, rote Alpenrosen, bunte Feiertagsprozessionen mit reich gestickten Kirchenfahnen, Weihrauch und Böllerschüssen, zu misstönender Blechmusik Schuhplattler tanzende »Büabn« und »Moidelen« in farbenfrohen Tiroler Volkstrachten und wohlschmeckende Speckknödel mit Schnittlauch vereinigten sich zu jener aus Naturschönheit, historischer Würde und gutmütig naiver Menschenfröhlichkeit gemischten Atmosphäre, die einem, wenn auch verarmten, liebenswerten Volk immer wieder neue Freude an seinem kargen Dasein verlieh.

Als Ferienlektüre wurde mir von einem guten Bekannten ein neues grellgelbes Büchlein empfohlen: Gottfried Feder »Das Programm der NSDAP«. Es enthielt eine Anzahl »eherner«, »stählerner« und »auf ewig unverrückbarer« Grundprinzipien der im Reich stark anschwellenden nationalsozialistischen Bewegung, Prinzipien, die später nach Übernahme der Macht zum größten Teil in die Rumpelkammer der Vergessenheit befördert wurden. Zu denken gab das Buch genug für den Rest des Urlaubes, der uns durch die überwältigende Herrlichkeit der Dolomiten führte, einst des schönsten Teiles des alten Österreich, der nun der italienischen Provinz Alto Adige einverleibt war. Verfallene Geschützstellungen, ergreifend einfache Soldatenfriedhöfe auf kahlen Hochgebirgshängen, die zackige Silhouette des von den Italienern unterminierten und mitsamt der unbezwingbar gewesenen österreichischen Verteidigungstruppe in die Luft gesprengten Col di Lana riefen die furchtbaren Kämpfe des Weltkrieges aus naher Vergangenheit zurück in das Bewusstsein der Wanderer. Die zogen nun friedlich über die steinigen Pfade, an denen manch junges Leben in einsamer Todesqual erloschen war, als noch der Donner der Schlachten zwischen den riesigen Felsmassiven und über das Eis der Gletscher der Marmolata dahinrollte.

Von Cortina d'Ampezzo aus erreichten wir über das Pordoi- und Sella-Joch und über den 3.000 m hohen Rodella-Gipfel mit Alpenrosen und Edelweiß beladen das Grödener-Tal und das Dorf Sankt Ulrich, das jetzt Ortizei hieß und in dem noch immer Tiroler Bauern ihre zierlichen Holzfigürchen schnitzten, denen von staatsbürgerlichen Umwälzungen nichts anzumerken war. Deutsche Worte in Druck und Schrift gab es freilich nirgends mehr zu sehen, nicht einmal auf den behördlich italienisierten Grabsteinen; aus den Hänsen waren Giovannis, aus den Franzeln Francescos geworden und auf jede weißgetünchte Grundmauer der altersschwarzen breiten Holzhäuser hatten Agenten der Regierung mit großer Gewissenhaftigkeit und unter Anwendung einer von Tizian und Perugino weit entfernten Maltechnik mittels standardisierter Schablonen das stempelhaft stereotype, grob stilisierte Angesicht Mussolinis und das dazugehörige begeisterte »Viva il duce!« hingeschmiert.

Um die gleiche Zeit begannen in dem von ewigem Parteihader in dauernder Unruhe gehaltenen, übervölkerten, rohstoffarmen und durch die harten Bedingungen des Versailler Vertrages beengten Deutschen Reich die Sturmzeichen herannahender großer Erschütterungen sich bemerkbar zu machen und auch in dem kleinen hilflosen Österreich wuchsen Unzufriedenheit und Radikalismus von Tag zu Tag. Noch war es nicht lange her, dass der Versuch einer unpolitischen Zollunion mit Deutschland, der wenigstens eine bescheidene Linderung des wirtschaftlichen Elends in unserem lebensunfähigen, verkrüppelten Staatsgebilde erhoffen hätte lassen, durch die drastische Intervention Frankreichs zunichte gemacht worden war. Eine solche Zollunion sei nicht vereinbar mit dem Buchstaben des Versailler Vertrages, so wurde in einem internationalen, von Frankreich beeinflussten Schiedsgericht erklärt. Stattdessen vertröstete man den österreichischen Bettler mit einer neuen befristeten Anleihe gegen den von einer nur knappen Parlamentsmehrheit erpressten formellen Verzicht auf weitere Anschlussträume. Die Kurzsichtigkeit dieser Zuckerbrot-

und Peitsche-Politik des damals noch die europäische Politik diktatorisch beherrschenden Frankreich erwies sich einige Jahre später in Eruptionen von fürchterlicher Gewalt.

Inwieweit ein Volk von 80 Millionen hochzivilisierter Individuen den viel angegriffenen »natürlichen Anspruch« auf einen »Platz an der Sonne« und auf einen seinen Bedürfnissen angemessenen »Lebensraum« besitzt, soll hier nicht diskutiert werden. Dergleichen hängt naturnotwendig von dem Standpunkt des jeweiligen Betrachters und von seinen subjektiv konstruierten Werturteilen ab. Dagegen steht die Tatsache fest, dass der mehr von an sich begreiflichen Emotionen der Rache als von vernunftmäßig berechnender Voraussicht diktierte Friede von Versailles dem deutschen Volk, einschließlich der zur »Selbständigkeit« verurteilten Österreicher, zu wenig Raum und Bewegungsfreiheit ließ, um seinen traditionellen Lebensformen gemäß zu existieren und anderseits zu viel zum erwünschten Absterben seines Lebenswillens.

»Machtergreifung«

D as mit zwingender Notwendigkeit sich daraus ergebende Resultat
war zunächst in Deutschland das ungeduldige Vorwärtsdrängen
kompromisslos radikaler Elemente über die Köpfe der ohne Hoffnung
auf befriedigende Ergebnisse verhandelnden Politiker alten Schlages
hinweg. Das praktische Versagen der mit fiktiven Idealismen und nicht
mit den brutalen, unkomplizierten, draufgängerischen Masseninstink-
ten rechnenden Liberalen und Intellektuellen lag so unzweideutig zutage, dass die neuen Männer leichtes Spiel hatten, unbeschwert von
ethisch-ästhetischen Hemmungen die unkritischen Leidenschaften
einer enttäuschten und nach Kraftentfaltung hungernden jungen Generation zielbewusst in den Dienst ihrer Machtpläne einzuspannen.
Ein paar simple, unermüdlich mit größtem Aufwand an Lärm wiederholte Schlagworte genügten, um allen Charaktertypen der deutschen
Jugend ein faszinierendes überwertiges Ziel vor Augen zu halten, dem
sie sich mit Haut und Haaren hinzugeben gerne bereit waren. Für die
Träumer, die Unterordnungsbedürftigen, die Opferwilligen, die Ta-
tendurstigen hieß der verheißungsvolle Ruf »Deutschland erwache!«,
für die Verbitterten, Erfolglosen, Zurückgesetzten, Missgünstigen,
Hysterischen hieß er »Juda verrecke!« Alle lauschten hingerissen den
prophetisch ein neues Zeitalter des Heldentums, der Blutverbunden-
heit und des wirtschaftlichen Aufstieges verkündenden dröhnenden
Worten ihres Führers, des Mannes, der in dem Buch »Mein Kampf« ein
grandios realistisches Lehrsystem für die planmäßige Ausnützung der
heterogensten menschlichen Eigenschaften niedergelegt hatte. Schon
die Prägung des Namens der Partei war ein überaus geschickter Appell an alle unzufriedenen Geister aus diametral entgegen gesetzten
Lagern des politischen Hexenkessels gewesen, er war gleichbedeutend
mit Versprechungen sowohl an die nationalistischen Feuerköpfe als an
ihre erbitterten Gegner, die Massen der sozialistisch eingestellten Arbeiter und Arbeitslosen, und an Versprechungen ließ es die Bewegung
niemals fehlen. »Majoritätsentscheidungen werden im Wesentlichen
durch die Dummheit und Feigheit der Abstimmenden herbeigeführt«,
so ungefähr heißt es an mehreren Stellen von Hitlers Buch und – siehe! – nachdem der greise Hindenburg im Januar 1933 den von ihm ver-
achteten »böhmischen Gefreiten« Adolf Hitler unter dem Druck der
politischen Entwicklung zum Kanzler des Deutschen Reiches ernannt

hatte, brachten die Reichstagswahlen im darauffolgenden März eben jene Majoritätsentscheidung, welche die nationalsozialistische Partei zur unbeschränkten Machtposition empor trug.

Ich hielt mich an diesem schicksalsschweren Tag anlässlich eines Ärztekongresses in dem altertümlich-idyllischen Würzburg auf. Alle Häuser waren mit Hakenkreuzfahnen oder mit der schwarz-weiß-roten alten Reichsflagge der Konservativen behängt, die als vertrauensselige Helfershelfer der Nationalsozialisten patriotische Lieder singend neben den energiegeladenen, aber schweigenden braunen SA-Kolonnen frohgemut ihrem eigenen politischen Untergang entgegenmarschierten. Die Stadt stand völlig im Zeichen der rhythmisch das Pflaster dreschenden Stiefel, die mit jedem Schritt ein Stück altehrwürdiger Tradition zu zertreten schienen. Ich, mit meinen 38 Jahren sturmbewegter Weltgeschichte hinter mir, stand mit zugeschnürter Kehle am Straßenrand und ahnte dunkel das herannahende Ende der langen und fruchtbaren Kulturepoche, in deren Endstadium ich aufgewachsen war und die für mich den Nährboden all meines Denkens und Fühlens bedeutete.

In Prag, wo ich mit Olga zusammentraf, war man sich der Tragweite dessen, was drüben in Deutschland vorging, noch kaum bewusst; man machte sich in gewohnter Weise über Hitlers Bärtchen und Frisur lustig und verließ sich im Übrigen auf die französischen Kanonen jenseits des Rheins.

Noch ferner und unwirklicher erschien mir selbst die mitteleuropäische Politik bald danach, als wir unter den Palmen, Lorbeer- und Orangenbäumen der dalmatinischen Küste auf die blaue, glitzernde Adria hinausblickten, über die Marmorfliesen alter römischer und venezianischer Paläste und durch die stillen Kreuzgänge der blütenüberfluteten Klosterhöfe von Ragusa schritten. Von Cattaro aus fuhren wir in schneidend kaltem Wind die endlosen, tollkühn an steilen Felshängen hinaufführenden Serpentinen empor in die fast völlig vegetationslose Steinwüste der Berge Montenegros, wo primitive, aber schöne und stolze Menschen in unsäglicher Armut lebend durch Jahrhunderte mit hartnäckiger Ausdauer gegen mächtige Nachbarn ihre Unabhängigkeit und Freiheit verteidigt hatten.

Malerische Überreste des türkischen Islam, schwarzverschleierte Frauen, turbantragende Männer in goldgestickten Wämsen, Moscheen, Minarette und von Handwerkern, Faulenzern und Fliegen wimmelnde Bazare ließen uns in Trebinje, der Hauptstadt der Herzegowina, und erst recht in dem bosnischen Sarajewo einen Hauch des Orients verspüren, der hier noch kräftiger wehte als in der eigentlichen Türkei, wo das fortschrittliche Regime Kemal Paschas es sich angelegen sein ließ, die alten Lebensformen auszurotten, den roten mohammedanischen Fez durch aus Europa billig importierte antiquarische Hüte zu ersetzen und den treuen Dienern Mohammeds ihre langen weißen Bärte abzuschneiden.

Da sich in Sarajewo durch den Kauf filigraner Handarbeiten unsere Finanzen dem Nullpunkt genähert hatten, war die Entscheidung zu treffen, ob wir die Heimreise in einem Waggon zweiter Klasse antreten oder uns am folgenden Morgen in Zagreb ein warmes Frühstück gönnen sollten. Nach längeren Erwägungen wurde das letztere beschlossen und wir zwängten uns zwischen kreuzbeinig auf den harten schmalen Sitzbänken der dritten Wagenklasse kauernde, rauchende und tabakkauende Muselmanen, während unter den Bänken verstaute quiekende Ferkel die Sättigung der Atmosphäre vervollständigten. Von beiden Seiten durch wackelnde Zehen, welche aus Lumpenhüllen herausragten, und von hin und her fliegenden speichelgetränkten Tabakklumpen bedrängt, verbrachten wir diese Schreckensnacht in mumienhaft aufrechter Haltung aneinandergepresst sitzend, bis endlich in den ersten Morgenstunden in Bosnisch-Brod unsere orientalischen Sitzgenossen durch eine Schar betrunkener serbischer Rekruten abgelöst wurden, welche unter die Fahnen ihres jugoslawischen Vaterlandes eilend noch die letzten Freuden des Zivilistenlebens mit Wein, Weib und Gesang auszukosten bestrebt waren.

Bei der Ankunft in Wien am 1. Mai bot sich uns ein überraschendes Bild kriegerischer Bereitschaft. Stahlbehelmte Truppen hielten hinter Stacheldrahtverhauen mit aktionsbereiten Maschinengewehren die Zugänge zur inneren Stadt besetzt und Panzerwagen rumpelten durch die Straßen: Vor wenigen Tagen hatte der jüngst mit einer einzigen Majoritätsstimme gewählte Bundeskanzler Dr. Engelbert Dollfuß, Mitglied der christlichsozialen Partei, das in einem Gestrüpp von absurden Formalismen verfitzte beschlussunfähige Parlament für aufgelöst erklärt und unter Berufung auf ein verstaubtes »kriegswirtschaftliches Ermächtigungsgesetz« nach dem Muster anderer autoritär regierter Staaten nun auch in Österreich ein dem Volkscharakter entsprechend fürs erste ziemlich gemütliches Diktatürchen errichtet. Die seinerzeit so protzige Allgewalt der Sozialisten, seit der blamablen Affäre des Justizpalastbrandes in ständigem Verfall begriffen, war nun auf einem derartigen Tiefpunkt angelangt, dass der zwerghaft kleine Dollfuß es sich leisten konnte, die sonst an jedem 1. Mai abgehaltenen Massenaufmärsche der »Roten« mit Waffengewalt zu verhindern. Dies war der

Beginn einer dramatischen Entwicklung der Dinge, die mit zwangsläufiger Logik dem Ende der österreichischen Staatlichkeit zutrieb.

Mein persönliches Interesse an den Ereignissen wurde jedoch bald durch den Ausbruch einer Erkrankung an Scharlach getrübt, welche am ersten Tag nach unserem Einzug in unsere erste eigene Wohnung in einem funkelnagelneuen Haus in der Spitalgasse erfolgte. Der um 11 Uhr Abends von dem untersuchenden Arzt angeordnete Abtransport in die Infektionsabteilung des Franz Josef-Spitals verzögerte sich ein wenig durch den Umstand, dass ein Stockwerk tiefer ein anderer Mann namens Raab wohnte. Als die uniformierten städtischen Funktionäre des Infektionsdienstes mit einer Tragbahre ausgerüstet an der Türe meines Namensvetters klingelten, wurden sie von der verschlafenen und verblüfften Hausgehilfin ungehindert eingelassen. Sie schickten sich an, den in sanftem Schlummer Liegenden aus seinem Bett zu reißen, seiner Proteste nicht achtend, und es bedurfte umständlicher Erklärungen, bis das Missverständnis aus der Welt geschafft war.

Während meiner sechswöchigen Gefangenschaft in einem schönen Einzelpavillon des Infektionsspitals, von zwei ausschließlich mit meiner Pflege beschäftigten geistlichen Schwestern fürsorglich betreut, ließ ich einen buschigen Vollbart mein Kinn umwuchern und sehnte mich von einem Tag zum anderen nach dem Augenblick, in dem vor dem stets hermetisch verschlossenen Fenster meines Krankenzimmers das freundlich lächelnde Gesichtchen Olgas erschien, die mir immer wieder mimisch oder schriftlich allerlei Neuigkeiten und vor allem das wohltuende Gefühl vermittelte, dass ich nicht einsam und verlassen auf Erden sei.

Einmal aber waren die lieben Augen tränengefüllt und durch das Fensterglas las ich das Telegramm eines mir von der Klinik her bekannten indischen Professors für innere Medizin, der mir ankündigte, er befinde sich in London als Leibarzt seiner königlichen Hoheit des regierenden Maharajas von Sirmoor. Der letztere sei im Begriff, nach Wien abzureisen und ich solle mich bereithalten, den Maharaja, der schwer krank sei, in meine ärztliche Obhut zu nehmen. Nun war sie da, die große Chance, unserem schwankenden Budget ein wenig auf die Beine zu helfen – und die tückisch meinen Leib misshandelnden Streptokokken machten alles zunichte.

Trotz der anfänglichen Enttäuschung sollte sich aber diese Situation als doch nicht ganz so verlustreich erweisen, wie es zunächst schien, denn der Beherrscher von ein paar Hunderttausend Steuern zahlender und im übrigen hungernder indischer Untertanen starb noch während meiner Internierung an einer Gehirntuberkulose, deren Verlauf auch ich nicht hätte aufhalten können, indes seine traumhaft schöne junge Frau, statt sich nach guter alt-indischer Sitte auf einem Scheiterhaufen dem Flammentod zu überantworten, es vorzog, mehrere Monate lang in Wien zu bleiben und in Gesellschaft Olgas, mit der sie sich angefreundet hatte, in nicht gerade witwenhafter Weise Pferderennen, Kinos und andere Vergnügungsstätten aufzusuchen. Gelegentlich eines gemeinsamen Ausfluges auf den Semmering, an dem auch ein Teil ihres dunkelhäutigen Gefolges teilnahm, erregte die anmutige exotische Monarchin in ihrem goldverbrämten Sari die Aufmerksamkeit des an einem Nebentisch des vornehmen Restaurants dinierenden Königs Alfonso XIII. von Spanien, der es sich seit seiner Exilierung außerhalb der spanischen Republik gut gehen ließ. Er schickte seine Visitenkarte herüber mit der Anfrage, ob er sich mit den Damen bekanntmachen dürfe, was jedoch in würdevoller Weise abgelehnt ward.

Ständiger Begleiter der Maharani Mandalasa Devi war ein etwa dreißigjähriger Mann, ein angeblicher Heiliger und Büßer, ein Yogi namens Swami Nanda, den die Maharani als religiösen Berater zum Ärger des verewigten Gatten in ihrem menschlichen Inventar aus Indien mitgebracht hatte. Swami Nanda erzählte jedermann, er sei eigentlich 63 Jahre alt, jedoch durch seine göttliche Abkunft und durch geheime Bußübungen zur Beibehaltung seines jugendlichen Aussehens befähigt. Was die Bußübungen anlangte, so hatte es damit seine eigene Bewandtnis. Nach dem Tode des Maharajas kasteite sich die Witwe pflichtgemäß, indem sie mit aufgelöstem Haar auf dem Fußboden ihres Appartements im Cottage Sanatorium hockend täglich nur eine einzige, aus Reis bestehende Mahlzeit zu sich nahm. In treuer Ergebenheit für seine Herrin beteiligte sich der heilige Mann freiwillig an dieser wenig nahrhaften Trauerzeremonie, was ihm jene hoch anrechnete. Als aber Olga an der zufällig offenstehenden Tür seines Zimmers vorbeiging, sah sie ihn mit der heimlichen Vertilgung eines gewaltigen vor ihm aufgehäuften Menus befasst, offenbar jenen mystischen Riten hingegeben, welche einen so bemerkenswert konservierenden Einfluss auf seine irdische Hülle ausübten. Auch sonst wusste der Yogi die Zuneigung Mandalasa Devis in nutzbringender Weise auszuwerten. Er ließ von ihr eine angeblich in Kalkutta zu errichtende, einstweilen jedoch imaginäre Glühbirnenfabrik finanzieren und unternahm auf ihre Kosten »Geschäftsreisen« zu entlegenen Maschinenfabriken, von denen er stets zwar ohne Maschinen und ohne Kontrakte, aber auch ohne Geld zurückkehrte. Dies alles vermochte das Zutrauen der ihn abgöttisch verehrenden Maharani nicht zu erschüttern, ja, nach meiner Entlassung aus dem Spital, als auch ich oft des Vergnügens ihrer anregenden Gesellschaft teilhaftig wurde, vertraute sie mir sogar an, Swami Nanda sei mit dem reinkarnierten Gott der Liebe und des Frühlings Krischna identisch, während er mir eher als der vielarmige gefräßige Wischnu erschien. Trotz seiner göttlichen Provenienz musste sich Nanda jedoch zuweilen eine ausgesprochen irdische Behandlungsweise gefallen lassen, wurde ausgescholten, auf Botengänge gesandt, hin und her kommandiert (»Gott! Lauf in mein Zimmer hinauf und bring mir meine Handtasche!« und dergleichen), schien sich dabei aber sehr wohl zu fühlen. Schwieriger wurde die Lage für ihn, als die Kunde von dem standeswidrigen Verhalten der Maharani an das Ohr ihres indessen daheim zur Regierung gelangten jugendlichen Sohnes gelangt war. Vorwurfsvolle Briefe trafen ein, und als die Witwe es gar verabsäumte, die Asche des fürstlicher Gemahls in eigener Person in die Fluten des heiligen Ganges zu streuen, ihn vielmehr säuberlich verpackt per Post an den Bestimmungsort gelangen ließ, wurde ein bevollmächtigter Staatssekretär von Sirmoor aus nach Wien geschickt, um dem dynastischen Skandal ein Ende zu bereiten. Der Staatssekretär war ein eleganter, feurig blickender Mann in schwarzer hochgeschlossener Jacke, engen weißen Hosen und einem großen weißen Turban. Olga und mir gegenüber machte er aus seinem Abscheu vor dem heiligen Gauner Nanda kein Hehl, dennoch blieb seine Ehrfurcht vor dessen überirdischen Beziehungen und die Besorgnis, durch allzu energisches Vorgehen den Zorn der Maharani zu erregen, so stark, dass er allmorgendlich, wenn Swami Nanda pyjamabekleidet und tropfend aus dem Badezimmer trat, vor ihm zu Boden fiel und devot die Götterzehen küsste.

Trotz ihren exotischen Extravaganzen war Mandalasa Devi eine nicht nur überaus schöne, sondern auch eine kluge und in ihrer Art gebildete Frau. Von Geld verstand sie zwar nichts, verschleuderte Zehntausende von Schillingen für langatmige geschwätzige Telegramme an Freunde und Verwandte in der fernen Heimat und erklärte andererseits Seidenstrümpfe zum Preis von zwei Schillingen für unerschwinglich, dafür aber war sie in erstaunlichem Grade mit der Geschichte der europäischen Staaten vertraut und verriet ein, wenn auch dilettantisches, so doch aktives Interesse an der Einführung sozialer Reformen zugunsten der darbenden Bevölkerung ihre Landes. Auch war es ihr Wunsch, für ihren verstorbenen Gatten ein marmornes Monument errichten zu lassen. Dem bekannten Wiener Bildhauer Hans Bitterlich legte sie eine kleine photographische Momentaufnahme in Taschenformat vor, auf welcher mit einiger Mühe das Vorhandensein etlicher beturbanter Inder festgestellt werden konnte. Einen davon bezeichnete sie als das an Hand dieses Bildnisses in Stein zu hauende Objekt. Als der verzweifelte Künstler einen solchen Auftrag als undurchführbar ablehnte, machte sie sich erbötig, das nach Sirmoor einzusendende Tonmodell mit eigener Hand zu verbessern, sodass es an lebenswirklicher Ähnlichkeit nicht fehlen würde. Trotz diesem entgegenkommenden Vorschlag kam die Sache aber nicht zustande. Dagegen ließ sich die Maharani selbst auf meine Empfehlung hin von dem Porträtisten Gabriel Schachinger in Öl malen, wobei Olga als Dolmetscherin fungierte. Als willkommene Gegengabe für diesen und andere Aufträge prominenter indischer Persönlichkeiten, die ich Schachinger verschaffte, vollendete er im gleichen Jahre (1933) ein ausgezeichnet gelungenes Bild Olgas, das zu seinen besten Schöpfungen gehört und mir bald darauf für mehrere Monate die Abwesenheit des lebenden Modells leichter tragen half. Bevor der Wiener Aufenthalt Ihrer königlichen Hoheit, der Maharani, zu Ende ging, bestand sie darauf, Olga und mich zusammen mit zwei Würdenträgern ihres Gefolges zu einer »Lohengrin«-Aufführung in eine Loge der Oper einzuladen, wobei Olga in einem ihr von der Maharani geschenkten hellgrünen und goldenen Sari mit dem auf die Stirn gemalten roten Punkt der vornehmen Kasten erscheinen musste. Mit ihren blonden Haaren und ihrem jugendlich frischen Gesicht bildete Olga einen reizvollen Gegensatz zu der magisch dunkel-schönen Erscheinung in Schwarz und Gold an ihrer Seite. Aller Augen waren auf unsere Loge gerichtet und ich hielt mich möglichst im Hintergrund, um durch den Schein meiner profanen Glatze die optische Harmonie des anziehenden eurasischen Frauenpaares nicht allzu sehr zu beeinträchtigen.

Meine ärztlichen Beziehungen zu Indern, die sich auch auf einige höhere Staatsfunktionäre erstreckten, hätten fast zur Annahme einer Lehrstelle an der medizinischen Fakultät des modernsten indischen Staates Mysore, in Bangalore geführt. Persönliche Unterredungen mit dem Ministerpräsidenten und dem Unterrichtsminister des immens reichen Maharadscha von Mysore fanden statt, doch scheiterte der Plan an der Forderung, dass ich mich auf drei Jahre binden sollte, was der Entwicklung meiner Wiener Praxis doch allzu sehr geschadet hätte.

In jenem Winter war die Spannung zwischen der durch das Regime Dollfuß zu gesteigertem Einfluss gelangten christlichsozialen und der in den Hintergrund gedrängten sozialdemokratischen Partei immer intensiver geworden, während sich die noch ungenügend organisierten, aber an Zahl rasch zunehmenden Nationalsozialisten einstweilen mit kleineren Stänkereien begnügten.

Als am 12. Februar 1934 Vormittags in Wien plötzlich alle Straßenbahnwagen stillstanden und kein elektrischer Strom aus den Schaltern kam, wussten wir Stadtbewohner, die wir an die sozialdemokratische Streiktechnik gewöhnt waren, sofort, dass der latent gewesene Konflikt zwischen »Schwarz« und »Rot« zum Ausbruch gekommen war, eilten in die nächste Drogerie, um Kerzen für die Notbeleuchtung zu besorgen, schleppten rasch eingekaufte Lebensmittelvorräte nach Hause und warteten auf den weiteren Verlauf der Ereignisse. Bald wurde Maschinengewehr- und Artilleriefeuer aus den benachbarten Arbeiterbezirken hörbar, Standrecht wurde verkündet, und nach Einbruch der Dunkelheit war es niemandem gestattet, die Straßen zu betreten. Nichtsdestoweniger wurden wir in tiefer Nacht aus dem Schlaf gerissen, nicht etwa von dem in der Ferne andauernden Gewehrgeknatter, sondern von dem fröhlichen Gesang zweier durch die unbeleuchteten, menschenleeren Gassen heimtorkelnder und der tragischen Vorgänge um sie her nicht achtender besoffener Lebenskünstler. Drei Tage hindurch hielten die blutigen Kämpfe in Stadt und Provinz an. Allmählich gewannen die Exekutivtruppen in Gemeinschaft mit den vorwiegend konservativen Heimwehrformationen, in deren Reihen auch ich mich einschreiben ließ, die Überhand über die heldenhaft kämpfenden Sozialisten und Kommunisten. Noch bevor der Ausgang endgültig entschieden war, hatten die radikalsten Führer der Roten die Flucht ergriffen. Dr. Otto Bauer begab sich nach Brünn und Dr. Julius Deutsch fuhr per Straßenbahn die kurze flache Strecke nach dem knapp jenseits der Grenze gelegenen Bratislava. Amerikanische Zeitungen brachten eindrucksvolle Berichte über den unter heroischen Rückzugsgefechten die »schneebedeckten Gebirgspässe« zwischen Wien und der Slowakei überschreitenden Dr. Deutsch. Auch von der völligen Zerstörung der Gemeinde-Wohnbauten durch die »alles dem Erdboden gleichmachende« Heimwehrartillerie konnte man in der »Chicago Tribune« lesen. Besichtigungen an Ort und Stelle zeigten dem gegenüber jedoch, dass zwar zwei oder drei von diesen riesigen Bauten, deren größtes der 3.000 Wohnungen umfassende, einen Kilometer lange Karl Marx-Hof war, da und dort eine kleine Einschussöffnung aufwiesen, dass Fenster und Mauerverputz durch Maschinengewehrschüsse stellenweise ausgiebig beschädigt waren, im Übrigen aber standen diese Parteiburgen noch sehr wohlbehalten auf ihren Fundamenten, wenn auch einer ihnen von den sozialdemokratischen Erbauern zugedachten Funktion entkleidet. Sie waren nämlich Jahre hindurch gleich Festungsgürteln in Ringlinien um die Stadt angelegt worden, die Hauptzufahrtstraßen beherrschend, mit unter Fußböden, in abgeschlossenen Kammern und unter den Dächern vorbereiteten Maschinengewehren und Munitionsvorräten, mit ornamental angebrachten verborgenen Ausschussöffnungen versehen, ein militärisches Arsenal für den Tag der von Bauer und Deutsch geforderten Errichtung der Diktatur jenes Proletariats, dem keiner von beiden angehörte und das nun in Abwesenheit seiner Führer den aussichtslosen Kampf um die Macht bis zur völligen Niederlage zu Ende focht. Sechshundert Tote lagen auf dem Pflaster und Reichskanzler Hitler ließ es sich nicht nehmen, persönlich im Deutschen Reichstag die blutrünstige, Arbeiter mordende Regierung Österreichs zu verdammen und, der besseren propagandistischen Wirkung wegen mit 10 multiplizierend, ihre 6.000 Opfer zu beklagen.

Mit den Linksparteien war es in Österreich nun ein für allemal zu Ende. Sie wurden gesetzlich aufgelöst und die Regierung Dollfuß, in welche als Vizekanzler der außer einem erlauchten Namen nur wenige positive Qualitäten besitzende junge Fürst Ernst Rüdiger Starhemberg eintrat, stand vor der schwierigen Aufgabe zu beweisen, dass sie für die Arbeiter und die verarmten breiten Massen mehr zu leisten imstande war als es die zwar brutale und korrupte, aber energisch und zielbewusst handelnde sozialdemokratische Partei, wenigstens in früheren Jahren, gewesen war. Das Resultat war den Umständen entsprechend kläglich. Man erging sich zunächst in langatmigen Verurteilungen der abgetretenen roten Parteimänner, entließ politisch missliebige Funktionäre, entfernte Denkmäler, Aufschriften und Straßentafeln der roten Ära, steigerte die Mietzinse in den von den Sozialdemokraten geschaffenen 40.000 Arbeiterwohnungen und war erschrocken über das Umschwenken der nach wie vor arbeitslosen Jugend ins Lager der Nationalsozialisten anstatt in das der Regierung.

In dem instinktiven Bestreben, der immer mächtiger die haltlosen jungen Seelen an sich ziehenden nationalsozialistischen Ideologie eine Art weltanschaulichen Widerparts entgegen zu stellen, wurde mit einem Minimum an psychologischer Geschicklichkeit das zwar in der ländlichen Bevölkerung einigermaßen fest verankerte, in der Stadt dagegen sehr stark degenerierte Moment der Loyalität gegenüber der im Reich drangsalierten katholischen Kirche in den Vordergrund geschoben. Man machte vielfach den außer Gebrauch gekommenen Kirchenbesuch zur Pflicht, holte das unselige päpstliche Konkordat mit seinem chaotischen Effekt auf die Ehegesetzgebung aus der Mottenkiste, schnüffelte in allerlei Privatangelegenheiten herum, machte aus dem kindlich-gutmütigen Erzbischof Kardinal Dr. Innitzer (genannt Unnützer) eine lächerliche Figur, indem man ihn zu den absurdesten Einweihungen, einschließlich von Maniküre-Salons und Vergnügungslokalen missbrauchte, zitierte sogar den lieben Gott als Autor der neuen wackeligen Verfassung, organisierte eine wenig disziplinierte Truppe katholischer Jünglinge, von ihren Gegnern als »Kerzel-Dragoner« bezeichnet, und bemühte sich, eine Lösung der brennenden wirtschaftlichen Probleme durch die Erbauung zahlreicher neuer Kirchen herbeizuführen. Mit wirklicher Religiosität hatte all dies wenig zu tun und mancher klarblickende Priester erkannte mit Besorgnis die durch das krampfhaft scheinreligiöse Getue heraufbeschworene Gefahr, welche den Fortbestand der treuen Ergebenheit reiner gläubiger Gemüter für ihre bisherige Seelenheimat bedrohte. Die Austritte aus der katholischen Gemeinschaft mehrten sich rasch und respektlose Witze waren an der Tagesordnung, insbesondere auf Kosten der offiziell bis zum Überdruss beweihräucherten klerikalen Politiker. Als die Berichte über eine an Wiens neuem Bürgermeister vollzogene Blinddarmoperation tagelang die Spalten der Zeitungen füllten, hieß es, die Regierung plane die Errichtung einer »Bürgermeister Dr. Richard Schmitz-Blinddarmentzündungs-Gedächtnis-Kirche«.

Den ärgsten Verulkungen aber war Bundeskanzler Dr. Dollfuß selbst ausgesetzt, der kleine Mann, dessen Körperdimensionen zwar einerseits den Anlass zu mehr oder weniger geschmacklosen Scherzen gaben, ihm aber andererseits eine gewisse, halb mitleidige Sympathie selbst bei vielen seiner erbitterten politischen Gegner eintrugen. Dr. Dollfuß war ein nur mittelmäßig gebildeter, liebenswürdig freundlicher Mensch, hinter dessen verbindlichem Lächeln sich ein starker Wille und ein beträchtliches Quantum von Courage verbarg, für die der »herzige Dolly« schon als Kaiserschütze an der italienischen Front unzweideutige Beweise erbracht hatte. Seine rednerischen Qualitäten waren nichts weniger als eindrucksvoll. Ich hörte ihn in einer Massenversammlung der von ihm mühselig zusammengeleimten »Vaterländischen Front« sprechen. Er verhaspelte sich, blieb stecken, verballhornte Fremdworte, wirkte aber doch durch eine Art naiver Treuherzigkeit und eine unter österreichischen Politikern ungewöhnliche Entschlossenheit. Nach Beendigung der durch tumultuöse Zwischenrufe anwesender Nationalsozialisten gestörten Versammlung zogen die angeregten Teilnehmer, zumeist aus Jungfrauen reiferen Alters, behäbigen Bürgern und halbwüchsigen Buben, aber nur wenigen gerade gewachsenen jungen

Männern bestehend, heim, Papierfähnchen schwingend und schwach-
sinnige Verse grölend, wie etwa die folgenden:

Bumsdarata hopsasa
Nieder mit die Hakinga[1]!
Und die Roten aa dazua,
Nacher hat die Welt a Ruah.

Unterdessen strömten aus dem Deutschen Reich geräuschlos, aber
reichlich und zielsicher Geld, Propagandamaterial aller Art und
Agenten ins Land, während der Fremdenverkehr deutscher Touristen
durch die sogenannte 1000 Mark-Sperre völlig lahmgelegt war. Es handelte sich um eine von den deutschen Behörden eingeführte, praktisch
unerschwingliche Spezialtaxe, welche dazu bestimmt war, unter den
auf den Fremdenverkehr angewiesenen österreichischen Volksgenossen
von Salzburg, Oberösterreich und Tirol durch möglichste Verschärfung des wirtschaftlichen Elends Unzufriedenheit und eine revoluti-
onsbereite Stimmung zu schaffen.

All dem hatte die lahme und jeder Originalität entbehrende »vaterländische« Propaganda nichts entgegenzuhalten als sentimentale
Wiederbelebungsversuche alter Traditionsgebräuche, Uniformen und
Habsburgerverherrlichungen, die zwar uns Vorkriegsfossilien das
bange Herz erwärmten, für die aller Zukunftsaussichten beraubte Jugend aber nicht die geringste Anziehungskraft besaßen. Auch die in
ihrer Art erfolgreichen Bemühungen, Österreichs hohe künstlerische
und kulturelle Werte stärker zu betonen und zu popularisieren, fanden
den erwünschten Widerhall nur in gewissen für dergleichen empfäng-
lichen Intellektuellen-Kreisen. Mit solch subtilen Waffen war dem sich
heranwälzenden Lavastrom des nationalsozialistischen Vulkans nicht
beizukommen.

Der Griff zum Revolver, zur Handgranate oder wenigstens zur Trä-
nengas- und Stinkbombe war als Requisit weltanschaulicher Auseinandersetzungen stark in Mode gekommen. Freundschaften, verwandt-
schaftliche Beziehungen, Ehen gingen in Brüche unter dem Druck der
alles Denken und Tun beherrschenden politischen Meinungsverschie-
denheiten. Je mehr die Regierung teils durch leere Drohungen, teils
durch Verhaftungen und Strafaktionen verschiedener Art einer weiteren Ausbreitung der ebenfalls dem Verbot verfallenen nationalsozia-

[1] Hakenkreuzler

listischen Bewegung entgegenzuwirken versuchte, desto verbissener und aggressiver wurde der Trotz der vom Reich her systematisch fanatisierten jungen Menschen, die sich in ausgedehnten Geheimorganisationen zusammenschlossen, unzuverlässige Mitglieder kaltblütig aus der Welt schafften und in vielen Fällen entgegen gesetzlichen Verboten über die Grenze nach Bayern entschlüpften, wo eine unter strenger militärischer Zucht gehaltene »österreichische Legion« für den Augenblick des bewaffneten Einmarsches in das zum verhassten Zwangsstaat gewordene Vaterland gedrillt wurde.

Um originelle Provokationen der Regierung und ihrer Organe waren die alle Berufs- und Gesellschaftsschichten, ja selbst die patriotischen Organisationen durchsetzenden Nationalsozialisten nicht verlegen. Während einer Versammlung der »Vaterländischen Front« vor dem Rathaus entrollte sich plötzlich eine überdimensionale Hakenkreuzfahne zu Häupten des nichtsahnend weitersprechenden Redners über den ganzen Mittelturm herab; die um den Dachfirst des Dianabades laufende Lichtreklameschrift, welche ansonsten den Ruhm von Zahnpasten und Marmeladen zu verkünden pflegte, erging sich eines Abends zum Gaudium großer Zuschauermengen eine volle Stunde hindurch in unflätigen Beschimpfungen der Regierung, da die Polizei in den von angeblichen Elektromonteuren wohlversperrten Betriebsraum nicht einzudringen vermochte; wurde ein Polizist irgendwo von ein paar Burschen um eine Auskunft befragt, so konnte er damit rechnen, hernach den Boden ringsum mit papierenen Hakenkreuzen bestreut zu finden; während des feierlichen Empfanges für einen ausländischen Diplomaten in der Hofburg ertönte aus einem verborgenen Grammophon das strenge verbotene Horst Wessel-Lied, der offizielle Kampfgesang der SA-Sturmabteilungen; als Dollfuß gelegentlich einer Propagandareise nach Graz sein Hotelzimmer betrat, stand da anstelle eines Bettes eine Kinderwiege, während draußen allenthalben die zur Beunruhigung der Bevölkerung bestimmten Sprengkörper der »Illegalen« explodierten; auf nahezu unzugänglichen Felswänden, Gebäudemauern und Denkmälern erschienen mit unabwaschbarer Ölfarbe bei Nacht aufgemalte Hakenkreuze und Inschriften wie »Trotz Verbot nicht tot!« oder »Ein Volk – ein Reich!«; am Abend eines vaterländischen Festtages flammte hoch oben an den Steilhängen des Hafelekars hinter Innsbruck ein gigantisches feuriges Hakenkreuz auf, aus mit Benzin übergossenen Holzhaufen zusammengesetzt, an deren Bereitstellung eine ganze Truppe der illegalen »Hitlerjugend« mehrere Nächte hindurch mit größter Anstrengung gearbeitet hatte; politische Versammlungen,

Kinos und Warenhäuser waren zu jeder Zeit einer Überfülle von Stink- und Tränengas ausgesetzt, sogar eine Aufführung von »Tristan und Isolde« in der Staatsoper musste infolge einer derartigen Demonstration der nationalen Erhebung abgebrochen werden, noch bevor den Liebenden zur ehelichen Untreue Gelegenheit geboten war, und das Publikum war genötigt, sich tränenden Auges aus dem verpesteten Musentempel zu entfernen.

Nicht alle Aktionen der österreichischen Nationalsozialisten trugen jedoch solch harmlosen Charakter. Immer häufiger wurden Sprengstoffattentate auf Eisenbahnen, Brücken, Telefonzellen und sonstige öffentliche Anlagen durchgeführt, mitunter durch von ihren Lehrern hierzu instruierte Schulkinder, und immer häufiger kamen dabei Menschenkörper und Menschenleben zu Schaden, nicht selten auch die der fanatisch mutigen jungen Angreifer selbst. Handgranaten und sonstige Munition wurden in regelmäßigen Zuschüben vom Reichskriegsministerium in Berlin geliefert. Auf diesbezügliche Vorstellungen des österreichischen Gesandten erfolgte stets eine höflich-ironische Ableugnung, ebenso betreffend Verschleppungen aktiver Anti-Nationalsozialisten über die Grenze und Beherbergung von behördlich verfolgten Terroristen und Fememördern im Reich. Die Konzentrationslager von Wöllersdorf füllten sich mit Studenten, Lehrlingen, Arbeitslosen, fast durchweg jungen Menschen, die alle unter striktem Kommando der in München amtierenden Landesleitung für den »Gau Österreich« der NSDAP gehandelt hatten und weiter zu handeln bereit waren.

Dem Gerichtshof, der das Urteil »lebenslänglich« verkündete, lachte ein junger Bombenwerfer höhnisch ins Gesicht: »Die Herren meinen wohl regierungslänglich.« Man erzählte einander mit dem in Österreichs dunkelsten Tagen immer am fruchtbarsten gedeihenden Galgenhumor, die Regierung gedenke ihren Sitz nach Wöllersdorf zu verlegen und den Rest des Landes zum Konzentrationslager zu erklären. Der Wortlaut der neuen Verfassung wurde paraphrasiert »Das Volk wird vom Bundespräsidenten ernannt« und »Alle Macht der Regierung geht am (statt »vom«) Volke aus.«

Ein besonders üppiges Feld der Betätigung bildete für die Nationalsozialisten nach reichsdeutschem Muster das Gebiet des Antisemitismus. Draußen im Reich war das jüdische Element zwar bedeutend weniger stark vertreten als in Österreich, hatte es aber insbesondere in den turbulenten Nachkriegsjahren verstanden, sich ausgedehnte Machtpositionen im Finanz- und Wirtschaftsleben, in Presse, Theater- und Hochschulwesen zu erobern, ja selbst zahlreiche Ministerstellen zu besetzen. In einem der deutschen Nachkriegskabinette befanden sich unter neun Regierungsmitgliedern vier Juden. Anderseits waren es vorwiegend jüdische Organisatoren und Agitatoren, welche die Unzufriedenheit der verelendeten Massen ausnützend Jahre hindurch das intellektuelle Rückgrat radikaler und terroristischer, zu gesteigerter Unordnung aufreizender revolutionärer Bewegungen gebildet hatten. Die zwar von plumpen Lügen und Übertreibungen strotzende, aber systematisch auf die anfechtbarsten Eigenschaften des Judentums hinweisende antisemitische Propaganda und gar erst ihre offizielle Förderung durch die deutsche Regierung verfehlten nicht ihre Wirkung vor allem auf jene vielen Mittelmäßigen und Minderbegabten, die lange gewohnt gewesen waren, zwar mit Neid und Ärger aber doch mit einem gewissen erbitterten Respekt zu den in unerreichbaren Sphären thronenden jüdischen Bankiers, Theaterdirektoren, Journalisten, Advokaten und Firmeninhabern emporzublicken. Man war mit Vergnügen bereit, eine Regierung zu unterstützen, die einem sozusagen schwarz auf weiß das behördliche Attest ausstellte, dass man, wenngleich etwa bloß mit dem Verkauf von Rindfleisch oder Hemdkragen beschäftigt, dennoch klüger sei als Spinoza – sofern man von diesem je etwas vernommen hatte – begabter als Einstein, musikalischer als Mendelssohn, poetischer als Heine, ein besserer Tenor als Richard Tauber, dass alle Obgenannten und überhaupt die ganzen jüdischen sogenannten Gelehrten, Künstler und Wirtschaftsgrößen nichts anderes seien als ein Pack abgefeimter Schwindler und Betrüger, deren elegante Autos, prunkvolle Villen, gewaltige Bankkonten und rassenschänderisch erhandelte blonde Mätressen man selbst – Kurt Piefke aus der Tauentzienstraße – bald sein eigen zu nennen hoffen durfte. Der lärmende Appell an die angebliche eigene Überwertigkeit führte der nationalsozialistischen Bewegung unzweifelhaft einen großen Anteil ihrer von Haus aus mit mehr oder weniger berechtigten Minderwertigkeitskomplexen behaftet gewesenen Anhängerschaft in die Arme.

Ganz genau nahm man es im Reich trotz Erlasses der mit großer Gründlichkeit ausgearbeiteten Nürnberger Rassegesetze, welche das Verbot von Mischehen u. s. w. festlegte; allerdings nicht immer, wenn es die Umstände geboten erscheinen ließen. Zwar wurde in der Münchener Oper einige Zeit hindurch Bizets »Carmen« vom Spielplan abgesetzt, da das Gerücht aufgetaucht war, die Gattin des im vorigen Jahrhundert verstorbenen Komponisten sei eine Jüdin gewesen, was sich später glücklicherweise als Irrtum erwies; anderseits aber spielte der Rundfunk nach wie vor Offenbachs populäre Melodien, wenn auch unter diskreter

Umbenennung des Komponisten in Hans Meier; Heines Loreley wurde in den Schulbüchern abgedruckt mit dem Vermerk »Autor unbekannt«; Hitlers Lieblingskomponisten Richard Wagner, den nach seiner eigenen Aussage unehelichen Sohn des Juden Ludwig Geyer, ließ man ungeschoren; der nach Mailand geflüchtete jüdische Eishockey-Spieler Willy Ball, ehemaliger Führer des deutschen Teams, wurde unter Androhung von Repressalien an seinen noch in Deutschland lebenden Angehörigen gezwungen, zur Winterolympiade nach Deutschland zu kommen und seines semitischen Geblütes ungeachtet die deutsch-arische Mannschaft zu einem ehrenvollen Siege zu führen; auf einer Techniker-Tagung in Breslau pries ein Referent die Leistungen arischer Erfinder im Gegensatz zu den betrügerischen Machinationen jüdischer Pseudo-Techniker und erwähnte als leuchtendes Beispiel deutschen Erfindergeistes die Konstruktion der Radio-Verstärkerröhre durch den Wiener Robert v. Lieben, den Abkömmling einer der orthodoxesten jüdischen Familien Österreichs, und auf dem Umschlag des in Massenauflagen verbreiteten Buches »Rassenkunde des deutschen Volkes« von Günther prangte als typischer Germanengreis der halbjüdische Wiener Pharmakologe Hans Horst Meyer, dessen Bildnis jedoch in späteren Auflagen nicht mehr zu sehen war, nachdem sein Sohn in Berlin wegen Verlustes seiner Stellung als Chefchirurg eines großen Krankenhauses Selbstmord verübt hatte.

War schon im deutschen Reich mit seiner verhältnismäßig geringen Zahl von Juden die antisemitische Agitation auf fruchtbaren Boden gefallen, so traf dies noch viel mehr in Österreich zu und vor allem in Wien mit seiner 15% betragenden, zum großen Teil im und nach dem Krieg aus dem Osten herbeigeströmten und nur zum geringeren Teil assimilierten aggressiven Judenschaft, die im Lauf der Nachkriegsjahre über 60% des österreichischen Nationalvermögens an sich gebracht hatte. Welch absonderliche Blüten die antisemitischen Empfindungen weiter Kreise schon bald nach dem Weltkrieg in Wien zu treiben begonnen hatten, wurde mir in einer Wahlversammlung der christlichsozialen Partei bewusst, in welcher sich der temperamentvolle Redner zu folgender Tirade verstieg: »Männer und Frauen! Habt ihr schon jemals den Juden bei einer produktiven Arbeit gesehen, mit der Maurerkelle in der Hand oder hinter dem Pfluge einherschreitend? Nein, gewiss nicht! Aber dorten, wo man sein Geld mit Gaunereien und Schweinereien verdienen tut, dorten ist der Jud zu finden. Zum Beispiel auf der Universität!« – In einer anderen Versammlung soll ein Redner, der behauptete, die Juden seien am Weltkrieg schuld gewesen, durch den Zwischenruf unterbrochen worden sein »Und die Radfahrer?« Verblüfft fragte der Mann auf dem Podium »Wieso die Radfahrer?« und erhielt hierauf die zutreffende Antwort: »Wieso die Juden?«.

Der in früheren Zeiten durch Rassenvorurteile nur wenig oder gar nicht beeinträchtigt gewesene persönliche und freundschaftliche Verkehr zwischen Juden und Nichtjuden stieß auf zunehmende Schwierigkeiten, seit politische Gespräche und Diskussionen der Rassenfrage ständig an der Tagesordnung waren und seit die Angehörigen der arischen Gesellschaft – auch solche, die noch nicht der nationalsozialistischen Ideologie verfallen waren – sich immer mehr von der Berührung mit ihren jüdischen Freunden in oft verletzender Weise zurückzogen.

Auch in meinem Bekanntenkreis mehrten sich Spannungen und Entfremdungen, und ich sah der Entwicklung der Dinge mit Bangen entgegen, weil sich unter meinen liebsten und treuesten Freunden viele befanden, die selbst Juden waren oder von Juden abstammten, Menschen, von denen ich zum Teil seit frühester Kindheit nur Güte und Hilfsbereitschaft erfahren hatte und die ich nun unter einer ungerecht verallgemeinernden Feindseligkeit ihrer Umgebung leiden sehen musste. Aber auch deshalb, weil ich, wie schon erwähnt, Grund hatte, an meiner eigenen sogenannten Rassenreinheit zu zweifeln, was im Fall eines nationalsozialistischen Umsturzes in Österreich zu Schwierigkeiten führen konnte. Aus gelegentlichen Andeutungen meines Vaters wusste ich, dass der Vater meiner Mutter, der aus Ungarn stammte, ursprünglich Johann Philipp Geiringer geheißen hatte, später aber seinen Namen in Gerényi magyarisieren ließ, und dass er irgendwie jüdischer Abstammung gewesen sei; zumindest sprach der Name Geiringer für diese Vermutung. Näheres war nicht besprochen worden, da Großvater Gerényi lange vor der Verheiratung meiner Eltern gestorben war und sich niemand mehr am Leben befand, der mit ihm persönlich bekannt gewesen war. Während ich dieser Angelegenheit früher niemals eine besondere Beachtung geschenkt hatte, nahm sie nunmehr erhöhte Bedeutung an und verwirrte mich sowohl im Hinblick auf etwa bevorstehende Komplikationen als auch in Bezug auf die akademische Frage, inwieweit meine innerliche heftige Ablehnung der nationalsozialistischen Rassenpolitik auf ideeller Überzeugung oder etwa auf uneingestandener Besorgnis um meine eigenen Interessen gegründet sei. Was die letzteren betraf, so sollte sich zwar später dokumentarisch erweisen, dass meine Befürchtungen übertrieben gewesen waren, vorläufig aber schien sich der Schatten des alten Magisters der Chirurgie Geiringer-Gerényi drohend aus dem Grabe zu erheben und mir mit hohler Geisterstimme und einem verdächtigen Akzent die mephistophelischen Worte zuzuflüstern »Weh dir, dass du ein Enkel bist!«

In der irritierten Stimmung dieses unruhigen Jahres 1934 verbrachten Olga und ich ein paar beschauliche Vorfrühlingstage in dem noch in tiefe Schneemassen gehüllten, aber von strahlend heller Sonne beschienenen Tiroler Hochgebirgsdorf St. Anton am Arlberg, dem fashionablen Wintersport-Zentrum Europas, wo wir zwischen Scharen gebräunter Skifahrer aus aller Herren Länder auf unseren bretterlosen, bloß mit Nagelschuhen ausgerüsteten Füßen beschämt und doch vergnüglich erfrischt durch den Schnee stapften und unsere städtischen Bleichgesichter den farbeverleihenden ultravioletten Lichtlawinen preisgaben, die allenthalben vom Himmel und den leuchtend weißen Berghängen auf uns herabstürzten. Unsere freundliche Gastgeberin, in deren sowohl bäuerlich rustikal als künstlerisch geschmackvoll ausgestattetem Landhaus wir in aller Bequemlichkeit unser Quartier aufgeschlagen hatten, war Baronin Louise Leithner, eine einstige Freundin meiner verstorbenen Tante Muz und selbst eine hochgesinnte Frau, die sich in den Kriegs- und Nachkriegsjahren als Organisatorin großzügiger Hilfsaktionen für Soldatenwaisen und für die Opfer der Inflation die dankbare Anhänglichkeit tausender kleiner und erwachsener Schützlinge erworben hatte.

Noch ein kurzer Ausflug nach dem schönen, mit Zigeunermusik und Paprika gewürzten Budapest, der letzten Stadt der alten Welt, in der noch etwas von dem undefinierbaren Begriff romantischer Ritterlichkeit zu spüren war, wurde in die Frühlingszeit eingeschoben, bevor Olga, für meine seinerzeitige einsame Hochzeitsreise Rache nehmend, sich zu einem Besuch ihrer daheim sehnsuchtsvoll wartenden Eltern anschickte. Bloß einmal während der letzten vier Jahre hatten Vater und Mutter Palmborg ihre verlorene Tochter in Lebensgröße, ja sogar in Riesenausmaßen zu Gesicht bekommen und dies nur auf der Kinoleinwand, als der bekannte Reiseschilderer Burton Holmes in einem Bostoner Konzertsaal Filmnahmen aus Wien vorführte. Darunter befanden sich auch Szenen aus der Staatsoper und siehe da, plötzlich schritten über die prachtvolle, von eleganten Opernbesuchern belebte Mitteltreppe des festlich erleuchteten Foyers Dr. und Mrs. Raab in Smoking und blausamtenem Abendkleid feierlich herab, geradewegs auf die Eltern zu, die einen kleinen Schrei ausstießen – und schon war die Fata Morgana wieder verschwunden.

Olga hatte in letzter Zeit ein ganz schönes eigenes Einkommen erworben, indem sie als Sekretärin teils für einen amerikanischen Bankier, teils für einen ebenfalls aus Amerika stammenden Industriekonsulenten arbeitete, der mit einem Stab von Mitarbeitern die Waffenfabriken von Steyr in Oberösterreich umzuorganisieren beauftragt war. Angesichts derartiger finanzieller Erfolge konnte ich Olga ihren Wunsch nach einem Wiedersehen mit der Heimat nicht gut abschlagen und brachte sie, nicht gerade leichten Herzens, zur Bahn, denn meine Metamorphose zum eingefleischten Ehemann war bereits weit vorangeschritten. An der Grenze in Passau gab es einen aufregenden Zwischenfall. Olga wies ihren amerikanischen Pass vor – denn ihre alte Staatsbürgerschaft hatte sie nach amerikanischem Gesetz neben der durch die Heirat erworbenen österreichischen behalten, doch fehlte darin der offizielle Vermerk betreffend ihre seinerzeitige Einreise nach Österreich, weil letztere auf Grund meines Passes erfolgte, in welchen sie als Gattin eingetragen worden war. Auf eine diesbezügliche Anfrage des Grenzbeamten zog sie nun einen funkelnagelneuen eigenen österreichischen Pass hervor und versetzte durch dieses ungewöhnliche Manöver den Hüter des Gesetzes in Verwunderung und Zorn, dies umso mehr, als österreichischen Staatsbürgern die Ausreise nach Deutschland ohne besondere Bewilligung des Außenministeriums in Wien nicht gestattet war. Die Bedauernswerte wurde angebrüllt und mit Verhaftung bedroht und nur durch den tränenreichen Hinweis auf den zu gewärtigenden Verlust des Schiffsbilletts ließ sich der erboste Machthaber erweichen, betonte aber, dass Olga als verdächtige Person nie wieder nach Österreich eingelassen werden würde. Es bedurfte mühsamer Interventionen meinerseits im Polizeipräsidium, um später diese Verbannungsorder zu entkräften. Auch ich selbst war von dem Verbot der Ausreise nach Deutschland insofern betroffen, als ich aus diesem Grund eine Einladung, auf dem deutschen Internistenkongress in Wiesbaden zu sprechen, ablehnen musste.

Genau drei Wochen nach Olgas Abreise, als ich, wie jeden Abend, ausging, um in einem unsauberen, aber billigen Automatenbuffet meinen Kalorienbedarf zu decken, rannten Zeitungsjungen mit Extraausgaben durch die Straßen und der Gesichtsausdruck der Käufer zeigte alle Nuancen von unverhohlener Schadenfreude bis zu blasser Bestürzung. Aus dem Reich kam die Nachricht von plötzlich erfolgten Massenverhaftungen und Massenhinrichtungen in- und außerhalb der nationalsozialistischen Partei, von der Erschießung des früheren Reichskanzlers Generals von Schleicher und seiner Frau in ihrer Wohnung, von der Verhaftung des Vizekanzlers von Papen und vom Tod einer ganzen Reihe prominenter und populärer Parteimänner, vor allem von der auf persönlichen Befehl des »Führers« erfolgten Tötung seines engsten Freundes, des Stabschefs der SA Ernst Röhm. Hitler selbst begründete bald darauf das Gemetzel mit dem Hinweis auf einen »widerlichen Morast homosexueller Exzesse«, dem ein Ende gesetzt werden musste. Die abnorme Veranlagung Röhms und einer Anzahl anderer Parteigrößen war jedoch durchaus keine neue Entdeckung, sondern eine allgemein längst bekannte und bespöttelte Angelegenheit, an welcher der Führer bis dahin nichts auszusetzen gehabt hatte. Noch zwei Wochen vor Röhms Liquidierung hatte ihm Hitler sogar ein in allen Zeitungen veröffentlichtes Telegramm gesandt, in welchem er Gott dem Herrn für das Geschenk von Röhms unschätzbarer Freundschaft dankte.

Eine Welle der Empörung und des Ekels ging durch die Welt, alle Register der antinationalsozialistischen Gegenpropaganda wurden aufgezogen und bald versank die Affäre in einem Gestrüpp einander widersprechender Über- und Untertreibungen, aus dem bloß einige Haupttatsachen allmählich ans Licht gelangten.

Der Grund für die das Gefüge der Partei nur vorübergehend erschütternde Blutorgie war der von Hitler gefasste Entschluss, einem zwischen der disziplinierten Armee einerseits und der überradikalen, halb bolschewisierten SA anderseits drohenden inneren Machtkampf zuvorzukommen. Dem gottgesandten Freunde Röhm war nicht zu trauen und was da sonst noch an politisch zweifelhaften oder bei Hitler und Göring irgendwie unbeliebten Persönlichkeiten aus der Welt geschafft wurde, ging eben bei der günstigen Gelegenheit in einem blutigen Aufwaschen mit, darunter Schleicher, ferner der ehemalige, seit Jahren in ländlicher Zurückgezogenheit lebende bayerische Ministerpräsident Gustav v. Kahr, unter dessen Regime Hitler elf Jahre zuvor gefangengesetzt worden war und dessen zertrampelte Leiche man in einem Wald bei München auffand, der bedeutende Musikschriftsteller Willy Schmidt, welcher irrtümlicherweise anstelle eines anderen zur Beseitigung ausersehenen Willy Schmidt aus seiner Wohnung geschleppt und erschossen wurde und viele andere. Zwei Tage und zwei Nächte lang knatterten im Kasernhof von Lichterfelde die Gewehrsalven. Öffentliche Todesanzeigen und jede Diskussion der Ereignisse waren streng verboten. Hitler gab im Reichstag ein Resümee, in dem er von 77 Hinrichtungen sprach, welche im Nachhinein durch ein neues Gesetz für »rechtens« erklärt wurden. Nach der Schätzung nicht nationalsozialistischer Beobachter dürfte Hitler in obiger Zahlenaufstellung ebenso ausgiebig dividiert haben als er sich bezüglich der kommunistischen Opfer der österreichischen Februarrevolte in Multiplikationen ergangen hatte.

Als Mittel zur inneren Konsolidierung des Deutschen Reiches bewährte sich der furchtbare Zugriff ins Lager der radikalen Feuerköpfe über alle Erwartungen. Die von Goebbels wie immer mit satanischer Geschicklichkeit geleitete Propaganda tat das ihre und bald stand die Gestalt des »Führers« wie die eines in himmlischer Reinheit flammenden Erzengels Gabriel vor jenem Paradiese, als das man nach seinen eigenen Worten einem Volk durch unermüdliche geräuschvolle Überredung selbst die Hölle erscheinen lassen kann, in der es lebt.

Unterdessen nahmen nach einer kurzen erschrockenen Atempause in Österreich die Sprengstoffattentate, Fememorde und Sabotageakte aller Art weiter zu und der Münchner »Landesinspektor für den Gau Österreich«, der ehemalige Zuchthäusler Habicht, forderte im Rundfunk offen zum bewaffneten Angriff gegen die Regierung auf. Druck erzeugte Gegendruck, die heimtückischen Überfälle der Nationalsozialisten wurden von Polizei und Heimwehr mit ihrerseits immer hemmungsloserer Brutalität beantwortet, während die wiederholt behördlich angekündigten standrechtlichen Erschießungen überführter Terroristen leere Drohungen blieben. Denunziationen und vielfach ganz unbegründete Dienstentlassungen waren an der Tagesordnung, kein Mensch traute dem anderen mehr über den Weg und während sich die Behörden verzweifelt bemühten, durch eine unbeholfene Nachahmung von Äußerlichkeiten deutscher Arbeiter- und Jugendorganisationen, ja gar durch verschämte inoffizielle antisemitische Maßnahmen, der unbarmherzigen Opposition den Wind aus den Segeln zu nehmen, entwickelte sich ein Zustand der allgemeinen Nervosität und Unruhe, der das nahe Bevorstehen einer Explosion ahnen ließ. Stark übertreibend, aber doch das Charakteristische der Situation treffend, verbreiteten die allgegenwärtigen Nationalsozialisten den Witz: Was ist der Unterschied zwischen dem kleinen Österreich und dem großen Deutschland? Gar keiner. In beiden Ländern sind sechs Millionen gegen die Regierung. An einem heißen Sommermittag – es war der 25. Juli – ging ich von der inneren Stadt her zur Klinik, als in der Nähe der Votivkirche zwei Lastautos an mir vorbei in Richtung Ringstraße fuhren mit jungen, etwas undiszipliniert aussehenden Soldaten besetzt. »Sonderbare Krieger!« sagte ich zu mir selbst, »Sehen aus wie ein uniformierter Schulausflug.« Einige Minuten später saß ich in meinem Dienstzimmer, den Radio-Kopfhörer angelegt, um wie gewöhnlich den Ein-Uhr-Mittags-Bericht anzuhören. Erst kamen die Wettermeldungen, dann folgte eine lange Pause. Ich wollte eben den Hörer ablegen in der Meinung, er funktioniere nicht, als die Stimme des Ansagers wieder hörbar wurde, diesmal unsicher, fast keuchend: »Die Regierung

Dollfuß ist zurückgetreten. Gesandter Dr. Rintelen ist zum Bundeskanzler ernannt. Wir senden Schallplatten.« und nun folgte Walzermusik. Ich wusste natürlich nicht, dass der Ansager mit den Revolvern der in die Radiozentrale eingedrungener Nationalsozialisten an den Schläfen eine ihm anbefohlene falsche Meldung hinausgegeben hatte, welche für die illegalen Organisationen in ganz Österreich das vereinbarte Signal zum Losschlagen bedeutete. Erregt eilte ich hinunter in den Krankensaal, in dem der schwerkranke junge Autrieth lag, ein vor Kurzem aus dem Gefängnis entlassener fanatischer Nationalsozialist, mit dem ich ebenso leidenschaftliche wie zwecklose politische Auseinandersetzungen gehabt hatte. »Gratuliere!« sagte ich, »Gute Nachrichten für Sie. Sie sind jetzt obenauf. Rintelen ist Kanzler.« Autrieth lächelte verächtlich: »Neuigkeit? Glauben Sie denn, dass wir das nicht schon seit Tagen im Voraus gewusst haben?«

Dennoch befand sich Autrieth mit vielen anderen im Irrtum. Der ambitionierte und aus Konjunkturgründen mit der Opposition paktierende Rintelen war bereits verhaftet und jagte sich bald darauf eine Kugel in den Kopf. Dollfuß war nicht zurückgetreten, aber er lag mit durchschossenem Hals sterbend in dem von Aufständischen gewaltsam besetzten Bundeskanzleramt. Noch war mir dies nicht bekannt und ich lief zum Ballhausplatz, um zu sehen, was es gebe. Das Gebäude war von Truppen, schussbereiten Maschinengewehren und Panzerautos umgeben. Näheres war nicht zu erfahren. Erst um 10 Uhr Abends berichtete der von Regierungstruppen mit den anderen Mitgliedern der Regierung aus dem Bundeskanzleramt befreite Helmwehrführer Major Fey über den Rundfunk mit stockender, heiserer Stimme über die Ereignisse des Tages. Die »uniformierten Schulbuben«, in gestohlene Uniformen gesteckte junge nationalsozialistische Parteigänger, waren in das ungeschützte Bundeskanzleramt eingedrungen und hatten Dollfuß niedergeschossen. Seine Bitte um einen Priester und einen Arzt hatte man ihm abgeschlagen. Man ließ ihn langsam auf einem der goldenen und rotseidenen Rokoko-Sofas des Palastes verbluten und kümmerte sich nicht weiter um ihn. Fey wurde unter Eskorte hineingeführt und durfte noch ein paar Worte mit dem sterbenden Kanzler sprechen. Der tapfere kleine Mann bat ihn, Frau und Kinder unter den Schutz Mussolinis zu stellen, den er für seinen Freund hielt. Dann ließ man ihn wieder allein bis zum Ende. Auf einer später zu seinem Gedächtnis auf dem Gebirgskamm der »Hohen Wand« errichteten und weit über sein geliebtes niederösterreichisches Land hinausblickenden kleinen Kapelle war die folgende Inschrift zu lesen:

Seine Sendung war Kampf,
Sein Wille war Friede,
Sein Leben war Opfer,
Sein Sterben war Sieg.

In der Tat schien sich das Schicksal zunächst gegen den rasch an Wucht einbüßenden Ansturm der Rebellen zu wenden. Während in der Provinz noch ein paar Tage lang bis zur völligen Niederwerfung des Putsches heftig weitergekämpft wurde und ein Versuch der Ermordung des Bundespräsidenten Miklas scheiterte, kam es in Wien nur noch zu kleineren Zusammenstößen. Schon am 25. Juli hatten die im Bundeskanzleramt belagerten Putschisten die Waffen gestreckt und um freien Abzug in das alle Feinde der österreichischen Regierung gastlich aufnehmende Deutsche Reich gebeten. Der deutsche Gesandte Dr. Rieth erschien persönlich auf dem Schauplatz der Ereignisse und wurde vom Tod des Bundeskanzlers verständigt. »Dolle Sache das!« sprach er taktvoll.

Am folgenden Morgen wurden alle Heimwehrformationen zum Bereitschaftsdienst einberufen und in meine zu eng gewordene alte Kriegsuniform gepfercht verbrachte ich zehn Tage in militärischem Getriebe, mit der ärztlichen Versorgung gebrechlicher Patrioten und mit Inspektionsfahrten in die unruhigen Arbeiterbezirke beschäftigt, auf Strohhaufen schlafend, schimpfend und schwitzend, aber ohne Gelegenheit zu besonderen Heldentaten. Der deutsche Rundfunk berichtete seinen gläubigen Zuhörern von einem in Österreich erfolgten Aufstand der Heimwehr. Der erfolglose Hetzer Habicht wurde zum Schweigen gebracht, Dr. Rieth wurde durch den eben erst mit knapper Not dem Reinemachen vom 30. Juni entronnenen schlauen Franz v. Papen ersetzt, dem sich von nun an ein weites Gebiet unterirdischer Unterminierungs-Diplomatie eröffnete und Hitler äußerte Bedauern und Abscheu über den so wenig ergiebigen, ja für den Augenblick sogar propagandistisch unbequemen Kanzlermord. Um den undekorativen Eindruck der Episode zu verwischen, wurden von nationalsozialistischer Seite in Österreich selbst allerlei phantastische Gerüchte verbreitet: Dollfuß sei von Major Fey, von Kommunisten, ja sogar von Jesuiten getötet worden. Dass die verhafteten und geständigen Putschisten, allen voran Planetta und Holzweber, notorische, organisierte Nationalsozialisten waren, tat vorerst nichts zur Sache. Dreizehn von ihnen wurden jedoch gehängt und so besaßen nun endlich auch die Nationalsozialisten ihre Märtyrer. Der Leiter des Putsches, Dr. Wächter, entschlüpfte rechtzeitig über die Grenze, ähnlich wie einst die roten Nichtarier Dr. Bauer und Dr. Deutsch; immer waren es Doktoren.

Selbstverständlich wurde von offizieller deutscher Seite jede Verbindung mit den Aufständischen mit Entrüstung geleugnet, die österreichische Regierung aber veröffentlichte ein peinliches Blatt des Deutschen Presseklischee-Dienstes (Berlin SW 68, Wilhelmstraße 28), welcher die illustrierten nationalsozialistischen Zeitschriften in- und außerhalb Deutschlands mit aktuellem Bildermaterial versorgte. Das Blatt war vom 22. Juli, also drei Tage vor dem Putsch datiert und trug verfrühte Bilder von der »Volkserhebung in Österreich«, darunter ein Porträt von Dollfuß mit der Unterschrift »Bundeskanzler Dollfuß erlitt beim Kampf im Bundeskanzleramt schwere Verletzungen, denen er erlegen ist.« Ferner hieß es in einer aufgedruckten Mitteilung an die Schriftleitung »Wir bitten, die Texte zu obigen Bildern den weiteren Nachrichten anpassen zu wollen.« Dieses eindeutige Dokument war durch die Indiskretion eines Mitarbeiters einer im Elsass erscheinenden deutschen Zeitung nach Österreich gelangt.

Der bisherige Unterrichtsminister Dr. Kurt v. Schuschnigg wurde nun zum Bundeskanzler ernannt, in Deutschland ließ sich Hitler nach dem Tod Hindenburgs durch eine Volksabstimmung die unbeschränkte Macht übertragen und für einige Zeit herrschte an der Oberfläche ein Zustand scheinbarer Ruhe. Der Anschluss an ein freies Deutschland, der trotz allem auch vielen Gegnern des nationalsozialistischen Regimes immer noch am Herzen lag, schien in weitere Ferne gerückt als je zuvor.

Der nach Olgas Rückkehr aus Amerika folgende Herbst und Winter gingen ereignislos dahin. Den Höhepunkt der an prachtvollen Konzerten und Theateraufführungen überreichen Wiener Saison bildete der nach jahrzehntelanger Unterbrechung wieder aufgenommene Opernball, eine Veranstaltung von unvergleichlicher Schönheit, in der sich architektonischer Prunk mit gesellschaftlicher Vornehmheit mit musikalischer und tänzerischer Grazie in einer lichten Wolke von Blumen, strahlenden Toiletten, Uniformen und Juwelen zu einem traumhaften Bild vereinten. Es war ein letztes stolzes Sich-Aufraffen einer dem Tode nahen Kulturepoche, die sich noch einmal schmücken, sich noch einmal vor dem Spiegel der Welt an ihrer eigenen Anmut erfreuen wollte, wie eine schöne todgeweihte Frau, die weiß, dass sie bald im Grabe liegen und von ihren Anbetern vergessen sein wird: »Seht her, so schön bin ich – so schön war ich! Meinesgleichen werdet Ihr niemals wieder auf dieser Erde erschauen!« Die allmähliche günstige Entwicklung meiner Privatpraxis gestattete uns um die Osterzeit die Verwirklichung eines lockenden Reiseplanes, einer Mittelmeerfahrt auf einem deutschen Dampfer. Mein Freund Professor Gaetano Borruso aus Rom, der sich zu wissenschaftlichen Arbeiten mit mir in Wien aufgehalten hatte, lud uns ein, die Strecke bis Genua in seinem von einem italienischen Chauffeur gelenkten großen Wagen mit ihm zusammen zurückzulegen. Nachdem uns ein Motordefekt einen Tag lang in Klagenfurt aufgehalten hatte, war Eile geboten, um unser Schiff zu erreichen. Zwischen Treviso und Udine fuhren wir mit 90 Kilometer Geschwindigkeit auf einer der neuen schnurgeraden Autobahnen der untergehenden Sonne entgegen. Ich saß vorne neben dem Chauffeur. Auf dem rotflammenden Himmel erschien, von einem abwärts fallenden Sonnenstrahl und einem quer verlaufenden beglänzten Wolkenrand gebildet, ein riesiges glühendes Kreuz. Um den wie die meisten Italiener abergläubischen Chauffeur nicht zu irritieren, vermied ich es, die Erscheinung zu erwähnen. Wir rasten geradeaus weiter. Zur Linken dehnte sich eine lange Strecke von Gebüsch und niedrigem Gehölz, hinter welcher zu meinem Entsetzen urplötzlich knapp vor uns ein anderer Wagen hervorschoss. Der Chauffeur versuchte, mit einem Ruck unseren Wagen nach links zu reißen, um, wenn möglich, den anderen rückwärts umfahren zu können, aber die Lenkstange brach und mit betäubendem Krach sausten wir geradewegs in die Flanke des die Straße überquerenden Fahrzeuges hinein. Alles um mich her schien sich merkwürdig langsam zu drehen… zu drehen… zu drehen. Dann kam ich wieder zur Besinnung. Der Chauffeur hockte auf meinem Kopf. Er war angestrengt bemüht, das über ihm befindliche Seitenfenster des umgestürzten Wagens zu öffnen. Ich dachte daran, dass der Benzintank Feuer fangen könnte. Endlich war das Fenster offen, der Chauffeur, Borruso und ich kletterten hinaus, aber Olga kam nicht zum Vorschein. Angstvoll blickte ich von oben in die halb zertrümmerte Todesfalle, auf das Schlimmste gefasst. Wer aber kroch da auf allen Vieren emsig umher, Orangen und Butterbrote aufsammelnd, Decken säuberlich zusammenfaltend? Es verhielt sich, wie Schiller sagt: »Und drinnen waltet die züchtige Hausfrau.« Auf meine erregte Frage »Um Gottes willen, was machst du denn da?«, kam die bedeutungsvoll ernste Antwort »Ordnungsgemäß«, und endlich entstieg auch die also ihren häuslichen Pflichten bis zum Äußersten obliegende Gemahlin dem Trümmerhaufen. Den Insassen des anderen Wagens war es weit schlimmer ergangen. Der Lenker war über und über von Blut überströmt. Sein Fahrzeug war nicht wie das unsere mit unzerbrechlichem Glas ausgestattet gewesen. Mit eingequetschter Seite stand das Vehikel mindestens 15 Meter von dem unseren entfernt, um seine Achse gedreht, am Straßenrand und in seinem Inneren lag mit weit klaffendem Schädel ein Priester, der nach Aussage seines Chauffeurs an allem schuld trug, denn er sei ein »malocchio«, ein »iettatore«, ein durch seinen »bösen Blick« unglückbringender Mensch gewesen. Bauern kamen von den Feldern herbeigelaufen, knieten nieder und beteten. Einer wollte neben der großen Benzinpfütze seine Pfeife anzünden und der aufgeregte Borruso, vergessend, dass er seine eigenen Landsleute vor sich hatte, rief ihm warnend zu: »Rauken Sie nikt!«

Ein vorbeifahrender Lastwagen transportierte uns nach Treviso und 24 Stunden später dampften wir aus dem Hafen des von auffallend wohlgestalteten, schönen Menschen belebten Genua aufs Meer hinaus in Gesellschaft von Hunderten specknackiger und bürstenhaariger Exemplare der nordischen Edelrasse.

»Wia nähan uns nunmea der Perle des Mittelmeeres Neeaapl, jenannt la bella Napooli«, so verkündete der immer wieder alle mediterrane Poesiestimmung wirksam verscheuchende und primitive Belehrungen um sich schmetternde Lautsprecher.

Nach verzaubertem Umherwandern in den Straßen, Palästen, Tempeln und Bürgerhäusern des nach fast 19 Jahrhunderte währendem Schlaf unter Lava und Asche zu einem geheimnisvollen neuen Leben erwachten Pompeji stiegen wir zu dem in bösen, giftigen, schwefelgelben, roten, braunen und schwärzlichen Farbtönen gähnenden Krater des großen Städtezerstörers Vesuv hinauf. In launenhaft unregelmäßigen, wütenden Stößen spie das zackenumsäumte Teufelsmaul mit donnerndem Getöse Steintrümmer, stinkenden Rauch und zuckende Flammen wie ohnmächtig freche Gotteslästerungen zu dem sich über ihm wölbenden ruhigen blauen Himmel empor. Wir wagten uns so nahe heran, als es der durch die Schuhsohlen brennende heiße Lavaboden, der Pestatem des Vulkans und seine massiven Expektorationen zuließen, denn aufs Photographieren wollte ich auch hier am Höllentor nicht verzichten.

Die folgende wundervolle Fahrt mit einem auf halsbrecherisch schmalen Felsstraßen dahinjagenden Auto, das uns nach dem an steilen Abhängen aufwärtskletternden Amalfi und nach dem unter duftenden Blüten fast begrabenen Sorrento beförderte, versetzte Olga in Erinnerung an die Katastrophe von Treviso in panische Angstzustände.

In Valetta, der Hauptstadt der von den Engländern als Flottenstützpunkt ausgebauten Insel Malta, deren Bewohner ein seltsames arabisch-italienisches Idiom sprechen und deren Frauen in umfangreichen schwarzen Tuchgebäuden wie makabre Segelschiffe ihres Weges ziehen, wehte uns bereits der heiße Wind Afrikas entgegen, der uns bald darauf in dem italienisch frisierten, mondänen Tripolis die Kehlen austrocknen sollte. Diese teils hochmodern entwickelte, teils aus uralten Häuserkonglomeraten einer mischrassigen dunkelhäutigen Bevölkerung zusammengesetzte, leuchtend weiße Hafenstadt stellte gewissermaßen ein repräsentatives Schaufenster der italienischen Kolonialmacht dar, in dessen Hintergrund sich ein leerer Laden verbarg, denn knapp hinter Tripolis dehnt sich die völlig unfruchtbare libysche Wüste bis tief in den afrikanischen Kontinent hinein. Ganz vereinzelte kultivierbare Flecken wie die Oase Tagiura, in der sich um palmenumstandene Tümpel Kamele und in dicke weiße Mäntel vermummte Berber drängten, genügten nicht, um dieses weit ausgedehnte Kolonialgebiet wirtschaftlich ergiebig zu machen.

In einem großen Sprung ging es zurück auf ältesten, heiligsten europäischen Boden, nach Olympia. Der »Kampf der Wagen und Gesänge« war zwar seit vielen Jahrhunderten verstummt, nur ein kleiner schäbiger Bahnhof mit Reklametafeln für Singers Nähmaschinen und Kodak-Filme empfing den Fremdling, aber immer noch lag über den Steintrümmern des Zeustempels, über den Grundmauern der Werkstätte des Phidias und über dem Marmorhaupt der ewig herrlichen Hermes-Statue des Praxiteles eine Weihe und Würde, die sich nicht einmal durch einen wissbegierigen Germanenjüngling stören ließ, der sich da schallend erkundigte »Sag'n Se mal, wann hat eijentlich der Zeus rejiert?«.

Aus der blauen Fläche des ägäischen Meeres stieg vor unseren Augen allmählich eine seltsame schwarze Mauer empor, an ihrem oberen Rand von einem schneeweißen Streifen begrenzt: der aus dem Ozean aufragende Kraterrand eine versunkenen, immer noch hie und da aufbrausenden Vulkans, Santorin mit Namen, auf dessen scharf abfallender Höhe furchtlose Menschen die Stadt Thera erbaut hatten. All das war großartig und fesselnd und doch verblasste es rasch, als das Schiff in den Piräus einlief, und in der Ferne von zartem Morgennebel umschleiert hoch und in fast überirdischer Majestät die Akropolis von Athen sichtbar wurde. Was der Ölberg bei Jerusalem für den gläubigen Christen bedeutet, das ist die Akropolis für den dem Wunderbau unserer Welt in Demut zugewandten Menschen, der in ihm den sinnfälligen Ausdruck göttlicher Allmacht verehrt und mit dankerfülltem

Herzen das Gnadengeschenk irdischer Schönheit empfängt. Von den Stufen des Parthenon aus entwarf eine griechische Archäologin in nur wenig fehlerhaftem Deutsch für uns einen Rückblick in die glorreiche Geschichte der Stadt, die da weit ausgebreitet zu unseren Füßen lag; mit ausgestreckter Hand wies sie hinüber zum Areopag, wo der Apostel Paulus die stumpf gewordenen Seelen der Nachkommen des Perikles, des Miltiades, Solon, Diogenes und Plato aus der Lethargie ihrer Degenerationsepoche aufgerüttelt hatte, hinunter zum Jupiter- und Theseustempel, zur halb verbauten Agora und über das Häusermeer hinweg zum Gipfel des Hymettos, nach dem dort von alters her gesammelten Honig (»Honnig«, wie sie sagte) benannt. »Hoooonich!« schrie ein Nordischer dazwischen. Die marmornen Mädchen von der Korenhalle des Erechtheion schienen erschreckt herüberzuschauen – und die Illusion der Antike verflüchtigte sich scheu vor den rauen Lauten Spree-Athens.

Noch stand uns der Eintritt in eine andere fremde und berauschende Welt bevor: Istanbul, das einstige Byzanz und Konstantinopel, mit seinen grandiosen Moscheen Hagia Sophia und Sultan Achmed, mit seinen reichen Kunstschätzen aus den byzantinischen und osmanischen Epochen, mit dem üppigen und dabei gefängnisartig beengten Serail der grausamen, stets um ihr verhasstes Leben zitternden Sultane, mit dem alle Phantasie übertreffend schönen Blick von der das Goldene Horn überspannenden Galata-Brücke gegen die abendliche Silhouette der Kuppeln und Minarette des alten Stambul. Freilich, von dem orientalischen Zauber der Türkei der Sultane war in der Republik Kemal Atatürks durch radikale Modernisierungs- und Europäisierungsmaßnahmen viel verlorengegangen. Die geheimnisvollen arabisch-türkischen Schriftzeichen, die farbige, Jahrhunderte hindurch fast unverändert gebliebene Kleidung der Männer, leider auch der Schleier der Frauen, waren verschwunden. Disziplin und nüchterne neue Sachlichkeit herrschten im Staate des Mannes, der es zustande gebracht hatte, dem Diktat der Westmächte nach dem Friedensschluss von 1919 zu trotzen und das Haus seiner Nation ohne Rücksicht auf das Missfallen der Großmächte nach seinem eigenen Gutdünken in Ordnung zu bringen. Das Volk dankte ihm durch die Errichtung zahlreicher Denkmäler schon zu seinen Lebzeiten. Wohl das eindrucksvollste von ihnen erhebt sich auf einer Anhöhe des Stadtteiles Pera. Es besteht aus einer zentralen Säulengruppe, auf deren einer Seite Kemal als Kriegsherr in Uniform, von seinen Generalen umringt zu sehen ist, während er auf der gegenüberliegenden Seite in tadellosem Bronzefrack mit Zylinder und in Begleitung einer Gruppe ähnlich adjustierter Minister bestaunt werden kann. Bedauerlicherweise hat man es versäumt, das Kunstwerk zur Bequemlichkeit des Beschauers mit einem gleichzeitig die Nationalhymne spielenden Drehmechanismus auszustatten.

Unerträglichen Belästigungen durch Verkäufer und ihre Agenten waren Olga und ich ausgesetzt, als wir es unternahmen, auf eigene Faust den aus zahllosen verschlungenen überdeckten Gässchen bestehenden Bazar zu durchstreifen, auf der Suche nach einem bestimmten Gebetsteppich, der uns Tage zuvor gelegentlich einer Führung durch dieses Labyrinth ins Auge gestochen hatte.

Nicht einen Schritt konnten wir tun, ohne von der unermüdlich auf uns einredenden Horde umdrängt zu sein. Unsere Versuche, miteinander Deutsch, Englisch oder Schwedisch zu sprechen, halfen nichts, denn die Kerle molestierten uns sofort in der betreffenden Sprache weiter. Nicht einmal Olgas Verzweiflungstränen erregten ihr Mitleid. Endlich fanden wir den gesuchten Laden. Sofort sperrte der uns mit einem Redeschwall überschüttende Verkäufer die Türe hinter uns ab und es gab kein Entrinnen mehr. Wir wurden, ob wir wollten oder nicht, mit würzigem Mokka bewirtet, eine Stunde lang ging das Feilschen hin und her, aber schließlich zogen wir doch erschöpft und den Teppich unter dem Arm von dannen. Sachverständige bestätigten später, dass wir einen guten Kauf getan hatten.

»Wia verlassen nunmea Europaa und bejeben uns nach Aaaasien!« brüllte unser Volksbildungsorakel durch das Megaphon über die halbgeschorenen und rotgebrannten, bürstchenbewachsenen Häupter der Reisegesellschaft hin, als uns eine fauchende Dampferfähre, dem Schwimmweg Leanders folgend, über den Bosporus nach dem auf der kleinasiatischen Seite gelegenen Skutari hinübertrug. Auf einem wackeligen Pferdewägelchen, dessen Hinterrad die lästige Gewohnheit hatte, während der Fahrt abzufallen und deshalb einmal ums andere mit vereinten Kräften neu befestigt werden musste, gelangten wir auf die Höhe des von aufrechtstehenden mohammedanischen und flachliegenden jüdischen Grabsteinen bedeckten Bulgurlu-Berges, von dem sich eine unendlich weite Aussicht über den Bosporus und das Marmarameer entfaltete. Über Hajdar-Pascha, die Kopfstation der nach der Hauptstadt Ankara führenden anatolischen Eisenbahn, kehrten wir dann als emeritierte Asienforscher zurück zu unserem großen Schiff und weiter heim über Korfu, Cattato und Venedig, Orte, die, wenngleich mir von früheren Reisen her bekannt, dennoch nichts von dem Reiz ihrer unvergleichlichen Schönheit eingebüßt hatten.

Der wochenlange Aufenthalt auf einem reichsdeutschen Schiff hatte es mir ermöglicht, in Ruhe das in Österreich streng verbotene Buch »Mein Kampf« zu lesen, auf dessen 800 Seiten Adolf Hitler nach dem missglückten Putsch von 1923 während seiner Festungshaft eine umfangreiche Darstellung seines Werdeganges und seiner Zukunftspläne niedergelegt hatte. In Deutschland wurde das Werk in Millionenauflagen vertrieben. Es galt als eine Art heiliger Schrift, wurde allen Neuvermählten bei der Trauung offiziell überreicht, musste sich aber im Lauf der Zeiten mancherlei Revisionen und Verwässerungen gefallen lassen, da der ungehemmte Zynismus der Urfassung wie sie mir in der Schiffsbibliothek zur Verfügung stand, allzuviel von den Motiven und von der politischen Technik des Autors enthüllte. Gerade diese Abschnitte, welche ein monumentales Standardwerk der praktischen Massenpsychologie darstellen, gaben freilich den interessantesten Einblick in das, was vorging und was man noch zu erwarten hatte. Sie bewiesen im Licht der Ereignisse, dass Hitlers immer wieder in vulgären Ausdrücken betonte Verachtung aller theoretisierenden Wissenschaftler und Intellektuellen in deren tatsächlicher politischer Erfolglosigkeit begründet war, während eine so mittelmäßige Bildung wie die seine und eine so tief untermittelmäßige Beherrschung des deutschen Sprachstiles wie die seine, vollauf genügten, ja vielleicht unentbehrlich waren, um die jenseits aller Kulturfragen ausschlaggebenden, in ihren Meinungen unstabilen Volksmassen zu faszinieren, zu dirigieren und schließlich zum willenlosen Werkzeug zu degradieren.

Ein von ästhetisch-moralischen Beschränkungen freier, primitiver praktischer Verstand, gepaart mit einem hervorragenden Scharfblick für die Schwächen der Umwelt und ihre Ausnützbarkeit, mit der Fähigkeit, jede nackte Zweckhandlung in ein dekoratives Kostüm hoher Ideale zu vermummen, und endlich ein vor nichts zurückschreckender zäher Wille zur Macht über die verachtete Schafherde der angeblich so heißgeliebten Nation sicherten Hitler den entscheidenden und erfolgverbürgenden Vorsprung vor allen anderen, welche durch den Ballast subtiler Kritik, traditioneller Bindungen und vor allem durch jene Summe lähmender ethisch-sentimentaler Skrupeln gehemmt waren, die man in den Niederungen des armseligen Menschengewürmes gemeinhin als Anständigkeit zu bezeichnen pflegt.

In Sätzen von das bürgerliche Gemüt erschreckendem Realismus bezeichnete Hitler die politische und historische Lüge als überaus wertvolles Requisit der Volksführung, jedoch sei es von fundamentaler Bedeutung, dass die als zweckmäßig erachteten Lügen von der Menge geglaubt werden. Sie müssten deshalb überdimensional, monströs sein. Kleine Lügen erregen oft Misstrauen, große dagegen werden für bare Münze genommen, sobald sie über die eigene Phantasie und Lügefähigkeit des Durchschnittsmenschen hinausragen. Politische Programme müssten auf ein Minimum simpler Schlagworte und Phrasen zusammengedrängt werden, welche das Fassungsvermögen auch des geistig Mindestbemittelten nicht übersteigen dürfen, denn nicht auf ihre Billigung durch eine Minderzahl kritischer Intelligenzler komme es an, sondern auf die blinde Gefolgschaft der schwachsinnigen, kindischen Massen, die keine eigene Meinung besitzen. Es sei unerlässlich notwendig, die einmal ins Volk geworfenen Schlagworte endlos lärmend zu wiederholen, sozusagen zu »trommeln«, bis sie ihren Zweck erfüllt haben.

Und sie erfüllten ihren Zweck! Sie hypnotisierten die junge Generation, sie erstickten den Widerstand der Älteren, sie versetzten die Führung in die Lage, alle Kräfte der Nation zu steigender Machtentfaltung zu konzentrieren und durch Serien blendender Erfolge das Zutrauen und die Gehorsamsbereitschaft der Geführten weiter zu steigern. Erst wurde durch Schaffung geheimer Rüstungsindustrien das übermächtig drückende Problem der Arbeitslosigkeit gelöst, dann erfolgte die dem Vertrag von Versailles zuwiderlaufende militärische Besetzung des Rheinlandes als entscheidende und gefährliche Kraftprobe, welche die innere Schwäche der auf den befürchteten Gegenschlag verzichtenden Westmächte ein für allemal klar erkennen ließ. Der Bann des jahrelang als unerträglich empfundenen Diktates von Versailles war gebrochen und nun stand auch der Einführung der allgemeinen Wehrpflicht und der offenen Ingangsetzung eines gigantischen Rüstungsprogramms nichts mehr im Wege, das sich unbekümmert über alle Verbote der in satter Behaglichkeit von ihren alten Siegen ausruhenden ehemaligen Entente hinwegsetzte. Mit England wurde ein dem Deutschen Reich weiten Spielraum lassender Flottenvertrag abgeschlossen. Bald darauf erfolgte eine außenpolitisch schwerwiegende Annäherung an das durch seinen Eroberungszug gegen Abessinien mit dem Völkerbund in Konflikt geratene, sinnesverwandte faschistische Italien. So stand das Reich auch nach außen hin nicht mehr isoliert in einer zwar misstrauischen, aber unentschlossen zusehenden Welt. Im Inneren wurde jede geringste Regung der Kritik oder gar der Opposition von dem alles durchdringenden, alles umspinnenden, alles in ständiger Furcht haltenden Spionennetz der Geheimen Staatspolizei, der berüchtigten Gestapo, mit kalter Grausamkeit und unfehlbarer Treffsicherheit abgewürgt. Vor allem aber gab es für die jungen Menschen endlich wieder Arbeit in Hülle und Fülle, sie sahen ein Ziel vor sich, was immer man davon halten mochte, und die Organisation »Kraft durch Freude«, wenngleich durch und durch von propagandistischer Tendenz durchsetzt, versorgte die Arbeiter aller Teile Deutschlands mit Büchern, Theater- und Kinoaufführungen, Ausflügen aufs Land und Seereisen bis nach Norwegen und Afrika auf den eigens für sie erbauten prächtigen »K. d. F.«-Dampfern.

Was hatte demgegenüber die verzweifelt um ihr Dasein ringende Regierung des armen kleinen Österreich ihrer innerlich tief gespaltenen, darbenden und wirtschaftlich hoffnungslosen Bevölkerung zu bieten? Fürs erste einen Bundeskanzler, der in allen Punkten das Gegenteil des über das Deutsche Reich herrschenden Oberösterreichers Adolf Hitler darstellte: einen feingebildeten, hochkultivierten Gentleman aus alter Tiroler Offiziersfamilie, frommen Katholiken, Doktor der Rechte, trockenen akademischen Redner, phantasielos und anständig bis in die Knochen. Als Dr. Kurt Schuschnigg am Jahrestag des von der Regierungspropaganda bis zur Geschmacklosigkeit, ja bis zur Lächerlichkeit ausgeschroteten Märtyrertodes seines Vorgängers auf dem mächtigen Vorbau der alten kaiserlichen Hofburg stand, umringt von Fahnen und Uniformen – auch ich befand mich mit einer von der Heimwehr beigestellten Ehrengardeabteilung da oben – waren zu unseren Füßen 250.000 Menschen versammelt, manche vertrauend, viele zweifelnd, sehr viele erbittert gegnerisch. Ich sagte zu mir selbst: »Nun ist die Stunde gekommen, in der der Kanzler unbedingt ein paar knalligzugkräftige Schlagworte nach Hitlerschem Rezept in dieses Meer von Gesichtern schleudern muss, wenn er sich und uns noch retten will; ordinäre, verlogene, dumme Worte meinetwegen, aber packen müssen sie oder alles ist verloren!« Schuschnigg jedoch deklamierte eineinhalb Stunden lang in edel abstrakter Sprache philosophische Meditationen über das Thema Mythos und Mysterium. Es half nichts, dass der fesche Starhemberg nach ihm noch einigen alkoholumflorten Unsinn daherdonnerte. Die Köpfe der da unten versammelten Arbeiter, Kellner, Kanalräumer, Selcher, und vor allem die der vielen, vielen Arbeitslosen wurden verwundert oder höhnisch geschüttelt und betreten schweigend, schimpfend oder lachend gingen die Hunderttausende heim. An dem Schicksalsweg Österreichs war offensichtlich nichts mehr zu ändern.

Nicht einmal das in wohlwollenden Zeitungsartikeln und gelegentlichen Diplomatenbesuchen bekundete Interesse der Westmächte an der sogenannten »Unabhängigkeit« Österreichs vermochte den Legionen der Arbeitslosen und all der anderen Unzufriedenen einen Ersatz zu bieten für den ihnen als einziger Ausweg erscheinenden Anschluss an das jenseits der aufgezwungenen Grenze gewaltig aufsteigende und an Österreichs Gittertoren rüttelnde »Dritte Reich«.

Eines der wenigen erfreulichen und optimistische Gemüter erhebenden Phänomene jener gewitterschwülen Zeit war die zu höchster künstlerischer Vollendung entwickelte Institution der Salzburger Festspiele, die jeden Sommer für ein paar Wochen einen qualitativ allerdings sehr gemischten Strom von Menschen aus allen Ländern der Erde anzog, Menschen, die entweder an meisterhaften Konzert-, Opern- und Theateraufführungen oder zumindest daran interessiert waren, berühmte Persönlichkeiten aus nächster Nähe betrachten zu können und selbst in ihrer pseudoalpinen Kostümaufmachung bewundert und photographiert zu werden. Was sich da in den heimlichen alten Gässchen, in den graziösen Parks und auf den prunkvollen Plätzen der von Historie und Musik durchfluteten Bischofs- und Mozart-Stadt an exotischen Dirndln mit grell bemalten Visagen, brillantenumgürteten Handgelenken und fürwitzig hervorragenden rotlackierten Fußnägeln, alle Sprachen Babels plappernd, in kompakten Massen umherbewegte, ergab ein Bild, das eines modernen Bruegel würdig gewesen wäre. Mitten in dem Getümmel des Übertriebenen und Grotesken tauchten aber dafür da und dort Erscheinungen von einem solchen natürlichen Liebreiz auf, eröffneten sich so bezaubernde architektonische und landschaftliche Perspektiven, dass man unwillkürlich den Atem anhielt und sich von derlei optischen Melodien gerne in jenen geistigen Schwebezustand versetzen ließ, den in Salzburg wohl jeder nicht mit Blindheit und Taubheit Geschlagene irgendeinmal empfunden hat.

Als Gäste unseres immer charmant-liebenswürdigen und generösen »Onkel Max« konnten wir einige der wundervollen Festspielaufführungen und die Illusion der Zugehörigkeit zur Schar der uns umgebenden erlauchten internationalen Snobs genießen. Auch in St. Anton und auf einer flüchtigen Autofahrt durch das Schweizer Engadin – St. Moritz, Maloia, Pontresina, Stilfserjoch – gebärdeten wir uns während dieses Sommers kapitalistisch in der zutreffenden Voraussicht eines weiteren Anwachsens meiner Privatpraxis.

Zunächst ging alles gut, bis um Weihnachten eine arge Betriebsstörung in Gestalt einer sehr schweren Lungenentzündung eintrat, die mich für einige Monate arbeitsunfähig machte. Auf Anordnung meines in aufopfernder Weise für mich sorgenden Freundes Professors Karl

Hitzenberger wurde ich in die Klinik Eppinger transportiert, wo es einige Zeit hindurch mit Delirien, Kollapsen, Anfällen von Lungenödem und dergleichen hoch herging. Der armen Olga, die sich in meinem Dienstzimmer einquartiert hatte und Serien schlafloser Nächte verbrachte, wurde drei Tage hindurch klar zu verstehen gegeben, dass sie mit einem längeren Verweilen ihres Gatten in diesem irdischen Dasein nicht mehr rechnen könne, denn das Wundermittel Sulphathiazol war noch nicht entdeckt und die unter einer Sauerstoffmaske halb bewusstlos röchelnde, zyanotische Kreatur schien auf bestem Wege, ein für allemal das Zeitliche zu segnen. Mir selbst ist aus diesen Wochen fast nichts erinnerlich als der vage Wunsch, nicht wieder gesund zu werden, da ich fürchtete, hierfür eine besondere »Genesungssteuer« entrichten zu müssen. Zur Verwunderung aller Beobachter blieb mir jedoch die Erfüllung dieses Wunsches versagt, was schon deshalb in gewissem Sinne als ein günstiger Ausgang des Falles betrachtet werden musste, da mir in Kürze Vaterpflichten bevorstanden, denen mich durch den Tod zu entziehen, ich im Grunde doch nicht geneigt war. Auch vom beruflichen Standpunkt gesehen erschien meine weitere Anwesenheit zunächst noch wünschenswert, da ich nach der im Herbst 1935 erfolgten Habilitierung für Innere Medizin (»Endlich scheint die Vernunft mal gesiegt zu haben«, schrieb mir Wenckebach hierzu) noch während meines Krankenlagers die vielbegehrte Funktion des ersten Assistenten der Ersten Medizinischen Klinik zu übernehmen hatte.

Vorstand der Klinik war seit 1933 Professor Hans Eppinger, einer der hervorragendsten Köpfe der europäischen Medizin, ein Mann von genialem Weitblick, von unerhörter Arbeitskraft, von einer oft weit über das kritisch Beweisbare hinausschießenden Phantasie – und dabei mit Charaktereigenschaften behaftet, welche nicht weit von jener psychischen Verfassung entfernt waren, die von Fachleuten als »moral insanity« bezeichnet wird. Hemmungen im Sinne einer Rücksichtnahme auf das leibliche oder gar seelische Wohl seiner oft bedauernswerten Patienten gab es für Eppinger in seinem Experimentier-Furor nicht und auch seine Assistenten und Mitarbeiter behandelte er wie leblose Gebrauchsgegenstände mit der einen Ausnahme, dass es ihm an Mut fehlte, sie im Falle ihres Überflüssigwerdens, der bei jedem irgendwann einmal eintrat, persönlich von ihrem klinischen Ableben zu verständigen. Solch peinliche Dinge ließ er vielmehr schriftlich oder mündlich durch Krankenschwestern oder andere Zwischenträger erledigen, und niemand war seiner Stellung sicher.

Neben seiner fruchtbaren Forschertätigkeit erfreute sich Eppinger zuweilen an eigentümlich infantilen Vergnügungen, spuckte aus dem Spitalslift zielsicher auf Patienten hinab, lief am hellichten Tag mit nichts als einem kurzen Nachthemd bekleidet durch Korridore und Laboratorien der Klinik, legitimierte sich gelegentlich eines Konfliktes mit einem Polizisten durch Vorweisung der Visitenkarte eines Patienten, der hierauf vorgeladen wurde, erbrach und plünderte die Laboratoriumsschränke anderer in der Klinik arbeitender Männer, verunreinigte absichtlich die Räumlichkeiten eines mit ihm verfeindeten Kollegen, stahl die Lieblingskatze der Oberschwester zu Versuchszwecken, während er seinem eigenen flohreichen Hund in der Klinik ungewöhnliche Privilegien einräumte, riss ihm nicht genehme Besprechungen seiner Arbeiten aus den wissenschaftlichen Zeitschriften der Bibliothek heraus, versprach alles und hielt nichts, erstarb vor jedem behördlichen Funktionär in geradezu komischer Ehrerbietung und bemühte sich, in jeder politischen Gruppe, insbesondere auch unter den für die Zukunft wichtigen Nationalsozialisten heimlich vorteilhafte Verbindungen anzuknüpfen, was ihm die Bezeichnung »der Je-nachdem-okrat« eintrug, kurz er war ein Mann, dessen wissenschaftliche Fähigkeiten man zwar bewundern, auf den man sich aber in keiner Weise verlassen konnte.

Ich selbst hatte keine Ursache, mich über Eppingers Regime zu beklagen. Fachlich brachte es mir eine Fülle der Anregungen und neuen Kenntnisse; überdies war die Ernennung zum ersten Assistenten, welche die vom Unterrichtsministerium dokumentierte Befugnis in sich schloss, den Chef bei Vorlesungen und Prüfungen zu vertreten, ein Zeichen hoher Gunst. Dennoch ließ ich mich, gewarnt durch das zum Teil tragische Schicksal meiner Vorgänger, nicht in ein trügerisches Gefühl der Sicherheit wiegen und trat bald in Verhandlungen betreffend die Übernahme des freigewordenen Primariates für Innere Medizin in dem schönen, modernen Krankenhaus der Wiener Kaufmannschaft ein.

Der 27. März 1936 brachte einen doppelten Umschwung sowohl in meinem beruflichen als in meinem privaten Dasein mit sich. Um drei Uhr Nachmittags unterzeichnete ich den Kontrakt mit dem Gremium der Kaufmannschaft und war von diesem Augenblick an als Abteilungschef sozusagen mein eigener Herr. – Um acht Uhr Abends stand ich zitternd vor Freude in der Telefonzelle der geburtshilflichen Universitätsklinik und rief unseren nächsten Freunden die große Neuigkeit zu: »Ein Bub ist da!« Olga hatte den grausamen Schmerzensweg in den Stand der Mutterschaft ohne Schaden zurückgelegt und schon am folgenden Tage konnte ich sie mit Hilfe meiner allgegenwärtigen Kamera samt vier Kilo rosafarbenen Glückes im Arm in meine Sammlung historischer Photoaufnahmen einverleiben.

Gesunder mütterlicher Instinkt und der vorangegangene mehrmonatige Besuch von Baronin Leithners »Wiener Mütterschule« befähigten sie, das wohlgeformte und recht zivilisierte kleine Wesen ohne ernstere Zwischenfälle durch die gefahrenreichen ersten Lebensjahre hindurchzubugsieren und zu einem von jedermann bewunderten, blondlockigen Prachtexemplar heranzuziehen. Die Taufe auf die Namen Karl Herbert wurde in der Kirche nach unitarischem Ritus vollzogen, da wir beide der Meinung waren, das Kind solle in religiösen Dingen der Mutter nahe stehen. Eine unitarische Religionsgemeinschaft gab es in Wien nicht, der Beitritt zu einer der deutschen protestantischen Kirchen galt zu jener Zeit fast als gleichbedeutend mit ostentativem Anschluss an die verbotene nationalsozialistische Partei und so wandten wir uns an den freundlichen alten Reverend Grimes, der die Zeremonie an einem regnerischen Maitag vollzog.

Bald hatte ich die ungewohnte Kunst des sicherheitsnadellosen Babywickelns erlernt und auch darüber hinaus allmählich meine immer noch stark auf die eigene Person beschränkt gewesene Weltanschauung dem neuen Ziel angepasst, als bescheidenes Kettenglied in der Reihe der Generationen das meinige zu tun und nichts weiter mehr vom Leben zu verlangen. Alles schien sich zum Guten zu wenden. Von dem quiekenden, pustenden und strampelnden Klümpchen im himmelblau gepolsterten Korb verbreitete sich eine heitere Stimmung der Zufriedenheit über alles, was ich in Angriff nahm. Das Arbeiten in dem von herrlichen Parkanlagen umgebenen, architektonisch imposanten und sonnendurchflossenen Krankenhaus war eine wahre Freude; die Privatpraxis nahm mit überraschender Rapidität an Umfang und Ertrag zu und im Sommer wurde ich sogar gemeinsam mit meinem ehemaligen Chef, Professor Wenckebach zu einem mehrtägigen Konsilium in das bei Budapest gelegene Landhaus des schwerkranken ungarischen Ministerpräsidenten und Quasi-Diktators Julius v. Gömbös berufen.

Gömbös war eben erst aus Italien zurückgekehrt von einem Staatsbesuch bei Mussolini, der den an schmerzhaften Nierenkoliken leidenden Amtskollegen zu militärischen Exkursionen in einem Tank mitgenommen hatte, in dessen alle Glieder durcheinander rüttelndem Inneren auch die Nierensteine des magyarischen Gastes in unheilvolle Bewegung geraten waren. Nun lag der einst muskelgewaltige Mann, der einen oppositionellen Abgeordneten im Parlament am Kragen aufgehoben und in eine Ecke des Sitzungssaales geschleudert hatte, der

Überwinder des Karl-Putsches, der Jagdgenosse Görings, der geliebte und gefürchtete Führer der »Ebredö« (»erwachenden Ungarn«) mager und kraftlos im Bett, aber immer noch energisch, zuversichtlich und von Tatendrang erfüllt. Die langwierigen ärztlichen Untersuchungen und Konferenzen, an denen sich einige der bedeutendsten ungarischen Ärzte beteiligten, mussten öfters unterbrochen werden, da der bereits die Kennzeichen des herannahenden Urämietodes verratende Regierungschef immer noch Audienzen mit Ministern und hohen Offizieren erledigte. Alle Konsilien wurden in großer Heimlichkeit abgehalten, denn die Öffentlichkeit sollte von dem Ernst der Erkrankung nicht unterrichtet werden und uns Ärzten war strengste Schweigepflicht auferlegt. Dies brachte mich in die etwas peinliche Lage, dem Ackerbauminister und stellvertretenden Führer der Regierungspartei, Exzellenz v. Ivády, der sich im Palais Esterházy mit besorgter Miene nach dem Befinden seines »lieben Freundes Gyula« (Julius) auszufragen versuchte, eine ausweichende und scheinbar optimistische Antwort erteilen zu müssen, welche den lieben Freund Ivády in nur schlecht verhohlene Bestürzung versetzte.

Bei Aufnahme der Krankengeschichte fragte ich Gömbös, was er gewöhnlich gegen seine Nierenkoliken, die zweifellos furchtbare Schmerzen verursacht haben mussten, unternommen habe. Mit seinem stark magyarischen Akzent antwortete der seit jeher kavalleristisch gesinnt gewesene Ministerpräsident: »Wenn Nierenkolik gekommen ist, bin ich auf Pferd gestiegen und solange geritten, bis Anfall vorbei war.« Der therapeutische Wert dieser neuartigen Methode war jedoch zweifelhaft. Einmal stürzte der Reiter dabei sogar ohnmächtig vom Pferd zu Boden. Obwohl ihm seit einigen Wochen absolute Bettruhe verordnet war, entwischte er wiederholt zum Tennisplatz, um »wieder kräftig« zu werden. »Die Ungarn fürchten mich« sagte er zu mir, »aber das brauchen sie.«

Hitler, mit dem er vor kurzem in Erfurt zusammengekommen war, schilderte er als einen »warmherzigen, gefühlvollen Menschen«. Um jene Zeit waren die »Römischen Protokolle« noch in Kraft, ein zwischen Italien, Österreich und Ungarn abgeschlossener politischer Vertrag, welcher den von Deutschland bedrohten Status quo in Südosteuropa aufrechterhalten sollte und so wie viele andere befand sich Gömbös stark im Irrtum, als er Hitler warnte: »In Österreich werden Sie nicht Fuß fassen, die Österreicher sind zu eigensinnig.« Auch von Mussolini wurde Gömbös über seinen Eindruck von der Stimmung in Österreich befragt. »Ich war vor ein paar Tagen in Innsbruck«, antwortete er, »und habe die Tiroler am Berg Isel Schießübungen abhalten gesehen«. (Am Berg Isel waren die Truppen Napoleons 1809 von Andreas Hofer geschlagen worden.) »Was wollen Sie damit sagen?« »Achtung! Weiter als bis zum Brenner werden Sie nicht kommen!« Offenbar hatte Gömbös Mussolinis Freundschaft für Österreich richtiger eingeschätzt als Hitlers Zukunftsaussichten.

Gelegentlich eines Ausfluges zu dem überaus langweiligen, von flachen Ufern umgebenen weiten Balaton-See, für welchen Professor Wenckebach und mir der Wagen des Ministerpräsidenten zur Verfügung stand, wurde ich auf einer Fähre dem früheren ungarischen Armeekommandanten und Kronprätendenten Feldmarschall Erzherzog Josef und seiner Gemahlin, der reizlosen Erzherzogin Augusta vorgestellt. Die hohe Dame saß im Fond eines geschlossenen Autos und ich war gezwungen, mit respektvoll in die Autotüre vorgebeugtem Oberkörper während zwanzig endloser Minuten der Seeüberquerung Ihre Königliche Hoheit durch eine ebenso ehrerbietige wie angestrengt geistreiche Konversation zu unterhalten, wobei mir der Schweiß in Strömen über Angesicht und sonstige Körperteile floss.

Der Nutzen meiner Budapestfahrt war für Gömbös gering. Er starb bald danach und ich kehrte mit einem durch die allzu schmackhafte und üppige ungarische Kost gründlich verdorbenen Magen heim in die Alltagspraxis, in der es jedoch auch nicht an vermeldenswerten Episoden fehlte. Durch mein Vertragsverhältnis zu mehreren der großen Krankenversicherungsorganisationen kam ich mit allerlei sozialen Schichten in Berührung, während zahlreiche wohlhabende Privatpatienten aus dem näheren und ferneren Ausland den größten Teil meines Nettoeinkommens zu bestreiten hatten.

Gewisse kleine Missverständnisse waren im Verkehr mit den letzteren unvermeidlich. So ereignete es sich, dass eine amerikanische Matrone, aufgefordert, sich hinter einem Paravent zwecks Untersuchung des Herzens zu entkleiden, nach beängstigend lange dauerndem Geraschel wiedererschien mit nichts angetan als mit meinem weißen Reservemantel, welcher in jenem Raum gehangen hatte. Auch ein Inder, dem ich ein spitzes hohes Uringlas zur Füllung überreicht hatte, ließ ungebührlich lange auf sich warten, bis er endlich das in ganz missverständlicher Weise vollgefüllte Gefäß vorsichtig und mit gerümpfter Nase vor sich hertragend zum Vorschein kam und es mir mit den ernsten Worten »It was a hard piece of work« feierlich übergab. Die bejahrte Besitzerin einer Geflügelhandlung, bei welcher ich einen Diabetes entdeckte und die ich aufforderte, am nächsten Tage eine 24-Stunden-Probe zu bringen – es genüge ein kleines Fläschchen – erwiderte zuvorkommend: »Warum? Ich kenn's aach bringen im Kiebl.« Um das Wohl dieser infolge einer gleichzeitig bestehenden Tuberkulose dem Tod nicht mehr fernen und kinderlosen Geflügelhändlerin war in auffallender Weise eine Frau Hoffmann besorgt. Als ich einige Zeit später an das Krankenlager der Greisin gerufen wurde, welches von zahlreichen, bereits im Vorhinein in tiefe Trauer gekleideten Verwandten umringt war, beging ich die Unvorsichtigkeit, einen Telefonanruf der Frau Hoffmann zu erwähnen. Würdevoll erhob sich der Älteste aus der Schar schwarzgewandter Aasgeier, die in Erwartung der Hinterlassenschaft die Sterbende umhockten, und sprach mit tiefer Indignation mich zurechtweisend langsam: »Wer is schon Frau Hoffmann? – E Privatperson!«

Obgleich nun diese Privatperson in ihrer Erbschaftshoffnung enttäuscht wurde, so gewann ich in ihr doch eine treue Patientin, die mir unter anderem die überraschende Tatsache mitteilte, sie sei in jüngeren Jahren »das hibscheste Mädel im 16. Bezirk« gewesen. Ein sie damals behandelnder Arzt habe sich sogar bei ihrem Anblick zu dem Ausruf hinreißen lassen »Gott! E Madonnerl!« Gelegentlich einer Konsultation in ihrer Wohnung wurde ich genötigt, alle Räume, Möbelstücke und selbstverfertigten Kunstwerke in Augenschein zu nehmen, zum Beispiel einen farbenprächtigen Wandteppich, Rahel am Brunnen darstellend. Als ich nach Verbrauch aller erdenklichen Bewunderungsausdrücke bei Besichtigung der Küche ermattet seufzte »Sehr nett, sehr sauber!« leuchteten Frau Hoffmanns Augen auf und lebhaft rief sie »Jawohl Herr Doktor, sie haben es getroffen! Sauberkeit ist, worauf ich halt. Herr Doktor werden vielleicht auch bemerkt haben auf meinen Kerper? So wohlgepflegt!« Als ich sie Jahre später in der Straßenbahn traf und grüßte, war Frau Hoffmann hoch erfreut: »Herr Dozent haben mich erkannt? An der Gesichtsphysiognomie?«

Der Versuch einer strikten Diätvorschreibung bei einer anderen Dame wurde mit Missvergnügen aufgenommen, denn, sagte sie »sind mer ehrlich, was hat ma schon im Leben außer der Liebe und'n Hunger?«

Auch in Probleme der ehelichen Psychologie wurde ich als ärztlicher Vertrauter eingeweiht. Ein Wurstfabrikant beklagte sich »Wissen sie, meine Frau is a sehr a gebildete, musikalische Person. Immer geht sie in Konzerte. Neulich war sie beim Rekwiem (Requiem) von Mozart. Sagt sie zu mir: Geh du nur in dein'n Selcherverein. Mozart is ka Presswurst. Davon verstehst du nix!«

Innigere Harmonie herrschte dagegen bei jenem betagten Ehepaar mit Namen Taussig (Philemon und Taussig benannt), das im gleichen Sanatoriumszimmer gemeinsam untergebracht eines Morgens bei der Visite auf mich zutrat und mich schüchtern ersuchte: »Wir möchten sehr schön bitten, dass der Reis aus unserer Kost gestrichen wird. Er stopft uns.«

Der Schuhmachermeister Zezulka anderseits, ein chronischer Alkoholiker mit Leberzirrhose, gab seine ursprüngliche Absicht, während der Osterfeiertage das Spital zu verlassen, »damit dass mir meine Alte den Wein aus'n Keller net allani aussaufen tut«, wieder auf, denn »mir is eing'fallen, ich kennte am Ende genetigt sein, ausieben zu missen meine ehelichen Verpflichtungen und da tu ich doch lieber im Spital bleiben.«

Das Sanatorium wurde zum großen Teil von Handelsbeflissenen östlicher Provenienz frequentiert. Einer erkundigte sich bei dem zuweisenden Arzt mit Bezug auf mich »Der Herr Dozent, er wird bedienen selbst?« Auf dem Nachttisch einer nicht mehr ganz jungen Dame erblickte ich ein Glas, gefüllt mit einer roten Flüssigkeit, aus welcher ein schwer erkennbarer Gegenstand herausragte. »Was haben Sie denn da?« – »Himbeersaft« – »Und was schwimmt da drinnen?« – »Mein Gebiss.« – »Im Himbeersaft??« – »Ja. Warum nicht? Es soll wohlschmecken wenn ich es einfiehre in den Mund.«

Ein Kaufmann, der an einem Lungenabszess litt und außerdem mit einem leichten Sprachfehler behaftet war, erzählte jedermann mit beträchtlichem Aufwand an Phantasie die Geschichte seiner Erkrankung »Wischen schie, letschten Schommer schwamm ich in einem Schee. Da ich aber desch Schwimmensch nicht schehr kundig bin, scho verschank ich. Hiebei schluckte ich eine Masche Wascher und Schmutsch. Auch schlipfte mir ein Fischlein in den Bronchusch und bisch mich. Und schehen schie, daher hab ich den Abschtschesch.«

Hie und da bildeten auch die Vertreter der medizinischen Wissenschaften selbst einen Born unfreiwilliger Komik. Der Dermatologe unseres Krankenhauses, ein hochgelehrter Mann, der, stets von einer Schar ehrfürchtiger Adepten umringt, mit olympischer Würde auftrat, bemerkte bei der Untersuchung eines Patienten meiner Abteilung auf dessen zottigem Rücken ein in das Haargebüsch verfitztes graugelbes Kügelchen und zum Kreise seiner Jünger gewandt sprach er bedeutungsvoll »Meine Herren, sie sehen hier ein interessantes Exemplar von sudor condensatus.« Ich jedoch konnte mich nicht enthalten, das Objekt in näheren Augenschein nehmend, jene wissenschaftlich sensationelle Diagnose in Zweifel zu ziehen: »Herr Kollege, es tut mir leid, aber das ist kein sudor condensatus, sondern ein saures Zuckerl.«

Der auf Wunsch der Angehörigen eines an Streptokokkensepsis schwer erkrankten jungen Mannes zu einem Consilium berufene Internist Professor v. Jagic erleuchtete uns behandelnde Ärzte durch folgenden therapeutischen Rat: »An Wein soll er trinken. An sauern oder an süass'n. Aber net immer nur an sauern oder nur an süass'n. Des widersteht an. Lieber an süass'n und dann an sauern oder z'erscht an sauern und nacher an süass'n.« Auf die ängstliche Frage nach der Prognose kam die trostreiche Antwort »Is halt a schwerer Fall. Wann er an Hirnabszess kriegt, nacher is er g'schnapst.« Immerhin gelang es, den mit metastatischen Abszessen bedeckten jungen Menschen durchzubringen und vier Wochen später gesund zu entlassen. Ob dieses Resultat auf den süass'n oder den sauern Wein oder gar auf das von uns in großen Dosen angewandte streptokokkentötende neue Mittel Prontosil zurückzuführen war, für dessen Entdeckung dem deutschen Chemiker Gerhard Domagk der Nobelpreis zugesprochen wurde, bleibe dahingestellt.

Nicht selten wurden meine ärztlichen Bemühungen durch rührende Beweise der Dankbarkeit vonseiten meiner Patienten gelohnt. Besondere Freude bereitete mir zum Beispiel folgender zu Herzen gehende Brief, wenngleich mir der Sinn seines Inhaltes bis heute verborgen blieb: »Lieber und verehrter Herr Dozent! Es mag Ihnen der Allmächtige die Vergeltung, welche Sie für die Menschheit getan, weitere Existenz zu geben, sodass Sie noch frohe und gesunde Tage und ein glückliches Neu-Jahr; Und das verlassene Schiff mit dem Kapitän mitnehmen zu dürfen. Ihr stets dankbarer Patient Reisler.«

Der Plan, den Einfluss gewisser Ernährungsfaktoren, insbesondere auch der »vegetarischen« Kost, auf Herz und Blutgefäße zu studieren, brachte mich in Kontakt mit den beiden in Wien existierenden Vegetarierorganisationen, die gänzlich aus verschrobenen und überspannten Individuen zusammengesetzt waren und einander trotz ihrer theoretisch milden Denkungsart mit Hass und Verachtung gegenüberstanden, befolgten doch die einen die Regeln fleischfreier Ernährung auf Grund erhabener ethischer Gesichtspunkte, während die andere, minderwertige Sekte vor allem des Leibes Wohlbefinden zu fördern bemüht war und keinerlei moralische Beachtung verdiente. »Urvater Sulke«, der zahnlose und übelriechende, aber ansonsten wohlkonservierte Führer und Prophet der »Ethischen« schloss mich als den einzigen am Vegetarismus interessierten Wissenschaftler Wiens in sein Herz und forderte mich sogar zu einem Vortrag vor seinen Anhängern auf, welcher denn auch im Gasthaus »Zum Wilden Mann« abgehalten wurde. Eine sonderbare Gesellschaft von langhaarigen Männern und spitzknochigen Frauen war da versammelt, man sang zuerst die Vegetarierhymne »Früchte, Kräuter allerorten sollen unsern Hunger stillen; So erfüllen Gottes Willen wir nach des Propheten Worten«, während lasterhaft verführerische Gulaschdüfte aus der Gasthausküche wie böse Geister durch den Saal schlichen, den Gemüseaposteln ein Gräuel. Auch, was ich zu sagen hatte, schien meine Zuhörer nicht restlos zu befriedigen. Zwar pries ich ihre Gesinnung und begründete meine aus dem Ergebnis einer weltweiten Rundfrage abgeleitete Überzeugung, dass die lebenslange Vermeidung nicht so sehr von Fleisch als solchem als vielmehr von tierischen Fetten einschließlich von Milch, Butter und Eierdottern die Entwicklung der Arteriosklerose und ihrer verschiedenen Erscheinungsformen weitgehend verhindern könne, doch fügte ich hinzu, dass ich mir die Aussicht auf einen eventuellen plötzlichen Tod durch Koronararterienverschluss nicht nehmen lassen wolle und deshalb für meine Person Schweinebraten und Würstel durchaus nicht verschmähe. Überdies, so fügte ich hinzu, habe ich bisher nur noch eine andere Gruppe von Menschen gefunden, deren Gefäßsystem ebenso wohlbehalten, wenn nicht in noch besserem Zustande sei als das der Vegetarier, nämlich die Säufer. – Dies war mein erstes und letztes Auftreten vor einem vegetarischen Publikum.

Im Sommer 1936 verfiel ich in Erinnerung an die seinerzeit durch eine Adrenalininjektion an mir selbst hervorgerufenen Brustschmerzen und auf Grund anderer Überlegungen auf die Idee, die sogenannte Angina pectoris, eine der häufigsten und quälendsten Herzkrankheiten, welche sich in Schmerzanfällen bei körperlicher Anstrengung jeder Art, bei seelischen Erregungen und unter dem Einfluss kalter Außentemperatur äußert, könnte etwa durch plötzliche Ausschüttungen von Adrenalin aus den dieses Hormon produzierenden Nebennieren ins Blut bedingt sein. Bei Cannon in Boston hatte ich erfahren, dass im Tierexperiment durch Muskelarbeit, durch Erregung und durch Kälte die Adrenalinsekretion intensiv gesteigert wird, und da es anderseits ebenfalls vom Tierversuch her bekannt war, dass Röntgenbestrahlung der Nebennieren im gegenteiligen Sinne wirkt, beschloss ich, an einem schweren Angina-Fall einen therapeutischen Versuch mit Nebennierenbestrahlungen zu unternehmen. Der 69-jährige Herr Karl Schweinburg hatte seit zwölf Jahren an diesem Zustand gelitten, während der letzten sechs Jahre war es ihm nicht mehr möglich gewesen, seine Wohnung zu verlassen, außer zu wiederholten, aber erfolglosen Spitalsbehandlungen, zu denen er auf einer Tragbahre transportiert werden musste. Täglich packten ihn sechsmal, achtmal und noch öfters die fürchterlichen Schmerzanfälle an. Stöhnend und ächzend lag er da und wagte nicht, das Bett zu verlassen. Er wurde bestrahlt und einige Tage lang beobachtet, aber nichts änderte sich. Enttäuscht und ohne Hoffnung auf einen späteren Effekt sandte ich ihn heim. Ein paar Monate später aber erfuhr ich durch Zufall, dass Herr Schweinburg seit seiner Heimkehr vom Krankenhaus tägliche lange Spaziergänge unternehme, Stiegen steige, Bekannte besuche und schließlich stellte er selbst sich in meiner Ordination vor, munter und vergnügt und mit einem Begleitbrief seines behandelnden Arztes versehen, der von einem »himmlischen Wunder« sprach.

Von nun an wurde diese neue Behandlungsweise an einem großen Krankenmaterial systematisch geprüft. Die Erfolge waren nicht immer so eklatant wie im Fall Schweinburg, etwa 25% der Fälle reagierten überhaupt nicht, aber den anderen konnte nun wenigstens teilweise oder vielfach auch so vollkommen geholfen werden, dass sie gänzlich beschwerdefrei und wieder berufsfähig wurden; manche unternahmen sogar anstrengende Bergtouren. Bestätigungen meiner Ergebnisse erfolgten seitens bekannter Fachleute, insbesondere durch den Berner Kardiologen Hadorn und durch Professor Schittenhelm, den Vorstand der Münchener Universitätsklinik. Die Krankenkassen, deren Patienten ich durch meinen Freund, den Röntgenologen Zdanaky bestrahlen ließ, äußerten ihre Befriedigung über die durch das Verfahren bewirkte Ersparnis an Arzt- und Medikamentenkosten und nur ein Repräsentant der Klinik Jagic lehnte die Methode mit ein paar Worten ohne Angabe von Gründen ab, vermutlich eingedenk des Jagic'schen Prinzipes »In einer Klinik kann ma nix entdecken.« Als ich meine Theorie der Angina pectoris und die ersten Resultate der Behandlung in der Gesellschaft der Ärzte vortrug, sagte Professor Wenckebach, der selbst viel über diese Krankheit gearbeitet hatte, in der öffentlichen Diskussion »Beim Anhören von Raabs Vortrag dachte ich mir: Was für ein Esel war ich doch, dass ich nicht selbst auf diese Idee gekommen bin.«

Nicht nur für mich, sondern auch für die stark auf kommerziellen Erfolg bedachten Besitzer des Krankenhauses und Sanatoriums der Kaufmannschaft brachte die Zunahme meiner Praxis greifbare Vorteile, denn zahlungskräftige Patienten aus allen Teilen Europas, auch Amerikaner, Japaner, Ägypter, Inder, Australier und mehrere repräsentative Hocharistokraten kamen durch mich ins Sanatorium, doch gab es einen vorübergehenden Konflikt mit dem mächtigen Präsidenten des Gremiums, der fast mit dem Verlust meiner schönen, auf ein Maximum von 140 Betten angewachsenen Abteilung geendet hätte, als man versuchte, die finanzielle Anziehungskraft der Anstalt ohne Befragung der Ärzteschaft durch die Anstellung eines notorischen Betrügers und Scharlatans, des reklametüchtigen russisch-französischen Verjüngungsoperateurs »Professor« Serge Voronoff zu erhöhen. Ich war damals mit der Stellvertretung des leitenden Primarius betraut und als vom Gremium die Weisung kam, die Ärzte des Krankenhauses sollten sich zu einem solennen Empfang des illustren Gelehrten mit großer Presseaufmachung bereithalten, bewog ich alle anderen Ärzte, auf meine Verantwortung fernzubleiben. Ich selbst erwartete die Kavalkade von Funktionären, Journalisten und Photographen, begrüßte den Präsidenten als meinen Vorgesetzten und fragte Voronoff, wie es seinem künstlichen Menschen-Affen-Kind gehe, durch dessen angekündigte Erzeugung er vor zehn Jahren auf dem Physiologenkongress in Stockholm einen denkwürdigen Skandal entfesselt hatte, sprach meine Hoffnung aus, dass die – von Voronoff frei erfundene – Kreatur in der Schule gute Fortschritte mache, verbeugte mich höflich, ließ die ganze Gesellschaft stehen und ging. Dem wütenden Präsidenten teilte ich am folgenden Tag mit, dass im Fall der geplanten Anstellung Voronoffs alle Ärzte des Krankenhauses ihre Stellungen niederlegen würden und so unterblieb das Verjüngungsgeschäft.

Am Weihnachtstag des Jahres 1936 besuchten Olga und ich den Gottesdienst in der englischen Kirche, die an diesem Tag ungewöhnlich stark gefüllt war. Während sonst der Gesandte das Evangelium vorzulesen pflegte, trat diesmal ein ziemlich jugendlich aussehender, schlanker blonder Mann an das Stehpult. Sein Erscheinen löste einen allgemeinen Schock des Staunens aus, denn er war niemand anderer als der vor kaum zwei Wochen einer Mrs. Simpson zuliebe von dem höchsten Thron der Welt herabgestiegene, abgedankte König Edward VIII. von England. Mit fester, angenehmer Stimme und lebhaftem Ausdruck verlas er die Weihnachtsbotschaft und der trockene Reverend Grimes hatte große Mühe, die Aufmerksamkeit des die Hälse reckenden Publikums auf seine nachfolgende Predigt zu lenken, welche sich in Anbetracht der Anwesenheit des enfant terrible des englischen Königshauses in etwas deplacierter Weise mit den Segnungen des Familienlebens beschäftigte. Bei dem üblichen Gebet für »His Majesty the King« blieb der Geistliche stecken, denn es war wirklich schwer, zu entscheiden, für wen er heute beten sollte, für den emeritierten Edward da unten in seiner Bank oder für den noch nicht gekrönten George daheim im Buckingham Palace. So stammelte er endlich ein unverbindliches Gebetlein für die Princess

Mary heraus und die Situation war für den Augenblick gerettet. Später aber erfolgte eine scharfe Rüge durch den Erzbischof von Canterbury, der mit der aktiven Teilnahme des gottlosen Edward an der kirchlichen Handlung nicht einverstanden war.

Unbekümmert um die Ereignisse der Welt und zehn Monate hindurch von erstklassiger schwedisch-amerikanischer Natur-Milchquelle versorgt gedieh indessen unser Büblein als ein freundlich-heiteres kleines Lebewesen, dessen Interessen vorwiegend auf eine Gummikatze mit grünen Augen gerichtet waren und das allmählich auch Spinat zu essen, zu kriechen und sich in seinem Gitterbettchen aufzustellen lernte. Die Großeltern in Boston sollten an dieser Freude auch ihr Teil haben und so setzte sich Olga im März 1937 neuerlich in Bewegung nach dem Westen, diesmal samt Baby, Milchflaschen, Reisetöpfchen und einem großen Inventar an Koffern und Schachteln, während ich wieder fast ein halbes Jahr des ungewohnt gewordenen Junggesellentums auf mich nehmen musste.

Vorträge über meine Angina pectoris-Behandlung und andere Themen führten mich in diesem Frühjahr zunächst nach Bad Nauheim und Wiesbaden, wo mir zum ersten mal das neue, nationalsozialistische Deutschland in Form von Hakenkreuzflaggen, Uniformen und von unverkennbaren Anzeichen der gesteigerten Wohlhabenheit und Ordnung vor Augen trat. Alles schien mehr denn je maschinenmäßig exakt zu klappen, selbst in die wissenschaftlichen Zusammenkünfte war ein militärischer Geist eingezogen. Die vor einem riesigen Hakenkreuz aufmarschierenden Redner ebenso wie die sich stramm erhebenden Zuhörer stießen nach Art der altrömischen Zirkuskämpfer den rechten Arm zum sogenannten »deutschen Gruß« in die Luft, der Führer des Reiches wurde sowohl wegen seiner staatsmännischen als insbesondere auch wegen seiner angeblichen medizinischen Verdienste hoch gepriesen, wobei wahrscheinlich seine Ablehnung des Salvarsans als einer »volksvergiftenden« jüdischen Hinterlist gemeint war – und schließlich brach alles auf Kommando in ein gewehrschussartig krachendes dreimaliges »Sieg Heil!« aus.

Von der in der österreichischen Regierungspropaganda immer wieder erörterten Verelendung des deutschen Volkes war nichts zu bemerken, dagegen wirkten sowohl die aufdringlichen Beweihräucherungen aller Parteigrößen und -maßnahmen, die ängstliche Scheu der Menschen vor der Diskussion aktueller politischer Fragen, die Atmosphäre gegenseitigen Misstrauens und systematisch geschürter Gehässigkeit nicht nur gegen die Juden, sondern gegen alles, was vor 1933 in Deutschland Rang und Namen besessen hatte, bedrückend und unerquicklich.

Reinere, das Atmen erleichternde Luft wehte in der Schweiz, wo ich im Berner Rundfunk einen Vortrag zu halten hatte, dem ein überwältigend schöner Ausflug in die Eis- und Schneegefilde des 3500 Meter hohen Jungfraujoches folgte. Dort hoch oben befinden sich in das Innere der Felsenmassive gesprengt die geräumige Endstation der durch endlose Tunnels aufwärts führenden Jungfraubahn, ein elegantes Hotel und das berühmte höhenphysiologische Laboratorium. In dem architektonisch und landschaftlich bezaubernden uralten Bern hatte ich unter anderem das zweifelhafte Vergnügen, als Gast der österreichischen Gesandtschaft mit unserem eben aus Paris zurückkehrenden, intriganten Außenminister Guido Schmidt bekannt zu werden. Ein herrlicher Flug über die schneebedeckten Alpen brachte mich schließlich in drei kurzen Stunden heim nach Wien.

Mit der Post aus Amerika erhielt ich mehrere Photographien eines auf seinen eigenen Beinchen stehenden Knäbleins, in dem ich kaum mehr das Baby zu erkennen vermochte, das mir noch vor wenigen Wochen aus einem Waggonfenster von dem Arm seiner Mutter Abschied zugewinkt hatte. Und wieder ein paar Wochen später, an einem warmen Sommerabend, wackelte dasselbe Knäblein verschlafen und befremdet um sich schauend auf dem Perron des Westbahnhofes an der Hand der Mutter seinem stolz staunenden Vater entgegen. Mit den beiden langen Fahrten durch Europa und über den Atlantischen Ozean hatte Olga wahre Glanzleistungen an Heroismus und Umsicht vollbracht. Ein Personalstreik auf dem französischen Riesendampfer »Normandie«, dem größten seiner Zeit, Fieber und Seekrankheit des Babys, Kämpfe um die Unterbringung der gewaltigen Gepäckmassen in den Eisenbahnabteilen, Erpressungsversuche durch einen Taxichauffeur in Paris und die unvermeidlichen Probleme des kindlichen Stoffwechsels ließen sie unterwegs nicht einen Augenblick zur Ruhe kommen und nahmen alle ihre Kräfte voll in Anspruch. Durch kluge Ausnützung der von dem Kind selbst erzeugten atmosphärischen Effekte, sowie durch Vorschubleistung an seinen Zerstörungstrieb mittels Überreichung zu zerreißender Zeitungsblätter gelang es ihr, sämtlichen Mitreisenden in der Eisenbahn den Aufenthalt in ihrem Abteil so wenig verlockend erscheinen zu lassen, dass Mutter und Sohn wenigstens einen großen Teil der Fahrtdauer in ungestörter Solitüde zu verbringen in der Lage waren. Bei der Ankunft in Paris deponierte Olga, um das Gepäck versorgen zu können, das Baby in den Armen eines dienstbeflissenen jungen Reisegenossen, sehr zur Bestürzung seiner ihn auf dem Bahnsteig samt Familie erwartenden Braut.

Den Rest des Sommers verbrachten wir, von unserer in Schweden aufgewachsenen Hausgehilfin begleitet, in dem an historischer Vergangenheit reichen Berg- und Seeengebiet des Salzkammergutes, in dessen uralten Städtchen und Dörfern primitive und vollendet meisterhafte Architekturen, Jahrhunderte alte Kunstschätze, farbenfrohe Trachten und Volksfeste und der freundliche, traditionsbewusste Charakter der Einheimischen eine stimmungsvolle Harmonie von Naturschönheit und Menschenwerk schaffen, wie man es nur in wenigen Gegenden der Erde finden kann. Goisern war unser Hauptquartier, von wo aus in kurzen Fahrten eine Menge der reizvollsten Orte erreicht werden konnten: die ehemalige kaiserliche Sommerresidenz Ischl mit der von Künstlern und sonstigen Prominenten aller Länder wimmelnden, raffinierte Genüsse bietenden Konditorei Zauner; das an den Steilhängen eines geheimnisvoll dunklen Sees hinankletternde, malerische Hallstatt; der kristallklare, hellgrüne Altausseersee mit seinen schroffen Felswänden; der von dem großartigen Stein- und Gletschermassiv des Großglockners überragte Gosausee; das anmutig in eine tiefe Bucht des Attersees gebettete Unterach, wo wir mit Freunden einen der letzten sorglos glücklichen Tage unseres europäischen Daseins verbrachten und St.Wolfgang am Wolfgangsee mit dem berühmten gotischen Altar Michael Pachers aus dem 15. Jahrhundert und dem durch einen internationalen Operettenerfolg beinahe noch berühmter gewordenen Seehotel »Zum Weißen Rössl«.

Als einträgliches Nachspiel dieses freudvoll-friedlichen Sommers führte mich eine ärztliche Berufung zu einer reichen Patientin nach dem fernsten Westen Deutschlands, in den luxuriösen Kurort Baden-Baden. Da die in Deutschland bestehenden Devisenvorschriften eine Mitnahme des mir ausbezahlten Honorars von 3.000 Mark nach Österreich nicht gestatteten, befand ich mich während eines anschließenden eintägigen Aufenthaltes in München in der höchst ungewöhnlichen und unbehaglichen Situation, möglichst rasch möglichst viel Geld ausgeben zu müssen. Außer einer Armbanduhr für Olga und allerlei sonstigen Kleinigkeiten erwarb ich im Eiltempo eine teuere Leica-Kamera samt Ersatzlinsen und einen kompletten Vergrößerungsapparat. Leider misslang mein törichter Versuch, die Kamera zollfrei über die Grenze zu bringen, ich wurde in Salzburg zurückgehalten, mit einer empfindlichen Geldstrafe belegt und einem langwierigen und peinlichen Verhör unterzogen, welches unter den dämonischen Augen der unbewegt zusehenden Filmdiva Marlene Dietrich vor sich ging, die ebenfalls ein Opfer der Zollbehörden zu sein schien. Unter Hinterlassung sowohl der konfiszierten Kamera als fast

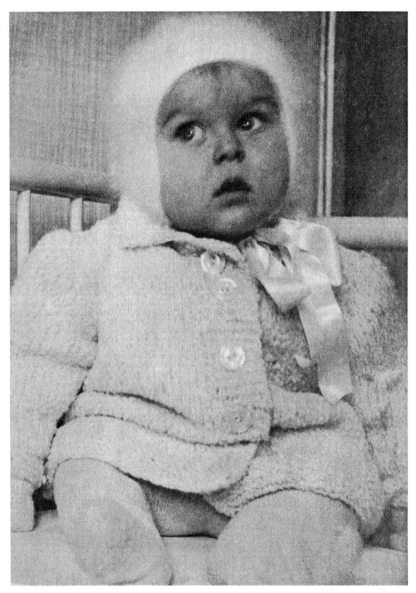

Abb. 12: Der Sohn Karl, 1937, Foto Willi Raab

allen Bargeldes – ich musste mir in Salzburg von einem Straßenpassanten
Geld zur Weiterfahrt ausborgen – kehrte ich übelgelaunt zurück nach
Wien in unsere große neue Wohnung, welche sich hinter dem Rathaus in

dem zum Teil an Privatparteien vermieteten Palais der Grafen Czernin befand. Dieses vornehme Gebäude beherbergte außer anderen Schätzen auch eine kostbare Bildergalerie, deren schönstes Stück, Vermeers »Atelier« auf 12 Millionen Dollar geschätzt wurde.

Sich unter einem Dach mit diesem wundervollen Kunstwerk sowie mit etlichen Murillos, Rubens und Van Dycks zu befinden, hatte, abgesehen von aller Ästhetik den Vorteil, dass sich das Palais stets unter gewissenhafter Bewachung durch zwei Portiers befand und von den in Wien so zahlreich sich umhertreibenden Stiegenhausierern und Einbrechern verschont blieb.

Die wirtschaftliche Lage Österreichs war immer noch schlecht; ein am 11. Juli 1937 mit dem Deutschen Reich abgeschlossenes »Freundschaftsabkommen«, in welchem sich die Reichsregierung verpflichtete, die »Unabhängigkeit« Österreichs zu respektieren, funktionierte nur äußerst mangelhaft und trotz des Fallenlassens der früheren Terrortaktik vermochte die nach wie vor vom Reich aus organisierte nationalsozialistische Propaganda, unterstützt durch allerlei wirtschaftliche Druckmittel, die wachsende Unzufriedenheit der österreichischen Bevölkerung in zunehmendem Masse für ihre Ziele auszunützen. Demgegenüber nahmen die österreichische Regierung und die hinter ihr stehenden politischen Gruppen eine weit über die Ablehnung der deutschen Tagespolitik hinausgehende, allgemein deutschfeindliche Haltung an, propagierten den fiktiven Begriff einer »österreichischen Nation« und gingen in ihrem unlösbaren Dilemma so weit, jedermann, der sich trotz allem noch als Deutschen fühlte und bekannte, zu verdächtigen und möglichst auszuschalten. Dieser Stand der Dinge war es auch, der mich bereits im Herbst 1936 veranlasst hatte, meine Stellung als aktives Mitglied der militärischen »Heimwehr«-Organisation niederzulegen.

Als trotz scheinbarer äußerer Ruhe die Spannung zwischen Deutschland und Österreich durch die Aufdeckung eines neuen nationalsozialistischen Komplottes in Wien unverkennbar in ein neues krisenhaftes Stadium getreten war, schlug die Nachricht, dass Bundeskanzler Kurt von Schuschnigg sich auf Einladung Hitlers zu einer Konferenz nach Berchtesgaden begeben habe, wie eine Bombe ein. Am 12. Februar 1938 fand auf dem Obersalzberg bei Berchtesgaden, wo späterhin noch viele andere Staaten ihren eigenen Untergang vertraglich besiegelten, die historische Unterredung statt, die sehr geräuschvoll und einseitig verlaufen sein soll. Es heißt, dass der Führer seinen Gast wie einen Schuhfetzen behandelte und ihm nicht einmal gestattete, in seiner Gegenwart

Abb. 13: Die Ehefrau Olga im Salzkammergut, 1937, Foto Willi Raab

zu rauchen. Das Ergebnis war eine Amnestie aller in Österreich verhafteten Nationalsozialisten, Zulassung der bisher illegalen nationalsozialistischen Partei als gleichberechtigt mit der Vaterländischen Front
und Eintritt nationalsozialistischer Parteigänger in die österreichische

Regierung. Nur wenige naive Gemüter erwarteten sich von dieser Lage eine stabilisierende loyale Zusammenarbeit der beiden gegnerischen Gruppen, deren jede von vorneherein auf die Vernichtung der anderen eingeschworen war, und dass nicht die lahme und brüchige Vaterländische Front obenauf bleiben werde, lag klar genug auf der Hand.

Schon vom ersten Tage an gab es allenthalben Reibungen und Konflikte mit den siegesbewusst auftretenden Nationalsozialisten und kaum zwei Wochen nach seiner Rückkehr aus Berchtesgaden hielt Schuschnigg im festlich geschmückten Parlament eine formvollendete, von Empörung und Trotz erfüllte, leidenschaftlich bewegte Rede gegen die hinterhältige Politik des Reiches. Es war das erste und letzte mal, dass es diesem ehrenhaften und mutigen, aber allzu akademischen und nüchternen Mann gelang, seine Zuhörer mitzureißen und für Augenblicke an sein eigenes Ideal eines politisch und geistig unabhängigen österreichischen Staates glauben zu machen. In ein Paar patriotischen Straßenumzügen und zustimmenden Artikeln der internationalen Presse war jedoch diese Wirkung erschöpft. Die Gegenaktionen des Reiches nahmen halb unterirdisch, halb offen ihren Fortgang und endlich zu der elementaren Erkenntnis gelangt, dass mit bürgerlicher Moral in Dingen der Machtpolitik nicht vorwärtszukommen ist, verstieg sich nun auch Schuschnigg verspätet und dilettantisch in das von den anderen so unvergleichlich geschickter beherrschte Gebiet des politischen Betruges. In der Absicht, der Welt und insbesondere dem deutschen Nachbarn seine Regierung als vom Willen des Volkes getragen erscheinen zu lassen, ordnete Schuschnigg für den 13. März eine Volksabstimmung an. Dass mit einer auch nur einigermaßen eindrucksvollen Majorität keinesfalls gerechnet werden konnte, war von vorneherein jedem unvoreingenommenen Beobachter deutlich bewusst und so wurde durch Ausschaltung der jüngeren Jahrgänge vom Stimmrecht, durch unverhüllten Druck auf die im Staatsdienst Stehenden, durch allerlei wahltechnische Manöver und durch geheime Paktabschlüsse mit den illegalen kommunistischen und sozialistischen Organisationen der gefährliche Versuch unterkommen, eine überwältigende Scheinmajorität zugunsten des bestehenden Systems sozusagen aus dem Nichts hervorzuzaubern. Die zu einer effektvollen Abstimmungspropaganda erforderlichen Geldmittel wurden zum großen Teil von den um ihre Existenz bangenden finanzkräftigen jüdischen Kreisen zur Verfügung gestellt, welche es freilich auch nicht verabsäumt hatten, schon seit längerer Zeit unter Umgehung der österreichischen Devisengesetze und zum Schaden der Staatswirtschaft umfangreiche Vermögenswerte im

Auslande unterzubringen und für die mehr als zweifelhafte Zukunft zu sichern. All dies konnte nicht verborgen bleiben und die aufs Äußerste irritierten Nationalsozialisten machten ihrer freilich übel angebrachten moralischen Entrüstung in lärmenden Massendemonstrationen Luft.

Am Freitag, den 11. März erreichte die allgemeine Unruhe ihren Höhepunkt. Alle Zugänge zur inneren Stadt wurden von Polizeikordons abgesperrt, während sich erregte Menschenmassen auf der Ringstraße drängten, debattierend, schreiend, da und dort in Prügeleien verwickelt. Plötzlich tauchte zunächst ganz unbestimmt, dann immer dezidierter das Gerücht auf, der Abstimmungstermin sei verschoben worden. Zunächst glaubten viele, es handle sich um einen der üblichen Verwirrungstricks der Nationalsozialisten. Olga und mir gelang es, bis zum Hauptquartier der Vaterländischen Front in die Innere Stadt vorzudringen. Auch dort war nichts Sicheres zu erfahren. Die Polizisten weigerten sich, Auskunft zu erteilen, rieten uns aber, eine unmittelbar bevorstehende offizielle Radiomeldung abzuwarten. Wir rannten nach Hause, schalteten das Radio ein und hörten eben noch Schuschniggs letzte Worte »... Wir weichen der Gewalt. Gott schütze Österreich!« Undeutliches Stimmengewirr ließ den Vorgang seiner Verhaftung erraten und eine anschließende Übertragung des der österreichischen Nationalhymne zugrundeliegenden Haydn'schen Kaiserquartettes bildete den ergreifenden Ausklang nicht nur der politischen Staatlichkeit Österreichs, sondern auch einer langen Epoche weiterziger, leichtbeschwingter Lebensart und selbst im Elend niemals ganz erloschenen Frohsinnes.

Das »Volk der Tänzer und der Geiger« hatte sich für einen neuen, steilen und steinigen Weg entschieden und unwissentlich eine Lawine politischer Katastrophen in Bewegung gesetzt, welche das Gefüge der Welt zutiefst erschüttern sollte.

Als die österreichische Regierung unter dem Druck von Hitlers ultimativer Einmarschdrohung zurücktrat, hatten deutsche Truppen bereits die Grenze überschritten, Grenzpfähle wurden niedergerissen und verbrannt, und rasch näherten sich die deutschen Panzerkolonnen der Stadt Wien, während dröhnende Bombengeschwader über dem Land kreisten. Ein Telegramm des Jugendfreundes und Ministerkollegen Schuschniggs, des Nationalsozialisten Dr. Seyß-Inquart, in welchem er Hitler um militärische Unterstützung zur »Aufrechterhaltung der Ordnung in Österreich« ersuchte, bildete den offiziellen Vorwand für die militärische Besetzung.

Am folgenden Tage brachten die deutschen Zeitungen von A bis Z erlogene Berichte über blutige Exzesse und Plünderungen seitens der Wiener Sozialisten und Kommunisten, welche das Einschreiten der deutschen Wehrmacht erfordert hätten. Wie gründlich die unterirdischen Vorbereitungen für den Umsturz durchgeführt worden waren, ließ sich unter anderem daraus erkennen, dass die noch im Dienste der alten Regierung stehenden Polizisten, welche am 11. März in voller Stärke in den Straßen patrouillierten, im Augenblick der großen Wendung um 5 Uhr Nachmittags prompt aus ihren Stiefelschäften Hakenkreuzarmbinden hervorzogen und somit auf die Minute genau ihre korporative Loyalitätsdrehung auch sichtbar zum Ausdruck brachten.

Die Nacht hindurch tobten Hunderttausende in einem orgiastischen Freudentaumel durch die Straßen. Mit Tränen in den Augen stand ich am Fenster, das Herz zerrissen von widersprechenden Empfindungen, von schmerzvoll verzerrter Freude über die Erfüllung des heißesten Wunsches meiner Jugendjahre und von Sorge und Grauen vor den Formen, in denen sich diese Erfüllung vollziehen würde, vor den unabsehbaren Folgen, die nun über alle hereinbrechen mussten, denen es ihrer Überzeugung oder Rassenzugehörigkeit wegen nicht möglich war, in den allgemeinen Jubel vorbehaltlos einzustimmen. Alles war im Nu mit Hakenkreuzflaggen geschmückt; an unserer Wohnung vorbei ratterten deutsche Truppentransporte durch das Dunkel, endlose Kolonnen von Panzerwagen und Tanks, und in aller Stille nahm schon in dieser ersten Nacht eine lange Serie von Selbstmorden und von Verhaftungen ihren Anfang, welchen die aktivsten Vertreter des gestürzten Regimes und viele andere zum Opfer fielen, die in den Augen der unbarmherzigen neuen Herren als politisch belastet oder einfach als unerwünscht erschienen.

Die grenzenlose Begeisterung, vor allem der jungen Menschen, steigerte sich die folgenden Tage hindurch zu einem fast ununterbrochenen Orkan des Jubels, der jedoch sehr rasch die Erscheinungsformen einer planmäßig organisierten und systematisch geförderten Massenpsychose annahm. Innerhalb von 48 Stunden waren durch Flugzeuge Tausende von nagelneuen Uniformen zur Ausstattung der sofort aufgestellten Jugendorganisationen und der insgeheim gebildeten SA-Sturmabteilungen aus dem Reich herbeigeschafft. Tag für Tag und Nacht für Nacht marschierten unabsehbare Züge von Kindern und Jugendlichen mit Trommeln, Fahnen und Fackeln unter unseren Fenstern vorbei und der rhythmisch ausgestoßene Massenruf »Ein Volk – ein Reich – ein Führer! – Ein Volk – ein Reich – ein Führer!« drang wie das Dröhnen eines Hammerwerkes markerschütternd durch alle Wände, Tag und Nacht, Tag und Nacht. Er hielt die Flammen der Begeisterung in hellem Brand und er jagte Angst und Schrecken in die Gemüter derjenigen, die von der Umwälzung der Dinge nicht die endliche Erfüllung ihrer nationalen Sehnsucht, nicht Brot und Arbeit, nicht mühelose Bereicherung und ungezügelte Befriedigung ihres Hasses zu erwarten hatten, sondern Vernichtung ihrer Existenz, Demütigungen, seelische und körperliche Leiden aller Art.

Zwei Tage nach dem Einzug seiner Truppen traf Hitler selbst auf österreichischem Boden ein, in Linz, seiner engeren Heimat. Durch die fanatischen Ovationen, welche ihm überall von den am Straßenrand stehenden und anbetend knienden Menschenmassen dargebracht wurden, verzögerte sich seine Ankunft und Stunden hindurch donnerte aus dem Radio das fortwährende, immer heiserer werdende Heil-Geschrei der Wartenden. Zwischendurch trat ein ehemaliger Volksschullehrer Hitlers ans Mikrophon und auch eine einstige Schulkollegin, welche zur Verwunderung des preußischen Interviewers auf die Frage nach ihren »Jefühlen« antwortete: »Na, g'freun tua i mi halt auf eam.« – »Auf wen bitte?« »Na, halt auf'n Adi.«

Endlich kam der große Augenblick heran; der zu wildem Kreischen angeschwollene Jubel brach ab und in die atemlose Stille fielen die Worte des Führers wie Axthiebe, hart und kalt. Nein, das war nicht der Adi, der einstige Linzer Schulbub, der da zu seinen wiedergefundenen alten Kameraden sprach, es war ein fremder Eroberer, der gekommen war, um die Übernahme der Herrschaft über die eigene Heimat mit Genuss auszukosten und um an seinen gestürzten Gegnern erbarmungslose Rache zu nehmen.

Am nächsten Morgen erfolgte der triumphale Einzug in die Stadt Wien, in der Hitler vor einem Vierteljahrhundert nach zweimaligem Durchfall in der Kunstakademie als Anstreicher und Ansichtskartenmaler, schließlich als arbeitsloser Insasse von Obdachlosenasylen ein unbeachtetes, armseliges und verbittertes Dasein geführt hatte. Es war ein dunkler Lebensabschnitt gewesen, der unauslöschlichen Hass gegen diese Stadt in das Herz des jungen Schwärmers pflanzte, welcher schon damals den Zerfall der Habsburgermonarchie und die Errichtung eines mächtigen großdeutschen Reiches voraussah. »Der bloße Gedanke an Wien, das für mich den Inbegriff der Rassenschande bedeutet, verursacht mir Übelkeit«, so ungefähr hatte er in »Mein Kampf« geschrieben, und nun stand er da, von seinen Generalen und politischen Kreaturen umringt, auf der hohen Plattform der kaiserlichen Hofburg, zu seinen Füßen einen brandenden Ozean freudetrunkener Menschen, die in einem alle anderen Gefühle verdrängenden Rausch der Hingebung und des blinden Vertrauens zu ihrem irdischen Gott hinaufblickten, zu ihrem Erlöser aus Armut und Zwang, zu dem ersehnten Bringer langentbehrter Glückseligkeit und ewigen Friedens.

In einem großen Raum des Krankenhauses der Kaufmannschaft war unter Ausschluss der jüdischen Ärzte und Angestellten das gesamte Personal der Anstalt zu einem von der neuen Leitung angeordneten Gemeinschaftsempfang der Führerrede versammelt, viele bereits mit dem Abzeichen der nationalsozialistischen Partei in dem nämlichen Knopfloch, durch das sich noch vor drei Tagen das rot-weiß-rote Bändchen der Vaterländischen Front geschlungen hatte. Das »Deutschlandlied«, die Melodie der alten österreichischen Kaiser- und Volkshymne erklang aus dem Lautsprecher und alles stand stramm, den rechten Arm steil zum Hitlergruß erhoben. Als aber das Horst-Wessel-Lied folgte, der nationalsozialistische Kampf- und Hassgesang, der Jahre hindurch die Begleitmusik zum Stöhnen und Schmerzgewimmer von misshandelten Opfern der Parteibüttel abgegeben hatte, da brachte ich es nicht mehr über mich, den Arm in gehorsamer Ergebenheit hochzuhalten. Ich ließ ihn schlaff herabsinken und verließ, von missbilligenden Blicken gefolgt und im beklemmenden Bewusstsein lauernder Gefahren, den Raum.

Nicht nur die politisch Kompromittierten, notorische Anhänger des Schuschnigg-Regimes, Mitglieder der Heimwehr und Volljuden hatten um ihre berufliche Existenz zu fürchten; die Nürnberger Rassegesetze forderten auch die Eliminierung aller »Mischlinge ersten und zweiten Grades«, das heißt, aller Personen mit einem oder zwei Großelternteilen, welche der mosaischen Glaubensgemeinschaft angehört hatten, aus sämtlichen öffentlichen Stellungen. Selbst die Ehe mit einer Person, die mit einem einzigen jüdischen Großelternteil behaftet war, genügte, um den vollarischen Gatten aus gewissen Berufen, insbesondere aus dem Lehrberuf auszuschalten, was zu verheerenden Massenentlassungen, vor allem aus den Lehrkörpern der Hochschulen und Universitäten führte, denn Mischehen hatten in Österreich seit der liberalen Ära des 19. Jahrhunderts einen sehr bedeutenden Umfang angenommen. Zwar wurde zunächst offiziell eine Begünstigung jener Mischlinge zugesichert, die im Weltkrieg auf Seite Österreichs und Deutschlands an der Front gestanden hatten, bald jedoch folgte eine zwar niemals öffentlich verlautbarte, aber im Reichsgesetzblatt vom Juni 1938 enthaltene Aufhebung auch dieses bescheidenen Privilegiums.

Aus technischen Gründen wurde die Anerkennung der arischen

Rassenzugehörigkeit von der Beibringung des amtlichen Nachweises der christlichen Konfession der vier Großelternteile abhängig gemacht, für deren Beschaffung eine nur kurz bemessene Frist zur Verfügung stand.

Die Folge war ein grotesker Ansturm auf alle Pfarrämter, deren geistliche Funktionäre sich über Nacht als Schwerarbeiter in einen Hochbetrieb fieberhafter »Ahnenausgrabungen« verstrickt fanden. Tragische Überraschungen waren an der Tagesordnung. Mancher begeisterte blonde Nationalsozialist wurde als Enkel einer bis dahin ungeahnten jüdischen Großmutter oder Schwiegergroßmutter aus den Reihen der deutschen Volksgenossen ausgestoßen und als Mischling oder als »jüdisch Versippter« gebrandmarkt, gleichgültig welche Gefahren oder gar Gefängnisstrafen er unter Dollfuß und Schuschnigg auf sich genommen haben mochte. Einem meiner Assistenten erging es so und wir hatten im Spital eine ganze Nacht vollauf damit zu tun, ihn aus tiefer Morphiumvergiftung in sein ruiniertes Leben zurückzuzerren. Die Anekdote berichtet von einem Mann, der auf die schriftliche Anfrage betreffend einen seiner Großväter von dem zuständigen Pfarramt zu einer persönlichen Unterredung vorgeladen wird. Zögernd und verlegen teilt ihm der Pfarrer mit, es hätte sich etwas ganz Furchtbares herausgestellt; er, der Pfarrer, wage es kaum, den Tatbestand zu enthüllen, der Schock für den Enkel werde schrecklich sein. »Ja um Gotteswillen, um was handelt es sich denn, Hochwürden?« – »Nun, da Sie es ja schließlich doch erfahren müssen, will ich es Ihnen sagen: Ihr Großvater war ein mehrfacher Raubmörder und endete am Galgen.« Da seufzt der geängstigte Nachkomme in seliger Erleichterung auf: »Gott sei Dank, wenn's sonst nichts ist! Ich hab' schon geglaubt, er war ein Jud.«

So wie Zehntausende anderer verbrachte auch ich viele Stunden, ja halbe Tage wartend in überfüllten Sakristeien, doch das Ergebnis war lohnend, denn schwarz auf weiß ward mir die tröstliche Kunde zuteil, dass sogar schon die Eltern meines ominösen Großvaters Geiringer-Gerényi der katholischen Religionsgemeinschaft angehört hatten, und weiter zurück zu forschen war überflüssig, wenn man nicht die Ambition besaß, in das schwarz uniformierte, totenkopftragende Elitecorps der »SS« einzutreten. Olgas Ahnendokumente wurden uns durch die Hilfe freundlicher Verwandter aus Schweden beschafft. War mir hiermit auch eine schwere Sorge abgenommen, so blieb doch der schwarze Fleck meiner Heimwehr-Vergangenheit bestehen und dass ich mit der nationalsozialistischen Bewegung nie sympathisiert hatte, war der allwissenden Gestapo, die ihr unsichtbares dichtes Netz rasch auch über Österreich geworfen hatte, gewiss nicht unbekannt. Fragebogen über Fragebogen wurden mir von allen möglichen Behörden und Berufsorganisationen vorgelegt. Buchstäblich Hunderte von Einzelfragen mussten eidlich beantwortet werden: welchen Vereinen und Klubs man jemals im Leben angehört hatte, welche Zeitschriften man abonniert hatte, ob Angehörige in jüdischen Geschäften einzukaufen pflegten; die Namen ehemaliger Dienstboten und Hausbesorger wurden abverlangt, da von diesen Informationen über frühere politische Handlungen und Äußerungen des Befragten eingeholt werden konnten, etc. Für jeden Häuserblock wurde ein politischer »Blockwart«, auch »Schnupperer« genannt, angestellt, dessen Aufgabe darin bestand, die ihm zugewiesenen Wohnparteien zu bespitzeln, mit Hilfe der Hausbesorger festzustellen, wer in den Häusern aus und ein ging, mit wem freundschaftlicher oder geschäftlicher Verkehr gepflogen wurde, ob man sich an nationalsozialistischen Demonstrationen und Spendensammlungen ausreichend beteilige, ob und wie reichlich man seine Fenster bei den unaufhörlichen Parteifesten, Empfängen von Parteigrößen u. s. w. beflagge, ob man regelmäßig und schwungvoll mit »Heil Hitler!« grüße oder sich etwa durch Festhalten an dem verpönten reaktionären »Guten Morgen!« oder gar »Grüß Gott!« verdächtig mache, kurz, ob man ein existenzberechtigter Volksgenosse war oder nicht.

War man schon durch die Scharfäugigkeit der Blockwarte, durch die Angst vor lauschenden und oft genug zu Denunziationen gern bereiten Dienstboten und durch das rapide um sich greifende Misstrauen aller gegen alle in seiner Handlungs- und Redefreiheit aufs Äußerste gehemmt, so konnte man sich auch nicht einmal innerhalb der eigenen vier Wände im Gespräch mit Gleichgesinnten sicher fühlen, falls sich ein Telephon im Zimmer befand, denn ein zuerst in Sowjetrussland eingeführtes System eingebauter Spezialmikrophone gestattete es der Zentrale, auch bei aufgelegtem Hörer Gespräche, die in der Nähe des Apparates geführt wurden, abzuhorchen. Diese technischen Adaptierungen wurden unauffällig gelegentlich von »Reparaturen« angebracht. Bei uns gab eine Beschädigung der von unserem kleinen Karl Herbert zu Boden geworfenen Hörmuschel einem Telefonbeamten den Anlass, trotz meiner dankenden Ablehnung ein neues, »besseres« Mikrophon einzusetzen. Meine Taktik, unter Umständen den Apparat abzuschalten, wurde von der Zentrale aus bald beanstandet und so befolgten Olga und ich die im Reich schon seit langem übliche Methode, im Fall von Konversationen, welche nicht gerade für die Gestapo bestimmt waren, den Apparat mit Wolltüchern zu umwickeln.

Wichtig war auch die Beseitigung von Büchern, Dokumenten und Briefschaften welche gelegentlich der jederzeit zu gewärtigenden Hausdurchsuchungen auch nur im Entferntesten den Verdacht antinationalsozialistischer Tendenzen oder Beziehungen erwecken konnten. Aus diesem Grund war in den ersten Tagen nach dem Umbruch ein ungewöhnlich lebhaftes Qualmen aus zahllosen Wiener Rauchfängen bemerkbar. In unserem Haus jedoch, welches mit Zentralheizungsanlagen versehen war, blieb uns nichts übrig, als alles Belastende in kleine Stücke zerrissen den Fluten unserer beiden Wasserklosetts anzuvertrauen. Leider überschätzte ich das Kaliber der Abflussrohre, es kam zu argen Verstopfungen und erst nach dreitägigen vergeblichen Durchstoßversuchen entschlossen wir uns zaghaft, einen uns als Sozialisten bekannten Installateur zu Hilfe zu rufen und in unser kompromittierendes Geheimnis einzuweihen.

Die Wochen, welche den ersten Explosionen des Enthusiasmus folgten, standen im Zeichen lärmend inszenierter Staatsbesuche reichsdeutscher politischer Führer, die sich in wortreichen Beschimpfungen aller Persönlichkeiten und Traditionen des alten Österreich ergingen, dessen Territorium nun wieder wie im Mittelalter als Ostmark bezeichnet wurde. Die auf Kommando gleichgeschalteten Zeitungen überboten einander in kriecherischen Lobpreisungen der hohen Gäste, Massenaufgebote kehlkopfgewaltiger Jubler wurden immer wieder auf die Straße befohlen, um in »brausender Begeisterung« den jeweiligen Parteigenossen X oder Y willkommen zu heißen, dem regelmäßig »die Herzen der Wiener im Sturme entgegen flogen«. Dass sich Göring über die »faulenzenden« Arbeiter Österreichs lustig machte, Goebbels angesichts der auf den Umsturz folgenden Schließung von zehn der 17 Wiener Theater erklärte, noch nie sei das Wiener Theaterwesen in so hoher Blüte gestanden wie jetzt, und dass der Reichsjugendführer Baldur v. Schirach, ein etwas verfetteter Bonvivant, sich vor 20.000 Wiener Kindern zu der Behauptung verstieg, Schuschnigg sei »der größte Kinderquäler aller Zeiten« gewesen, änderte an der devoten Haltung der neuen ostmärkischen Publizistik nichts. Selbst der Kardinal-Fürsterzbischof Theodor Innitzer richtete eine unterwürfige Loyalitätserklärung an den Gauleiter Josef Bürckel und drückte seine Zuversicht auf ein gedeihliches Zusammenwirken der neuen Herren mit der Kirche aus, was jedoch die ersteren nicht hinderte, ihren Jugendorganisationen als leuchtendes Vorbild den gehenkten Dollfußmörder Planetta hinzustellen, denn dieser sei als Held gestorben und nicht »am Kreuz winselnd wie der Jude Jesus«.

Der Hitlergruß mit erhobener Hand wurde rasch zur Gewohnheit aller, die sich nicht durch seine Unterlassung dem Verdacht des »Wühlmäusetums« aussetzen wollten. In schriftlicher Form kam er mir zum ersten mal zu Gesicht, als ich einen Patienten zur Rektoskopie in die chirurgische Abteilung unseres Krankenhauses geschickt hatte. Der an mich gelangende Befund lautete folgendermaßen: »Die Untersuchung ergab das Vorhandensein eines Polypen im Mastdarm, dessen operative Entfernung empfohlen wird. Heil Hitler!«

Selbstverständlich mussten die Reden der in Wien zu Besuch weilenden deutschen Parteimänner im Gemeinschaftsempfang ehrfurchtsvoll angehört werden. Lautsprecher waren auch auf den Straßen, in den Arbeitsstätten u. s. w. angebracht und als Olga und ich eines Abends eine Theatervorstellung besuchten, wurde diese unterbrochen, um das Publikum einer Ansprache des »feuerzüngigen« Dr. Goebbels, des phantasie- und ränkereichen Propagandaministers, teilhaftig werden zu lassen. Der Vorhang fiel, die Lichter flammten auf, ein Lautsprecher wurde auf die Rampe gestellt, das Publikum erhob sich von den Sitzen, die Arme schnellten in die Höhe und aus dem Schalltrichter ertönte nun 20 Minuten hindurch ein vollkommen unartikuliertes Gekrächze und Gekreisch, von dem nicht eine Silbe zu verstehen war. Ob es sich um einen technischen Fehler oder etwa um beabsichtigte Sabotage handelte, ließ sich nicht erkennen, jedenfalls aber war diese hochpolitische Feierstunde in eine Farce von satanischer Komik verwandelt, doch nicht ein einziger von den Hunderten innerlich belustigter Zuhörer wagte auch nur durch ein Wimperzucken seine Erheiterung zu verraten. Alles verharrte regungslos in ängstlich-starrem Ernst bis zum Ende des akustischen Hexenspukes. »Segn's Herr, so heiter is das Leben in Wien« hatte man in den guten alten Zeiten gesungen, als Lächerliches zu belachen noch gestattet war.

Umfangreiche Vorbereitungen wurden für den 10. April getroffen, den Tag einer im ganzen großdeutschen Reich abzuhaltenden Volksabstimmung betreffend den Anschluss Österreichs. Wien versank geradezu in einem roten Meer von Flaggen und Wimpeln. Es gab kaum ein Fenster, kaum einen Laternenpfahl, kaum einen Dachfirst, von dem nicht zumindest eine Hakenkreuzfahne geweht hätte. Aus dem Reich herbeigeschaffte Riesendekorationen aus Holz und Pappe, Pylonen, mit Aufschriften bedeckte Monumentalblöcke, vergoldete Kolossaladler, das wandernde Theaterinventar »spontanen Volksempfindens« verunstaltete die schönsten Plätze der Stadt, die nach der Äußerung eines unvorsichtigen Kritikers aussah, wie der Angsttraum eines geisteskranken Tapezierers. Selbst zu Häupten des Bronzedenkmals des Gründers des Krankenhauses der Kaufmanschaft, des Industriellen Pollak v. Parnegg, war ein an diesem Ort etwas unangebrachtes Transparent befestigt mit den Worten »Heil unserem Führer!« Von hohen Gerüsten und Gebäuden blickte, bei Nacht von Scheinwerfern grell beleuchtet, in zahlreichen Exemplaren das an Schnurrbärtchen und Haarwisch erkennbare, ansonsten aber betrüblich misslungene, gigantisch überdimensionale Konterfei des »Führers« herab auf die von dem Propagandatumult benommenen Wiener, und am Vorabend des Abstimmungstages traf er selbst mit großem Gefolge wieder in ihrer Mitte ein.

Mit Tausenden anderer »Volksgenossen« standen Olga und ich wartend hinter dichten SS-Kordons vor dem Rathaus. Ohrenzerreißendes Heilgeschrei kündete endlich das Herannahen Hitlers an und im offenen vordersten Auto einer langen Kavalkade mit Funktionären, SS-Männern und Gestapobeamten besetzter Wagen stand er aufrecht, den Arm zum Gruß erhoben, die glattrasierten Wangen frisch gepudert und den Blick kalt und forschend in die ekstatisch jubelnde Menge gerichtet. Kurz darauf verkündete Goebbels von dem mit einem riesigen rotsamtenen Teppich und goldenem Hakenkreuz geschmückten Rathausbalkon herab die offiziell vollzogene Wiedereingliederung der Ostmark in das Deutsche Reich. Zweitausend Brieftauben, welche die Kunde in alle Teile des Reiches tragen sollten, wurden freigelassen und erhoben sich wie eine weiße Wolke über den menschenerfüllten Platz. Nun trat auch der »Führer« auf den Balkon heraus, um die Vielen zu grüßen, die da unten in Anbetung, Liebe, Bewunderung und Hoffnung, zum Teil aber auch in Verzweiflung, Angst und Hass die Hände zu ihm empor streckten, der von nun ab ihrer aller Schicksal unentrinnbar in der seinen hielt.

In einer am gleichen Tage durch den Rundfunk übertragenen langen Rede rechnete Hitler mit der »Systemregierung« der Dollfuß-Schuschnigg-Ära ab. »Ich habe ein Recht, hier zu stehen« schrie er mit sich überschlagender kreischender Stimme »denn ich bin mehr als dieser Herr Schuschnigg. In 100 Jahren wird niemand mehr seinen Namen kennen, ich aber werde eingehen in die Geschichte als der größte Sohn meines Volkes!« In diesem Augenblick dämmerte selbst manchem getreuen Nationalsozialisten eine Ahnung davon auf, dass die Zukunft des Reiches, ja Europas und der Welt, der Willkür eines von unberechenbaren und hemmungslosen Ambitionen erfüllten, abnormalen Gehirnes preisgegeben war.

Die Abstimmung, an der teilzunehmen nur »Volksgenossen« gestattet, zugleich aber auch als unerlässliche Pflicht auferlegt war, verlief ohne Zwischenfall. Die Wahllokale waren von uniformierten SA-Männern besetzt. Als »Wahlzellen« waren kleine Holzverschläge in etwa halber Körperhöhe angebracht. Als Olga und ich uns in diese sichtlich leerstehenden Zellen begeben wollten, traten uns zwei robuste SA-Männer in den Weg und mit der Begründung, die Zellen seien »besetzt«, rieten sie uns, die Abstimmungszettel auf einem von einer langen Reihe scharfäugiger Parteifunktionäre garnierten Tisch auszufüllen. Widerspruch kam da selbstverständlich nicht in Frage und so gaben wir unsere Ja-Stimmen in voller Öffentlichkeit ab. Was mich betrifft, so machte dies allerdings praktisch keinen Unterschied, denn auch, wenn diese sogenannte »freie und geheime Abstimmung« wirklich geheim durchgeführt worden wäre, hätte ich mit »Ja« gestimmt, nicht nur wegen der Unaufhaltsamkeit der Ereignisse, sondern, weil über alle noch so abstoßende Tagespolitik hinaus und trotz den mit ihr zusammenhängenden Leiden einer meine Person miteinschließenden Minderzahl, in meinen Augen der Anschluss des deutschen und für sich allein lebensunfähigen Österreich an das Reich immer noch die einzige auf lange Sicht wünschenswerte Lösung darstellte, selbst um den Preis des bitteren Verzichtes der abtretenden Generation auf viele tiefeingewurzelte Traditionen und liebgewordene Lebensformen. Wenn auch das unglaubwürdige Abstimmungsergebnis von 98,8% Ja-Stimmen nur durch die im Dritten Reich üblichen betrügerischen Methoden zu erklären war und seiner allzu plumpen Übertriebenheit wegen von niemandem ganz ernst genommen wurde, so kann doch nicht der leiseste Zweifel darüber bestehen, dass die Bevölkerung Österreichs in überwältigender Mehrzahl zu der neuen Sachlage ihre rückhaltlose Zustimmung gab.

Jeder das Wahllokal Verlassende wurde mit einem das Profil Hitlers tragenden Abzeichen bedacht. Als Olga ein paar Stunden später in einem anderen Kleid ohne Abzeichen ausging, wurde sie im Stiegenhaus von einem rabiaten Hausgenossen, einem älteren Mittelschullehrer, Mitglied der NSDAP, wegen »Nicht-Erfüllung ihrer Abstimmungspflicht« mit sofortiger Verhaftung bedroht. Erst als sie den Feuergeist in unsere Wohnung mitnahm, um sich mittels des an ihren Wintermantel gehefteten Abzeichens zu legitimieren, beruhigte er sich und ging grußlos von dannen. Als ich von der Sache erfuhr, ersuchte ich den Mann telefonisch, zu mir zu kommen und sich bei Olga in aller Form zu entschuldigen, was er denn auch mit verlegenem Gestammel tat. Meine erboste Gattin hackte auf ihn ein: »Ich brauche mir nicht von Ihnen bedrohen lassen, ich bin nordischer als Sie und die ganze NSDAP zusammen – ich bin schwedisch!« »Gewiss, gewiss« sprach er begütigend »ich bin ja über die Herrschaften genau informiert; ich weiß ja, dass Sie ebenso gute Nationalsozialisten sind wie ich.« »Verzeihen Sie«, beendete ich die Konversation: »in dieser Hinsicht sind Sie wieder nicht genau informiert.«

Dies war nicht Olgas einziges politisches Erlebnis. Da sie, ebenso wie ich, durch fast zwei Wochen nicht die von beinahe allen Nichtjuden, ja sogar von katholischen Geistlichen, teils als Selbstschutz, teils aus Begeisterung getragene übliche Hakenkreuznadel angesteckt hatte, wurde sie auf der Straße von einer Horde völkischer Enthusiasten in die Enge getrieben und als »Judensau« angebrüllt. Oft kam sie vor Empörung weinend nach Hause, wenn sie Zeugin von Judenmisshandlungen oder von den Gewaltaktionen halbwüchsiger Burschen gegen jüdische Geschäfte gewesen war oder wenn man sie wegen Einkaufens in solchen Geschäften belästigt hatte.

Abgesehen von den zahlreichen Verhaftungen und Verschleppungen tatsächlich oder angeblich belasteter Personen beschränkten sich die antisemitischen Maßnahmen anfänglich, als deutsche Truppen in Wien noch einigermaßen Ordnung hielten, darauf, die Juden scharenweise zu niedrigen und demütigenden Arbeiten zu zwingen, wobei man es besonders auf Intellektuelle abgesehen hatte, die zum Beispiel stundenlang mit Seife das Straßenpflaster reiben und in Lauge knien mussten, wobei ein mit unverwüstlichem Humor Begabter einmal den aufsichthabenden SA-Mann fragte: »Sagen Sie bitte, Herr Reiberhauptmann, wann dürfen wir endlich wieder nach Hause gehen?« Als jedoch die Truppen abgezogen waren, begann das unumschränkte Regime des Wiener Lokalherrschers Odilo Globocnik schärfer in Erscheinung zu treten. Dieser jugendliche Germane hatte seine Ernennung zum Parteileiter für die Stadt Wien einer einzigen, im Jahr 1934 vollbrachten Ruhmestat zu verdanken. Damals warf er eine Bombe in den Juwelierladen eines Juden namens Futterweit. Sowohl dieser als ein arischer Angestellter wurden getötet und ein paar ebenfalls arische Passanten trugen Verletzungen davon. Globocnik wurde eingesperrt und entstieg dem Kerker erst, um sein neues, hohes Amt zu übernehmen, welches er im Geiste seiner früheren Leistungen verwaltete. Zwar hörte ich ihn im Radio, anscheinend alkoholisiert, mit lallender Stimme verkünden »Mir brauchen keinen Terror und keine Pogrome nicht, damit dass wir die Judenpest ausrotten tun«, doch ging bald alles drunter und drüber.

Drangsalierungen aller Art, Plünderungen und Erpressungen waren an der Tagesordnung, ohne dass auf die persönlichen Eigenschaften, Alter und Stellung der Betroffenen irgendwie Rücksicht genommen wurde. »Jud ist Jud« hieß es und nur manchen Wohlhabenden gelang es, sich durch hohe Bestechungssummen den ärgsten Quälereien zeitweilig zu entziehen oder die rasche Flucht ins Ausland zu bewerkstelligen. Das Schlagwort »Juden hinaus!« ließ sich nur langsam und in beschränktem Umfang in die Tat umsetzen, da die meisten anderen Länder zwar mit publizistischen Mitleidsbezeugungen nicht sparten, gleichzeitig aber die Einreisebedingungen von Tag zu Tag mehr verschärften, um sich den Zustrom verzweifelter und zumeist mittelloser Flüchtlinge vom Leibe zu halten. Mit falschen Pässen und Einreisebewilligungen wurde angesichts dieser Konjunktur nicht nur seitens privater Gruppen sondern sogar seitens mancher diplomatischer Vertretungen ein schwunghafter Schleichhandel betrieben. Manche Konsulate – besonders das amerikanische – waren bei Tag und Nacht von Menschenmassen umlagert, die vergeblich Einlass und Hilfe suchten. Da der Prozess der Emigration für den Geschmack der herrschenden Partei zu zögernd vor sich ging, wurden ganze Waggonladungen voll willkürlich zusammengefangener Juden durch die Gestapo an verschiedene Grenzstationen befördert und nach ausgiebiger Bestechung der jeweiligen Grenzorgane entleert. Als dieser Unfug von den zuständigen Regierungen abgestellt wurde, ließ man solche versperrte Judenwaggons einfach tagelang auf Nebengeleisen an den unüberschreitbaren Grenzen stehen, von wo sie schließlich samt ihrer erschöpften und ausgehungerten Ladung unverrichteter Dinge nach Wien zurücktransportiert werden mussten. Da aber die Wohnungen dieser unerwünschten Heimkehrer indessen vielfach bereits von arischen Volksgenossen bezogen waren, überließ man es ihnen, sich bei Freunden oder Bekannten Quartier zu suchen oder – was am willkommensten war – sich selber definitiv aus der Welt zu schaffen. »Wir sagen ja ohnehin nicht: Juda verreise! sondern: Juda verrecke!«, so äußerte sich ein Parteiprominenter zu diesem Problem und in einer illustrierten Zeitschrift erschien das Bild von fünf Särgen einer jüdischen Familie, die freiwillig durch Leuchtgas geendet hatte, mit der Unterschrift »Zur freundlichen Nachahmung empfohlen! Die Städtischen Gaswerke sind gerne bereit, die Kosten für den Extra-Gasverbrauch in eigener Regie zu übernehmen.«

Der besonders eifrige Gauleiter des an Ungarn angrenzenden, von vielen Juden bewohnten Burgenlandes verfügte eines Nachts die überfallartige Deportierung der burgenländischen erwachsenen Juden auf eine in der Mitte der Donau zwischen dem deutschen und dem ungarischen Ufer gelegene Sandbank, wo sie ohne Nahrung und warme Kleidung mehrere der kalten Novembertage und -nächte, um Hilfe schreiend verbrachten, bis endlich ein französischer Donaudampfer diese bedauernswerten Menschen aufnahm, denn Ungarn hatte die Landung verweigert. Ein Teil der jüdischen Kinder aus dem Burgenland wurde in Lastautos nach Wien befördert und ohne Identifizierung in einer Straße des zweiten Bezirkes abgeladen. Eine unter den dortigen Mietparteien eingeleitete Geldsammlung wurde sofort untersagt und so mussten die Kinder von verschiedenen jüdischen Familien aufgenommen werden.

Der wohldurchdachte Plan, die Auswanderung der Juden aus der nunmehrigen Ostmark dadurch zu beschleunigen, dass man ihnen das Leben zur Qual machte, wurde unter Odilo Globocniks Leitung in mannigfacher Weise wirksam durchgeführt. Man arretierte Juden oder jüdisch aussehende Personen – wobei mancher peinliche Missgriff unterlief – auf der Straße oder in ihren Wohnungen, trieb sie zu Schmutzpfützen, in die sie sich zum Gaudium des Publikums auf Kommando niederwerfen mussten oder zwang sie, auf öffentlichen Plätzen lächerliche Turnübungen auszuführen, zu tanzen und sich gegenseitig mit Ohrfeigen zu traktieren. Ein beliebter Trick war es, jüdische Familien bei Nacht aus dem Schlaf zu reißen und mangelhaft bekleidet unter allerlei Insulten in Lastautos irgendwohin aufs Land zu befördern, wo man sie auf offenem Feld absetzte und ihrem Schicksal überließ. Da viele Geschäftsleute sich weigerten, an Juden Lebensmittel abzugeben – man sah Aufschriften wie »Betrunkenen, Hunden und Juden ist der Eintritt verboten« – war es für diese Leute kaum möglich, sich auch nur das Notdürftigste zu beschaffen. Viele Verhaftete, die aus den Gefängnissen nur gegen die schriftliche Bestätigung des tadellosen Zustandes ihrer Wohnungen entlassen wurden, fanden dann bei ihrer Heimkehr eine Trümmerstätte vor. Eine treue alte arische Bedienerin, die ihre einstigen Dienstgeber, ein ebenfalls bejahrtes jüdisches Ehepaar, nach deren Delogierung in ihre kleine Zweizimmerwohnung aufnahm, wurde daraufhin strafweise gezwungen, noch weitere zwölf Juden bei sich zu beherbergen. Geschäftsinhaber zwang man dazu, mit Ölfarbe, für welche sie zunächst zu bezahlen hatten, ihre Ladenfenster oder Rollbalken mit vulgären Selbstbeschimpfungen zu bemalen und bald war jedes der zahllosen Wiener jüdischen Geschäfte zumindest durch ein groß mit gelber Farbe hingeschmiertes »JUD« gekennzeichnet. Bei dieser organisierten umfangreichen Aktion war die Schuljugend zu nützlicher und erbaulicher Mithilfe herangezogen worden. Volksgenossen, die es noch immer wagten, in derart stigmatisierten Geschäften Einkäufe zu machen, wurden von Überwachungsorganen beim Verlassen der Lokale photographiert und mit Bild, Name und Adresse in Zeitschriften als Volksverräter angeprangert oder sie wurden gezwungen, stundenlang im Schaufenster zu sitzen mit einer um den Hals gehängten Tafel »Ich arisches Schwein kaufe beim Juden ein.«

Unter solchen Umständen vollzog sich die sogenannte »Arisierung« der jüdischen Geschäfte und Firmen in befriedigendem Tempo. Gewöhnlich ging die betreffende Firma ohne viel Federlesens und für lächerlich winzige Beträge in die Hände irgendeines bisherigen Angestellten über, welcher der Partei angehörte und andere Interessenten beiseite zu drängen oder durch Denunziationsdrohungen einzuschüchtern verstand. Später, als alle jüdischen Firmen offiziell konfisziert wurden, annullierten die Behörden zahlreiche derartige »Käufe«, allerdings nicht etwa, um den ursprünglichen Besitzern ihr Eigentum zurückzustellen, sondern um besondere Parteigünstlinge und Interessenten aus dem »Altreich« damit zu versorgen.

Selbstverständlich wurde das zynisch-brutale und sadistisch-grausame Vorgehen gegen die Juden, die man wie rechtlose Tiere behandelte, von einem großen Teil der Wiener Bevölkerung mit innerer Empörung und Abscheu mitangesehen, auch manche waschechte Nationalsozialisten waren davon unangenehm berührt, doch wagte niemand, sich abfällig zu äußern. Einzig die Polizei, die sich immer eines guten Rufes erfreut hatte und aus anständigen Elementen zusammengesetzt war, bemühte sich, soweit sich Gelegenheit dazu ergab, schon aus Antagonismus gegenüber dem überall anmaßend auftretenden SA-Mob, hie und da den ärgsten Ausschreitungen wenigstens passiv entgegenzuwirken.

Die propagandistische Aufputschung des in langen Jahren jüdischer wirtschaftlicher Vorherrschaft bis zur Explosionsgrenze aufgestauten Hasses wurde zum großen Teil durch die berüchtigte Hetzzeitschrift »Der Stürmer« und die an vielen Straßenecken angebrachten Schaukästen seines Verlages besorgt, welche sich in wüsten Verleumdungen, geschmacklosen Karikaturen und in einer Flut obszöner »Rassenschande«-Artikel ergingen, die einem weiten Leserkreis besonders zusagten und der faszinierten Jugend eine angenehme Zerstreuung auf dem Schulweg bereiteten, ja in manchen Unterrichtsanstalten sogar von den Lehrern systematisch vorgelesen und besprochen wurden.

Mehr von einem kritisch-wissenschaftlichen Standpunkt aus wurde die Judenfrage in der ein ungeheures historisches und statistisches Material umfassenden Tendenzausstellung »Der ewige Jude« behandelt, welche an Hand von dokumentarischen Belegen aller Art einen grandiosen Überblick über die Geschichte des Judentums, seine internationalen Machtpositionen, seinen Einfluss auf wirtschaftliche und kulturelle Sphären und seine Rolle in revolutionären und terroristischen Umsturzbewegungen gab, in einer Form, die zwar verurteilend gemeint war, aber vom Standpunkt der Juden selbst in vieler Hinsicht als imponierende Leistungsschau hätte gewertet werden können. Die Aufmachung war raffiniert effektvoll. Schon die Vorhalle empfing den mehr als eine halbe Million Menschen betragenden Besucherstrom, welcher die klassenweise aufmarschierenden Schulkinder Wiens einschloss, mit bildlichen und plastischen Darstellungen der körperlichen Eigentümlichkeiten der jüdischen Rasse und mit einer Galerie überlebensgroßer Portraits von Juden, die in der nationalen Politik ihrer Wirtsvölker eine mehr oder weniger verhängnisvolle Rolle gespielt hatten. Jedes der Bilder war mit einem Kommentar versehen, z. B.: »Kurt Eisner. Ein Deutscher? Nein! Ein Jude. – Leo Trotzkij. Ein Russe? Nein! Ein Jude. – Béla Kun. Ein Magyare? Nein! Ein Jude. – Léon Blum. Ein Franzose? Nein! Ein Jude.« u. s. w. Ausführliche, mit giftigen Karikaturen versehene Statistiken zeigten das vielfache Fernbleiben der Juden vom Frontdienst während des Krieges, ihr massenhaftes Eindringen in alle gut bezahlten Berufskategorien, die Verdrängung der nichtjüdischen Konkurrenz aus Unternehmungen und Betrieben; widerliche Filme aus der Ära der jüdischen Beherrschung der deutschen Kino-Industrie wurden vorgeführt, und vor den tragischen Photographien prominenter Insassen des gefürchteten Konzentrationslagers Dachau bei München, die hoffnungslos, verfallen und irr in die Linse starrten, hörte man Äußerungen des »goldenen Wiener Herzens«, besonders des weiblichen: »Ha ha, da san's, dö Bagaschi dö elendiche. Vül z'guat geht's eahna no in dera nobl'n Summerfrisch'n. Aufg'henkt g'hörätn's alle mitananda dö Lumpen dö miserablichen!«

Dieser fromme Wunsch wurde nun freilich nicht erfüllt, denn in Dingen der physischen Gewaltanwendung war die nationalsozialistische Revolution trotz manchen unbeschreiblichen Scheußlichkeiten merkwürdig zurückhaltend und im Vergleich etwa zur französischen von 1789 oder gar der russischen von 1917 durch ein Minimum an Blutvergießen ausgezeichnet. Man hatte vornehmere, dabei aber vielleicht noch grausamere und wirksamere Methoden erfunden als es das altmodisch unästhetische Abschlachten gewesen war. Schließlich und endlich war man eine Kulturnation und so organisierte man kalt und sachlich und mit wissenschaftlicher Gründlichkeit ein präzises System der graduellen Abwürgung aller Lebensmöglichkeiten der zwar nicht physisch getöteten, aber dennoch sozusagen zur Nichtexistenz verurteilten Opfer. Als ich im Gespräch mit einem Parteifunktionär die Frage nicht zu unterdrücken vermochte »Wenn Sie schon zur Ausrottung dieser Menschen entschlossen sind, warum treiben Sie sie nicht lieber auf Exerzierplätzen zusammen und schießen sie mit Maschinengewehren nieder, das wäre doch weniger grausam und überdies wirksamer?« antwortete er »Nein, so etwas können wir nicht tun. Es würde einen schlechten Eindruck machen.« Noch war man zimperlich und sentimental, noch waren die letzten Reste überlebter Empfindsamkeit nicht in den Blutströmen ersäuft, die wenige Jahre später ganz Europa überschwemmten, noch waren die »Vernichtungskolonnen« nicht losgelassen, die auf dem zertrampelten, verpesteten Boden des europäischen Ostens als Draufgabe zu den ungezählten Millionen regelrechter Kriegsopfer Millionen halbverhungerter Juden in kompakten Scharen niedermachten, mit Giftgas erstickten oder zum Zeitvertreib durch die Straßen veröderter Ghettos jagten und einzeln abknallten. Nein, vorläufig war man noch auf die Nerven der Zartfühlenden bedacht, die man nicht allzu sehr irritieren wollte und der durchschnittliche Volksgenosse, auf den es ja in erster Linie ankam, hatte doch seine stille Freude daran, wenn an den Türen langer Reihen ehemals florierender jüdischer Geschäfte der Zettel »Arisiert« erschien, wenn man auf Grund behördlicher Anordnung in keinem Theater, Kaffeehaus oder Kino mehr eine semitische Physiognomie zu erblicken brauchte, wenn die Doktordiplome jüdischer Ärzte und Rechtsanwälte als null und nichtig erklärt wurden, wenn vor den geweihten Toren der Staatsoper in Riesenschrift die Worte zu lesen waren »Judentum ist Verbrechertum« und wenn eines Junimorgens vor den Eingängen der öffentlichen Parks mit weißer Farbe Totenköpfe mit gekreuzten Knochen aufs Pflaster gemalt waren samt dem Text »Juden, Eintritt auf eigene Gefahr«. Auch die Bänke unter den Bäumen der Ringstraße trugen die Bezeichnung »Nur für Arier« und immer mehr verschwanden die früher so sehr dominierenden Juden aus dem Getriebe der Straßen. Dafür füllten sich bis zu dem später erfolgten Verbot der Aufnahme nichtarischer Patienten die Spitäler mit ängstlichen verschüchterten Menschen, von denen viele nur einen Vorwand suchten, um sich, wie sie hofften, den in ihren Wohnungen drohenden Überfällen für eine Weile entziehen zu können. Das

Krankenhaus der Kaufmannschaft wurde von jüdischen Geschäftsleuten in besonders großer Zahl aufgesucht, doch der Arm der Gestapo reichte natürlich auch in unsere Krankensäle und holte sich fast täglich neue Opfer ohne Rücksicht auf ärztliche Bedenken.

Da meine so weit als möglich den Verfolgten entgegenkommende Haltung nicht unbekannt blieb und ich auch noch einige jüdische Ärzte auf meinen Abteilungen beschäftigte, zog ich mir einerseits einen Verweis seitens der neuen Krankenhausdirektion zu, andererseits wurde ich von jüdischen Patienten überlaufen, die ärztliche Zeugnisse verlangten, um von Straßenreiben, zwangsweisen Steinbrucharbeiten u.s.w. vielleicht verschont zu bleiben. Ich gab solche Bestätigungen nur im Falle wirklich bestehender medizinischer Indikationen und ausnahmslos unentgeltlich, bezweifle aber, dass sie irgendeine andere Wirkung hatten, als meine Reputation der Judenfreundlichkeit weiter in gefährlicher Weise zu befestigen. Meine jüdischen Freunde konnte ich nur noch hie und da heimlich in Abwesenheit unserer Hausgehilfin bei mir empfangen oder mit ärztlicher Ausrüstung in ihren Wohnungen aufsuchen, um im Fall etwaiger Ertappung eine »Konsultation« vorschützen zu können. Bei allen diesen Menschen herrschte Angst und Verzweiflung. Das Töchterchen eines Arztes, das wie alle anderen jüdischen Kinder aus seiner bisherigen Schule verbannt worden war, sagte eines Morgens zu seiner Mutter: »Mutti, heute habe ich einen wunderschönen Traum gehabt. Ich habe geträumt, ich bin ein arisches Kind.«

Nicht alle verloren ganz ihren Humor und manche waren immer noch imstande, komische Seiten in ihrer traurigen Situation zu entdecken. So wurde zum Beispiel folgendes Telephongespräch kolportiert: »Hallo, wie gehts?« – »Danke, gut.« »Ah, pardon! Falsch verbunden.« Der Wiener Oberrabbiner soll an seinen Kollegen in Bukarest, wo vor kurzem eine antisemitische Regierung gestürzt worden war, telegraphiert haben: »Drahtet umgehend, was gebetet.« »Kommen Sie reibungslos nach Hause!« war der Abschiedsgruß derjenigen, die befürchteten, zum Straßenreinigen geholt zu werden, und im Gespräch mit einem SA-Mann erklärte ein Verhafteter unerschrocken: »Ich bin stolz darauf, Jude zu sein.« Darauf der Braunbehemdete höhnisch »Stolz? Wieso? Auf was?« »Schauen Sie«, erwiderte der andere, mit einem Satz das Urwesen jeglichen Nationaldünkels bloßlegend, »wenn ich nicht stolz bin, so bleib ich doch ein Jud. Do bin ich lieber gleich stolz.«

In dem prunkvollen Säulenvorbau eines Herrenmodehauses war in den ersten Tagen nach dem Umbruch ein üppiges Blattpflanzenarrangement aufgestellt, welches eine mächtige Hitlerbüste umgab, vor der zwei SS-Männer stramm Wache hielten und die vorschriftsmäßige Ehrenbezeigung der Passanten kontrollierten. Oberhalb der imposanten Dekoration waren in großen goldenen Lettern noch die Namen der früheren jüdischen Besitzer des Hauses zu lesen. Ein amerikanischer Fremdling trat auf einen der beiden finsterblickenden SS-Riesen zu und fragte höflich auf die Führerbüste deutend: »I beg your pardon, is this Mr. Goldmann or Mr. Salatsch?«

An den Wiener Denkmälern ging die neue Ordnung nicht spurlos vorüber; nicht nur der bronzene Pollak vom Krankenhaus der Kaufmannschaft wurde entfernt, auch Gotthold Ephraim Lessing, der Begründer des deutschen Dramas – wahrscheinlich, weil er »Nathan der Weise« geschrieben hatte, in dem es heißt »Macht nichts der Jude wird verbrannt!« – und mancher andere. Die elegante Marmorstatue des Ministers v. Sonnenfels, welcher unter Maria Theresia die Folter und die Leibeigenschaft der deutschen Bauern abgeschafft hatte, ließ man zwar stehen, entfernte aber sorgsam die Namensbezeichnung, um anstelle des anstößigen jüdischen Namens vielleicht dereinst den eines würdigeren Volksgenossen anzubringen, der sich um die Wiederherstellung von Leibeigenschaft und Folter Verdienste erworben haben würde – Odilo Globocnik zum Beispiel – und sich die Kosten für ein neues, ebenso dekoratives Denkmal zu ersparen.

Verfuhr man sowohl mit den lebenden als mit den in Marmor gehauenen toten Juden streng, so war es nur recht und billig, auch »jüdische« Tiere, das heißt, aus dem Besitz ausgewanderter oder beseitigter jüdischer Familien stammende Katzen, Hunde und Kanarienvögel dem gesunden Volksempfinden gemäß in gleicher Weise zu diskriminieren. Dies war zumindest insofern der Fall, als der Tierschutzverein es allen Ernstes ablehnte, derartige obdachlos gewordene Tiere in Pflege zu nehmen.

Alles in allem erschien diese erste Phase der Judenverfolgungen in Wien denjenigen, die mit Juden befreundet waren oder sonst an ihrem Schicksal Anteil nahmen, wie ein grauenvoller Spuk, voll abstoßender und grotesker Auswüchse, wie ein Nebel übelriechenden Giftgases, der alles durchdringend und atembeklemmend über der flaggengeschmückten Stadt lag. Doch die Zahl derer, die von diesen Dingen nur wenig wussten oder nichts wissen wollten, war groß, unendlich viel größer als die Zahl der Leidenden, Gehetzten und Zertretenen; und in dieser großen Zahl eingeschlossen waren die Legionen derjenigen, die bisher gedarbt, keine Arbeit gefunden und kein Lebensziel vor sich gesehen hatten. Sie alle hofften nun auf ein neues lebenswertes Leben, auf Zufriedenheit und Wohlstand und verschlossen Augen und Ohren vor dem Elend derer, die sie als Parasiten anzusehen gewohnt gewesen oder gelehrt worden waren.

Die Besetzung wichtiger Posten mit Männern aus dem Altreich, die rasche Einführung preußisch exakter Disziplin und Organisationsmaßnahmen waren freilich nicht ganz nach dem Geschmack der immer noch individualistisch angehauchten Österreicher; auch die Massenaufkäufe solcher Waren, an denen im Altreich Knappheit herrschte, wie zum Beispiel Kleiderstoffe und gewisse Lebensmittel, erregten vielfach Unwillen, aber die Inangriffnahme großer industrieller Unternehmungen, Straßenbauten u.s.w. schien vorläufig wenigstens ein Zeitalter langentbehrten wirtschaftlichen Aufschwunges einzuleiten; die drückende Arbeitslosigkeit war in wenigen Monaten fast beseitigt und die jungen Menschen waren von glühender Hingabe an ein neues, ihnen über alles heilig erscheinendes Ideal erfüllt. Propagandareisen der Organisation »Kraft durch Freude« führten Scharen ärmlicher ostmärkischer Arbeiter durch die Großstädte und Fabriken des mächtigen Altreiches, der Weg zu den deutschen Häfen und Schifffahrtslinien stand offen und so beschlossen auch Olga und ich wieder einmal, eine Seereise zu unternehmen und uns für ein paar Wochen dem drückenden Dunstkreis der Wiener Revolutionsatmosphäre zu entziehen.

Diesmal ging es von Hamburg aus auf einem luxuriös eingerichteten Hapag-Dampfer nach Norden, zunächst nach Edinburgh zu den Schlössern der schottischen Könige und nach dem kahlen Island, das von schönen charakterstarken Menschen, den reinsten Nachkommen der alten Nordgermanen, bewohnt ist, Menschen, die friedlich und anspruchslos ihr hartes Leben führen, ihre uralten kulturellen Überlieferungen von Generation zu Generation weitergeben und bereichern und die sich trotz ihrer unleugbaren nordischen Rasseeinheit doch nicht als allein existenzberechtigt und über alle anderen Völker erhaben betrachten. Das ruhelose Nordmeer, ein fast unbewachsenes vulkanisches Hügel- und Bergland, riesige Gletscher auf den fernen Höhen, über allem ein bleigrauer frostiger Himmel, bilden den ernsten Rahmen für die Hauptstadt Reykjavik, die während der letzten 20 Jahre von einer Einwohnerzahl von 3.000 zur zehnfachen Größe angewachsen war und, von den altertümlichen Trachten der isländischen Matronen abgesehen, nicht allzu viel Ursprüngliches an sich trägt. Ein von den heißen Quellen der Umgebung hergeleitetes Röhrensystem liefert die Warmwasserheizung der ganzen Stadt und an den Quellen selbst versammeln sich die Wäscherinnen von Reykjavik, um in Dampf und Qualm gehüllt die Hemden und Unterhosen ihrer Männer zu reinigen.

Tief im Inneren des Landes, nicht weit von dem großen See Thingvallavattn, öffnet sich eine breite Schlucht zwischen schwarzbraunen, erstarrten Lavamassen, Thingvellir genannt. Es ist die Versammlungsstätte der isländischen Volksvertretung, des Thing, welches dort jährlich seit mehr als 1000 Jahren unter offenem Himmel tagt und in freier Abstimmung manche wichtige Entscheidung getroffen hat. Seit der Besiedlung der unbewohnten, wüsten Insel durch den norwegischen Flüchtling Ingólfur Arnarson im Jahre 874 hatten die Bewohner Islands zahlreiche furchtbare Naturkatastrophen zu überstehen, Vulkanausbrüche, Überschwemmungen durch das plötzliche Schmelzen vulkanisch erhitzter Gletschermassive und verheerende Seuchen. Dennoch blieben sie ihrem so gefahrenreichen Vaterland treu, brachten in der Edda und in Jahrhunderte hindurch mündlich überlieferten Heldengedichten die höchste Blüte der altgermanischen Literatur hervor, sandten kühne Wikingerzüge über alle Weltmeere und vermochten, sich von fremden Einflüssen und Einwanderungen fast völlig freizuhalten.

Weiter nach Norden steuernd kamen wir an der einsamen Insel Jan Mayen vorbei, deren schwarze Lavafelsen wie ein schlafendes Untier aus der grauen Wasserfläche ragen. Zwei dänische Meteorologen hausen auf diesem verlassenen, trostlos düsteren Stück Land. Heizmaterial, Konserven und ein paar frische Blumen wurden ihnen von unserem Schiff aus zugestellt, bevor die Reise nach Spitzbergen weiterging, dessen wild zackige, von Eismassen überdeckte Küstengebirge uns nach mehrtägiger Fahrt abweisend und feindlich entgegenstarrten.

In der von Eisblöcken erfüllten und nur durch ein paar Wasservögel und Seelöwen belebten schweigenden Magdalenenbai des unbewohnbaren nördlichsten Teiles der Insel gingen wir an Land, um die hohen, graublau leuchtenden Eismauern des Waggonway-Gletschers in Augenschein zu nehmen. Von der im Meer versinkenden zerklüfteten Abbruchfläche dieses ungeheuren Eismassivs stürzten von Zeit zu Zeit gewaltige Trümmer in das dunkle Gewässer hinab und zerrissen donnernd die gespenstische Stille dieses gottverlassenen Erdenwinkels. Noch ein Tag und noch eine der taghellen Polarnächte vergingen, bis unser Schiff endlich zu dem äußersten Ziel der Fahrt vorgedrungen war, bis an den Rand des wie eine große Schale sich über den Nordpol erstreckenden kompakten Packeises, dessen Grenze sich in der Sommerzeit bis zum 81. Breitegrad hinauf zurückgezogen hatte.

Zwei der kärglichen Siedlungen im Süden Spitzbergens wurden nun besucht, das bis auf acht Menschen ausgestorbene verfallene Bergwerksdorf Ny Aalesund, Ausgangspunkt mehrerer berühmter Nordpolexpeditionen, und das ein paar Hundert missmutige und unfreundliche Norweger beherbergende traurig öde Long Year City.

Am Fuß des Nordkaps betraten wir wieder europäisches Festland und trafen dort mit den ersten bunt gekleideten Lappländern zusammen, die im Sommer an die Küste kommen, um mit den ansässigen Siedlern und mit fremden Touristen Handel zu treiben. Über Hammerfest, über das reizvoll in einer grün bewaldeten Bucht gelegene Lyngseidet und zwischen den Lofoten und Tausenden anderer Inseln hindurch ging es immer weiter nach Süden, in die tiefen stillen Fjorde mit ihren hoch aufsteigenden, von Wasserfällen überschleierten Steinkulissen, über das majestätische, schneebedeckte norwegische Hochland von Oje bis Merok, schließlich nach der alten Hansestadt Bergen, wo noch eine der hölzernen Wikingerkirchen steht, die vor 800 Jahren errichtete, mit orientalischen Drachenmotiven geschmückte pagodenartige »Stavekyrke.«

Allzu bald war der kurze trügerische Traum einer friedlichen Welt harmlos offenherziger Menschen wieder zu Ende. Noch ein paar Ferienwochen in dem von Felsen und Nadelwäldern umgebenen Weißenbach am Attersee bildeten den allmählichen Übergang zur Rückkehr in den gährenden politischen Pfuhl des von tiefgreifenden Umgestaltungsprozessen geschüttelten, zur Provinzstadt gewordenen Wien.

Olga und unser kleiner Bub, den wir während der Nordlandreise bei Paula Munk einquartiert gehabt hatten, blieben noch in Weißenbach, während ich meine Tätigkeit in Spital und Praxis wiederaufnahm. Es währte nicht lange, bis die durch den Anschluss Österreichs geschaffene Veränderung der Machtverhältnisse in Mitteleuropa, welche bei den Weststaaten zunächst nur ohnmächtiges Gezeter hervorgerufen hatte, die ersten außenpolitischen Komplikationen nach sich zog.

Getreu seinem altbewährten Grundsatz, Ehrenworte und solenne Versicherungen jederzeit nach jeweiligem Augenblicksbedarf zu geben und zu brechen, setzte sich der »Führer« des Deutschen Reiches nun auch über seine feierlichen Erklärungen hinweg, die wiederholt den dauernden Verzicht auf irgendwelche deutschen Expansionsbestrebungen ausgesprochen hatten. Freilich, nichts war näherliegend und natürlicher, als dass das mächtig erstarkte Reich sich der seinerzeit von der Entente gewaltsam in den Tschechenstaat gezwängten Sudetendeutschen annahm. Die von nationalsozialistischen Agenten sorgsam geschürte Unruhe unter diesen seit jeher von den Tschechen drangsalierten und wirtschaftlich ausgesogenen deutschen Minoritäten der tschechoslowakischen Republik wurde vom Reich zum Anlass genommen, um mittels einer maßlos übertreibenden Gräuelpropaganda die Stimmung in Deutschland einem militärischen Eingreifen geneigt zu machen und die Sudetendeutschen selbst zu provozierenden Affekthandlungen aufzustacheln, welche wiederum zwangsläufig tschechische Repressalien zur Folge hatten. So wie zuvor in Österreich wurde unter Leitung von Berlin alles getan, um Unzufriedenheit, Leiden und damit Rebellionsbereitschaft der zu erlösenden Volksgenossen bis zu der künstlich erzeugten »Notwendigkeit des ordnenden Einschreitens« zu steigern. Das System funktionierte auch jetzt glänzend, die erwünschten Massaker aufgehetzter Sudetendeutscher durch tschechisches Militär wurden erreicht und in einer vom Vorspiel zu den »Meistersingern« eingeleiteten, rhetorisch meisterhaften Drohrede auf dem Nürnberger Parteitag kündigte Hitler nicht nur Gewaltmaßnahmen gegen den zwar mit Frankreich und Russland verbündeten, aber für sich allein schwachen Nachbarstaat an, sondern verlangte schlankweg die Abtretung der sudetendeutschen Gebiete und damit des ganzen territorialen Verteidigungssystems der Tschechen an das Deutsche Reich.

Mit einem Schlag war eine akut kriegerische Atmosphäre geschaffen; Truppentransporte begannen zu rollen, Reservisten wurden einberufen. Auch ich meldete mich zum Militärdienst und wurde wie alle ehemaligen österreichischen Offiziere zunächst mit meinem alten Rang in ein Wiener Heeresspital eingeteilt. Sofort, nachdem die letzten Worte der Führerrede aus dem Radio ertönt waren, zitierte ich Olga telephonisch nach Wien, um ihr Gasmasken und sonstige Ausrüstung für eine etwaige Überwinterung auf dem Land mitgeben zu können. Was die von der Regierung angekündigte allgemeine Verteilung billiger »Volksgasmasken« betraf, so ließ diese ungebührlich lange auf sich warten, was der exponierten und einem erwarteten tschechisch-russischen Luftangriff fast wehrlos preisgegebenen Lage Wiens wegen, wachsendes Unbehagen und sogar vereinzelte Kritik hervorrief. Der Grund für die Verzögerung sei ein technischer, wurde gemunkelt. Die Ausmaße der für die österreichische Bevölkerung zu standardisierenden Masken seien noch nicht endgültig festgelegt, da die Gesichter der Österreicher von Tag zu Tag länger würden. Von eigentlicher Kriegsbegeisterung, die man mit dem Hüteschwingen, Liedersingen und »Stahlbad«-Gefasel von 1914 hätte vergleichen können, war keine Rede. Wir Älteren wussten, was Krieg ist, und die Jungen waren nicht mehr durch eine sorglose Jugend verwöhnt, so dass ihnen der Krieg als romantische Erlösung aus allzu friedlichem Einerlei erschienen wäre.

In meiner militärärztlichen Funktion hatte ich einer wachsenden Flut von dienstscheuen Drückebergern standzuhalten, die mit den seltsamsten Phantasiebeschwerden zur Untersuchung kamen, wie etwa »nervöser Nabel« oder »heiserer Hals«. Einem besonders Beschränkten fiel sogar nichts Besseres ein, als sich über die beunruhigende Tatsache täglichen Stuhlganges zu beklagen. Der Strom versiegte jedoch urplötzlich am Morgen des 30. September 1938 und die Zahl der Ambulanzbesucher fiel um genau 90%, als die Kunde von der wenigstens vorläufigen Beseitigung der Kriegsgefahr eintraf.

Nach mehrwöchigem diplomatischem Hochbetrieb hatten in der Nacht vom 29. zum 30. September die Vertreter der europäischen Großmächte Hitler, Mussolini, Chamberlain und Daladier in München einen Vertrag unterzeichnet, in dem der deutschen Argumentation folgend das Sudetenland dem Deutschen Reich innerhalb von zwei Wochen übergeben werden sollte. Ein altes schweres Unrecht war damit nach 21jähriger Dauer beseitigt, doch darüber hinaus bedeutete das auf Kosten ihres bis dahin meistbegünstigten Bundesgenossen erfolgte Nachgeben der Westmächte den endgültigen Zusammenbruch ihrer Hegemoniestellung auf dem Kontinent und damit das logische Spätergebnis der gewalttätigen Unvernunft von Versailles und St. Germain.

Zwar kehrte der kindlich-leichtgläubige Chamberlain samt seinem symbolischen Regenschirm und Hitlers neuerlicher Versicherung, nie wieder territoriale Erweiterungen zu suchen, heim, beide gaben sogar eine gemeinsame melodramatische »Nie wieder Krieg!«-Erklärung ab und Hitler wurde von seinen Propagandisten der törichten Mitwelt zuliebe mehr denn je als Friedensstifter gefeiert, aber die deutschen Rüstungsindustrien steigerten ihre Produktion zu höchstem, fieberhaftem Tempo und der eingeschaltete Mechanismus umfangreicher Kriegsvorbereitungen arbeitete zielbewusst mit Volldampf weiter. Neuen Eroberungszügen stand ja jetzt nichts weiter mehr im Wege als eines der leicht zerbrechlichen Ehrenworte des Führers und Reichskanzlers. Seine messianische Erlöserrolle wurde nun auch von vielen ursprünglich ablehnend eingestellten Österreichern anerkannt, denn für das bittere Schicksal der Sudetendeutschen unter tschechischer Herrschaft hatte man diesseits der Grenze immer viel Mitgefühl besessen.

Gerade in diese Periode des aufs höchste gesteigerten nationalen Selbstbewusstseins verlegte der unkluge Kardinal-Fürsterzbischof Innitzer, selbst ein Sudentendeutscher von Geburt, eine wenig eindrucksvolle, dafür aber desto gefährlichere oppositionelle Straßendemonstration, in welcher er sich von katholischen Jünglingen und Jungfrauen als »Führer« feiern ließ. Die Folge war ein Sturm von SA und Hitlerjugend auf das erzbischöfliche Palais. Alle Glasscheiben wurden zertrümmert, ein Priester durch Sturz aus einem Fenster getötet, ein anderer mit einem kostbaren Silberleuchter niedergeschlagen und die Einrichtung des Gebäudes zum Teil verwüstet. Die Partei berief eine Massenversammlung »aller anständigen Deutschen« auf den Heldenplatz, wo Gauleiter Bürckel auf hohem Postament, das ordinäre, schwitzende Angesicht von Scheinwerfern bestrahlt, inmitten von Fahnen und Musik mit dem üblichen Parteipomp vor über 200.000 »Anständigen«, unter denen sich auch Olga und ich befanden, den Kardinal und mit ihm den ganzen »politischen Katholizismus« in Grund und Boden verdonnerte. Schallendes Gelächter der Massen erhob sich, als Bürckel einen Brief des Kardinals an die Modehausbesitzerin und als Angestelltenschinderin übelster Sorte berüchtigte Frau Olga Krupnik, eine polnische Jüdin, verlas, in welchem er Gottes reichen Segen auf sie und ihre »edle Familie« herabflehte, denn Frau Krupnik hatte aus ihrem in zweifelhafter Weise erworbenen Riesenkapital an katholische Organisationen der Schuschnigg-Ära bedeutende prophylaktische Zuwendungen gelangen lassen.

Den Ausgang der animierten Veranstaltung auf dem Heldenplatz bildete ein Demonstrationsmarsch von Tausenden kleiner und halbwüchsiger Hitlerjungen, die vor den Toren des Stephansdomes ihre Dolche mit der Inschrift »Blut und Ehre« zückten, Schüsse abfeuerten und das Lied »Die Nacht der langen Messer« sangen, das folgendermaßen beginnt:

Auf seinen Säcken Goldes sitzt
Der vollgefress'ne Jud,
Doch wenn das Blut vom Messer spritzt,
Doch wenn das Blut vom Messer spritzt,
Dann geht's nochmal so gut!

und der Refrain lautete:

Hängt die Juden, hängt die Juden! Stellt die Pfaffen an die Wand!

Kaum war die Woge der antireligiösen Leidenschaften etwas verebbt, als ein neuer Ausbruch parteiorganisatorisch anbefohlener Gewalttaten das ganze Reich in heftige Erregung und die Welt in empörte Abscheu versetzte. Diesmal wurde die Ermordung eines deutschen Diplomaten in Paris durch einen jungen polnischen Juden zum Anlass genommen, um alle mit der relativen Ruhe der letzten Monate unzufriedenen radikalen Elemente der SA gegen die noch im Reich lebenden Juden loszulassen und darüber hinaus die organisierte Hitlerjugend mit ausgedehnten Plünderungs- und Verwüstungsaktionen in jüdischen Wohnungen und Geschäften zu beauftragen. In der Nacht vom 9. zum 10. November kehrten Olga und ich spät von einer Theatervorstellung heim und waren überrascht, in Parkanlagen Scharen von Schulkindern herumlungern zu sehen. Später erfuhren wir, dass die Kinder klassenweise unter Führung ihrer Lehrer zu nächtlichen Überfällen kommandiert waren. Ein kleiner Junge, dem seine Mutter die Teilnahme an dieser »Nachtübung« untersagt hatte, beklagte sich am folgenden Tag, vom Unterricht heimkehrend bitter darüber, dass er nicht auch Gelegenheit hatte, »so viele schöne Sachen von den Juden heimzubringen« wie seine Kollegen. Lehrer, die sich weigerten, die ihnen anvertrauten Kinder zu den Raubzügen zu führen, wurden mit Entlassung bedroht.

Alle Synagogen Deutschlands und Österreichs wurden an diesem und den beiden folgenden Tagen zerstört, ganze Reihen von Geschäften wurden in Brand gesteckt, wovon ich mich bald danach in München überzeugen konnte, doch angesichts dieser Verwüstungen erklärte Propagandaminister Dr. Goebbels einer internationalen Pressekonferenz gegenüber treuherzig, nicht ein einziger Fall von Eigentumsbeschädigung sei vorgekommen mit der einen Ausnahme, dass ein jüdischer Juwelier seinen eigenen Laden geplündert und die Juwelen verschleppt habe.

Morde an Juden scheinen auch im Zusammenhang mit diesen Exzessen nur in verhältnismäßig beschränktem Umfang vorgekommen zu sein, dagegen wurden Massenverhaftungen größten Stiles durchgeführt. Allenthalben sah man Gruppen arretierter Juden von SA-Männern umgeben düster und apathisch durch die Straßen ziehen. Sie wurden in Turnhallen, Schulen u. s. w. zusammengepfercht, wo man sie zwang, Tage und Nächte hindurch zu stehen und wo von den diensthabenden SS-Männern viehische Brutalitäten begangen wurden.

Denjenigen, die eine ausländische Staatsangehörigkeit besaßen, insbesondere die tschechische oder polnische, wurden ihre Pässe weggenommen, da solche Dokumente von der Regierung sehr geschätzt waren, um damit ausgerüstete Agenten und Spione in die betreffenden Länder einzuschmuggeln und so ihren inneren Zusammenbruch vorzubereiten, ein weit vorausschauender Plan, der sich später nach Wunsch bewährte.

Auswanderung

Während jenen bewegten Tagen wurde ich von zwei jüdischen Fabrikanten zu einem Konsilium in die Slowakei gebeten, wohin sie mich in einem großen eleganten Auto mitzunehmen beabsichtigten. Zwar hatten die beiden sehr semitisch aussehenden Herren einen mit dem Parteiabzeichen der NSDAP geschmückten blonden Chauffeur bei sich, doch schien mir die Angelegenheit irgendwie verdächtig, umsomehr, als einer der beiden Autobesitzer nach seiner eigenen Aussage eben erst aus dem Gefängnis entlassen worden war, außerdem besaß ich weder einen gültigen reichsdeutschen Reisepass noch die zu jeder Grenzüberschreitung unerläßliche Bewilligung der Militärbehörden. Ich nahm also nur unter der Bedingung an, dass man mich zunächst zum Hauptquartier der Gestapo, ins ehemalige Hotel Metropol am Morzinplatz führe, wo ich um einen besonderen Passierschein ansuchen wollte. Es war 8 Uhr Abends und der Platz vor dem großen Gebäude lag im Dunkel. Ein SA-Mann mit Gewehr hinderte mich am Eintreten. Dieses sie nur auf Grund eines vorher erteilten schriftlichen Ausweises gestattet und einen solchen besaß ich nicht. Schon wollte ich unverrichteter Dinge abziehen, als das Licht einer Gaslaterne auf mein Gesicht fiel und der SA-Cerberus freudig überrascht ausrief: »Jessas, Sö san ja der Herr Assistent Raab von der Klinik Wenckebach. Vur a paar Jahr ham's mi auf Ulcas duadeni kuriert. Na, Heil Hitler! Gengan's eini!« So betrat ich nicht ohne Schaudern den Bau, aus dessen Innerem wie aus einem hochorganisiertem Nervenzentrum Angst, Grauen und Verzweiflung nach allen Richtungen über Stadt und Land hinausgesendet wurden und in dessen einstigen Gastzimmern eine große Anzahl prominenter politischer Gefangener eingekerkert war, ganz ähnlich dem Lubjanka-Hotel der GPU in Moskau. Mit einem von der Wachkanzlei ausgestellten Passierschein stieg ich durch die unheimlich öden und leeren Stiegenhallen bis ins oberste Stockwerk hinauf, wo ein schweres Eisengitter das Allerheiligste der Gestapo, die Kanzleien der höchsten Funktionäre und die Zellen der wichtigsten Gefangenen abschloss. Ein Mensch mit klapperndem Schlüsselbund öffnete mir von innen und nun wurde ich an den Türen vorbeigeführt, hinter denen Schuschnigg, der Finanzfürst Rothschild und andere eines ungewissen Schicksales harrten. Rothschild wurde einige Zeit danach vom Reich gegen gute Devisen an seine im Ausland lebenden Verwandten mit

Vorteil verkauft, während Schuschnigg unter Anklage des Hochverrates abgeurteilt werden sollte. Der mit viel Lärm wiederholt angekündigte Prozess kam jedoch niemals zustande, wahrscheinlich aus dem Grund, weil Schuschnigg noch vor dem Umsturz für den Fall seines Rücktrittes von Göring die ehrenwörtliche Zusicherung freien Geleites ins Ausland erhalten hatte und man befürchtete, dass das Ehrenwort des Feldmarschalls und preußischen Ministerpräsidenten gelegentlich einer Verhandlung zur Sprache kommen könnte. Diese Darstellung wurde einem mir bekannten Aristokraten von Schuschniggs zweiter Gattin, der Gräfin Vera Fugger-Czernin, auf Grund von Mitteilungen ihres Mannes zur Kenntnis gebracht. Einstweilen marterte man den verhassten geschlagenen Gegner durch fortwährende Radioübertragungen lärmender Parteidemonstrationen und -reden und durch endlose Verhöre bei Tag und Nacht.

Parteigenosse Moslacher, dem ich in meiner Angelegenheit vorgeführt wurde, empfing mich eisig und hoheitsvoll und, was das Unangenehmste war, starrte mir während der ganzen Unterredung regungslos und ohne einen Moment nachzulassen, geradeaus in die Augen. Ich wusste damals noch nicht, dass dies eine Routine-Gepflogenheit der Gestapo-Beamten im Umgang mit Parteien war, um sie unsicher und ängstlich zu machen und, wenn möglich, bei einer unbedachten kompromittierenden Äußerung zu ertappen. Den erbetenen Passierschein erhielt ich zwar nicht, statt dessen aber die geheime Telephonnummer des Gewaltigen, sodass ich im Notfall von der Grenze aus seine mündliche Unterstützung in Anspruch nehen konnte. Absolute Geheimhaltung der Nummer A 17-5-80 wurde mir strengstens aufgetragen.

Ermuntert durch diesen Gnadenakt unternahm ich den wenig verheißungsvollen Versuch, mich danach zu erkundigen, ob eine Möglichkeit bestünde, den Aufenthaltsort meines Freundes Dr. Hans Schnitzler zu eruieren, der seit zwei Tagen verschwunden und zweifellos auf der Straße verhaftet worden war wie so viele andere, denn die alten Eltern Schnitzler, deren jüngerer Sohn bereits seit einem halben Jahr im Konzentrationslager Dachau gefangengehalten wurde, hatten mich in ihrer Verzweiflung um Hilfe gebeten. Wie nicht anders zu erwarten, zischte der Mann mit dem Schlangenblick auf mich los: »Wir wissen sehr wohl, wo wir diese Leute hinschicken und wir wissen auch sehr genau, weshalb wir es tun, aber Ihnen werden wir es nicht mitteilen und ich kann Ihnen nur den guten Rat geben, derartige Fragen zu unterlassen.« Also nichts. Hans kam eine Woche später aus der berüchtigten Schule in der Kenyongasse wieder ans Tageslicht, abgemagert, erschöpft, gealtert und gehetzt von infernalischen Erinnerungsbildern. Zwei Tage danach verließ er Österreich für immer. Bald nach ihm wanderte auch seine verheiratete Schwester mit ihrem Gatten nach Amerika aus. Der endlich aus dem Konzentrationslager entlassene Bruder ging nach Australien. Die Eltern blieben zunächst allein in Wien zurück. In ihre schöne Wohnung wurden andere Leute zwangsweise einquartiert. Professor Schnitzler starb noch dort. Seine Witwe, deren beide Brüder sich in Haft befanden, wartete zwei Jahre lang in der Schweiz auf ein amerikanisches Einreisevisum und auf eine Möglichkeit der Überfahrt nach Amerika. Endlich nach vielen Enttäuschungen und Aufregungen gelang ihre Unterbringung auf einem kleinen spanischen Frachtdampfer, welcher dadurch Berühmtheit erlangte, dass trotz dem Vorhandensein von nur 15 regulären Schlafplätzen in seinen Lagerräumen, Verdecken und selbst Rettungsbooten 1200 europäische Flüchtlinge zusammengepresst wurden. Als nach wochenlanger qualvoller, durch Hitze und Krankheiten noch unerträglicher gemachter Fahrt das Elendsschiff in Kuba eintraf, waren mehrere der Passagiere tot, darunter Frau Professor Schnitzler, die man in Bermuda begrub.

Zu meiner Verblüffung vollzog sich der nächtliche Grenzübertritt bei Bratislava ohne irgendwelche Schwierigkeiten, obwohl nicht nur ich, sondern auch die drei anderen Insassen des Wagens ungültige österreichische Pässe vorwiesen. Nach der Militärbewilligung fragte mich niemand und eine Gepäck- und Devisenkontrolle unterblieb gänzlich trotz der Anwesenheit mehrerer Zollbeamter und Polizeiorgane. Aber nicht genug damit! Während ich fest davon überzeugt war, wegen Mangels eines tschechoslowakischen Einreisevisums von den dortigen Grenzbehörden zurückgewiesen zu werden, wurde unser Chauffeur von einigen uniformierten Slowaken mit munteren Rufen empfangen: »No Servus, Seppl! Bist wieder amal da? Hochachtung! No, fahr ma weiter, fahr ma weiter!« Und ohne irgendwelche weitere Formalitäten sausten wir ins Innere dieses gastfreundlichen Landes. All diese für die Begriffe des an ständige Grenzschikanen gewöhnten Europäers unglaublichen und märchenhaften Vorgänge waren wohl nicht anders zu erklären, als durch überaus generöse Bestechungsmanöver seitens meiner beiden jüdischen Protektoren, die auf tschechoslowakischem Boden große Industrieanlagen besaßen.

Die Nacht verbrachte ich bei dem Patienten, an dessen Existenz ich ursprünglich gezweifelt hatte, und den nächsten Morgen benützte ich, um Olgas oft geäußertem Wunsch zuliebe an meinen einstigen Chef, Professor Cannon in Boston einen nicht allzu ernst gemeinten Brief zu schreiben, in dem ich ihn bat, mich in vorsichtig verschleierter Form in Kenntnis zu setzen, falls er für mich in den Vereinigten Staaten eine meiner gegenwärtigen Stellung einigermaßen adäquate Beschäftigung ausfindig machen sollte. Von deutschem Boden aus hätte ich eine solche Anfrage unter keinen Umständen riskieren können. Hier im Ausland aber glaubte ich mich vor der deutschen Briefzensur sicher und beging die Unvorsichtigkeit, einige kritische Bemerkungen über die jüngsten Terroraktionen in Deutschland einzuflechten. Den kuvertierten Brief übergab ich einem Bedienten des Hauses, als ich im Begriff war, den Wagen zur Rückfahrt nach Wien zu besteigen. »Bedauere Herr Dozent«, sagte der Diener, »Briefe ins Ausland dürfen seit einer Woche nur noch in offenen Umschlägen aufgegeben werden.« Wäre nicht der Chauffeur-Parteigenosse als unerwünschter Zeuge neben mir gestanden, so hätte ich den Brief einfach zerrissen, so aber fürchtete ich, mich durch ein solches Verhalten vor dem Chauffeur verdächtig zu machen, hinterließ das kompromittierende Schriftstück in einem neuen unverschlossenen Kuvert und machte mich auf den Heimweg. Während der Fahrt zu der nahen Grenze entsann ich mich früher vernommener Gerüchte, dass zwischen dem Deutschen Reich und der Slowakei und insbesondere zwischen den beiderseitigen Polizeiorganisationen bereits enge inoffizielle Beziehungen bestünden und dachte mit kaltem Schrecken daran, dass mein Schreiben nun in die Hände der Gestapo gelangen könnte. Von diesem Augenblick an gab es für mich keine ruhige Minute mehr und auch ich fühlte mich nun in den Strudel der von ständiger Angst gepeinigten »subversiven Elemente« gezogen. Dazu kam das Odium meiner politischen Vergangenheit und die Tatsache, dass sich die Aufmerksamkeit der Behörden in zunehmendem Grade den von der Partei abseits stehenden Ariern zuwendete. Mehrere meiner ehemaligen Heimwehrkameraden wurden ohne besonderen Anlass verhaftet oder begingen Selbstmord und so wie bei vielen anderen begannen in meinem Gehirn Halluzination aufzutauchen. Ich erwachte Nachts durch eingebildete Türglockensignale, erschrak bei jedem Telephonanruf und sah mich bereits unterwegs nach Dachau oder Buchenwald. Hausbesorger, Briefträger, Patienten erschienen mir als gefahrdrohende Spitzel, und als mir Kollegen im Spital boshafte Anekdoten über das neue Regime erzählten, erblickte ich darin – vielleicht mit Recht – den oft bewährten Trick, inkriminierende Äußerungen zu provozieren. »Lieber Herrgott mach mich stumm, dass ich nicht nach Dachau kumm«, so lautete ein bei den Unzufriedenen beliebtes Verslein, denn die Kunst des Maulhaltens war wichtiger geworden als alle anderen Künste, seit in Straßenbahn und Autobus verkappte Gestapoagenten laut nörgelnde »Meckerer«-Bemerkungen machten und Mitpassagiere, die einstimmten oder nur zustimmend nickten, prompt verhafteten, seit man bei noch so harmlosen Gesprächen mit Bekannten auf der Straße damit rechnen musste, plötzlich von je einem behördlichen Funktionär abseits geführt und getrennt über das Thema des unterbrochenen Gespräches verhört zu werden, seit sogar Väter und Mütter von ihren eigenen fanatisierten Kindern wegen kritischer Bemerkungen angezeigt und den Krallen der Gestapo ausgeliefert wurden.

In äußerst unbehaglicher Stimmung reiste ich nach München zu einem meiner Patienten, der ein Jahr zuvor seiner Angina pectoris wegen zu mir nach Wien gekommen, für den vollen Erfolg meiner Behandlung dankbar und mir freundschaftlich gewogen war. Es handelte sich um Weiß Ferdl, den beliebtesten Komiker Deutschlands, der oft als das »Ventil des Dritten Reiches« bezeichnet wurde, denn seine weit zurückreichenden guten persönlichen Beziehungen zu Hitler und zu manchen anderen Parteigrößen sowie seine große Popularität machten ihn zu dem einzigen Menschen, dem es gestattet war, sich öffentlich über den Führer und das herrschende System lustig zu machen. Seine kleine Privatbühne, das »Platzl«, war jeden Abend von Menschen überfüllt, die es als wohltuend empfanden, sich dort einigermaßen ungefährdet über vieles ausschmunzeln zu können, das selber zu kritisieren sie nie und nimmer gewagt hätten. Zwar war Weiß Ferdl schon wiederholt verwarnt, am Auftreten gehindert, ja sogar eingesperrt worden, doch nach einer Weile erschien er immer wieder vergnügt und pfiffig unter seinen buschigen Augenbrauen hervorblinzelnd im Bauernjanker auf seiner ländlich ausstaffierten Bühne und lästerte fröhlich weiter. Oder er kommentierte eine der üblichen 99%-igen Volksabstimmungen: »Ist es nicht wunderbar, liebe Volksgenossen! 99% für unseren geliebten Führer! 99 Prozent Zustimmung. So etwas war in der Weltgeschichte noch nicht da. Aber Sie ahnen nicht, was für ein Pech ich habe. Wo immer ich hinkomme, immer und überall stoße ich auf das eine Prozent!«

Der Zweck meines Besuches war es, mich für den Notfall nach der etwaigen Möglichkeit einer Fürsprache Weiß Ferdls bei Hitler oder beim Innenminister Frick, vielleicht sogar bei dem allmächtigen Chef der Gestapo, dem schleimig-tückischen Heinrich Himmler zu erkundigen. In Ferdls Schreibzimmer hing ein Lorbeerkranz, auf dessen Schleife die Autogramme von Hitler, Ludendorff, Göring, Goebbels, Frick und Himmler zu sehen waren, auch der selige Röhm fehlte nicht. Dennoch hatte sich der so Gefeierte trotz vielfachem Drängen seiner Freunde bisher standhaft geweigert, der NSDAP als aktives Mitglied beizutreten. Er versprach mir zwar zu tun, was in seinen Kräften stünde, wenn ich in Schwierigkeiten geraten sollte, machte mir aber keine Hoffnung auf irgendeinen Erfolg einer solchen Intervention, denn die Staatsführung machte aus ihrer Kompromisslosigkeit ein ihre furchtbare Stärke bedingendes Prinzip. Im gedrückter Stimmung ging ich an dem neuen prächtigen Führerbau vorbei, betrat beklommen die Vorhalle des »Braunen Hauses«, in welcher die »Blutfahne« von 1923 aufbewahrt war, die Hitler vor großen Entscheidungen in mystischer Ekstase zu berühren pflegte, und im Eisenbahnzug auf der Heimfahrt reifte in mir der endgültige Entschluss, der unerträglich gewordenen Situation ein radikales Ende zu bereiten und mir aufs Geratewohl eine neue Existenzmöglichkeit jenseits des Atlantischen Ozeans zu suchen. Auch Olgas oft durchbrechende Sehnsucht nach ihrem Heimatland und ihren Eltern spielte in meinen Erwägungen mit und der Gedanke an unseren kleinen Buben, den ich nicht in der die nationalsozialistische Jugenderziehung beherrschenden Ideologie absoluter Intoleranz, Rohheit und Gefühllosigkeit aufwachsen sehen wollte, ein nicht ganz unegoistisches Motiv, über dessen Wert oder Unwert für des Kindes Lebensweg erst die Zukunft entscheiden wird. Es war ein schwerer Entschluss. Nicht nur, weil er gleichbedeutend war mit der Preisgabe einer in harter, zäher Arbeit und nach manchen Rückschlägen aufgebauten beruflichen Position, mit dem Verzicht auf allen mühevoll erworbenen materiellen Besitz, mit der Aussicht auf die Notwendigkeit, in nicht mehr jugendlichem Alter unter fremden Menschen nochmals von unten auf beginnen und vielleicht Not und Entbehrungen leiden zu müssen; es war der Entschluss, der Heimat für immer den Rücken zu kehren im Bewusstsein, sie niemals im Leben wiedersehen zu dürfen. Freilich – so fragte ich mich – war es denn noch meine Heimat? Ja, die Felsen und Gletscher, die Wälder und Ströme, die Bauernhütten und Dome, die Blumen und Schmetterlinge, sie waren noch dieselben und würden es bleiben; selbst die Menschen waren noch die gleichen, die ich in langen Jahrzehnten in Glück und Armut, in Fröhlichkeit und Kummer als die mir am nächsten stehenden Wesen dieser Erde lieben und achten gelernt hatte. Und dennoch fehlte mir die Luft zum Atmen, es herrschte ein meinem ganzen Denken und Fühlen fremder und feindlicher Geist, den ich weder verstehen konnte noch wollte, es wirkten unerbittliche Kräfte, die mich in ständiger Furcht um meine eigene Sicherheit und damit um die von Frau und Kind hielten. Da gab es keine Wahl und nun hieß es, rasch und vorsichtig handeln, denn niemand sollte meine Absicht einer definitiven Auswanderung erkennen und die zu überwindenden formellen Schwierigkeiten waren groß.

Zunächst beschaffte ich mir ein Telegramm meiner Schwiegermutter, welches mich zu dem angeblich schwer erkrankten Vater Olgas nach Boston berief. Es war die klug abgefasste Antwort auf eine bedeutungsvolle telegraphische Anfrage meinerseits, ob meine Anwesenheit »wirklich dringend erforderlich« sei. Mit diesem Alibi ausgerüstet hatte ich den Leidensweg durch zahllose behördliche Stellen zurückzulegen, einen deutschen Reisepass zu erwerben, das von Juden umlagerte amerikanische Konsulat zu erstürmen, Bewilligungen der Polizei, des Arbeitsamtes und der Steuerbehörde einzuholen, von meinem Krankenhaus einen zweimonatigen Urlaub zu erwirken und vor allem, mir die Ausreiseerlaubnis seitens des Wehrkommandos zu beschaffen. Zu letzterer war die Eruierung alter Militärakten aus der Zeit des Weltkrieges erforderlich. Man schickte mich in das Gebäude des Kriegsarchivs, wo sich zu meinem Staunen eine große Zahl sichtlich erregter und zum Teil verzweifelt weinender jüdischer Frauen drängte. Es waren die Gattinnen verhafteter ehemaliger jüdischer Frontkämpfer, denen man baldige Freilassung zugesagt hatte, falls Belege für ihre Frontdienstleistung beigebracht würden. Hier im Archiv wurden aber die um die betreffenden Dokumente ansuchenden Frauen barsch abgewiesen, wenn sie nicht genau Regiment, Bataillon und Kompagnie des abwesenden Mannes anzugeben vermochten. »Schreibn's eam halt!« wurden sie angeschrien und der Hinweis darauf, dass der Aufenthalt des Mannes unbekannt oder Schreiben verboten war, half nichts. Freilich, in manchen Fällen dürften die Bemühungen ohnehin zwecklos gewesen sein, denn nicht wenige Insassen der Konzentrationslager wurden, wie der beschwichtigende Fachausdruck lautete »bei einem Fluchtversuch erschossen«. Die Hinterbliebenen nichtjüdischer Getöteter wurden insofern bevorzugt, als sie ein Gefäß mit der angeblichen Asche des liquidierten Vaters, Sohnes oder Gatten zugestellt erhielten.

Besondere Mühe bereitete die Beschaffung des für unsere Ausreise zulässigen Devisenbetrages. Zwar handelte es sich nur um die Bagatelle von 20 Dollar für die gesamte Familie, doch auch diese mussten erst durch mehrere Gesuche und viele Wartestunden in der Devisenzentrale und deren Nebenämtern erworben werden. Übrigens reichte dieses unser gesamtes Kapital später bei der Landung in New York nicht einmal zur Bezahlung des Zolls für unser Handgepäck aus.

Auch Wertgegenstände durften nicht mitgenommen werden – Zuwiderhandlungen wurden mit schweren Gefängnisstrafen, ja selbst mit der Todesstrafe geahndet – der etwaige Ankauf von Juwelen zum Zweck der Ausfuhr war ebenfalls strengstens untersagt und die Abhebung namhafter Geldbeträge aus Bankdepots war schon deshalb nicht ratsam, weil die Gestapo auch über das Gebahren der Banken wachte und man damit zu rechnen hatte, die Art des Verbrauches abgehobener Summen bis ins Einzelne nachweisen zu müssen. Wir hatten uns also mit dem Verlust meines gesamten Barvermögens, all unseres Silbers, meiner Münzen- und Briefmarkensammlungen etc. und meiner zweiten Lebensversicherung abzufinden. Das letztere war für mich nichts neues, denn einige Jahre zuvor hatten sich bereits einmal meine sämtlichen Versicherungsinvestitionen mit dem Zugrundegehen der »Phönix«-Gesellschaft in blauen Dunst aufgelöst.

Da der eingestandene Zweck unserer Abreise nur ein mehrwöchiger Besuch in Boston war, tat ich alles mögliche, um den Anschein beabsichtigter baldiger Rückkehr zu erwecken, nahm Retourbilletts, mietete eine zweite Wohnung für Ordinationszwecke, kaufte Möbel, bestellte Patienten für bestimmte Tage nach meiner Rückkehr und unterzeichnete neue Kontrakte. Wir packten nur Hand- und Schiffsgepäck, und auch dies zumeist bei Nacht, damit unsere mit einem SS-Mann befreundete Hausgehilfin nicht aus der Art der mitgenommenen Gegenstände zu Schlussfolgerungen betreffend die geplante Dauer unserer Abwesenheit gelangen sollte. Auch ein komplettes Inventar unserer gesamten Wohnungseinrichtung und sämtlicher Bücher, Gebrauchsgegenstände etc. musste in aller Heimlichkeit zusammengestellt werden, denn wir hatten beschlossen, dass Olga aus Amerika nach Wien zurückkehren und unter dem Schutz ihrer amerikanischen Staatsbürgerschaft unsere Wohnungen auflösen sollte, sobald ich und das Kind drüben in Sicherheit wären, ein unvernünftiger Plan, den wir denn auch später fallen ließen, als wir erfuhren, dass in ähnlichen Fällen Frauen in Deutschland als Geisel festgehalten wurden, um ihre Männer zur Rückkehr zu zwingen. Meinen großen Bösendorfer-Flügel, den ich noch als Kind als wertvolles Erbstück erhalten, auf dem Johannes Brahms wiederholt gespielt hatte und der lange Jahre hindurch der treue Begleiter meines musikalischen Daseins gewesen war, hinterließ ich den Zdansky-Kindern.

In den gehetzten und nervenzermürbenden Tagen unserer Reisevorbereitungen leistete Olgas Umsicht, Ruhe und energische Tatkraft unschätzbare Dienste und trug viel dazu bei, mich halbwegs im seelischen Gleichgewicht zu halten. In knappen drei Wochen war alles bereit; wir nahmen Abschied von den wenigen vertrauten Freunden, die wir in unser Geheimnis eingeweiht hatten, von den guten, warmherzigen Menschen, mit denen mein eigenes Sein und Empfinden so eng verwachsen war und in denen all das noch fortlebte, was mir einst lieb und teuer gewesen.

Den letzten Abend verbrachten wir im Haus meines alten Chefs und Lehrers Wenckebach, der mir in meinen beruflichen Sorgen und Erfolgen stets hilfreich beigestanden und sich als wohlwollender Freund erwiesen hatte. Umgeben von kostbaren Gemälden und Skulpturen und von zartem Delfter Porzellan, vor mir im Lehnstuhl den freundlichen alten Herrn mit den vornehmen, vom Schein des Kaminfeuers überflackerten Gesichtszügen, in dieser Atmosphäre eines verfeinerten, heiteren, aus Jahrhunderte alter Kultur erwachsenen Lebensgenusses empfand ich noch einmal ganz den Zauber jener geliebten, schönen, sterbenskranken Welt, deren Tore sich mir nun für immer schließen sollten.

Ein bitter kalter Wind trieb durch die Straßen der schon weihnachtlich geschmückten Stadt, als wir zum Bahnhof fuhren. Dort reichten uns ein paar treue Freunde noch einmal die Hand und dann bewegte sich der Zug ins Dunkel des früh hereinbrechenden Abends. Mit vielstündiger Verspätung trafen wir in Hamburg ein. Als mein Ruf nach einem Gepäckträger nicht gleich Erfolg hatte, mischte sich unser kleiner Jüngling, der bisher kaum erst ein paar Worte zu sprechen gelernt hatte, ungeduldig ein und schrie einmal übers andere missbilligend »Donnerwetter! Tägermann! Donnerwetter! Tägermann!« – Zu unserem Schrecken war derjenige unserer Koffer, welcher nicht nur Olgas beste Kleider sondern auch meine sämtlichen beruflichen und Personaldokumente enthielt, spurlos verschwunden und weder das fieberhafte Durchsuchen der lagernden Depots noch des Gepäckes aller während der folgenden Nacht einlaufenden Züge brachte ihn zum Vorschein. So blieb uns nichts anderes übrig, als in der Erwartung bevorstehender unabsehbarer Komplikationen und Schwierigkeiten am 21. Dezember morgens unverrichteter Dinge nach Bremerhaven weiterzufahren.

Um zum Schiff zu gelangen, mussten die Passagiere in zwei Kolonnen eine weite Halle durchqueren, beiderseits an den Tischen der inspizierenden Gestapo-Beamten vorbei. Dies waren die Filter, durch welche alle politisch Verdächtigen oder aus anderen Gründen gesuchten Personen beim Versuch des Entkommens in die Freiheit erfasst und einem mit Grauen erwarteten Schicksal entgegengeführt wurden. Da ich fürchtete, die ungewöhnliche Tatsache, dass Olga einen amerikanischen Pass besaß und ich einen deutschen, könnte irgendwie ein allzu

intensives Interesse der Gestapo-Beamten für uns und unsere Abreise-
motive erwecken, ließ ich Olga mit dem Kind sich der linken Kolonne
anschließen, während ich klopfenden Herzens in die andere eintrat,
nachdem ich Olga eingeschärft hatte zu beobachten, was mit mir vor
sich ginge und ohne Rücksicht auf mich womöglich auf das Schiff zu
gelangen, wenn man mich zurückhalten sollte. Wie bei jedem der deutschen Passagiere wurde auch nach Prüfung meines Passes in der dick-
leibigen schwarzen Liste der ausersehenen Opfer mein Name gesucht,
doch er schien nicht darin verzeichnet zu sein; ich erhielt meinen Pass
zurück und mit einem kaum verborgenen Seufzer der Erleichterung
und wankenden Knien ging ich dem erlösenden Schiff zu.

Feine scharfkantige Schneekristalle wirbelten durch die schneidend
kalte Luft; nur ein fahles Leuchten hinter den Wolken deutete den
Stand der Sonne an und während die Maschinen rhythmisch stamp-
fend das Schiff in westlich gerichtetem Kurs durch die hohen Wellen
trieben, stand ich frierend, mit leeren Taschen und leerem Herzen in
stumpfer Ermattung an Deck, einer der vielen in dem trüben Strom
einer großen, sorgenschweren Völkerwanderung. Mein Blick war nach
Osten gewendet, dorthin, wo im grauen Winternebel meine Heimat
versank und mit dem Verschwinden des letzten Streifens deutschen
Landes war auch jenes »Ich« für immer erloschen, von dem in diesen
Blättern die Rede ging.

+++++++++++

Burlington, Vermont, U.S.A. 25. August 1941
Mein lieber Bub!
Fast vier Jahre sind dahingegangen, seit Du als kleiner blondlocki-
ger Knirps daheim in Wien um meinen Schreibtisch herumliefst,
während ich begann, Dir von meinem Leben zu erzählen. Du bist
indessen ein kräftiger, hübscher, vielleicht ein wenig zu weichher-
ziger Junge geworden. Nächste Woche sollst Du zum erstenmal in
die Schule gehen, in eine schöne, neugebaute Schule, wo Du mit anderen Buben zusammenkommen und von ihnen hoffentlich tüchtig
herumgepufft werden und Dich hoffentlich unerschrocken Deiner
Haut wehren wirst, denn auch diese Dinge musst Du lernen, um
Dich allmählich in das wirkliche Leben hineinzufinden, in dem es
nicht immer gerade sanft zugeht. Du wirst dort in der Schule eine
andere Sprache lesen und schreiben lernen als die Deines Vaters und
Du wirst lernen, die Welt mit anderen Augen zu sehen als er, Dich an

anderen Dingen zu freuen, anderes zu erleben als er und so wirst Du Dich unmerklich immer weiter von ihm entfernen, bis er Dir eines Tages ein nur noch äußerlich vertrauter Fremder ist. Und neben Dir wird Dein Brüderlein aufwachsen, das eben jetzt sorglos plappernd mit dem gleichen Gummischweinchen spielt, welches Du mir an jenem längst vergangenen Sonntag-Nachmittag in die Hand legtest. Das Schweinchen ist etwas schäbig geworden in diesen Jahren und die Welt, in die Du geboren warst, windet sich in den Qualen einer Umgestaltung, die so gewaltig ist, dass nicht nur Dein kindlich unschuldiger Sinn, sondern auch der Verstand von uns hartgesottenen Erwachsenen die Größe der Ereignisse und den ihnen vorgezeichneten Weg kaum zu erfassen vermag.

So furchtbar und so schicksalsschwer ist der Gang unserer Zeit geworden, dass das Los des Einzelnen zur völligen Bedeutungslosigkeit zusammenschrumpft. Es tut nichts zur Sache, dass ein gewisser Dr. Raab nach mancherlei Wirrnissen in einem wunderschönen Land unter wohlgesinnten Menschen eine neue Wohnstätte und neue Arbeit fand, um sich damit über die ihm noch auferlegten Jahre seines Daseins hinwegzuhelfen. Es tut schon deshalb nichts zur Sache, weil er selbst eigentlich gar nicht mehr am Leben ist. Sein Leben hatte er in dem heute unter höllischen Explosionen zusammenbrechenden, einst so schön gewesenen alten Europa zurückgelassen. Ein anderer trat an seine Stelle, dem nur eines noch von früher her anhaftet: die Liebe zu Deiner Mutter und zu Dir, in die er nun auch Dein Brüderlein mit einschließen und sich damit glücklicher fühlen darf als es den meisten Menschen unserer finsteren Gegenwart vergönnt ist, denn um Vergangenes und Verlorenes soll man nicht trauern.

Euch Junge will ich noch eine Weile wachsen sehen und nicht mehr nach rückwärts schauen. Ein großer deutscher Dichter, um dessentwillen allein ich hoffe, dass Ihr beiden seine Sprache kennen und ihre Schönheit empfinden lernen werdet, hat in wenigen Worten klarer als all mein Geschriebenes es ausdrücken konnte, ausgesprochen, was unserer, was Eurer Welt die Kraft und Schönheit ewiger Jugend verleiht: »Das Alte stürzt, es ändert sich die Zeit, und neues Leben blüht aus den Ruinen.«

Wilhelm Raab

Nachwort

Wenn ich zurückdenke an jene Sommertage 1970, in denen Wilhelm Raab zum letzten Mal München und Höhenried besucht hat, dann will es mir scheinen, als hätte er damals bereits Abschied nehmen und seine – wie man so sagt – weltlichen Dinge in Ordnung bringen wollen. Neben sehr persönlichen Gesprächen war ein Hauptthema die Übersiedlung seiner reichhaltigen Sonderdruckbibliothek nach Höhenried, um sie allen Ärzten, die an der Präventivkardiologie interessiert sind, zugänglich zu machen. In diesem Vermächtnis kommt nicht nur zum Ausdruck, wie sehr er auch nach der freiwilligen Emigration 1938 von Wien in die USA immer der österreichisch-bayerischen Kulturlandschaft verbunden geblieben ist, sondern auch seine besondere Verbundenheit mit der klinischen und praktischen Präventivkardiologie. Er ist der Vater dieses Begriffs und war – so wie Schäfer in Deutschland – in den Vereinigten Staaten einer der ersten, die vom Ansatz des Grundlagenforschers und experimentellen Wissenschaftlers aus die praktischen Aufgaben und Konsequenzen, die sich aus diesen Forschungen ergaben, zu fördern suchten.

Es ist sein medizinhistorisches Verdienst, als einer der ersten vom »Spengler- oder Klempneraspekt« der sogenannten koronaren Herzkrankheit, bei dem nur die Defekte am Röhrensystem gesehen wurden, auf die Bedeutung des Myokards und seiner Stoffwechselsituation hingewiesen und damit den Begriff der koronaren Herzkrankheit zum Begriff der ischämischen Herzkrankheit erweitert zu haben. Ich glaube, dass sich sein Anliegen, das er noch bis in die letzten Monate und Wochen seines Lebens unverdrossen erläutert und gepredigt hat, – noch in seinem Abschiedsbrief an mich waren Adressen von europäischen Kardiologen, an die seine letzten Sonderdrucke verschickt werden sollten und gleichzeitig einige Druckfehlerkorrekturzettel beigefügt – am besten in einem Triptychon darstellen lässt, an dem er selber lange gebastelt hat. Aus diesem Triptychon geht hervor, warum er sein letztes Symposion und auch ein Buch der »Myokardiologie« widmen musste. Welcher lebensgeschichtliche Weg hat ihn zu diesem Forschungsgebiet geführt?

Wilhelm Raab wurde am 14. Januar 1895 in Wien geboren in einer – wie er selbst immer sagte – behaglichen Bürgerlichkeit und ärztlichen sowie künstlerischen Tradition, die für das damalige Wien bezeichnend

Abb. 14: Professor Wilhelm Raab, University of Vermont, 1960, Porträt von Francis Colburn

war. Sein Urgroßvater, Wilhelm von Well, war Arzt und Apotheker, Dekan der medizinischen Fakultät und Mitherausgeber der »Pharmacopoe Austriaca«, und seine Großmutter Isabella, die Tochter des bekannten hugenottischen Graphikers Hypolite Doré, Französischlehrer des Kaisers Franz-Josef, war eine Nichte von Schuberts Freund Franz von Schober. Der frühe Herztod der Mutter im Jahr 1899 hat das Kind Wilhelm dermaßen beeindruckt, dass er schon in jungen Jahren beschloss, sich der Medizin zuzuwenden.

1913 schloss er sein Studium am k. u. k. Schottengymnasium in Wien durch eine Reifeprüfung mit Auszeichnung ab und begann noch vor dem Ersten Weltkrieg sein Medizinstudium. So war er während des Krieges schon als Sanitäter eingesetzt. Nach der Promotion zum Doktor univ. medicinae 1920 begann er in Wien und Berlin mit Arbeiten experimenteller Art – die erste wissenschaftliche Publikation betraf eine Gasbrandinfektion der Hirnhäute – und kam 1921 als Assistent an die propädeutische Klinik des berühmten Endokrinologen Prof. Arthur Biedl nach Prag, wo er Arbeiten aus den Grenzgebieten zwischen klinischer Pathologie und pathologischer Physiologie durchführte.

In diese Zeit fällt eine Veröffentlichung eines ersten beobachteten Falles von basophilem Adenom der Hypophyse. Cushing hat diesen aufgegriffen und in seiner Monographie Anfang der 20er Jahre auch namentlich erwähnt. Cushing schrieb über drei Fälle, einer davon war Raabs Fall aus Prag (oder Wien), so dass das »Cushing«-Syndrom eigentlich ein Cushing-Raab-Syndrom ist.

In jene Zeit bis zur Habilitierung als Privatdozent für Pathologie und Physiologie 1926, in der es ihm gelang, spezifische Einwirkungen der Hypophyse auf den Fettstoffwechsel zu finden und das Lipoitrin zu isolieren, fiel auch ein Besuch beim Endokrinologen Prof. Scherwinski und ein Vortrag in deutscher Sprache im Volkskommissariat für Gesundheitswesen in Moskau, was ihm ein Angebot zu einer günstigen Anstellung an der Universität Moskau eingetragen hat. Seit damals haben die wissenschaftlichen und menschlichen Kontakte zur russischen Medizin alle politischen Entwicklungen und Entfremdungen überdauert. Ab Herbst 1926 war der Privatdozent Wilhelm Raab an der I. Medizinischen Klinik von Prof. Wenckebach in Wien als »unbesoldeter Hilfsarzt« tätig.

In jene Zeit fallen einige lebensgefährliche Selbstversuche, die zwar nach Aussagen von Raab vor allem aus Geldknappheit durchgeführt worden sind, aber von denen einige seine spätere Arbeitsrichtung entscheidend stimuliert haben. Raab schreibt selbst in seinem Tagebuch darüber:

»Eine Begegnung mit dem Tod widerfuhr mir, als ich zum Zweck eines Stoffwechselselbstversuches in der Klinik Wenckebach mir eine ziemlich ausgiebige Dosis Adrenalin injizierte, ohne zu wissen, dass ich gegenüber dieser aus den Nebennieren stammenden höchst wirksamen Substanz überempfindlich bin. Ein plötzlich enormer Anstieg des Blutdrucks mit darauffolgendem Kollaps war mit heftigen Brustschmerzen vom Typ der Angina pectoris und einem so furchtbaren Vernichtungsgefühl verbunden, dass ich es mir qualvoller nicht vorstellen kann. Einige zu Hilfe gerufene klinische Kollegen standen ratlos neben mir. Sechs Stunden hielt eine Pulsunregelmäßigkeit an. Im EKG zeigten sich Symptome einer ›Erstickung des Herzmuskels‹. Viele Jahre später sollte sich dieses mir so unangenehme Ereignis als sehr wertvoll erweisen, denn es bildete die Grundlage meiner Theorie des Entstehungsmechanismus der Angina pectoris und einer darauf aufgebauten neuen Behandlungsmethode sowie für die Untersuchungen der hormonalen Ursachen anderer häufiger Herzleiden.«

1929 vermittelte ihm die Fürsprache von Prof. Wenckebach eine Einladung der Rockefeller Foundation in New York zu einem Studienjahr in den Vereinigten Staaten bei Prof. Dr. Walter B. Cannon an der Harvard Medical School.

In den Jahren unmittelbar vor und nach seiner Habilitierung für das Fach Innere Medizin an der Universität Wien beschrieb Raab den Depressoreffekt der Hyperventilation bei Patienten mit Hochdruckkrankheit, die übersteigerte Erregbarkeit der Vasomotorenzentren unter Hypoxiebedingungen und das Auftreten von Gefäßkrisen nach Hirnerschütterungen. Nachdem er schon 1933 eine weltweite epidemiologische Untersuchung über eine mögliche Beziehung zwischen einer cholesterin- und tierfettreichen Ernährung und Arteriosklerose geleitet hatte, empfahl er 1939 jene spezifischen antiatherogenen Diätregeln, die heute allgemein anerkannt sind. 1936 wurde er Abteilungschefarzt am Krankenhaus der Wiener Kaufmannschaft.

War sein Schicksal – politisch und beruflich (immer zwischen den Stühlen sitzend und spät erst anerkannt) – nicht typisch österreichisch? An der Wiener Fakultät hatte er zuerst Schwierigkeiten wegen seiner langen Tätigkeit in Prag, und nach dem »Anschluss« 1938 bekam er es mit der Gestapo zu tun wegen seiner politisch sehr konservativen Haltung. Im Dezember 1938 gelang es ihm nach schweren Gewissenskämpfen, durch die Vortäuschung einer Reise zu seinen Schwiegereltern in die Vereinigten Staaten zu emigrieren, wo er an der Medizinischen Fakultät der Universität von Vermont in Burlington ein neues Arbeitsfeld als Internist und Professor für experimentelle Medizin gefunden hatte. Dort beschrieb er die Zunahme der pressorischen Reaktionen auf Katecholamingaben beim Mann unter dem Einfluss der salzaktiven Nebennierenrindenhormone. Eine ähnliche Zunahme, parallel gehend mit der Salzretention, wurde von ihm als ein charakteristisches Frühphänomen bei Schwangerschaftstoxikosen beschrieben.

1942 entdeckte er die Anwesenheit von Katecholaminen im Gehirn. Unter dem Eindruck jenes beschriebenen Selbstversuches, der durch Adrenalin zur typischen Stenokardie führte, und inspiriert durch Dr. Cannons Sympathin-Untersuchungen widmete Raab nun seine wissenschaftlichen Bemühungen dem sympathoadrenalen System und den Katecholaminen. Er war der erste, der spezifische Affinitäten des Herzmuskels und der Gefäßwand zur Absorption und Ablagerung von Katecholaminen aus dem Blut zeigen konnte. Er beschrieb auch eine Vermehrung des myokardialen Noradrenalins unter direkter oder reflektorischer Sympathikusstimulation, weiterhin eine übertriebene Katecholaminausschüttung bei Patienten mit Angina pectoris, eine anhaltende Hyperkatecholämie bei Patienten mit fortgeschrittener Niereninsuffizienz, eine Inaktivierung der toxischen Katecholamineffekte durch und parallel zu den antianginösen Wirkungen von Thiourea-Medikamenten, die Erzeugung von myokardialen Nekrosen durch Katecholamin freisetzende emotionale und physische Stress-Situationen und deren Vorbeugung durch antiadrenergische Drogen, die therapeutische Wirksamkeit von Röntgenbestrahlung der Nebennieren bei Angina pectoris und die Erzeugung einer schweren myokardialen Anoxie bei Sympathikusstimulation, wenn der Koronarstrom experimentell herabgesetzt wird.

Die hier nur stichwortartig angeführten experimentellen Ergebnisse zur Pathophysiologie des Herzmuskelstoffwechsels führten Raab zu einem theoretischen Konzept, das die »sauerstoffräuberische« inotrope und chronotrope Sympathikusüberaktivität im Herzmuskel, die durch Mangel an körperlicher Aktivität (der Begriff des »Faulenzerherzens« ist in diesem Zusammenhang von Raab geprägt worden), emotionale Spannungen und Nikotinmissbrauch entsteht, in den Vordergrund stellt. Diese Theorie führte den Professor für experimentelle Medizin zu den praktischen Konsequenzen, eine Preventive Heart Reconditioning Foundation zu gründen mit dem Zweck, in den USA europäische Rehabilitationsmethoden einzuführen.

1959 organisierte er ein internationales Symposion über Katecholamine in der Herz-Kreislauf-Pathologie und im August 1964 die erste internationale Konferenz über präventive Kardiologie, welcher der

Wilhelm Raab, M.D. received his early medical training in Prague, Czechoslovakia, taught at the University of Vienna, Austria, worked with W.B. Cannon at Harvard Medical School and came to the University of Vermont in 1939 as Professor of Medicine and Chairman of the Division of Experimental Medicine, which was created especially for him. His involvement with heart research started in 1926, when he injected himself with epinephrine to study its effect on lipid metabolism and promptly developed a typical episode of angina pectoris with the classical electrocardiographic changes. During his long career, which brought him world-wide recognition, he devoted his effort to the role of non-coronary (metabolic and hormonal) factors in coronary heart disease, developed a test for predisposition to this disease and last occupied himself with the possibility of preventing heart attacks by means of physical exercise. This led him to the creation of the "Preventive Heart Reconditioning Foundation". Only a few months before his death he organized a Seminar in Preventive Myocardiology in Stowe, Vermont, the results of which are now in print. Other books by Dr. Raab are "Preventive Myocardiology," 1970; "Prevention of Ischemic Heart Disease," 1966; "Hypokinetic Disease" (with H. Kraus), 1961 and "Hormonal and Neurogenic Cardiovascular Disorders", 1963.

Dr. Raab died September 21, 1970

Dr. Eugene Lepeschkin, Dr. Borys Surawicz and Dr. Leonard Gettes represent three generations of physicians who have worked closely with Dr. Raab and who have, in turn, pioneered major developments in the field of Cardiology. Dr. Lepeschkin worked with Dr. Raab from 1947 to 1970, Dr. Surawicz trained under Dr. Raab from 1951 to 1953 and Dr. Gettes was Dr. Surawicz's first Fellow in Cardiology in 1960 at the University of Vermont College of Medicine.

CARDIAC CARE - 1971

**Wilhelm Raab, M.D.
Memorial Symposium**

**College of Medicine
University of Vermont**

April 30-May 1, 1971

Abb. 15: Einladung zum Memorial Symposium für Willi Raab in Vermont, 1971

Schreiber dieser Zeilen entscheidende Impulse für seine praktische Arbeit verdankt (Prevention of Ischemic Heart Disease).

Skepsis, Selbstkritik und unbequeme Unvoreingenommenheit als wissenschaftliche Haltung, eben die »Wissenschaft als Kunst des Zweifels«, wie sie Brechts Galileo Galilei definiert hat, haben Raab auch befähigt, im reifen Alter über seinen eigenen Schatten zu springen und den Weg zu einer umfassenden Medizin zu finden und sogar die sogenannte »Naturheilkunde« als Vorläufer und Kernstück einer präventiven und rehabilitativen Kardiologie der Zukunft zu erkennen. Er hat einmal eine für ihn sehr typische, geistreiche Satire auf den Gegensatz zwischen Naturheilkunde und Schulmedizin geschrieben in Form eines Zwiegesprächs zwischen einem Doktor Wasserlob als begeistertem Naturheilkundler und einem Doktor Zifferwahn als Physiologen. Beide sprechen eine völlig unterschiedliche Sprache und merken erst am Ende ihres Gesprächs, dass sie eigentlich dasselbe meinen und wollen. Das Problem der Sprache in der Medizin der Zukunft, das in der Vergangenheit oft zu tragischen Entfremdungen und Schwierigkeiten geführt hat, beschäftigte Raab in den vergangenen Jahren besonders.

Dass der experimentelle Mediziner und ursprüngliche Grundlagenforscher im Grenzbereich zwischen Kardiologie und Endokrinologie noch in seinen reifen Jahren, in denen andere es sich in den Denkergebnissen ihrer Jugend bequem machen und häuslich einrichten, nach Ohlstadt gefunden und früher als viele andere Kardiologen die Möglichkeiten und Notwendigkeiten der Prävention und Rehabilitation in einer Kardiologie der Zukunft erkannt hat, verbindet ihn mit seinem Freund Hans Schäfer.

Dieser nur unzulänglich informierende Nachruf auf den engagierten Arzt, den unvoreingenommenen Forscher, den unerschrockenen Lehrer, den skeptischen Humanisten und tragischen Menschen Wilhelm Raab, der am 21.9.1970 unmittelbar vor der geplanten Rückkehr nach Europa sein Leben beendet hat, sei durch ein Zitat beschlossen, das mir die Persönlichkeit dieses großen Wieners besonders zu kennzeichnen scheint. Es ist der Schluss einer autobiographischen Skizze:

»Einstweilen begnüge ich mich sowohl aus Gründen der Selbsterhaltung als auch aus solchen der Berufsethik eines Präventiv-Apostels damit, mein eigenes Myokard mittels täglich dreißigminütiger ausgiebiger Belastung in gutem Trainingszustand zu erhalten, den Weg zur Arbeit zu Fuß zurückzulegen usw. und dadurch als notorisch anachronistischer Sonderling eine gewisse lokale Propagandawirkung zu entfalten.

Aus der immerhin denkbaren Möglichkeit, dass meinen Bemühungen um das theoretische Verständnis der degenerativen Herzkrankheiten und um die davon abzuleitenden praktischen Verhütungsgrundsätze dereinst ein greifbarer Erfolg beschieden sein könnte, schöpfe ich die Hoffnung auf eine zumindest postume Rechtfertigung meines Erdenwandels. Ich beschließe ihn mit Gefühlen der Dankbarkeit, nicht nur für meine einstigen Lehrmeister, Mitarbeiter und Geldgeber, sondern vor allem auch für meine zahlreichen, allzeit getreuen, mächtigen Opponenten. Ihr jahrzehntelanger schweigender Widerstand hat mich immer von neuem zu wissenschaftlichem Tun aufgereizt, welches mir seit jeher als die eleganteste und größte Befriedigung gewährende Methode erschienen ist, die in vielem so unerfreulichen Zeiten meiner nunmehr abtretenden Generation. mit Vorteil totzuschlagen.« (Über 30 Jahre Arzt, Therapie der Gegenwart, 105 / 1966, S. 224)

Max-Joseph Halhuber, Bad Berleburg

(Halhuber war ärztlicher Direktor der Klinik Höhenried für Herz-Kreislauf-Krankheiten am Starnberger See und Professor an der Technischen Universität München. Sein Nachruf auf Willi Raab erschien damals in: Medizinische Klinik. Wochenschrift für Klinik und Praxis, 66. Jg., Nr. 39, 24. September 1971, Seite 1318–1320)